21세기 미래 지역계획
발전 비전과 과제

21세기
미래 지역계획
발전 비전과 과제

Vision for Regional Planning

in the 21st Century

지역계획 이론 및 적용사례

김용웅·오용준·한상욱 지음

한울
아카데미

차 례

서 문

　지역계획이라는 용어는 크게 두 가지 의미로 사용되고 있다. 하나는 계획수립지역의 여건과 문제점을 분석하고 변화를 전망함으로써 사전에 대응방안을 마련하고 실천하는 한편 그 과정이나 결과의 평가·환류를 통해 계획안을 보완·개선하는 반복적이고 순환적인 행동과정을 의미한다. 다른 하나는 계획수립과정을 통해 마련한 초안을 법절차에 따라 심사와 승인 과정을 거친 뒤 확정된 계획안을 의미하기도 한다.

　그러나 이 책에서 지역계획이란 지리적 공간단위 또는 행정구역을 단위로 사회경제적 수요와 여건 변화에 대응하기 위해 자연환경, 토지, 주택과 공공시설 등의 물적 시설과 경제적·사회적 여건이 지닌 특징 및 문제점을 찾아내고 이들의 변화추이를 전망해 장단기 대응방안을 마련함으로써 계획 목적을 달성하기 위한 연속적이고 집단적인 행동과정과 결과물을 지칭한다. 지역계획이라는 용어는 개념상 혼란을 초래하기도 한다. 지역계획은 필요에 따라 지역개발 또는 지역정책 같은 용어로도 사용되고 있기 때문이다.

　지역계획과 지역개발이 학문적·정책적 차원에서 관심의 대상으로 등장한 것은 산업화와 도시화에 따라 안정적이고 균형 잡힌 농촌 정주체계가 약화되기 시작한 19세기 말 이후부터이다. 당시의 지역개발은 농촌 등 전국의 모든 지역이 자주적 경제 기반을 바탕으로 고유의 생활양식과 전통을 지키면서 자족적 정주단위로서 지위를 확보하는 데 치중했다. 그러나 제2차 세계대전 이후 산업화와 도시화가 전 지구적 차원으로 확산되면서 지역개발이나 지역계획의 의미는 나라마다 달라졌다.

정책적으로 산업성장과 경제발전을 추구해 온 개발도상국가에서는 지역개발을 국가 경제성장과 경제발전 촉진을 위한 공간전략으로 이해한 반면, 선진공업국에서는 대도시 집중, 과밀 해소와 낙후, 침체 지역발전의 촉진 등 지역균형발전의 전략으로 인식해 왔다. 우리나라의 지역정책과 지역계획은 1960~1970년대에는 국가 산업성장과 경제발전의 공간전략 및 제도적 수단으로 인식되어 왔으나 1970년대 후반 및 1980년대부터는 산업화와 도시화의 부작용인 수도권 집중, 농촌과 지방의 쇠퇴 문제를 해결하는 공간발전전략 및 이를 뒷받침하는 제도적 수단으로 활용되어 왔다.

앞으로도 국토·지역계획은 바람직한 국가발전과 국토공간환경 조성에 핵심적인 역할을 수행할 것이다. 국토·지역계획은 시대적 변화를 선도하고 가변적인 다양한 공간수요에 지속적으로 대응하는 역할을 지니고 있기 때문이다. 초고속인터넷과 사물인터넷(IoT), 빅데이터와 인공지능(AI), 로봇기술 등 디지털융합기술혁신에 기반한 4차 산업혁명의 확산으로 총체적 경제-사회 시스템이 구조적으로 변하고 있다. 디지털융합기술혁신이 청정에너지 기술혁신, 뉴 노멀(new normal) 현상, 권력붕괴 현상과 결합해 생산양식, 부의 창출 및 비즈니스 모델뿐만 아니라 개인의 가치관, 라이프 스타일, 사회적 규범 등도 변화시키고 있다. 디지털 네트워크는 국토환경차원에서 거리와 장소의 제약을 해소하면서 지리적 공간이라는 개념을 약화시키고 있다. 따라서 계획가는 거시적 패러다임의 급격한 변화가 지닌 특징과 이같은 변화가 경제-사회 시스템과 국토공간에 미치는 영향을 파악하고 창의적인 대응방안을 찾는 데 주력해야 한다.

필자는 지역정책과 지역계획의 전문가로서 관련 이론과 국내외 제도 등에 대해 다양한 글과 도서를 발간한 바 있다. 특히 1999년에는 단독 저서인 『지역개발론』(법문사)을 발간했고, 2003~2009년에는 차미숙, 강현수와 공동으로 『신지역발전론』(한울)을 발간한 바 있다. 이 과정에서 2009년 발간한 『신지역발전론』에서는 2003년 저서에 포함되었던 지역계획의 이론과 적용사례부문이 제외되었다. 따라서 그 부분을 보완하고 우리나라의 국토·지역계획이 급격한 메가트렌드 변화에 대응하면서 발전할 수 있는 전략을 제시하기 위해 오용준, 한상욱과 함께 『21세기 미래 지역계획 발전 비전과 과제』라는 새로운 저서를 발간하게 되었다.

이 책은 여덟 개의 장으로 구성되어 있다. 제1장은 계획의 기본개념을, 제2장은 다양한 계획이론과 계획 유형을 소개하고, 제3장은 다양한 계획 유형 중에서 지역계획만을 대상으로 기본개념, 등장배경, 계획유형 및 적용사례 등을 소개한다. 제4장은 한국의 지역계획제도를, 제5장은 영국, 프랑스, 유럽연합(EU), 일본 등 외국의 지역계획제도와 적용사례를 소개한다. 제6장은 지역분석 기법의 유형과 접근방법을, 제7장은 지역계획 수립의 접근방법과 국내외 적용사례를 소개한다.

특히 마지막 제8장은 필자의 최근 저서와 연구인 「관행적 지역균형발전정책의 문제점과 개선방안: 새로운 정책 패러다임 모색을 위한 지역정책론의 해체와 재구성」과 「미래연구의 접근방법과 미래국토 트렌드 변화 전망」등을 바탕으로 4차 산업혁명 시대의 메가트렌드와 국토트렌드의 변화 방향 및 이에 대한 대응으로서 미래국토·지역계획 발전 방향을 제시한다. 여기서는 인구감소와 경제침체 장기화를 새로운 정상으로 받아들이는 뉴 노멀 현상, 총체적인 경제-사회 시스템을 바꾸고 있는 4차 산업혁명, 거대 주역과 강자의 통제를 약화시키고 분권화와 민주적 거버넌스의 확산을 가져오는 권력붕괴 등 거시적 패러다임 변화의 3대 요인에 대해 메가트렌드와 국토트렌드 변화를 전망하고 이에 대응하기 위한 21세기 미래국토·지역계획의 기조와 전략을 제시한다.

또한 새로운 지역계획 발전 비전을 효율적으로 실현할 수 있는 전략 가운데 하나로 실용주의 계획 추진방안을 제시한다. 디지털융합기술혁신으로 초래되는 경제-사회 시스템의 혁명적인 변화추이의 특징을 파악함으로써 이들 변화가 국토공간에 어떤 영향을 미칠지, 이 같은 변화에 어떻게 효과적으로 대응할지를 모색하는 것이 앞으로 국토·지역계획 분야의 핵심적인 과제이기 때문이다.

이 책은 그간 국토연구원, 충남연구원 등 연구활동에 커다란 기반이 되어준 일터가 있었기에 완성할 수 있었다. 무엇보다 2025년 개원 30주년을 맞은 충남연구원의 오용준 박사, 한상욱 박사가 보여준 커다란 관심과 지원에 깊은 감사를 드린다.

이 책의 내용은 필자의 학문적 역량과 사전 준비의 부족으로 인해 전문성과 완결성 차원에서 개선의 여지가 많다는 것을 알고 있다. 독자 여러분의 비판과 질책을 달게 받아 앞으로 보완·발전시킬 수 있기를 기대한다.

2025년 5월
잠원동 사저에서 저자 3인을 대표해
김 용 웅

제1장

계획의 기본개념과 계획수립의 전통

1. 계획의 기본개념

1) 용어의 정의

계획이란 보다 나은 삶을 추구하는 인간의 보편적 활동으로서 개인이나 집단이 원하는 것을 효율적으로 얻기 위해 앞으로, 즉 미래에 취해야 할 일단의 행동 과정(course of action)을 미리 마련하는 의도적 활동을 의미한다. 그래서 Chadwick(1971)은 계획을 "인간의 선견과 이에 기초로 한 행동방안을 마련하는 과정"(a process of human forethought and action base upon that thought)으로 규정했다. 개인이나 집단은 일상생활에서도 어떤 일을 수행하기 위해 끊임없이 계획을 수립하고 이행하는 과정을 반복하고 있다. 인간은 계획하려는 자연적 욕구가 있기 때문이다. 그래서 계획은 인류사회와 함께 발전해 왔다고 볼 수 있다. 인류사회발전은 계획의 산물일 수 있고, 인류사회발전은 계획성격과 내용을 결정하는 상호의존적 관계를 형성해 왔다.

그러나 도시나 지역계획 및 공공정책에서 지칭하는 "계획수립"이라는 용어는 두 가지 뜻으로 사용된다. 하나는 문서화된 결과물을 만들어내는 활동, 즉 "계획안 작성"으로서의 계획(plan)이고 다른 하나는 계획안의 작성과 함께 계획안의 실효성 있는 실행과 점검, 평가 및 환류 등 반복적이고 순환적인 과정(process)으로서의 계획(planning)이다. 도시 및 지역계획분야에서 "계획"이라 할 때는 과정으로서의 계획(planning)을 의미한다. 그래서 계획이라는 영어의 표현은 "plan"이 아닌 "planning"으로 통용되고 있다. 그래서인지 행정학 분야에서는 "계획"을 동명사의 의미를 지닌 "기획"이라는 용어로 사용하고 있다.

공공정책에서 계획이라는 용어가 지난 1세기 동안 급격히 증가한 원인은 산업화와 시장경제의 확대로 다양한 사회·경제문제가 발생했는데 이 문제점들은 개별적인 경제주체의 의지와 자유로운 선택에만 의존해 해결하기 어려운 성격을 지니고 있어 정부의 집단적이고 공적인 개입이 불가피했기 때문이라 할 수 있다. 자본주의 체제하의 산업화 초기에는 모든 경제활동을 개인의 자유의지와 선택에 의존해야 한다는 자유방임(laissez-faire)주의를 채택했다. 그러나 일정한 통제나 원칙이 없는 자유방임적 시장경제 메커니즘은 효율적인 자원배분과 생산성 증진 역할을 하지 못하고 오히려 자유경제 시스템 운용을 저해하는 결과를 초래하게 됐다. 이에 따라 산업사회는 개인의 경제활동과 일상생활에 있어 일정한 수준과 형태의 국가개입이 불가피하게 됐다. 자유방임주의의 대표적인 부작용은 집단과 지역 간 소득 격차, 자발적 사적 비용과 편익과 비자발적 사회적 비용과 편익 간의 괴리, 그리고 학교, 옥외공간, 도로, 상수도 등 공공재 공급의 부족, 과밀과 경제적 불안정성의 증대 등을 들 수 있다. 공공정책에서 계획은 1960년대 이전에는 도시문제에 대한 대응수단으로 대두되었기 때문에 계획(planning)은 곧

도시계획(urban planning)을 의미했다. 그리고 도시계획은 무질서한 토지
이용 등 개인적인 자유로운 의지와 활동으로 초래되는 자유방임 사회의 부
작용을 방지하고 집단적 행동을 통해 개인의 정서, 건강, 안전 및 질서유지
에 필요한 도시환경을 조성하도록 하는 제도적 수단으로 이해되기도 했다
(Glasson, 1974: 3~4).

2) 계획의 다원적 의의

(1) 실체적 계획 개념

계획(planning)의 개념은 계획을 "관심의 대상"이나 "내용" 측면에서 이
해하느냐 아니면 계획을 "방법과 절차" 차원에서 보느냐에 따라 달라진다.
1960년대 이전까지 계획(planning)이라는 용어는 "계획의 대상"이나 "내용
적 차원"에서 이해되어 왔으나 1960년대 이후부터 계획이라는 용어는 계획
수립의 과정이나 절차적 차원에서 다루어지고 있다. 계획을 구체적인 현상
(particular phenomena)이나 과업(tasks), 즉 관심과 내용차원에서 보면 계
획(planning)이라는 용어는 산업화 과정에서 초래된 도시의 인구집중, 교통
혼잡, 과밀주거 및 환경훼손으로 인한 불결한 공중위생, 범죄, 사회불안, 실
업 등 도시문제 해결을 위한 도시계획을 의미했다. 19세기 영국의 경우 도
시계획이란 도시 내 적정한 위생적 조건(proper sanitation conditions), 쾌
적성(amenity) 및 편리성(convenience)을 제공하기 위한 토지이용의 배분
과 관련된 규제수단을 의미했다. 이것을 실체적 계획(substantive planning)
이라 부른다.

이 같은 실체적 계획개념은 1909년 영국의 주택 및 도시계획법(The
Housing, Town Planning, Etc., Act)의 서문에 잘 나타나 있다. 주택 및 도시
계획법 제정의 목적을 보면 도시계획이란 "사람들의 육체적 건강, 사기

(morals), 개성 및 전반적인 사회적 조건을 개선될 수 있는 거주 여건(domestic conditions)의 제공"이었다. 도시계획은 가정 건강(home healthy), 주택미화(house beautiful), 도시의 쾌적함(town pleasant), 도시의 고상함(city dignified) 및 교외의 건강함(suburb salubrious)을 확보하는 제도적 수단의 의미를 지닌다(Cullingworth, 1990: 2).

그러나 그 후 대상과 내용으로서의 계획의 개념은 도시의 토지이용 및 물적 환경의 개선에서 벗어나 경제, 사회 및 문화적 측면의 여건개선을 위한 제도적 수단 및 집단적 노력으로 인식되기 시작했다. Keeble(1969)은 도시계획을 경제, 편리, 아름다움을 최대로 확보하기 위해 토지이용의 질서를 부여하고, 건물과 소통 통로(communication routes)의 입지를 지정(siting)하는 예술과 과학으로 정의했고, Thomas는 인간 생활을 위한 문명화된 환경(civilized physical background for human life)을 조성하도록 해주는 원칙을 마련하는 활동으로 정의했다. 이 같은 계획 대상과 내용차원의 개념을 종합해 보면 도시계획이란 "적합한 또는 올바른 시점"(the right time), "적합한 장소 안에 있는 적합한 부지"(the right site in the right place)를 "적합한 사람들"(the right people)에게 제공함으로써 경제, 안전 및 미적 수준을 증진시키는 집단적 의사결정 및 행동과정이라 할 수 있다(Ratcliffe, 1977: 3).

(2) 과정적 계획 개념 및 특성

1960년대에 들어오면서 도시계획의 관심은 구체적 실체(substance)에서 계획수립의 절차나 방식으로 전환되었다. McLoughlin(1969)은 도시계획을 "미래를 예견하고 변화를 유도"(foreseeing and guiding change)하는 데 목적이 있는 활동으로 보았다. 구체적 실체와 분리된 절차나 방식과 관련된 과정(procedure)적 계획이론은 제2차 세계대전 이후 미국의 경영학(management)

분야에서 발전된 개념으로서 도시계획분야의 주된 계획이론으로 자리 잡게 됐다. 과정적 차원에서 계획이란 구체적 현상의 개선이 아니라 공공의 의사결정을 위한 일단의 절차(a set of procedures)로 본다. Davidoff와 Reiner(1962)는 계획을 연속적 선택(a sequence of choices)을 통한 바람직한 미래 행동을 결정하는 과정(a process for determining appropriate future action)으로 정의했고, Faludi(1973)는 계획을 정책결정에 대한 과학적 방법의 적용(application of scientific methods)으로 보았다. 또한 Hall(1974)은 계획(planning)을 특정목적을 의도적으로 달성하는 것과 관련이 있으며, 목적달성을 위한 행동을 질서를 가진 연속과정(orderly sequence)으로 조합해 나가는 활동으로 정의했다. Churchman(1968)은 계획이란 우리를 바람직한 목적(desired goals)으로 이끌어주고, 우리가 따라야 하는 행동의 흐름과정을 펼쳐내는 것으로 정의했다. Dror(1973)는 계획을 바람직한 수단을 통해 목적을 달성하도록 하는 미래행동에 관한 일련의 의사결정 준비과정으로 정의한다(Camhis, 1979: 3~4).

과정으로서의 계획개념은 다양하나 몇 가지 공통적 속성을 지니고 있다. 첫째, 계획이란 미래에 달성하고자 하는 의도적 목적이 있어야 한다. 둘째, 계획은 목적달성을 위해 필요한 일련의 행동과정을 제시해야 한다. 계획은 목적달성을 위한 일련의 행동과정을 제시하는 것으로 보기 때문에 일반적으로 계획을 "의사결정 과정의 연결고리"(chain of decision-making process) 또는 합리적 의사결정을 위한 "과학적 정보의 생산"(production of scientific information), 또는 의사결정과정에 있어 "과학적 방법론의 적용"(application of scientific methods)이나 "과학적 지식의 획득"(the acquisition of scientific knowledge) 활동으로 부르기도 한다. 셋째, 과정적 계획개념의 또 다른 특징은 변화하는 사회에 대한 예측과 대응을 위한 의사결정과정을 핵심적 요소로 한다는 점이다.

Friend와 Jessop(1969)은 계획을 "예측불능에 적응하고, 미래를 예측하는 능력이 요구되는 전략적 선택의 과정"(a process of strategic choice)으로 정의하는 반면, Chadwick(1971)은 인간의 선견과 선견에 기초한 행동의 과정(a process of human forethought and action based upon that thought)이라고 정의한다. 한편, Friedmann(1964)은 계획(planning)을 "사회-경제 문제에 대해 생각하는 방식"(a way of thinking)으로서 첫째, 전반적으로 미래를 지향하며, 둘째, 집단적 의사결정으로 설정된 목적과 밀접한 관계가 있으며, 셋째, 정책과 프로그램에 있어 종합성을 추구하는 활동이라고 정의했다. 미래의 문제를 해결하기 위한 행동의 연속(sequence of actions)이 이루어지기 위해서는 다음과 같은 연속적 의사결정 과정을 거치게 된다(Glasson, 1974: 4~5).

- 문제의 정의(the identification of the problems)
- 일반적 목적과 구체적이고 측정 가능한 목표 설정(the formulation of general goals and measurable objectives)
- 예상 가능한 제약 요인 확인(the identification of constraints)
- 미래 상황에 대한 전망 추정(the projection of the future situation)
- 대안적 행동경로의 고안과 평가(the generation and evaluation of alternative courses of actions)
- 바람직한 계획안 작성(the production of a preferred plan)과 집행 및 평가와 환류

(3) 과정적 계획의 단점

과정으로서의 계획개념은 계획의 본질적 의미를 이해하고 다양한 계획 수립과정에서 요구되는 행동지침을 제공하는 장점이 있다. 그러나 수립실체가 모호한 "목표(objectives), 행동(actions), 목적(goals), 사고(thought),

의사결정(decision)"과 같은 추상적 용어만을 강조함으로써 계획이 추구하는 실질적인 목적이나 목표가 무엇인지, 구체적으로 어떤 행동이나 사고 및 의사결정이 이루어지는지 등 현실에서 일어나고 있는 문제나 원인을 이해하고 설명하는 일에서 멀어지게 하는 단점이 있다. 그래서 "과정으로서의 계획이론"은 추상적인 절차와 방법론만을 중시함으로써 사회적으로 사람들이 직면한 현실적 문제와 원인의 규명 등 진정한 과제(real issues)를 도외시한다는 비판을 받는다. 일부 학자들은 절차와 과정만을 중시한 계획개념이 이론적 개선일 수도 있으나 한편으로는 퇴보(retrogression)라고도 주장하면서 이들 이론은 계획가들을 자기가 하는 일의 함축적 의미에 대해 무관심한 중립적이고 객관적인 과학자 또는 계획가로 전락시킬 우려가 있으므로 이에 대한 경각심을 지닐 것을 요구한다(Glasson, 1974: 5).

3) 계획의 목적과 성격

(1) 계획의 목적(planning purpose)

개인이나 집단의 계획 수립 목적은 현실의 문제 해결이나 바람직한 가치의 실현을 위해 다음과 같은 가장 효율적이고 효과적인 방법을 찾기 위한 것이다(Davidoff and Reiner, 1973: 4~7).

첫째, 계획은 특정한 목적의 달성과정에서 효율성(efficiency)과 합리성(rationality)을 증진시킬 수 있어야 한다. 계획수립이 특정목적의 실현과정에서 효율성 증진에 관심을 갖는 것은 언제나 가용자원의 한계라는 제약이 존재하기 때문이다. 따라서 계획수립과정에서는 가용자원의 한계를 전제하고 그 안에서 효율적인 목적 실현수단을 마련해야 한다. 계획을 수립하는 또 다른 목적은 사전에 충분한 검토를 거쳐 최적 또는 합리적 해결방안을 찾는 데 있다. 계획수립과정을 통해 어떠한 대안이 최선인지를 찾는 것이 중요하다. 효율성은 일반적으로 목적달성에 있어 최소자원 활용을 의미하고 합리성은 완전한 정보수집과 종합적 분석을 바탕으로 최적의 해결방안을 제시하는 것을 의미한다. 합리성(rationality)이란 의사결정에 있어 다루는 문제에 대한 완전한 지식(full knowledge)의 활용과 분별성(reasonableness)의 증진을 의미한다. 합리성을 어떻게 해석하느냐에 따라 계획의 역할은 달라진다. 계획에서 합리성을 강조하게 되면 계획은 가능한 모든 대안에 대한 분석을 통해 그중에서 가장 최선의 대안을 제시하는 데 치중해야 하나 계획에서 분별성의 증진에 우선순위를 부여하면 계획은 도시 및 지역문제 진단과 이에 대응하는 다양한 대안에 대한 정보를 제공해 의사결정자와 고객 또는 시민들이 스스로 만족할 수 있는 의사결정을 할 수 있도록 하는 것을 의미한다.

둘째, 계획수립의 목적은 사회적 목적달성을 촉진할 수 있는 시장지원(market aid) 또는 대체 방안(replacement)을 마련하는 데 있다. 계획은 사회적 목적달성을 위해 제한된 자원을 최적 배분할 수 있도록 불완전한 시장을 지원(market aid)하거나 대체(replacement)할 수 있는 수단을 제공해야 한다. 시장이 완전히 경쟁적이고 개방되어 있고 완벽하게 운영되어 자원배분이 최적화되는 경우 계획의 필요성은 없어진다. 그러나 실제 시장에서 재화와 서비스는 참여자의 선호도(preferences)에 맞춰 최적의 배분이 이루어지지 않기 때문에 시장에 대한 정부의 개입이 필요하게 된다.

셋째, 계획수립의 목적은 자원배분의 변화 또는 선택폭을 확대(change or widening choice)하는 데 있다. 계획은 자원이 제한된 여건 속에서 사회나 개인의 선호를 만족시키기 위해 자원을 어떻게, 언제, 누구에게, 어떤 목적으로, 그리고 어떤 조합으로 배분해야 할 것인지를 합리적이고 효율적으로 결정 또는 선택하는 것이라 할 수 있다. 모든 유형의 계획수립의 목적은 자신이 활용할 수 있는 시간, 노력, 물질적·재정적 자원을 가장 합리적이고 효과적인 방법으로 활용해 자신이 추구하는 목적을 달성하는 데 있기 때문이다.

(2) 계획의 성격(planning characteristics)

계획을 다른 공공정책이나 의사결정에 의한 활동과 구별해 특성을 찾아내는 것은 쉽지 않다. 계획수립(planning)은 경영분석(operations research), 의사결정(decision-making) 및 문제해결(problem-solving) 분야와 상당 부분 중첩되기 때문이다. 다만 계획은 다음의 몇 가지 차원에서 유사한 학문 및 활동분야와 차별화되는 속성을 지닌 것으로 볼 수 있다(Davidoff and Reiner, 1962: 17~18).

첫째, 계획은 목적의 달성(the achievement of ends)을 위한 활동이다. 계획은 소망 또는 목적을 달성하기 위한 의도적 과정(purposive process)이기 때문이다. 여기서 목적은 최종적 상태(terminal state)를 나타내거나 최종상태의 도달을 위한 방향(directions) 또는 변화율(rates of change)이 될 수도 있다.

둘째, 계획은 선택의 실행(exercise of choice)을 의미한다. 계획이란 가치를 설정하고, 가치실현을 위한 다양한 대안적 수단을 마련해 최적의 대안을 선택하는 행위라는 특성을 지닌다. 계획은 다양한 단계에서 여러 가지의 가능한 대안의 연속적인 선택을 통해 수립된다.

셋째, 계획은 항시 미래를 지향(orientation to the future)하는 특성을 지닌다. 계획은 현재의 바람직하지 못한 상태에서 바람직한 상태로 그리고 앞으로 예상되는 문제에 대한 대응을 위한 행동과정을 고안하는 지적 활동이기 때문이다. 그래서 계획과정에서 미래에 대한 예측이 가장 핵심적 과제가 된다.

넷째, 계획은 행동 또는 실천(action)을 수반한다. 계획이 추구하는 목적을 달성하기 위해서는 목적달성에 필요한 수단을 도입하는 실천과정이 필요하다. 또한 계획은 의도된 결과를 가져오기 위한 수단이기 때문이다.

끝으로 계획은 종합성(comprehensiveness)을 요구한다. 계획은 의사결정자가 합리적인 대안 선정을 할 수 있도록 다양한 요인의 종합적 고려를 요구한다. 불완전한 지식의 세계에서 종합성은 실천의 가능성과의 균형을 고려해야 한다. 그러나 종합성이란 가능한 모든 대안이나 요인을 모두 고려한다는 것이 아니라 현실적 제약하의 종합성의 의미를 살리는 방안 마련이 중요한 과제가 되고 있다.

2. 계획의 유형분류

1) 청사진계획과 과정계획

인간환경에 관한 계획은 대상과 목적, 미래 전망, 계획수립방식, 계획내용과 형태 등에 따라 유형을 달리한다. 계획의 가장 대표적 분류유형으로는 청사진계획(blue-print planning)과 과정 또는 절차계획(process or procedural planning)이 있다. 청사진계획은 달성하고자 하는 미래 상태에 대한 정태적이고 확정적인 계획안을 제시하는 계획유형으로서 1947년 이래 영국의 전통적인 계획 형태로 자리잡아왔다. 청사진계획은 확정적이고 정태적인 미래 전망과 함께 구체적인 달성목표와 수단을 제시하는 데 치중한다. 청사진계획은 건축(architecture), 토지측량(survey), 엔지니어링(engineering) 등 기술적 전문분야에 바탕을 두고 발전되어 왔고, 토지이용, 도면, 용도지정, 밀도 통제, 건축규정, 계획기준 등 대부분 물적 특성을 지닌 수단과 해법을 제시하는 역할을 해왔다. 청사진계획은 최종적으로 달성하고자 하는 상태를 가시적으로 구체화하는 종합기본계획(master plan) 형태를 지닌다. 수립된 계획안은 경직성을 지니고 있어 지속적인 검토와 수정이 어려운 단점이 있다. 청사진계획은 물적 환경(physical environment)과 관련된 모든 활동에 영향을 가하고, 지시나 명령을 통해 공공이익이나 쾌적함(amenity)을 증진하는 데 관심을 갖는 반면, 사회-경제적 문제해결이나 편익증진에는 역할을 하지 못한다. 청사진계획은 전반적인 사회적 목적과 목표가 정치 및 행정당국 등 전문가 등에 의해 주어진 것으로 보고 구체적 규제 및 실현 수단을 제시하는 데 치중한다. 청사진계획은 높은 법적 강제력과 통제력을 지니고 있는 반면, 시민 참여 및 합의기반 형성 등에는 큰 관심을 두지 않는 경향이 있다. 도시나 지역의 문제는 단순한 물적 환경의 문제가 아니라 사회-경제문제와 연결되어 있고, 이 문제를 해결하는 데에는 공공행정뿐만 아니라 시장과 지역사회의 참여와 협력이 필수적이다. 하지만 청사진계획은 급격하게 변하는 외부 여건과 환경의 변화에 따라 곧바로 검토·수정하기가 어렵기 때문에 도시와 지역문제를 해결하는 데 효과적인 수단이 되지 못한다는 비판을 받고 있다(Ratcliffe, 1977: 10).

반면, 과정계획(process planning)은 계획을 어떤 특정 시점에 마련된 정태적인 정책과 달리 계획을 연속되는 과정(continuous process)로 보는 개념이다. 과정계획의 핵심은 계획의 집행과정에서 지속적인 성과검토가 이루어지게 하고 필요 시 수정이 이루어지도록 하여 변화하는 환경에 대한 대응력을 높이는 데 있다. 과정계획은 물적 계획과 사회 및 경제계획을 통합하는 역할을 한다. 과정계획은 보다 특정적이거나 임시적 성격(ad hoc nature)이 강하고, 시장경제에 보다 민감하며, 변화하는 공공이익(public interests)에 보다 유연하게 대응하는 장점이 있다. 그러나 과정적 계획은 법적 강제력이 결여되어 있고, 시스템의 효과성이 부족하다는 비판을 받고 있다. 그럼에도 불구하고 영국 등 대부분 국가에서는 도시구조와 조직의 복잡한 문제 해결을 위한 접근방법으로 과정계획을 채택하고 있다(Ratcliff, 1977: 10~11).

〈표 1-1〉 청사진계획과 과정계획의 결정요인과 한계점 비교

청사진계획		과정계획
결정요인(determinants)		
고정(Firm)	형상(Image)	불확정(Uncertain)
완전(Complete)	환경에 대한 통제 (Control over environment)	불완전(Incomplete)
제약요인(constraints)		
단기(Short)	내적 시차(Internal time-lag)	장기(Long)
단기(Short)	외적시차(External time-lag)	장기(Long)

자료 Faludi(1976: 138).

　　Faludi(1976)는 두 이론을 계획의 결정요인과 한계점 차원에서 차이점을 비교했다. Faludi(1976)에 따르면, 청사진계획은 사회와 목표에 대한 "확고한 이미지"(firm image)와 "외부환경에 대한 완전한 통제"(complete control)를 전제로 하는 데 비해 과정계획은 "불확실한 미래"와 "외부환경에 대한 불완전한 통제"를 전제로 한다. 다른 말로 하면 청사진계획은 사회적 이미지가 확고하고 계획기관의 외부환경통제가 완전한 경우 적용 가능한 접근방식이 되고 그렇지 못한 경우에는 과정계획의 적용이 바람직하다는 것이다. 과정계획은 인간의 문제를 다룰 때 불확정성(uncertainty)이 높고 외부환경에 대한 통제력도 불완전하기 때문에 의사결정 및 집행과정에서 개인의 자율권(autonomy), 시민 및 민간부문의 참여와 협력을 중시하는 특성이 있다(Faludi, 1976).

　　한편 계획의 제약요인(constraints)을 보면 내적 시차(internal time-lag)와 외적 시차(external time-lag)를 들 수 있다. 여기서 시차(time-lag)란 정보의 수집부터 계획기관이 문제에 대응하는 걸리는 시간의 거리를 나타낸다. 청사진계획은 내적, 외적 시차가 짧은 것이 제약요인이 된다. 이는 즉시적 대

응이 가능한 문제에 대한 청사진계획은 맞지 않음을 의미한다. 반면 과정계획에서는 시간지체가 긴 경우 계획의 제약요인이 된다. 시간지체가 긴 경우에는 보다 종합적이고 장기적인 대응이 필요하기 때문이다. 청사진계획은 사회적 가치와 구조가 단순해 이미지 설정이 용이하고 외부환경에 대한 계획기관의 통제가 용이할 뿐만 아니라 변화가 크지 않은 일원사회(unitary society)에 적합한 반면, 과정계획은 사회기능과 구조가 전문화·세분화되어 다양한 가치와 이해가 상충해 이미지 설정이 쉽지 않고 외부환경에 대한 공공부문의 통제가 어렵고 변화가 심한 다원사회(plural society)에 적합한 것으로 볼 수 있다(Faludi, 1976: 138~141).

2) 물적 계획과 경제계획

계획의 두 번째 분류유형으로 물적 계획(physical planning)과 경제계획(economic planning)이 있다. 물적 계획은 도시의 물적 환경의 변화와 개선에 관심을 둔 계획이다. 물적 계획은 도시 내 토지이용, 공간단위별 인구밀도 및 도로, 철도·통신, 전기, 수도 등 공급시설(utilities)의 배치와 건설에 관한 내용을 다룬다. 물적 계획은 대부분 청사진계획의 형태를 지닌다. 물적 계획은 계획목적의 실현을 위해 토지이용 및 도시개발의 통제와 규제방식에 의존하기 때문에 시장 메커니즘에 대응할 능력을 갖지 못하는 단점이 있다. 반면 경제계획은 특정한 구역의 물적 환경의 변화보다는 경제적 구조와 전반적인 번영 수준 증진에 관심을 지닌다. 경제계획은 직접적인 규제나 통제보다는 민간의 창의와 자율을 중시하는 시장 메커니즘에 의존하는 경향이 있다. 그러나 물적 계획과 경제계획이 완전히 별개의 계획일 수는 없다. 두 계획은 상호 영향을 줄 뿐만 아니라 물적 계획은 경제계획의 목표 실현을 위한 핵심적 수단이 되기 때문이다(Glasson, 1974: 5~6).

3) 배분계획과 혁신계획

세 번째 계획유형에는 배분계획(allocative planning)과 혁신계획(innovative planning)이 있다. 배분계획은 기존 시스템이 정책의 전개와 함께 효율적으로 작동되도록 하기 위해 갈등을 해소하고 조정하는 데 치중하는 계획을 의미한다. 배분계획은 기존 시스템의 보전과 강화에 관심을 두는 계획으로서 규제계획(regulatory planning)의 형태를 지닌다. 대부분의 물적 도시계획은 배분계획에 속한다. 경제계획차원의 배분계획은 소기업의 경우, 원자재, 노동의 투입과 최종제품의 배분을 다루는 계획이 되며, 국가경제차원에서는 재정 및 화폐정책을 통해 경제의 월별 규제를 다루는 계획이 될 수 있다. 반면, 혁신계획은 단순히 기존 시스템의 효율적인 작동을 추구하는 것이 아니라 새로운 시스템을 도입하거나 기존 시스템을 대대적으로 바꾸는 계획이다. 혁신계획은 일반적으로 발전계획(development planning)으로 지칭된다. 물론 배분계획과 혁신계획도 물적 계획과 경제계획과 마찬가지로 상호 중복된다(Glasson, 1974: 6).

4) 기타 4대 계획유형분류

첫째, 계획 목표의 수와 내용에 따른 계획유형분류이다. 계획의 유형은 계획목표 수에 따라 "다목표 계획"과 "단일목표 계획"(multi- and single objective planning)으로 나뉜다. 계획의 일반적인 목적(goal)은 "삶의 질 개선" 및 "쾌적한 환경 조성" 등과 같이 추상적으로 표현되는 이상(ideal)을 의미하나 해당계획을 통해 구체적으로 달성하고자 하는 목표(objectives)는 "소득의 10% 증진", "10만호 주택 건설" 등과 같이 명시적으로 표현되는 계측 가능한 현실적 소망치로 나타난다. 다목표계획은 도시 및 지역계획과 같이 다양한 목표를 추구하는 데 비해, 단일목표계획은 지역내부의 접근성 개선과 쇼 핑 배후지 확대를 위한 "새로운 도로 건설"과 같은 구체적인 사업계획의 형 태를 지닌다.

둘째, 계획유형은 집행방식에 따라 "지표계획"(indicative planning)과 "강 제 또는 필수계획"(imperative planning)으로 구분된다. "지표계획"은 일반 적인 원칙을 제시하고 행위자에게 자문적 성격이 강한 계획을 의미하는 데 비해 "강제 또는 필수계획"은 행위자에게 구체적인 지시사항(directives)을 제시함으로써 실천을 요구하기 때문에 "명령계획"(command planning)이라 고도 불린다. 전자의 대표적 사례는 영국과 한국의 국토계획(National Plan) 이고 후자의 대표적 사례는 소련 연방의 7개년계획을 들 수 있다. 이 같은 계획유형분류는 다양한 도시계획 및 지역계획의 특성을 이해하는 데 유용 하다. 많은 도시 및 지역계획은 물적 계획과 경제계획을 동시에 포함한다. 한편, 일부 도시 및 지역계획은 배분계획의 성격을 지니지만 대부분의 도시 및 지역계획은 혁신계획의 성격을 지닌다. 또한 대부분의 공간계획은 일반 적으로 다목표계획이다. 계획의 집행방식은 자문 성격의 영국의 지역계획 에서부터 동부 유럽과 소련의 명령계획에 이르기까지 매우 다양하고 포괄 적이다(Glasson, 1974: 7).

셋째, Brindley, Rydin 및 Stoker(1996)는 공간문제의 성격이나 시장에 대한 태도(attitude to market process)에 따라 계획을 규제계획(regulative planning), 추세계획(trend planning), 대중적 계획(popular planning)과 지 렛대 계획(leverage planning) 등으로 구분한다. 예를 들면 집중과 과밀 등 시장과열의 문제가 있는 성장지역(Buoyant area)의 경우는 집중억제와 같 은 시장억제(market critical)의 규제적 계획(regulative planning)을 수립하 기도 하고, 현재의 성장추세를 인정하고 성장추세를 슬기롭게 수용하는 시 장지향(market-led)의 추세계획(trend planning)을 수립하기도 한다. 반면 정부지원이 필요한 낙후지역의 경우 이들을 잠재적 시장력이 있는 한계지역(marginal area)과 경제가 침체일로에 있는 쇠퇴지역(derelict area)으로 구분해 각각에 맞는 발전전략과 계획유형을 채택하도록 하고 있다. 시장 비판적 입장에서는 삶의 질 개선에 치중하는 복지지향적인 대중적 계획(popular planning)을 수립하거나 기업유치 등 기업 및 경제활동을 촉진하는 지렛대계획(leverage planning)을 수립한다. 지렛대계획은 상대적으로 경쟁력이 약하나 시장 잠재력이 있는 한계지역에 적합하다. 그러나 산업과 경제활동이 점차 활력을 잃는 쇠퇴지역(derelict)의 경우에는 시장 비판적 입장에서 공공투자계획(public investment planning)에 치중한다. 이와 함께 시장 친화적 차원에서는 민간기업 활동을 촉진할 수 있는 민간경영계획(private management planning) 등을 수립한다(Allmendinger, 2002: 214~216).

넷째, 계획의 유형은 목표달성의 방법론적 차이에 따라 장기계획(long range planning)과 전략계획(strategic planning)으로 분류된다. 장기계획은 현재의 상황(current status)에 바탕을 두어 예상되는 미래요구 및 수요의 충족을 위한 분야의 개선을 촉진하는 전략과 행동과정을 제시하는 접근방법을 택하는 반면, 전략계획(strategic planning)은 처음부터 바람직한 미래와 결과를 목적이나 목표로 설정하고 역진적(backwards)으로 설정된 목적달성의 수단을 찾아 현재의 상황과 연결시키는 방법을 택한다. 그래서 장기계획에서는 계획가가 "현 상태에서 보다 높은 단계(higher stage)로 가기 위해 우리는 무엇을 해야 할 것인가"를 찾는 데 힘쓰는 반면, 전략계획에서는 "계획목적달성을 위해 역진적으로 전 단계, 즉 보다 낮은 단계(lower stage)에서 무엇이 이루어지지 않으면 안 되는가"에 관심을 갖는다. 즉, 장기계획은 계획의 수립과정에서 시장여건이나 현실적 제약을 중시하는 데 비해 전략계획은 바람직한 목적과 미래상이 무엇인가를 중시하고 바람직한 목적의 달성에 맞는 조건을 만들어가는 데 치중하는 "목적달성 지향적 계획"의 대

<표 1-2> 계획형식의 유형(A typology of planning styles)

공간문제 특성	시장에 대한 태도(Attitude to market process)	
	시장 비판적: 시장이 초래한 불균형과 불평등 축소	시장 지향적: 시장기능 촉진 및 비능률 제거
성장지역: 개별적 문제와 과열시장	규제적 계획 (regulative planning)	추세적 계획 (trend planning)
한계지역: 문제지역, 시장 잠재력 보유	대중적 계획 (popular planning)	촉진·지렛대 계획 (leverage planning)
쇠퇴지역: 종합적 도시문제, 시장침체	공공투자계획 (public investment planning)	민간관리계획 (private management planning)

자료: Brindley, Rydin and Stoker(1996: 9) in Allmendinger(2002: 215).

표적인 사례라 할 수 있다.

3. 계획수립의 전통과 발전과정

1) 경제계획의 전통

현재의 공간계획은 세 가지 유형의 전통이 서로 엉키면서 발전되어 왔다. 첫째, 국가와 지역의 생산력(productive forces)을 관리하는 것을 목적으로 하는 경제계획(economic planning)이다. 이것은 Mannheim이 생각하는 복지국가를 지향하는 사회정책과 연계된 계획의 형태를 지닌다. 둘째 유형은 도시적 여건 속에서 건강, 경제, 편리, 아름다움의 증진을 추구하는 도시의 물적 개발(physical development)의 관리에 관한 계획이다. 셋째는 공공기관이 세운 명시적인 목표를 달성하는 데 있어 효과성(effectiveness)과 효율성(efficiency)을 추구하기 위한 행정과 정책분석의 관리에 관한 계획이다(Healey, 2006: 10).

(1) 경제계획의 특성과 배경

경제계획은 계획된 사회질서(planned social order)의 물질주의(materialist)
와 합리주의 개념을 바탕으로 발전되어 왔다. 경제계획은 효율적인 생산과
지속적 성장을 보장하기 위해서는 생산과 분배는 사전에 계획이 필요하다는
인식에 기초를 두고 있다. 경제계획은 자본주의적 시장과정의 경제실패와
사회적 비용의 발생을 전제로 하고 있다. 이는 경제계획이 부분적으로는 산
업자본주의에 대한 비판론에 근거하고 있음을 의미한다. 대표적 사례가 카
를 마르크스의 주장이다. 그는 자본주의적 기업가들은 경쟁적인 시장에서
이익을 극대화하기 위해 사람들의 노동력을 착취하고 자원을 파괴함으로써
막대한 사회적 비용을 초래한다고 비판했다. 마르크스의 생산, 분배 및 교환
의 자본주의적 과정에 대한 분석은 지적 통찰력을 지닌 경험적 인식과 인간
존엄의 회복에 관심을 갖는 깊은 인본주의적 관심을 결합함으로써 매우 강
렬한 힘을 지니게 됐다. 그는 「공산주의자 선언(communist manifesto)」에서
정치적인 시책으로 자본주의적 경쟁에 의해 주도되는 시장과 생산과정을 사
람에 의해 주도되는 거버넌스로 대체하는 해답을 제시했다(Healey, 2006:
10~11).

(2) 경제계획의 한계와 접근방식의 변화

경제계획은 자본주의적 생산과정을 국가의 중앙통제 계획과 이익추구에
의존하는 생산체제로 대체했다기보다는 중앙에서 설정한 생산목표를 개별
기업들이 효율적으로 생산하는 체제를 구축해 왔다고 할 수 있다. 이론적으
로는 과학적 연구와 기술적 이해를 통해 생산목표를 설정하는 것을 지향했
지만 실제로는 올바른 지식기반을 마련하지 못한 탓에 효율성을 중시하는
목표 달성의 정치학에 생산논리를 의존해 왔다. 그뿐만 아니라 경제권력이
정부 시스템의 최상부에 집중되자 사람들의 수요에 둔감한 통치체제가 강

화되었고 이 같은 중앙집권적 명령과 통제계획은 부패를 확대하고 비효율성을 초래했다. 오늘날 경제계획은 비민주적인 운영과 국민복지 수준의 악화로 인해 국민적 신뢰를 잃었다는 평가를 받고 있다.

공산주의 모델 외에도 새로운 라이프 스타일과 자율적 통치체제를 지향하는 전원도시 건설 계획 또한 자본주의적 경제조직을 대체하려는 이상을 추구해 왔다. Ebener Howard는 국가적 관리와 관료적 조직 개념에 대항해 개인과 지역사회가 자신의 삶의 터를 만들어가는 데 있어 자유를 강조하는 수단으로 전원도시 건설을 주장했다. 전원도시 건설은 개인들이 공동의 관심을 지닌 분야에 대해 소규모 집단 간 상호작용을 통한 해결을 촉진하는 수단으로 인식됐다. 전원도시적 계획전통은 지역사회단위의 구성원들의 협력적 노력을 통해 도시와 농촌의 경제 및 사회생활의 통합을 추구한 농도지구발전(agri-politan development) 전략으로 이어졌다. 이 같은 상향적 경제계획(bottom-up economic planning)은 자본주의적 사회와 공산주의 사회 모두에 도전으로서 아직까지도 계획분야의 주요한 전통으로 남아 있다.

자본주의적 생산과정과 시장사회(market societies)에 바탕을 둔 경제조직의 문제점은 정기적으로 반복되는 시장실패(market failures)라 할 수 있다. John Maynard Keynes는 경제는 소비자 수요의 위기 때문에 침체된다고 주장한다. 만약 사람들이 재화를 구입할 자원이 없거나 투자에 대한 장기적 미래에 대한 믿음이 없으면 생산은 위축된다. 그의 해결책은 1950년대 및 1960년대 서구의 사례와 같이 수요를 촉진하는 것이다. 구체적인 수단으로 노동이동을 보장해 2~4% 실업 수준의 완전고용(full employment)을 실현하고, 이를 교육 강화, 건강 유지, 주거 안정을 도와주는 사회복지 정책으로 뒷받침하는 것이다. 그러나 1970년대에 들어오면서 수요증진정책은 효과를 잃어가기 시작했다. 상호 연계된 지구적 경제체제 속에서 노동비용이 낮은 국가들이 고임금 경제체제의 약화를 초래하기 때문이다. 이밖에도 소비자 수요와 이에 부수되는 국가의 지출 확대는 인플레이션 위험을 증대시키는 조건을 제공했고, 아울러 신기술은 노동 수요를 낮추고 있으며, 기업들은 보다 경쟁력을 높이기 위해 비용절감에 치중함으로써 수요증진정책이 제 역할을 하지 못하게 됐다. 이에 따라 케인지언 전략은 경제침체와 인플레이션이 병존하는 스태그플레이션(stagflation) 상태에서는 작동을 완전 멈추게 됐다는 평가를 받고 있다(Healey, 2006: 11~14). 이어서 등장한 것이 공급측면을 강조하는 신자유주의 경제정책이다. 경제계획은 원활한 자유시장경제의 장애요인으로서 계획 또는 경제정책의 조정은 시장 메커니즘을 통한 성장 동력의 회복에 역효과를 초래하는 것으로 인식됐기 때문이다. 영국의 보수당 정부는 민영화(privatization)와 탈규제(deregulation)를 통해 기업이 비용을 절감하고 혁신을 촉진해 세계시장에서 민간부문의 경쟁력을 높이는 데 치중했다. 정부의 역할은 인플레이션의 방지와 세계시장에서 경쟁적 지위를 얻을 수 있는 환율을 결정하는 화폐공급의 관리에 한정된다. 토지이용 규제와 같은 관료적 규제(bureaucratic regulations) 등 공급측면의 장애가 되는 어떠한 정부정책과 활동도 축소 또는 제거 대상이 됐다. 신자유주의적 경제정책으로 인해 규제형태의 거버넌스는 축소되고 기업가형 거버넌스가 크게 촉진됐다. 이는 경제생활의 핵심적 조직 원리로서 시장의 귀환과 계획의 종언(end)을 의미한다. 그러나 신자유주의에 의한 유연적 노동시장은 빈곤하고 불안정한 노동자를 양산함으로써 소비위축을 초래했으며, 기업의 개인주의적 경쟁의 심화는 지식의 이동과 혁신을 창출하는 기업 간 긴밀한 협력관계를 약화시켰다. 그래서 다시 경제발전의 촉진을 위한 전략과 제도적 수단을 도입할 필요성이 대두됐다. 거기에다 환경의 질에 대한 관심이 증대함에 따라 경제활동에 있어 규제의 필요성이 대두되면서 도시지역변화를 위한 계획과 전략적 관리의 중요성이 커지고 있다(Healey, 2006: 15).

(3) 경제계획의 최근 변화 동향

비록 마르크스의 계급투쟁, 무정부주의자들의 공동체적 자율관리, 케인즈주의자나 신자유주의의 개인주의 등 다양한 사회이론은 주장하는 바가 서로 다름에도 불구하고 경제 관리의 실제적 운용이나 논리에는 상당한 공통점이 있다. 그들은 소비자의 물질적 복리(material wellbeing)와 생산자의 이익 창출을 강조해 왔다. 운영방식은 신고전경제학의 논리에 의존하고 있다. 동구권에서조차 효용 극대화와 다양한 선호(preferences) 간 거래 또는 균형(trade-off)을 추구하는 합리적 정책 프로그램 개발에 치중하고 있다. 그리고 기술 관료적 형태를 지닌 경제계획의 관리와 운영 방식도 점차 실효성을 상실하면서 최근 계획분야에 새롭게 떠오르는 제도주의자 및 소통적 접근방식에 의해 도전을 받고 있다.

한편 최근의 제도주의자들의 접근방식(institutionalist approach)에서는 사회가 신고전주의 경제학에서 말하는 효용, 즉 물질적 만족을 얻기 위해 자기의 효용 또는 선호를 추구하는 자주적 개인(autonomous individuals)으로 구성되어 있다는 생각을 거부한다. 오히려 이들은 사회는 "사회적으로 만들어진 개별적 객체"(individual identities)에 기반을 두고 있기 때문에 세상을 보고 인식하고 행동하는 방식은 개인적 독단적 판단이 아닌 다른 사람과의 관계 속에서 만들어지는 것으로 본다. 그래서 지역 환경의 문제를 야기하는 다양성과 상이함 등은 개인적인 관심이나 이해보다는 사회적 관계의 맥락 속에서 파악되어야 한다는 것이다. 제도주의 접근방식은 사회적 관계와 사회적 구성(social construction) 등 구조를 강조한다는 차원에서 마르크스이론의 분석과 일부 공통적인 특징이 있다. 제도주의자들이 계획수립과정에서 강조한 관계의 구축과정(relation-building process)은 협동계획(collaborative planning)의 기초적 개념이 됐다. 협동계획은 사람들의 일상생활이 이루어지는 관계적 거미집(relational webs)과 네트워크에 초점을 맞춰 개인과 집단들이 교류와 협의를 통해 관계적 형성망 속에서 공동선을 추구하는 것을 중시하고 있다(Healey, 2006: 55~61).

2) 물적 개발계획의 전통

(1) 물적 개발계획의 특성과 대두배경

경제계획의 전통이 경제학자 및 정치 철학자에 의해 주도되어 왔다면 물적 개발계획은 오랫동안 엔지니어, 건축가 및 도시계획가 등의 이상향적 도시 이미지의 실현수단으로 발전되어 왔다. 이상향적 도시형태의 꿈과 이를 건설하고자 하는 건축가들의 노력은 계몽주의시대 이전부터 존재해 왔다. 그러나 현대화(modernity)와 산업-도시화(industrial urbanization)는 도시의 질적 수준과 관련된 물질적이고 기능적인 차원을 보다 중시하고 강조하는 결정요인이 됐다. 이 같은 물적 계획 전통의 변화는 건축규제(building regulation)와 개발의 입지에 관한 전략적 규제의 도입을 가져오게 했다. 불결한 산업으로부터 근린주거지의 오염을 방지하고 적합한 서비스 공급을 확보하기 위해 토지이용 용도제가 도입됐다. 19세기 도시화 초기단계에는 기반시설공급을 위해 소유권으로 분산된 토지를 정부가 병합해 공공사업을 추진하는 데 치중했고, 이의 실현을 위한 도시종합계획의 수립, 녹지분할 토지이용계획 및 도시구성의 재조정 사업의 추진이 일반화되었다(Healey, 2006: 15).

(2) 물적 개발계획 특성의 변화

1970년대 들어 도시는 경제, 문화, 가구활동의 혼합물(amalgam)로 인식되면서 전통적·물적 개발계획 전통은 점차 약화되고 도시의 물적 계획은 보다 광범한 정치적 목적을 추구하는 이상적 도시(ideal city)의 형성에 관심을 두기 시작했다. 도시계획의 과제는 단순규제에서 벗어나 기능적으로 효율적이고 관련된 모든 시민들에게 편리하고 미적으로 아름답고 쾌적한 활동을 찾아내어 조직화하는 데 치중하게 됐다. 즉, 도시의 물적 계획은 도시민을 위한 양호한 생활 조건을 제공하고 경제적 진보와 기회를 증진함으로써 현대적 생활(modern life)을 증진 및 뒷받침하는 데 치중하게 됐다. 이는 도시계획의 목적이 단순 물적 환경의 개선을 넘어 경제 및 사회적 생활을 위한 기능적으로 합리적인 도시(functionally rational city)를 조성하는 것으로 전환되었음을 의미한다(Healey, 2006: 18).

20세기 중반부터 도시계획의 관심은 광역 도시지역(urban region)의 공간적 형태를 구축하는 데 치중했다. 계층화된 지구와 2차 거점(sub-centers)에 둘러싸인 도심과 방사선으로 뻗어나는 간선 도로와 이를 연결하는 순환 도로, 그리고 도시의 경계를 설정하는 그린벨트 설치 등으로 도시지역의 대표적인 공간형태를 구축하는 데 치중했다. 시카고의 번햄 계획(Burnham's plan), 런던의 아버크롬비 계획(Arbercromie's), 퍼즈의 스테펜슨 계획 등이 대표적인 사례이다. 여기서는 도시지역의 주요 주체 간 장소(place)와 위치(location) 및 건축 디자인, 환경 등에 대한 다양한 논의와 논란이 전개되었고, 이를 통해 도시의 형태와 사회적 과정 간의 관계에 대한 관심이 증대되었다. 물적 계획에 사회과학의 전통이 스며들게 된 원인의 하나라 할 수 있다. 그러면서 삶의 질과 경제성장, 사회적 관계와 영향에 대한 관심이 높아지게 됐다. 이에 따라 이상적인 도시 형태(idealized urban form)에 대한 관심은 사회-경제적 조건의 분석과 주거수요, 자동차 보급 및 이용 등 변화하는 추세의 전망으로 변화되면서 정교한 분석방법론이 나타나게 됐다.

(3) 물적 개발계획의 최근 동향

1970년대 들어 국제경쟁의 심화로 국가경제의 침체가 심화되면서 도시의 물적 계획은 지역경제의 활성화와 안정성의 확보 및 경쟁력의 증진에 관심을 두게 됐다. 그리고 부족한 재원 확보를 위한 민간자본을 통한 도시개발이 확대되면서 민간자본을 활용한 부동산개발(property development)이 크게 늘어나게 됐다. 1980년대 이후에는 도시의 물적 개발계획은 이상향적이고 미적 가치를 중시하는 전통에서 벗어나 도시지역의 사회적, 경제적, 환경적 변화의 역동성을 실무적으로 관리하는 정책분석에 치중하는 경향을 보이고 있다(Healey, 2006: 22).

3) 정책분석과 계획전통

(1) 정책분석의 특성과 배경

정책분석은 정치적 영향력에서 벗어나 효율적이고 효과적인 공공행정을 모색해 온 미국에서 발전되어 왔다. 영국이나 유럽의 지방행정은 나폴레옹 법전에 뿌리를 두고 법에 의한 집행과 전문성이 강조되었으나 미국의 지방행정은 지역정치와 결부되어 투기적 도시개발과 토지이용 등 민간부동산 개발 등이 성행했다. 따라서 미국의 지방행정의 과제는 지방정부와 민간기업 간 그리고 정치집단 간 관계 속에서 지방행정의 부패를 축소하고 효율성을 증진하는 것이었다.

미국에서 이상적인 지방정부는 기술적 분석과 관리를 통해 다원화된 정치체제(pluralistic polity)의 균형을 이루는 것을 의미했다. 정책분석(policy analysis)은 이와 같은 미국적 전통에 뿌리를 두고 지방행정의 효율성 증진과 부패방지를 위한 합리적 기법(rational techniques)으로 발전되어 왔다. 1960년대 정책분석은 지방정부가 행정가들이 법적 규칙에 따라 행동하기 보다는 Herbert Simon의 목표에 의한 관리라는 원칙에 의거해 행동할 수 있도록 목표의 설정 또는 확인(identifying objectives) 및 목표달성을 위한 적정한 수단의 개발과 집행에 치중했다. 정책분석은 공공의사 결정이 정책의 기준(policy criteria)에 부합하도록 하고 책임소재를 분명히 함으로써 부패의 위험을 줄이고 정책 환경의 특수성에 대해 유연하게 대응할 수 있도록 하는 장점이 있다.

정책분석에 의한 의사결정 모형은 나중에 일반화된 합리적 계획과정(rational planning process) 도입의 기초가 됐다. 여기서 합리적(rational)이라는 말은 과학적 분석을 통해 얻어지는 연역적 논리(deductive logic)의 형태와 논거의 형태(form of argument)로서 수단적 이성 또는 추리력(instrument reason)의 이용을 의미한다. 합리주의적 정책분석에서는 가치(value)로부터 사실(fact)의 엄격한 분리를 중시한다. 여기서 가치란 정치적 과정에서 생겨난 것이고 고객(clients)에 의해 전문가(technicians)에게 의뢰한 정책과제에 포함된 것으로 본다. 합리주의 차원의 계획가는 정책분석가로서 고객들의 목적을 보다 명확히 하고 구체화하도록 도와주고, 심도 있는 분석과 체계적인 평가를 통해 고객의 목적달성을 위한 최선 또는 만족할 만한 대안적 전략을 마련해 준다.

(2) 합리주의적 정책분석의 한계와 다원적 계획이론 대두

정책분석의 합리주의적 접근방식은 분절적 점증주의(disjointed incrementalism)를 주창하는 Charles Lindblom과 옹호계획(advocacy planning)을 주장하는 Davidoff 등에 의해 비판과 도전을 받게 된다. 첫째, 합리주의 계획은 현실적으로 적용이 어렵다는 것이다. 현재의 계획기관이나 계획가들은 합리주의적 계획이 요구하는 모든 가능한 대안을 찾아내고 분석할 만큼 현실을 이해할 수 있는 역량과 경험적 지식을 가지고 있지 못하기 때문이다. 둘째, 국민 여론에 민감한 정치권이 합리적 의사결정을 따른다는 기대는 비현실적인 이상론에 불과하다는 것이다. 그래서 대안으로 문제해결을 위해 거대한 목적에 접근하기보다는 현실적인 작은 문제부터 접근하는 분절적 점증주의를 제안했다. 이에 대한 구체적인 내용은 계획이론에서 상세히 설명하고자 한다.

Lindblom은 나중엔 협상적 접근방식, 집단적 상호 타협 등 현재의 교류계획(interactive planning)의 중요성을 강조했다. 한편 Paul Davidoff(1965)는 「계획에서의 옹호와 다원주의(advocacy and pluralism in planning)」라는 논문을 통해 계획가는 완전히 가치중립(value-free)이 불가능한 것으로 보고 계획가는 보다 가치 의식적(value-conscious)이 되어 그들의 가치가 무엇인가를 밝혀 고객의 가치추구에 도움이 될 수 있도록 해야 한다고 말했다. 그러면서 빈곤층 등 사회적 약자들의 여건개선을 강조했다. 1970년대 이래 계획분야의 관심은 과학적 지식, 수단 지향적(means-oriented)이고 절차적 합리성(instrumental rationality)에 근거한 방법론적 기법에서 벗어나 Castells(1977) 등에 의거해 권력의 불균등 배분에 대한 구조적 분석을 시도하는 마르크스 비판이론과 가치와 사실이 뒤섞인 다원사회에서 상호교류와 집단 간 토론, 교류 타협 등이 중시되는 교류 및 소통계획(interpretative and communicative planning)으로 점차 바뀌는 모습을 보여주고 있다(Healey, 2006: 25~27).

제2장

—

계획이론의 형성과 유형별 특성

1. 이론의 개념과 형성 특성

1) 이론의 기초개념

이론(theory)이라는 용어는 다양한 목적에 따라 다양한 의미로 사용된다. "너무 이론적"이라는 말은 현실과 괴리되어 있고 비실용적이라는 의미를 지니는 반면, "이론적 근거"가 없다는 말은 단편적이고 즉흥적인 반응을 비판하는 의미로 사용된다. 이같이 이론은 다양한 의미로 사용되고는 있으나 일반적으로 이론은 현실의 주요 특징을 추상화해 중심적 특성(central features)을 밝힘으로써 현실을 설명하고 전망(prediction) 또는 대응(prescription)하는 데 준거로 삼을 수 있는 현실을 압축한 "개념의 틀"(conceptual framework)이라는 점에는 이론(異論)이 없다.

그래서 McConnell(1981)은 이론을 "설명력을 지닌 추론"(explanatory supposition)이라 정의했다. 이론 형성의 핵심요소(key element)는 중심적 특징을 설명하고 분리할 수 있는 방법으로 현실의 특성을 "추상화"하는 것이다. 이론은 현실의 추상화와 함께 행동의 지침 역할을 할 수 있도록 "예측"(prediction) 또는 "처방"(prescription)의 요소를 함께 지닌다.

이론(theory)은 현실을 설명하고 필요한 경우 이를 검증하는 준거가 되는 "일단의 일반적 또는 구체적 원칙"(a set of general or specific principles)을 의미한다. 그러나 이와 같은 이론의 정의는 이론과 단순한 추측(conjecture)이나 아이디어와 차별화하지 못하고 이론의 맥락(context of theory)을 설명하지 못한다는 비판을 받기도 한다. 동일한 내용의 이론이나 아이디어의 경우에도 어떤 맥락에서 제시되느냐에 따라 그 의미가 달라질 수 있기 때문이다. 즉, 이론이란 권력영향이나 광범한 사회적 맥락으로부터 자유롭지 않기 때문에 이것을 이론의 정치적 그리고 일시적 또는 현시적 요소(temporal element)라 부른다. 그래서 Allmendinger는 이론을 보다 포괄적이고 종합적인 개념으로 정립하기 위해서는 이론이 대두된 정치적·사회적·시대적 맥락에 대한 이해가 선행해야 한다는 점을 강조한다(Allmendinger, 2002: 1~3).

2) 이론형성과 이론특성

(1) 이론의 형성과정

이론(theory)이란 과학적 방법론을 갖추고 현실세계를 개략적 또는 보편적으로 기술하는 것이다. Hariss(1966)는 이론이 과학적 방법론을 갖추는 것은 이론형성과정에서 반드시 필요한 요소라고 말했다. 이론은 현실의 추상화를 통해 현실을 이해하고 대응하는 데 필요한 일단의 일반적 또는 구체적 원칙(a set of general or specific principles)을 제시해 주기 때문이다. 이와 같은 이론의 형성을 위해서는 첫째, 정보를 수집해 귀납적 추론(inductive reasoning)과정을 통해 관찰된 자료를 일정한 패턴으로 조직하고, 둘째, 자료의 패턴 속에 숨어 있는 원인과 결과의 관계(cause-and-effects relations)를 찾아내거나 구체적 사안에 대한 관찰된 패턴을 보다 추상적인 형태로 재정의(redefinition)하는 일반화(generalization)과정을 거쳐야 된다. 셋째, 일반화된 이론을 이용해 새로운 특별한 사례를 찾아내는 추론적 연역(deduction)과정이 필요하다. 마지막은 새로운 이론체계가 예측한 결과를 가져오는지 여부를 검증(testing)하는 과정을 거쳐야 예측을 위한 이론형성이 가능하다 (McLoughlin, 1973: 166~167).

(2) 이론의 특성

이론의 대표적 특성은 "논리적 접근방법", "이론의 반증 필요성" 및 "이론의 상대성 인정" 등 크게 세 가지이다(Allmendinger, 2002: 3~8). 첫째 비록 사회과학이론의 경우에도 논리적 실증주의자적 접근방법(logical positivist approach)을 채택한다는 차원에서는 자연과학과 공통점이 있으나 사회과학은 자연과학과는 다르다. 사회과학이론은 자연과학 이론과 달리 실험적 검증(empirical testing)이나 확증(validation)이 불가능하다. 따라서 사회과학은 중력의 법칙과 같은 보편성을 지닌 이론의 정립이 어렵다. 사회과학이론은 개념화의 대상인 사회와 이론 간의 분리가 어렵기 때문이다. 사회과학이론은 사회적 맥락과 연계되어 있기 때문에 한때 혁신적이고 급진적인 사회과학 이론도 시대가 바뀌면 일상적이고 친숙한 이론이 되기도 한다. 그래서 일부에서는 자연과학 이론이 사회과학 이론보다 우월하다는 잘못된 인식을 갖고 있기도 한다.

둘째, 이론의 또 다른 특징은 "이론의 반증"(falsification)의 필요성이다. 이론은 이론화의 접근방식과 근거에 따라 이론의 진실성이 달라질 수 있기 때문이다. 18세기 David Hume은 과학의 귀납적 근거(inductive basis of science)를 검토한 바 있다. 과학연구의 기초가 된 귀납론(induction)은 주어진 증거(available evidence)를 조사하고 이것을 이론이나 법칙을 구성하는 근거로 삼는데, 이론에 따른 예측결과가 반드시 일치하지 않는 경우가 발생하기 때문이다. 예를 들면 백조의 특성을 위해 500마리의 백조를 관찰하고 이를 개념화해 501번째의 백조를 전망하는 것이다. 그러나 501번째 백조는 흑조일 수도 있어 예측이 벗어날 수도 있다. 이들은 Newton 시대에 살고 있음에도 불구하고 Newton 이론으로는 Einstein의 상대성이론이나 새롭게 등장하는 양자역학(quantum mechanics), 카오스 및 복합계 이론을 설명하지 못한다. 그래서 Karl Popper 등은 귀납적 추론(inductive reasoning) 대신에 결함가능성(fallibility)에 근거한 과학적 방법론을 제시했다. 반증(falsification)은 이론이 영원한 진실이라는 것을 거부하고 반증이 될 때까지 임시적 진리로 받아들인다. 이들은 반증적 접근방식이야말로 지속적인 반증을 통해 인류의 지식을 진보시키고 이론의 정교함을 높일 수 있다고 믿는다. 그러나 Popper의 반증이론도 여러 가지 차원에서 비판의 대상이 됐다. 우선 반증이야말로 관찰(observation)에 근거해야 하는데 그 자체도 오류와 결함성(fallible)을 지니고 있기 때문이다. Imre Lakatos는 과학 이론을 거부하기 위해서는 반증(falsification)만으로 충분치 않고 대체할 이론이 필요하다고 주장했다.

셋째, 이론은 절대적 객관성과 합리성을 지니지 않고 상대성(relativism)이 존재한다는 것이다. 즉, 하나의 이론은 시대적으로 확립된 패러다임 속에서 유효성을 지니게 되고 패러다임이 바뀌면 이론의 유효성도 변하기 때문이다. 기존의 패러다임이 과학자들이 해결할 수 없는 문제에 직면하면 도전을 받게 되고 새로운 패러다임이 대두되는데, 이러한 과정을 통해 과학은 진보한다. Thomas Kuhn(1970)은 과학의 진보를 지식의 누적적 성장(cumulative growth of knowledge)으로 보는 Karl Popper의 논리적이고 추상적인 반증이론을 비판하고 과학적 혁명에 기초한 과학 패러다임이론을 제시했다. 그런데 이때 새로운 패러다임은 기존의 패러다임과 매우 다른 세계관을 지니게 되는데 이것을 Kuhn은 코페르니쿠스 혁명(Copernican revolution)이라 부른다. Kuhn의 과학적 진보에 대한 혁명적 관점이 제시된 이후 과학의 주관적 또는 규범적 측면, 즉 과학의 상대적 특징에 대한 관심이 증대되기 시작했다(Allmendinger, 2002: 3~7). Chalmers(1994)와 같은 상대주의자들은 이론의 장점을 평가하는 기준이 개인이나 공동체의 가치와 관심에 따라 변할 뿐만 아니라 과학과 비과학 간 구분도 유동적이라는 주장까지 제기하고 있다. 상대주의는 동일한 유효성(validity)을 지닌 서로 다른 이론이 공존하는 현상까지 허용하고 있다.

3) 이론의 유형분류

이론개념의 다원성은 이론의 종류(categories)를 봐도 알 수 있다. Judge, Stoker 및 Wolman(1995)은 다양한 종류의 이론을 평가(assessment)하기 위해 여섯 가지의 포괄적 이론유형을 제시했다(Allmendinger, 2002: 8~10).

첫째, 「규범이론」(normative theory)이다. 규범이론은 세상은 어떻게 되어야 하고 그렇게 되기 위해서는 어떻게 해야 하는가를 제시하는 이론집단을 의미한다. 계획차원의 규범이론으로는 마르크스이론, 신자유주의 및 소통 또는 협동적 계획 수립 접근방식 등이 있다. 전통적으로 이들 계획분야 규범이론집단은 계획이론(theories of planning)의 하나로 지칭되기도 했다. 둘째, 「처방이론」(prescriptive theory)이다. 처방이론은 목적달성을 위해 어떻게 하는가 등 수단에 관심을 갖는 이론집단으로서, 계획분야의 처방이론에는 비용-편익분석, 혼합주사(mixed scanning) 접근방식 등이 있다. 이들은 그동안 계획수립과정에서 활용되는 계획 속의 이론(theories in planning)으로 불리어 왔다. 셋째, 「경험적 이론」(empirical theory)이다. 경

〈표 2-1〉 이론의 유형

이론의 유형	특징
규범적 이론	세상은 어떻게 어떠해야 하는가에 관심
처방적 이론	소망한 조건을 달성하는 최선의 수단을 마련하는 데 관심
경험적 이론	현실을 설명하는 데 관심
모델	현실의 단순화된 형상을 대변 또는 양식화
개념적 틀	바라보는 방식 또는 연구대상을 고안
이론화	현상의 어떤 측면에 대한 견해

자료: Allmendinger(2002: 8).

험적 이론은 원인과 결과 간의 인과관계와 독립 및 종속변수를 통해 현실을 설명하는 데 치중하는 이론집단이다. 경험적 이론은 가설을 설정하고 이를 검증·수정하는 과정을 통해 이론이 형성된다. 넷째, 「모델」(models)이다. 모델은 더욱 단순화된 현실의 묘사 또는 그림이다. 모델은 언제나 가설을 포함하지 않지만 검증은 가능(testable)하다. 다섯째, 「개념적 틀」 또는 「견해」(conceptual framework or perspectives)이다. 이는 현상에 대한 논리 또는 언어적 분석의 틀로서 어떤 견해나 비판을 이끌어내는 아이디어를 제공한다. 여섯째, 「이론화」(theorizing)이다. 이는 모든 것을 합쳐놓은 그릇 또는 범주(category)라 할 수 있다. 이론화는 생각하고 논쟁에 필요한 아이디어와 다른 이론의 적합성과 적용가능성을 판단하는 논리를 제공한다 (Allmendinger, 2002: 8~9).

2. 계획이론의 유형과 유형별 특성

1) 계획이론의 유형화와 필요성

다양한 사상적 배경과 사회적 맥락을 지닌 계획이론을 정확히 이해하기 위해서는 이론내용의 속성별로 유형화(typology)하는 노력이 필요하다. Yiftachel (1989)이 제시한 유형화의 3대 기능은 다음과 같다(Allmendinger, 2002: 29 재인용).

첫째, 유형화는 체계적으로 관련된 개념을 분류함으로써 혼란과 오해를 바로잡는다. 둘째, 유형화는 주어진 주제의 범주(parameter)를 분명히 규정함으로써 지식을 효과적으로 조직화한다. 셋째, 유형화는 독특한 속성(distinct properties)의 핵심구성요소(subparts)와 보다 진전된 연구의 중점 과제(foci)를 구체적으로 밝힘으로써 이론화(theorizing)를 촉진한다. 즉, 유형화는 주제의 영역(subject area), 방법론(methodologies), 이론의 발전과 적용의 역사에 대한 공통적 이해와 틀(frame)을 제공할 수 있다는 것이다. 특히 계획은 개념 자체도 다원적이고 통일적 견해가 불분명하기 때문에 복잡한 계획이론에 대한 종합적인 이해를 위해서는 계획이론에 대한 체계적인 유형분류가 필요하다. 계획이론의 유형 구분은 다양한 기준에 의거해 "계획 속의 이론 대 계획이론", "규범이론 대 실증이론", 그리고 "절차적 계획수립이론 대 규범적 계획수립이론" 등으로 유형화되고 있다.

2) 계획수립이론의 유형분류

(1) 계획 속의 이론과 계획이론

1980년대 초까지 가장 대표적인 계획이론의 분류는 Faludi(1973)의 절차적 이론(procedural theory)과 실체적 이론(substantive theory)의 구분이었다. 절차적 이론은 의사결정방법을 규정하고 정당화하는 이론의 집합을 의미한다. 반면 실체적 이론이란 토지의 이용 등 계획내용과 관련된 학제적 지식(interdisciplinary knowledge)을 의미한다(Allmendinger, 2002: 29~30). 절차적-실체적 계획이론은 각각 계획을 수립하는 데 필요한 이론, 즉 "계획

속의 이론"(theory in planning)과 계획내용에 관한 학제적 지식과 형성방법을 제시하는 "계획이론"(theory of planning or planning theory)으로 불리고 있다. 두 이론은 서로 완전히 다른 별개의 이론이라 할 수 없다. 효과적인 계획수립을 위해서는 두 가지 계획이론이 모두 필요하다. 절차적 이론과 실체적 이론은 외피 또는 봉투(envelop)와 내용물 또는 형식(form)과 내용(content)을 의미하기 때문이다(Faludi, 1973: 1~2). 계획가는 바람직한 계획을 위해서는 계획의 절차적 타당성과 내용적 적합성을 모두 만족시킬 수 있는 이론을 찾아야 한다.

(2) 규범적 접근방법과 실증적 접근방법

Dalan과 Parker(1962)는 Cyert와 March(1959) 등의 경영의 의사결정 연구에서 제시된 규범적 접근방법(normative approach)과 행태적 접근방식(behavioral approach)의 구분을 바탕으로 규범적 정치이론(normative political theory)과 실증적 정치과학(positive political science)이라는 계획이론 유형분류를 시도했다(Faludi, 1974: 4 재인용).

규범적 접근방법은 계획가가 어떻게 합리적으로 계획을 수립하느냐에 관심을 두는 반면, 행태 접근방식은 계획가가 합리적인 행동 프로그램이 충족될 때 직면하게 되는 제약요인에 관심을 갖는다. 그러나 규범적 접근방법과 실증적 접근방법의 구분에 대해서는 많은 학자들은 큰 의미를 부여하기를 거부하는 경향이 있다. 우선 두 이론은 상호 영향을 주고받는 관계이고 현실적으로 큰 차이도 없다는 것이다. 우선 경험적 증거는 처방(prescriptions)을 수정하는 역할을 한다는 것이다. 그리고 다음으로 Lindblom과 같은 학자들은 실제 계획수립과정을 보면 계획수립은 이론과 같이 합리적으로 진행 또는 전개되지 않기 때문에 합리-종합계획(rational comprehensive planning)은 규범적 이론이라고 할 수 없다는 입장을 취하고 있다. Kahn(1969) 같은 학자들

도 미국에서 규범이론인 종합적 접근방식(comprehensive approach)과 실증
적 행태이론인 점증적 접근방식(incremental approach) 간의 차이(distinction)
는 질적인 것(qualitative)이 아니라 양적인 것(quantitative)에 불과한 것으로
보고 있다(Faludi, 1974: 5, 49~50).

(3) 절차적 계획수립이론과 규범적 계획수립이론

계획과정이론은 또 다시 절차적 계획이론(procedural theories)과 규범적
계획이론(normative theories)으로 구분된다. 절차적 계획이론은 계획과정
의 가치중립적 방법론에만 치중한 이론을 지칭하는 데 비해, 규범이론은 계
획과정에서 가치 지향적 방법론을 중시하는 이론을 말한다(Camhis, 1979:
8~9). 절차적 계획수립이론에는 합리적 계획수립이론(rational planning
theories), 혼합주사형 계획수립이론(mixed scanning) 등이 있고, 규범적 계획
수립이론에는 교류계획(trans-active planning), 신자유주의(new right), 마르
크스이론, 소통적 또는 협동적 계획수립이론(communicative or collaborative
planning theories) 등이 있다.

계획과정이론의 경우에도 절차적 객관성 유지와 합리성 확보만으로는 계
획의 본연의 목적달성과 역할이 미흡하다는 판단하에 사회가 바람직하게 나
아가고 이상적 상태를 도달하기 위해 어떻게 해야 하는가에 관심을 갖게 되
어 규범적 계획이론(normative theories)이 대두하게 됐다. 그래서 같은 과정
적 계획이론 중 규범이론은 목적의 달성을 위한 최선의 수단과 과정만을 다
루는 처방이론(prescriptive theories) 또는 절차이론(procedural theories)과
차별된다. 규범이론은 가치지향성을 지닌다. "탈합리적 정치모형"이라고 불
리는 규범적 계획수립이론으로는 교류계획(trans-active planning), 마르크
스의 비판이론, 옹호계획(advocacy planning), 신자유주의 이론, 그리고 소
통(communicative) 또는 협력계획 이론(collaborative planning) 등이 대표적

인 사례이다. 그러나 규범이론(normative theories)과 처방이론(prescriptive theories)이 모든 면에서 완전히 분리된다고는 할 수 없다. 처방이론과 같은 과정이론의 경우에도 묵시적으로 규범이론이 추구하는 가치지향성을 피할 수 없기 때문이다.

3) 계획수립의 절차이론과 규범이론의 특성

(1) 절차적 계획수립이론

계획수립과정에 관심을 갖는 절차적 계획이론(PPT: procedural planning theory)은 과학의 합리성과 객관성을 추구하면서 발달해 온 다양한 계획이론의 집단을 의미한다. 과정적 계획이론은 계획과 과학의 밀접한 관계와 유사성을 강조하는 특성이 있다. 계획과 과학의 유사성은 "과학이 되고자 하는 계획의 열망"(the aspirations of planning to be a science)과 "계획과 과학"이 각자의 정당성을 추구하는 "추상적 원칙과 이상" 등 계획이론과 과학철학이 서로 얽힌 곳에 뿌리를 둔 유물론적 관계(material relationships)를 형성하고 있다. 절차적 계획이론은 그동안 객관성의 보루인 자연과학의 이론적 구도와 개념의 차용을 통해 과학의 한 분야로 발전해 왔다. 절차적 계획이론은 언제나 올바른 과학적 방법론을 찾아내고, 그 속에서 과학적 지식(scientific knowledge)을 획득하는 데 치중해 왔다. 계획은 과학이 추구하는 추상적 원칙과 합리성(rationality) 및 객관성(objectivity)을 갖출 때 정당성을 갖는다. 계획을 가치중립적(value-free)인 과학과 일치시키려는 노력은 많은 이론가들에 의거해 뒷받침되어 왔다.

Faludi(1973)는 계획을 정치적 목적과 공공의 참여를 수용하는 의사결정과정으로 보면서도 정책수립(policy making)을 위한 "과학적 방법의 적용"(the application of scientific methods)을 강조했다. 이밖에도 Alden과

Morgan(1974)은 계획을 사회의 문제를 해결하고 목적을 달성하기 위해 "과학적 지식을 적용"하는 작업으로 정의한다. 계획이론은 계획이 과학이 되기 위해 과학적 활동을 지배하는 법칙을 따르고 과학계에서 존중하는 모든 원칙을 받아들이는 데 치중해 왔다(Camhis, 1979: 7~9).

(2) 규범적 계획수립이론

과정적 계획이론이 과정적 합리성만을 추구하게 되면 공익의 실현이라는 계획의 원래 목적을 달성하기 어렵기 때문에 규범적 계획수립이론이 등장하게 되었다. 규범적 계획수립이론은 가치지향성을 지닐 뿐만 아니라 의사결정과정에서의 합리성의 한계에서 벗어나 새로운 의사결정방법론을 제시한다는 차원에서 "탈합리계획"(beyond rationality)이라고 부른다. "탈합리이론"의 이론적 근거는 "과학혁명의 구조"(the structure of scientific revolutions)에서 찾을 수 있다.

Thomas Kuhn(1970)은 정상과학(normal science)과 과학적 혁명(scientific revolutions) 간의 패러다임 전환을 통한 과학의 역사와 발전이론을 주장하면서 객관성(objectivity)과 합리성(rationality)의 한계에서 벗어나는 이론을 제시했다. "정상과학"이 과학계(scientific community)가 수용한 패러다임(paradigm)을 명료화(articulation)하는 것이라면, "과학적 혁명"은 낡은 패러다임을 전체 또는 부분적으로 새로운 패러다임으로 대체하는 비축적적 일화 또는 에피소드(non-cumulative episodes)라 할 수 있다. Kuhn 이론은 비합리주의(irrationalism), 주관주의(subjectivism), 심리주의(psychologism)라는 비판의 대상이 되었으나 합리이론의 한계를 극복하는 데는 유용한 이론적 기반을 제공했다는 평가를 받고 있다.

3. 절차적 계획의 유형별 계획이론

1) 합리적 계획

합리적 계획(Rational Planning)이론은 "계획을 언제나 지적이고 합리적인 행동"으로 간주한다. 계획이 합리적(rational)이 되기 위해서는 객관적인 근거를 바탕으로 대안을 만들고, 대안을 평가하고, 객관적 평가에 근거해 대안을 선택하는 합리적 계획과정(rational planning process)을 거쳐야 한다. 이 같은 맥락에서 Friedmann과 Hudson(1974)은 "계획을 의사결정이 보다 합리적으로 만들어질 수 있도록 정보를 준비하기 위해 고안된 일단의 방법론"(a set of methods)으로 규정했다. 과학적 방법론은 다음과 같은 과정의 "합리적 종합계획"(rational comprehensive planning)이론을 발전시켰다(Camhis, 1979: 30).

- 목적과 목표로 표현되는 일단의 가치체계 정립
- 목적달성을 위해 열려 있는 모든 대안의 작성과 검토
- 각각의 대안 채택으로 인한 모든 가능한 결과 예측(prediction)
- 모든 가능한 결과(consequences)를 일단의 목적 및 목표와 연계해 비교
- 목적과 목표와 부합성이 높은 결과를 지닌 대안의 선정
- 분석의 종합성 확보

합리적 계획이 가능하기 위해서는 첫째, 정확한 목적과 목표 설정이 가능해야 한다. 합리모형은 계획가들이 현실적으로 목표와 수단, 가치와 사실 간의 구분과 이들 상호간 우선순위 설정이 가능하다는 것을 전제로 한다. 둘째, 목표와 수단 간의 합목적성을 확보해야 한다. 계획목표가 분명해지면 이의 달성에 기여할 수 있는 가능한 다양한 수단이 마련되어야 한다. 셋째, 목표가 정확하게 설정되고 수많은 대안수단이 마련되면 이 중 최선의 수단을

선택해야 한다. 합리적 계획은 과학적 합리성(rationality)과 함께 의사결정 과정에서 전체적이고 완전한 체계를 지향하는 종합성(comprehensiveness)의 조건도 갖춰야 한다.

합리적 계획이 종합성을 갖추기 위해서는 네 가지 조건을 갖춰야 한다. 첫째, 합리적 종합계획은 하나의 목적(one goal)이 아니라 다원사회에 내재되어 있는 다양한 이해집단의 모든 목적(all goals)을 충족할 수 있어야 한다. 이는 합리계획은 선택된 대안이 특정한 가치관과 목적의 실현뿐만 아니라 사회의 일반목적(general goals)의 달성에도 기여할 수 있어야 한다는 것을 의미한다. 둘째, 합리적 종합계획은 미래의 바람직한 상태를 달성하는 데 필요한 모든 수단을 갖춰야 한다. 계획이 사회적 목적의 실현을 위해 필요한 행동의 과정을 고안하는 것이라면 계획이 종합성을 갖추기 위해서는 목표달성에 필요한 모든 행동과정(the complete set of actions)을 제시해야 한다. 셋째, 종합성은 목적달성을 위해 열려 있는 가능한 모든 대안과 모든 대안별 결과의 검토(examination)를 의미한다. 끝으로, 종합성은 의사결정과 관련된 모든 요소와 대안에 대해 동등한 중요성을 부여해야 한다. 정보의 비대칭(asymmetry)으로 인한 정책왜곡을 막아야 합리성과 종합성을 확보할 수 있기 때문이다(Camhis, 1979: 0~31).

그러나 합리적 종합계획 모형은 비현실적인 가정과 과도한 조건(require-ments) 때문에 실현가능성이 결여된다는 단점이 있다. Etzioni(1968)에 따르면, 의사결정자들은 합리적 종합계획이 요구하는 필요한 모든 정보를 가질 수 없다. 그는 또한 필요한 모든 정보가 무엇이고 이들이 근거가 있는 것인지 여부도 알 수 없다고 주장한다. 즉, 합리모형은 인간은 의사결정에 있어 전지전능하다는 것, 의사결정을 위한 무한한 정보와 무제한의 시간이 있다는 것을 전제로 하고 있는데 이는 전혀 현실성이 없는 가정에 불과하다는 것이다.

합리모형에 대한 비판론을 정리하면 크게 다섯 가지이다. 첫째, 합리모형은 인간능력의 한계를 인정하지 않고 있다. 합리적 종합계획은 정책결정자가 전지전능하다고 가정하지만 현실에서 인간의 능력은 누구나 제한적이므로 이는 현실성이 부족하다. 둘째, 정보의 완전한 확보와 분석이 가능하지 않다. 합리모형은 의사결정에 필요한 모든 정보의 확보와 분석이 가능함을 전제로 하나 실제로는 필요한 정보의 범위와 내용은 무한해 필요한 완전한 정보가 무엇인지 알기도 쉽지 않다. 비록 필요정보를 모두 수집한다 하더라도 이를 심층적으로 분석하는 것은 불가능하다. 셋째, 정보수집이나 평가와 관련된 비용의 제약이다. 정책과 계획의 수립은 항상 일정한 기간과 자원의 범위 내에서 수행되어야 한다. 따라서 모든 정보를 수집하고 가능한 모든 대안을 마련해 평가·선택하는 것은 비용 측면에서도 불가능하고 비현실적이다(김용웅, 1984: 5~6). 이밖에도 합리적 종합계획은 수많은 대안 중 최선의 대안을 선정하도록 되어 있으나 실제로는 최선의 대안을 선택할 수 있는 완전한 평가기준이 존재하지 않는다. 합리모델은 목표와 수단, 가치와 사실 간의 구분이 언제나 가능한 것으로 보고 있으나 실제로는 양자 간의 관계 구분이 가능하지 않은 경우가 많다(유훈, 2000: 128 재인용). 의사결정과정에서 목표와 수단(means-ends relationship)이란 독립적으로 결정된 목적 차원에서 평가되고 선정되는 것을 의미하지만, 이와 같은 관계는 사회적 가치와 목적에 대한 합의와 화해가 이루어지고 안정될 때만 가능하다. 그러나 대부분의 경우 사회적 가치와 목적에 대한 합의와 안정은 이루어지기 어렵기 때문에 고정적인 목적과 수단 간의 관계는 존재하기 어렵다는 주장까지 대두되고 있다(Lindblom, 1959: 158~169).

이와 같이 수많은 비판에도 불구하고 합리적 종합계획이론은 아직까지도 다양한 집단의 이해를 수용하고 자의적인 정책결정을 방지하며, 공공정책의 정당성을 확보할 수 있는 이상적인 접근방법의 하나로 받아들여지고 있어 완전히 배제되지는 않고 있다. 그뿐만 아니라 합리주의를 비판하는 대부분의 계획이론조차 새로운 대안을 제시하기보다는 합리주의 계획수립이론을 부분적으로 수정하고 보완하는 데서 벗어나지 못했다는 평가를 받고 있다.

2) 제한적 합리계획

합리주의적 의사결정은 정보수집 및 분석의 무제한성, 의사결정에서는 언제나 합리적인 선택이 따른다는 비현실적인 가정 때문에 현실적으로 적용하는 데 한계가 있었다. 합리적 종합계획의 한계를 극복하기 위해 Simon과 March는 조직 관리이론(organizational management theories)을 바탕으로 의사결정의 제약적 합리모형(bounded rationality) 또는 만족모형(satisfying model)을 제시하고 있다. 제한적 합리모형은 기본적으로 의사결정에서 인간의 지식, 정보, 분석과 판단 능력 등 인간의 인식능력의 한계와 자원과 시간의 제약을 인정하는 데서부터 출발한다. 그래서 현실적으로 완전한 합리적 의사결정은 불가능한 것으로 본다. 현실세계에서 의사결정은 의사결정자가 만족할 만한 대안 외에는 마련할 수 없기 때문이다. 특히 합리적 의사결정은 기본적으로 합리적 인간을 전제로 해야 하지만 실제적으로 인간은 경제적으로 완전히 합리적인 것이 아니라 개인적 경험, 선호, 외부환경과 사회적 계급의 지배적 사고 및 특수한 생존과 발전전략의 영향을 받기 때문에 객관적인 경제적 합리성에만 의존할 수 없다.

제한적 합리계획은 일단 합리적 종합계획의 의사결정과정을 지켜나가면서도 인간인지능력과 정책결정의 자원과 시간제약을 인정하면서 의사결정자가 만족할 만한 대안을 찾아내는 접근방법을 의미한다. 따라서 정보의 수집 및 분석, 그리고 대안의 마련과 평가에서도 모든 것을 종합적으로 분석한 후 최선의 대안을 선택하는 것이 아니라 만족할 만한 정보나 대안이 나오면 이것을 중심으로 의사결정을 하는 방식을 의미한다. 그래서 제약된 합리계획에서의 선택은 이미 알려졌거나 주어진 정보하에서 최적의 안을 찾는 접근방법이라 할 수 있다. 제한적 합리주의는 객관적 원칙과 기준이 불분명한 상태에서 정책결정자의 주관적인 판단에 따른 의사결정을 피하기 어렵다는 비판을 받고 있다(유훈, 2000: 129~130).

3) 분절적 점증주의

Braybrooke와 Lindbrom(1963, 1965) 등은 합리적 종합계획을 비판하면서 대안적 접근방법으로 "분절적 점증주의계획"(disjointed incrementalist planning) 및 "혼합적 탐색계획"(muddling through)의 접근방법을 제시했다. 점증주의 계획이론의 특성은 우선 의사결정에 있어 객관적인 합리성에만 의존하지 않고 제한적 정책 환경 속에서 인간지혜와 판단력의 접목을 인정하는 데 있다. 분절적 점증주의와 혼합적 탐색방식은 모두 무리한 합리주의적 의사결정방식을 거부하고 현실적 제약을 받아들여 "제한된 범위 내의 합리성"을 추구한다는 차원에서는 동일하다. 하지만 전자는 합리주의와 같이 모든 대안을 검토하기는 하나 대안의 성격에 따라 차별화된 분석을 통해 최적안을 찾아내는 데 비해, Lindblom(1959)의 혼합적 탐색방식(muddling through)은 기존 정책과 큰 차이가 없는 대안들의 지속적인 비교(successive limited comparison)를 통해 대안탐색의 범위를 좁혀 최적안을 찾아내는 데 치중한다. 점증주의의 또 다른 특성은 대부분의 공공정책의 현실적 의사결정과 같이 문제의 해결을 기존 시스템의 질서와 경험 속에서 찾으려 한다는 점이다. 이 같은 점증주의 모형의 특성을 정리하면 다음과 같다(Camhis, 1979: 39~41).

첫째, 합리주의 계획은 합의된 목적 및 가치체계의 정립이 가능한 것으로 보는 데 비해 분절적 점증주의자들은 이것을 불가능한 것으로 본다. 20세기 과학, 사회 및 정치철학에 있어 가장 영향력 있는 철학자인 Karl Popper는 『열린 사회와 그 적들(The Open Society and Its Enemies)』이라는 책에서 "사실과 가치" 간에는 밀접한 상호관계가 있기 때문에 사실과 평가 부문 간 "유토피아적 개혁"(utopian reforms)에 필요한 정도로 양자를 분리해 각각을 독자적으로 정의하는 것은 어렵다고 보았다. 점증주의자들은 이처럼 가치와 사실을 분리하기 어렵기 때문에 목표 설정에 있어 모든 가능한 가치와 목적을 다 고려할 필요가 없고, 정책선택에 필요한 정도의 가치만 평가할 수밖에 없다고 주장한다. 이와 같은 상태에서 상충하는 다양한 가치를 조정하고 합리적인 조합을 만드는 것은 현실적으로 어려울 뿐만 아니라 필요한 행동을 지연시키는 결과를 초래하므로 바람직하지 않다고 비판한다.

둘째, 합리주의 계획은 목표달성에 모든 대안의 생성과 검토가 필요하다고 주장한다. 반면, 점증주의자들은 현재의 정책과 비슷한 정책 또는 대안만 검토해야 한다고 주장한다. 사회는 점증적인 정책만 수용하므로 장기적 대안 또는 수많은 대안을 분석하는 것은 가능하지도 바람직하지도 않다는 것이다.

셋째, 합리주의 계획은 각각의 대안 선정으로 얻어지는 모든 결과의 전망(the prediction of all consequences)을 요구하는 데 비해 점증주의는 주어진 정책의 한정된 결과만을 분석할 것을 요구한다. 합리적 의사결정자들조차 관심과 흥미가 없거나 중요하지 않다고 생각하는, 또는 이해를 제대로 하지 못하는 결과(consequences)를 자의적으로 배제한다는 것이다. 비록 실수로 중요한 결과를 검토하지 못했다 하더라도 이것을 반드시 잘못된 것(bad thing)이라고 할 수 없다. 왜냐하면 극복하기 어려운 제약조건하에서 완결성을 확보하기 위해 모든 시도를 해보지 않더라도 현실적으로 관리할

〈표 2-2〉 합리적 종합계획 대 점증주의 계획의 결정요인과 제약점 비교

합리적 종합계획		분절적 점증계획
결정요인(Determinants)		
전체적(Holistic)	사회 이미지 (Image of society)	개체적(Atomistic)
제약요인(Constraints)		
협소(Narrow)	이미지의 범주 (Scope of image)	광대(Wide)
적음(Small)	상대적 자율권 (Relative autonomy)	큼(Great)

자료: Faludi(1976: 156).

수 있기 때문이다. 또한 자의성(arbitrary)은 다원적 민주주의의 기본가치의 하나인 자유의 기본 속성을 고려할 때 반드시 해롭다고 할 수는 없다.

넷째, 합리주의계획에서는 합의된 계획목적과 목표 차원에서 대안별 결과를 비교(the comparison of the consequences)하고 목적달성도에 따라 대안의 선택(the selection of the alternative)을 요구한다. 그러나 점증주의자에 따르면 합의된 목적에 따른 수단의 선택이 반드시 옳은 것은 아니다. 목적이 언제나 수단을 지배하는 것이 아니라 목적이 수단에 의해 지배될 수도 있기 때문이다. 그래서 점증주의자들은 정책목표를 미리 정하기보다는 이미 주어졌거나 쉽게 구할 수 있는 정책수단을 고려해 정립하는 것이 오히려 바람직한 정책결정이 될 수 있다고 주장한다.

한편 Faludi(1976)는 사회에 대한 이미지(image of society)를 합리적 종합계획과 분절적 점증계획을 결정하는 요인으로 보았다. 사회를 특정한 형상과 특성을 지닌 하나의 통합체라는 전체론 차원의 시각(holistic view)으로 보는 경우 종합적 합리계획을 택하게 된다. 반면 사회는 다양한 개인들의 집합체라는 원자론적 시각(atomistics view)은 분절적 점증주의 계획의

근거가 된다. 한편 사회를 좁은 시각에서 보는 "좁은 이미지의 폭"(narrow scope of image)은 합리적 종합계획에 제약요인이 되고 "넓은(wide) 이미지의 폭"은 점증주의 계획에 제약요인이 된다. 다른 말로 하면 종합적 합리주의는 "이미지의 폭"이 넓은 경우에 그리고 점증주의는 이미지 폭이 좁은 경우에 적합함을 의미한다. 종합적 합리주의는 계획기관의 전지적 역할에 의존하는 반면 분절적 점증주의는 반대의 이미지를 지닌다는 것이다. 이 밖의 계획의 제약요인은 계획기관의 상대적 자율권(relative autonomy)의 크고 작음에서 나온다. 여기서 상대적 자율권은 계획기관의 통제력의 범위를 나타낸다. 합리주의 계획에서는 "약한 상대적 자율권"이 제약요인이 되고, 부분적 점증주의 계획에서는 "강한 상대적 자율권"이 제약요인이 된다. 다른 말로 하면 합리적 종합계획은 계획기관이 상대적으로 높은 자율권을 지닐 때 적합한 반면, 부분적 점증주의는 계획기관의 상대적 자율권의 범위가 낮은 경우에 보다 적합성을 지닌다(Faludi, 1976: 156~166).

분절적 점증주의(dis-jointed incrementalism)에 대해서도 다양한 비판론이 제기됐다. 첫째, 점증주의는 기존 사회질서의 틀을 강화하고 기득권층의 이익을 대변하는 보수주의로 비난을 받고 있다. 사회문제의 해결방법을 기존의 문제의식, 정책방향 및 경험에 의존하기 때문이다. Etzioni(1968)는 점증주의 의사결정과정은 정책수정을 항의와 불만의 정도에 의존하는 것이 아니라 다양한 주체 간 상대적 힘과 권력의 변화에 의존한다고 주장한다. 그렇게 되면 계획추진과정에서 빈곤층, 소수인종, 천민 등 불이익층의 가치와 이익을 대변할 수 없다는 점을 비판한다. 둘째, 또 다른 문제점은 점증주의는 타성적이고 반개혁적(anti-innovatory)이라는 점이다. 점증주의는 과거의 지식만을 바탕으로 변화에서 안전(security)을 최대화하고 위험부담을 피하는 데 치중하기 때문이다. 물론 점증주의자들은 자신들이 반개혁적인 것이 아니며 그러한 비판은 고정된 원칙과 모든 혁신의 세부적인 부분까지

이론적 적합성을 요구하는 합리주의 계획이 받아야 한다고 강조한다. 분절적 점증주의는 기득권층을 대변하고 반혁신 지향적이며 안이한 정책결정을 조장한다는 비판을 함께 받는다(Camhis, 1979: 41~42; 유훈, 2000: 132).

4) 혼합주사형(混合走査型) 접근방법

합리주의 모형과 점증주의 계획이론의 한계가 노정되면서 대안적 계획이론의 필요성이 대두됐다. 더욱이 분절적 점증주의는 합리적 계획이론의 진정한 대안으로 거의 인정받지 못하면서 합리주의 모형은 여전히 중요한 대안으로 남게 됐다. 이 같은 여건 속에서 Etzioni(1968)는 합리적 종합계획과 분절적 점증주의를 결합한 혼합주사형 계획이론(mixed-scanning approach)을 제시했다. Etzioni에 따르면 혼합주사(mixed-scanning)란 합리주의(rationalism)와 점증주의(incrementalism)의 핵심적 요소를 혼합(mixture)한 보다 현실적인 대안으로 알려지고 있다. 혼합주사형 모형은 합리주의와 달리 모든 구체적 내용까지 분석하는 이상향적 완벽주의를 추구하지 않으면서도 기존 시스템에만 의존하는 반개혁적인 성향인 한계를 극복하는 데 초점을 맞추고 있다. Etzioni(1973)는 혼합주사 접근방식을 "기상위성"(weather satellites)을 사용한 "전 세계적인 기상관측 시스템"(world-wide weather observatory system) 설치사례를 통해 설명하고 있다. 즉, 혼합주사형 접근을 위해서는 2개의 카메라가 필요하다. 하나는 하늘 전체를 포괄할 수 있는 넓은 앵글(wide angle)을 지닌 카메라이고 다른 하나는 넓은 앵글의 카메라에 나타난 한 지점에 대한 심층적 점검이 가능한 카메라이다. 혼합주사형은 합리적 접근과 점증적 접근 두 가지 접근방식의 조합을 통해 기상상태를 점검하는 체계이다. Etzioni(1968)의 혼합주사형 접근방법의 핵심은 의사결정과정을 일련의 근본적 접근(A형) 유형과 지엽적 접근(B형) 유형으로 구분해 적용하는 것이다(Camhis, 1979:

〈표 2-3〉 혼합주사형의 두 가지 접근방식

A형 의사결정	B형 의사결정
• 상위계층의 근본적 의사결정과정 　(higher-order fundamental policy-making process) • 근본적 의사결정(fundamental decisions) • 포괄수준(상위전략수준)(all-encompassing level) • 가치와 목적(values and goals)	• 점증적 의사결정과정(incremental process) • 점증적 의사결정(incremental decisions) • 고도의 상세수준(highly detailed level) • 목표(objectives)

자료: Etzioni(1968: 238). Camhis(1979: 57~58) 재인용.

57~58).

　A형의 근본적 의사결정(fundamental decisions)이란 다음과 같이 상호 연계성이 높은 다양한 단계의 결정을 의미한다.

- 보다 세부적인 검토가 필요한 주요 문제의 정의
- 앞으로 추진할 주요 개략적 대안의 선택
- 전략수준과 고도의 상세수준을 구분, 검토시간과 자원의 배분
- 목적에서 정해진 방향의 지속 추진 또는 중단 후 목적의 재설정 여부 결정
- 목표의 설정

　Etzioni의 설명을 보면 혼합주사형 접근방법은 합리주의와 점증주의의 혼합임에도 불구하고 실제로는 합리주의에 보다 경도되어 있다고 할 수 있다. 예를 들면 비록 같은 상세수준의 검토는 요구하지 않으나 혼합주사형은 가치와 목적의 설정을 위해 열려 있는 모든 대안의 검토를 요구하기 때문이다. Etzioni(1968)는 혼합주사형 계획을 보다 분명히 설명하기 위해 계획가들이 따라야 할 의사결정의 단계를 전략적 단계, 집행이전단계, 집행 중 점검단계, 자원과 시간배분 규칙설정 단계 등 4단계(steps)로 제시하고 있다 (Camhis, 1979: 58~59).

① 전략적 단계
- 모든 연관된 대안의 리스트 작성

- 간단하게 대안을 검토한 후 특별한 반대와 손해가 발생할 대안 제거
- 1개의 대안이 선정될 때까지 점차 상세수준을 높이는 검토 지속

② 집행이전단계
- 집행을 몇 개의 연속적인 단계(serial step)로 구분
- 집행을 위한 책임사항을 몇 개의 연속적인 단계로 구분
- 자산배분을 몇 개의 연속적인 단계로 구분
- 비용이 높고 번복이 어려운 의사결정은 뒤로 배치
- 정보의 추가적 수집과 처리를 위한 일정 마련, 추가 정보가 필요한 경우 보다 포괄적인 수준(serial step)으로 되돌아감

③ 집행 중 점검단계
- 첫 단계인 전략적 단계를 끝내고 집행단계로 이어진 후 세부적 집행부문에 대한 중간수준(semi-encompassing level)의 점검 추진
- 점증적 의사결정단계별 필요 시 일괄 점검 추진
- 비록 모든 것이 잘되는 경우에도 결정된 간격으로 전반적인 점검을 확실히 추진

④ 자원과 시간배분 규칙설정 단계
- 일괄검토(scanning)의 다양한 단계별 자산 및 시간의 배분 규칙

5) 최적모형

Dror(1964)가 말하는 최적모형이란 합리주의 계획이 지향하는 이상주의와 현실주의를 접목했다는 점에서는 점증주의나 혼합적 탐색모형과 큰 차

이가 없다. 그러나 현실의 제약을 단순 수용하기보다는 현실의 제약 속에서도 합리성과 경제적 효율성을 강조한다는 차원에서 점증주의와는 차별화되고 있다(유훈, 2000: 135~136). 첫째, "최적모형"은 합리성 제고를 강조한다. 합리성 제고를 위해서는 목표의 보다 명확한 정의와 함께 광범한 새로운 대안의 개발과 각 대안의 비교분석을 강조한다. 이를 통해 점증모형의 한계인 문제해결의 타성적 대응, 혁신저해의 문제를 극복하고자 한다. 둘째, 최적모형은 계획과정에서 인적, 물적 자원의 한계를 인정하고 "경제적 효율성" 또는 경제적 합리성을 강조한다. 셋째, 최적모형은 정책결정구조와 집행과정의 지속적인 검토, 평가를 통해 정책결정능력도 최적의 수준으로 높일 것을 주장한다. 그러나 최적모형은 의사결정에 있어 합리성의 요소뿐만 아니라 인간의 직관과 판단력 등 초합리적 요소를 받아들이는 차원에서는 점증주의 등 합리주의 대안이론과 공통적 유사점을 지닌다. Dror의 최적모형은 한마디로 합리주의와 점증주의의 적당한 혼합(muddling through)의 한 형태로서 각 의사결정 단계별로 구체적인 기준과 원칙을 제시하지 못한다는 비판을 받고 있다. 모든 계획이론은 이상주의와 현실주의의 한계와 장단점을 지니고 있어 계획가들은 비판 없는 수용을 경계하고 있다. 따라서 계획가들은 다양한 계획이론을 구체적 상황과 현실적 제약 속에서 실행가능성과 효과 등을 점검해 공동선을 극대화할 수 있는 방안을 찾는 노력을 멈춰서는 안 된다. 최적모형이 제시한 정책결정의 8단계를 소개하면 다음과 같다(유훈, 2000: 136).

- 1단계: 가치, 목적, 결정기준을 보다 명확히 해야 함
- 2단계: 문헌조사, 경험, 이론을 통해 새로운 대안을 제시하기 위해 노력해야 함
- 3단계: 대안 비교 분석에서 리스크 최소화 전략과 쇄신전략 중 바람직한 전략을 선택해야 함

- 4단계: 최소 리스크 전략은 점증주의를, 쇄신주의는 경제성을 감안한 합리주의적인 대안을 비교해야 함
- 5단계: 최적정책은 1~4단계를 통해 전문가 간의 합의에 도달하도록 노력해야 함
- 6단계: 다시 한 번 종합적인 분석이 필요한지 여부를 결정하기 위해 의식적으로 노력해야 함
- 7단계: 문제의 성격과 이용가능성에 따라 합리적 요소와 초합리적 요소를 혼합해야 함
- 8단계: 정책결정의 질적 수준을 향상하기 위해 지속적·체계적으로 노력해야 함

4. 규범적 계획수립이론

1) 교류계획

Etzioni는 혼합주사형 모형에서 각 이론이 지닌 최선의 요소를 혼합해 합리주의와 점증주의의 한계를 극복(transcend)하려 했다. 그러나 Friedmann은 한 단계 더 나아가 계획이론을 처음부터 다시 생각해야 한다는 차원에서 배분과 혁신 모두에 적용이 가능한 유연한 교류계획(trans-active planning) 개념을 제시했다. Camhis(1979)에 따르면 Friedmann은 그동안의 계획이론들은 F. W. Taylor의 과학적 관리론(Scientific Management)의 탄생 이후 죽었다고 볼 수 있는 "성장과 발전은 동일하며" "목적은 분명"한 것으로 보는 전통적 계획이론에서 벗어나지 못했다고 비판하면서 대안으로 교류계획이론(trans-active planning)을 제시했다. 교류계획은 개방성과 유연성이

높아 자원배분(allocation)과 개혁(innovation) 모두에 적용 가능하고 경직적인 낡은 계획개념의 한계를 극복할 수 있다. 교류계획은 전문계획가(technical planners)와 고객(clients) 간 소통의 간극을 해소하기 위해 제시된 이론이다.

교류계획의 핵심요소(main elements)는 개인 간 관계(interpersonal relations)를 바탕으로 한 대담(interpersonal dialogue)과 사회적 학습(social learning)이다. 교류계획은 개인 간 관계를 바탕으로 한 대담에 있어서 급진적 개방성(radical openness)과 단절 없는 개인적 상호관계를 통해 지식을 행동으로 변화시키는 역할을 한다. 처음부터 결정된 목표나 수단을 수용하는 것이 아니라 계획가나 고객이 열린 자세로 토론과 대화를 통해 학습을 하고 이를 바탕으로 지식을 변화시키고 행동으로 연결되도록 하는 것을 목적으로 한다. 교류계획은 계획의 경제적 가치보다는 인간의 가치와 행태, 협력을 통한 학습과 발전 등 개인적 수준의 주관적인 사고와 도덕적 판단과 행태를 중시한다. Friedmann(1973)은 교류계획에서 진정한 해결이란 "계획가와 고객 간의 기본적인 관계를 재구축"하는 것으로 보았다. 계획가와 고객 간의 관계변화는 "사회의 재구축"(reconstruction)을 가져올 수 있기 때문이다. 그러나 사회가 재구축되려면 사회구성원의 재교육과 사회 전체가 배워나가는 학습사회(learning society) 형성이 필요하다.

Friedmann의 교류계획이론은 역사란 "낡은 지식"이 이론과 실제의 상호작용을 통해 "새로운 지식"으로 대체되는 "사회적 학습"(social learning) 또는 "실험적 진화"(experimental evolution)의 과정이라는 역사관을 기초하고 있다(Camhis, 1979: 74). 그러나 교류계획이론은 실천의 문제와 논리적 모순과 한계를 지닌 것으로 지적되고 있다. Friedmann은 학습사회를 구축하기 위해서는 사회구성원이 역량(faculty)을 갖춰야 하기 때문에 교류계획의 성공적 추진을 위해서는 사회구성원의 재교육이 필요한 것으로 보았다. 그런데 사회구성원을 재교육한다면 누가 교육을 할지, 사회를 학습하도록 하는 일은 누가 담당할지, 현재의 정치-사회적 시스템하에서 이것이 어떻게 가능한지 등 이론의 실천성과 정당성에 대해서는 근본적인 의문이 제기되고 있다. 물론 Friedmann은 구체적인 실천방법으로 자율성과 책임성을 지닌 소규모의 "과업 지향적 집단"(task-oriented groups)과 "학습세포"(learning cell)의 계층적 구성과 운영방안을 제시했으나 근본적인 비판을 잠재우지는 못하고 있다. 교류이론은 사회구성원과 사회 간 학습의 인과성에 대한 논리의 모순이 있는 것으로도 지적되고 있다. 예를 들면, Friedmann은 "학습사회"(learning society) 조성을 위해서는 이를 가능하게 하는 사회구성원의 역량(faculty)이 필요함을 강조하면서도 사회가 학습주체라는 주장을 하고 있다. 만약 Friedmann의 주장대로 사회가 스스로 학습하는 주체가 된다면 사회구성원의 재교육 없이도 학습사회의 형성이 가능하다는 논리가 성립하는 모순이 발생한다(Camhis, 1979: 75).

2) 마르크스계획이론

마르크스 이론가들은 도시계획을 "분절화된 도시현상"(segmented urban reality)을 조정(manipulation)하고 이를 뒷받침하는 통제된 공간(controlled space)을 조성하는 역할을 담당하는 「자본주의」(capitalism)와 「국가」(state)의 전략적 수단 또는 도구(strategic instrument)로 본다(Camhis, 1970: 90). 마르크스이론의 전제는 처음부터 계급(classes)과 착취(exploitation)의 존재와 경제와 사회적 현상 간에 밀접한 관계가 있다는 가정에서 출발한다. 그러나 자본주의 계획은 현실의 인식과 분석과정에서 이와 같은 변증법적 유물론적 요소를 고려하지 않기 때문에 부분적이고 정치적일 수밖에 없다는 것이다. 마르크스이론(Marxist theory)과 부르주아이론(bourgeois theory) 간에는 방법론적 차이가 아니라 무엇이 현실(reality)인가에 관한 존재론적

(ontological) 차이가 존재한다. 마르크스계획이론에서 계급은 분석의 대상이고 방법론이다. 따라서 계급의 존재를 인정하지 않는 사회-경제적 현상과 관계에 대한 분석은 편향적, 부분적, 피상적 또는 허위의 설명(false explanation)으로 귀결될 수밖에 없다. 마르크스계획이론은 근본적 원인에 대한 대책이 없는 현실의 정당화나 작동에 필요한 전략의 마련 및 문제의 해결방안을 찾는 일에는 관심을 두지 않는다는 비판을 받는다(Camhis, 1970: 113).

마르크스주의자들의 계획이론(Marxist planning)을 이해하기 위해서는 국가(state)와 도시(urban areas)에 대한 그들의 인식을 이해해야 한다. 마르크스주의자들에 따르면, 첫째, 국가는 "부르주아(bourgeoisie)의 억압적 통제수단"(repressive arm)이다. 그들은 국가를 지배계급(the ruling class)의 억압적인 막강한 힘의 표현물로 본다. 둘째, 국가는 "계급구조의 안정성을 보장 및 강화하는 제도적 도구"(instruments)이다. 그래서 마르크스주의자들은 권력 집단의 영향력과 이들 상호간의 네트워크 관계에 관심을 갖는다. 셋째, 국가는 "이상적인 집합적 자본가"(ideal collective capitalist)이다. 그래서 국가는 자본주의 재생산을 위한 조건을 만들어내고 필요한 간섭을 하는 데 치중한다. 끝으로 마르크스주의자들은 국가를 "결합(cohesion)의 요인"(factor)으로 본다. 국가는 계급적 지배를 제도화(sanctioning)함으로써 사회적 구성의 결속과 통일(unity)을 이루어내는 역할을 한다는 것이다.

마르크스주의자들의 가장 핵심적인 국가관은 "이상적인 집합적 자본가로서의 국가"이다. 비록 자본은 다양하고 상호 경쟁관계를 유지하나 잉여가치와 이익(surplus value and profit)의 창출을 가능하게 하는 근본요인(basic factors)에 의존한다는 것이다. 마르크스주의자들에 따르면 자본주의는 생산과 관련된 내재적 모순을 지니고 있어 본질적으로 불안정(unstable)할 수밖에 없다. 그래서 국가는 민간 기업이 이익을 남기면서 제공할 수 없는 하부구조 공급, 국가적 경제공간의 방어를 위한 군사력 확보, 사유재산 육성과 보호를 위한 법적체계 및 자본과 노동 간 갈등과 계급투쟁의 완화와 규제를 통한 안정성(stability)을 확보하는 역할을 한다(Hay, 1999; Allmendinger, 2002: 73). 마르크스주의자들은 국가를 공간분석의 필수적 중심점(crucial focus)으로 다루고 있다. 국가는 현재 자본주의 사회를 규정하는 권력관계 네트워크의 핵심 결절거점(key nodal point)이기 때문이다(Allmendinger, 2002: 73).

한편 마르크주의자들은 도시지역을 자본주의의 구성요소(constituent)와 반사적 표현물(reflective)로 본다. 이들 이론에 의하면 도시지역은 자본축적(capital accumulation)의 다이내믹을 반영하고 보다 효율적인 공간을 조성해 이익창출을 증대하도록 지속적인 압력을 받는 존재라 할 수 있다. 아울러 도시는 지속적 자본축적을 위해 자본과 노동의 집중을 위한 조건을 제공하고, 특히 노동과잉상태에서도 국가가 노동에 대한 규제(regulation)와 통제(control)를 가할 수 있는 활동무대(arena)를 제공한다. Harvey(1973; 1989)는 노동과 재화시장은 공간적 속성(spatial dimension)을 지닌 것으로 본다. 사람들은 도시, 즉 어떤 장소(places)에서 살고, 먹고, 일을 하므로 자본주의는 결과적으로 이러한 패턴과 관계를 맺을 수밖에 없기 때문이다. 그래서 자본의 축적과 도시화의 전개는 함께 갈 수밖에 없다. 이같이 마르크스주의자들은 도시와 자본 간의 공생적 관계(symbiotic relationship)를 강조한다. 도시와 자본 간의 공생적 관계를 이해해야 정부의 도시, 즉 토지이용 및 부동산 개발에 관한 정책과 간섭의 이유를 파악할 수 있기 때문이다. 마르크스주의자에 따르면 도시계획은 자본축적과 지배계층의 이익을 위한 수단에 불과하다(Allmendinger, 2002: 76~77).

마르크스주의자들은 자본주의적 계획이론이 과정적 합리성(procedural rationality)을 전시품(shop-front)으로 활용함으로써 시장 메커니즘 논리를 숨긴다고 비판한다. 대표적인 사례가 영국도시의 성장억제를 위한 그린벨

트정책이다. 영국의 도시성장억제정책은 도시의 평면 확산(urban sprawl)은 막았으나, 비산형(leap-frogged) 교외 개발로 직장과 주택 간 거리를 더욱 멀어지게 했고, 토지 등 부동산가격 상승과 인플레션을 초래해 결과적으로 부(富)의 불균등한 배분을 가져왔다(Allmendinger, 2002: 84~85).

마르크스계획이론은 기존 계획이론의 대안으로까지 발전하지는 못했으나 프랑크프르트학파와 함께 비판이론(critical theory)의 한 축을 담당하면서 기존 계획이론에 상당한 영향을 미쳤다고 볼 수 있다. 첫째, 마르크스계획이론은 사회-경제적 현상에 대한 이해의 폭을 넓히는 데 기여했다. Bolan (1974)은 미래의 계획이론이 추구해야 할 필수적인 과제로 일차적으로 계획용어(language of planning)의 개선과 함께 사회적 지식(social knowledge)의 확대(broadening)를 제시했다. 여기서 사회적 지식의 확대란 인간(man), 자연, 사회적 세계(social world) 상호간의 변증법적 상호관계(dialectical relationships)에 대한 의식(awareness)을 의미한다. 둘째, 마르크스계획이론은 계획에 있어 소통역량에 대한 관심과 이해를 증진시키는 데 기여했다. 계획은 다양한 사회적 가치와 이해를 대변하고 복잡한 제도적 시스템 속에서 조정과 합의를 이루어내는 역할을 수행하기 때문에 소통역량(communications capacities)은 핵심적인 과제라 할 수 있다. Bolan은 소통역량은 복잡한 제도적 환경 속에서 진정한 학제적 접근(inter-disciplinary approach)의 과정에서 대두되는 장애(barriers)를 극복하는 데에도 필수적 요건이라고 말했다. 셋째, 마르크스이론은 계획수립과정에서 가치(values)와 윤리의식(ethics)의 중요성을 부각시키는 역할을 했다. 계획수립 및 변화과정에서 다양한 가치와 이해의 상호작용을 간과하는 경우 수많은 저항, 적대감 및 행동방해와 같은 장애에 직면하게 된다. 이 과정에서 윤리의식(ethics)과 기초적인 사회철학(basic social philosophy)은 방향을 잃고 요동치는 사회를 인도(guiding)하는 지침이 될 수 있다. 그러나 마르크스계획이론의 가장 큰 기여는 과정적 합리성을 강조하는 계획이론의 문제를 보는 시각을 넓혀줬다는 점이다. 가치의 문제와 사회의 구조적 특성을 이해하지 못하는 경우 현실(reality)의 진정한 본질을 깨닫지 못할 위험이 있기 때문이다(Camhis, 1979: 114~115).

3) 신우파 계획수립이론

(1) 신우파 계획이론의 대두배경

신우파 계획이론(new right planning theory)은 1980년대 영국과 미국에 신자유주의 정부가 들어선 이후 미국과 영국은 물론 네덜란드, 벨기에, 덴마크, 노르웨이, 캐나다, 일본 등 많은 나라에서 실질적인 영향력을 발휘해 왔다. 1980년대 이후 서구를 풍미해 온 신자유주의 이론은 공공선택이론(public choice theory), 자유주의 또는 신자유주의(liberalism or neo-liberalism), 사회적 권위주의(social authoritarianism) 또는 보수주의(conservatism) 등 상이한 이론적 특성을 지니고 있다. 비록 상이한 이론적 다양성에도 불구하고 신자유주의 계획이론은 시장지향적인 경쟁력 있는 국가(market-oriented competitive state)를 지향하는 자유주의(liberalism)와 강력한 권위주의적 국가(authoritarian strong state), 즉 보수주의(conservatism)라는 두 가지 이론적 갈래(strands)의 조합(combination)에 기반을 두고 있다. 신우파(new right)의 "신"이라는 접두어는 그동안 전통적으로 분리되었던 자유주의와 보수주의를 결합한다는 뜻을 지니고 있다. 자유주의와 보수주의가 결합된 개념이 공공정책의 이론과 집행차원에서 적용되면서 계획에도 영향을 미치게 됐다. 상이한 이론적 갈래의 결합은 신우파이론의 특성이다. 그러나 상이한 이론의 결합은 신우파이론의 어려움(difficulties), 모호성(ambiguities) 및 모순(contradiction)을 초래한 것으로 지적되고 있다(Allmendinger, 2002: 93~94).

(2) 자유주의적 신우파이론

1980년대 이후 영국과 미국의 자유주의적 신우파이론은 시장 메커니즘의 우월성을 신봉하는 Milton Friedman과 Friedrich von Hayek의 이념과 이론에 큰 영향을 받았다. Hayek는 다음과 같은 네 가지 논리를 근거로 시장의 우월성과 개인과 정치적 자유에 제약을 가하는 정부의 개입은 최대한 낮춰야 한다고 주장했다. 첫째, 중앙계획(central planning)은 위험하고 비효율적이다. 이것은 시장을 간섭하고, 개인의 자유를 축소하며, 국가적 제도의 자유재량을 키움으로써 법의 지배(the rule of law)를 약화시킨다. 특히 간섭은 예외 없이 보다 많은 국가적 통제 수요를 유발한다.

둘째, 사회는 축소가 불가능한 복잡계이기 때문에 시장의 상호작용이야말로 사회를 만족시키는 자연적 질서(spontaneous order)를 이끌어내는 메커니즘이라 할 수 있다. 자연적 질서는 의도적 계획이나 설계의 결과가 아니라 인간의 자유 활동에 의해서만 만들어지기 때문이다. 계획가는 사회의 극히 한정된 부분만을 알고 있기 때문에 사회를 복제(replicate)하려 해서는 안 된다.

셋째, 시장과 시장 메커니즘은 자원배분에 있어 핵심적인 역할을 한다. 사회의 복잡성은 인위적인 계획을 통한 다양한 인간 활동의 조정을 불가능하게 한다. 그러나 사회활동을 통해 얻어진 지식을 이용하는 자유롭고 경쟁적인 시장은 가격 메커니즘을 활용해 사회적 편익을 높이는 행동의 조정을 가능하게 한다.

끝으로 정부와 국가의 개입은 법에 의한 지배의 보장과 인프라 공급과 국가 방위, 분쟁의 조정 등에 한정해야 한다. 국가는 사전에 합의가 이루어진 규칙(rules)의 제정을 통해 시장에 개입해야 한다. 개인들은 이같이 주어진 게임의 법칙에 따라 자신의 목적과 욕구를 자유롭게 추구할 수 있어야 가장 효율적인 자연적 질서를 형성할 수 있다. 따라서 정부의 권력은 개인의 노력을 의도적으로 좌절시키는 데 사용되어서는 안 된다(Allmendinger, 2002: 95~96).

이와 같은 자유주의적 신우파이론을 근거로 Hayek는 다음과 같은 한정된 조건하에서 계획의 정당성을 인정한다.

첫째, 도시계획이 정당화되기 위해서는 토지시장의 실패가 존재해야 한다. 비록 시장 실패가 있다 하더라도 도시계획은 불완전한 토지시장의 교정을 위한 실천적 수단이 될 때만 정당화될 수 있다. 시장 실패에도 불구하고 실천적 수단이 없이 시장 메커니즘을 대체하려는 계획은 정당성을 지니지 못한다. 이는 문제해결에 있어 시장과 가격 메커니즘이 필수적임을 의미한다.

둘째, 인접효과(neighborhood effects)가 있어야 한다. 도시 내 토지나 부동산은 자체적 속성만 가지고는 제 기능을 수행할 수 없다. 도시계획은 도시 내 토지나 부동산이 제 기능을 할 수 있도록 인프라 공급 등 제반 여건마련 기능을 할 때만 정당성을 지닐 수 있다. 따라서 인접효과가 불확실한 분야에 대한 정부의 개입은 정당화되기 어렵다.

셋째, 정부개입은 법에 의한 지배로 최소화해야 한다. 공공기관과 관료들은 중립적이지도 않고 사적이해와 무관한 것도 아니다. 모든 개인은 합리적이고 자기이해 중심적인 주체이고 이러한 개인적 속성은 투표자, 정치인 및 관료의 정치적 행태를 결정한다. 공공선택학파는 공공기관과 관료의 선택적이고 자유재량에 따른 판단을 최소화할 것을 강조한다. 정치적 제도는 자기이해에 민감한 정치인과 관료집단의 활동에 제약을 가하고 개인의 자유를 촉진할 수 있도록 고안되어야 한다. 개인들이 자기만의 의사결정에 있어 최대한 자유를 행사할 때 공공재의 사회적 편익이 극대화되기 때문이다 (Allmendinger, 2002: 95~96).

(3) 보수주의적 신우파이론

보수주의적 관점(conservative strand)은 자유주의적 관점과 달리 권위(authority)를 중시한다. 대처 수상이 했던 주장, 즉 "질서(order) 없이는 자유(freedom)도 없다. 권위 없이는 질서도 없다. 범죄, 폭력 또는 협박에 머뭇거리고 힘을 행사하지 못하는 권위는 지속할 수 없다"는 주장이 보수주의를 대변한다(Allmendinger, 2002: 100 재인용). 권위와 질서 유지가 가능하기 위해선 첫째, "법에 의한 지배"가 강화되어야 한다. 여기서 자유주의와 보수주의는 신우파이론에서 접점을 찾는다. 두 번째 접점은 관료들에 대한 불신이다. 보수주의에서도 관료들은 자기이익 중심적이고 사회적 민주주의와 복지 개념을 옹호하는 집단으로 인식된다. 그럼에도 불구하고 자유주의와 보수주의가 결합된 통일된 이론을 제시하는 데는 한계가 있다는 지적이다. Beesley(1986)는 자유주의와 보수주의 이론의 갈래를 다음과 같이 구분한다. 자유주의(liberalism)는 개인의 선택의 자유, 시장 안정성과 최소정부를 강조하는 데 비해 보수주의(conservatism)는 강한 정부, 사회적 권위주의, 규율 있는 사회, 계층성과 순종(subordination)을 강조한다. 신우파이론은 최소정부와 법에 의한 지배 등 이질적인 두 개념을 포괄하는 역할을 하고 있다.

(4) 신우파이론의 계획적 적용

신우파가 하나의 계획이론을 형성할 수 있는가에 대해서는 논란이 있다. 대부분의 계획이론은 정부의 개입주의에 대해 우호적인 데 비해 신우파이론은 본질적으로 국가와 계획에 적대적이다. 그러나 신우파이론은 계획의 목적과 역할에 대한 대안적 시각을 부여한다는 차원에서 계획이론의 한 줄기가 된다고 볼 수 있다. 기존의 계획은 도시지역에서 형성되는 복잡다기한 수많은 특성과 관계를 반영할 수 있을 정도의 유연성을 갖추지 못했다는 관점에서 신우파적 계획은 시장의 활동으로부터 자연스럽게 대두되는 다양성을 촉진하는 데 치중하고 있다. 신우파 계획은 영업활동(business)을 경직적인 유형(categories)으로 분류해 토지를 거기에 맞춰 배분하는 기존 시스템을 비판하고 대신 시장기능을 강화하는 데 치중한다. 예를 들면, Anthony Steen(1981)은 시장 메커니즘이 토지용도의 배분에도 최선이기 때문에 경직적인 용도제(zoning)를 포기하고 모든 형태의 계획적 규제를 철폐하고 구조계획을 폐지할 것을 주장한다(Allmendinger, 2002: 103~104).

신우파는 현재의 계획을 적용하는 데 대한 비판과 함께 다음의 두 가지 건설적인 대안을 제시한다. 첫째는 토지이용규제를 시장 지향적으로 전반적인 구조적 개혁(wholesale structural reform)을 하자는 것이고, 둘째는 구조적 개혁을 통한 상이한 공간적 요구에 맞는 상이한 수준의 통제방식을 도입하자는 것이다. 공간적 차별성(spatial differentiation)에 바탕을 둔 대안적 제도는 다음의 세 가지 용도구역(zones)에 기초하고 있다. 제1유형의 용도지역은 제한구역(restricted zone)이다. 비록 절차는 단순화되고 관리가 중심이 된다 하라도 제한구역에 대해서는 현재와 같은 통제가 존재한다. 제2유형은 도시 내 산업지역으로서 유일한 규제는 안정, 공중보건, 오염 및 공해(nuisance)의 통제에 한정된다. 제3의 유형은 기타 주거 등 일반구역으로서 강한 규제와 자유로운 산업구역의 중간 정도의 규제가 행해지는 구역이다. 신우파의 대안적 계획 접근방식의 공통의 원칙은 법규, 계약 및 제3자 보험 등에 기초한 제도를 중시하는 법의 지배(rule of law), 중앙주도 접근방식, 그리고 시장의 투자결정에 도움이 되는 정보의 제공 및 규제 최소화를 의미하는 시장지향성을 들 수 있다.

신우파계획이론의 실천으로 나타난 대표적인 변화가 1984년 제안된 영국의 단순화된 계획용도제이다. 1947년 도시 및 농촌계획법(Town & Country Planning)이 제정된 이래로 영국의 계획 시스템은 지침(guidance) 및 정보

<表 2-4> 대안적 계획 접근방법의 공통원칙

원칙	내용
법의 지배 (rule of Law)	법규(tribunals), 계약(covenants), 제삼자 보험(third party insurance)에 기초한 제도
중앙집권화 (centralization)	지방자유재량 없는 중앙주도 방식
시장 지향성 (market orientation)	시장의 투자결정을 지원하기 위한 정보제공 및 규제 최소화

자료: Allmendinger and Thomas(1998); Allmendinger(2002: 106).

(information)에 의거해 뒷받침되어 왔다. 개발제안에 대한 결정은 개발계획에 따른 개발제안의 장점 또는 성과(merits)에 바탕을 두었다. 영국의 계획제도는 계획 자체가 허가를 보장하지 않는다. 허가의 승인과 거부는 상당 수준의 재량에 의해 결정된다. 단순화된 용도제도(SPZs: simplified planning zones)는 계획(plan)과 허가의 결합을 강화한 제도로서 지방행정당국(local authorities)의 재량권을 제한하고 계획허가를 사전에 획득하도록 하는 법의 지배원칙을 강화한 제도라 할 수 있다.

그러나 단순화된 계획용도제도(SPZs)는 다음과 같은 네 가지 이유로 큰 성과를 거두지 못했다. 첫째, 계획용도제가 무엇을 목적으로 하고 어떤 지역에 적합한지 등 지침(guidance)이 모호했다. 그래서 많은 지방당국이 이 제도의 적용을 회피했다. 둘째, 자유주의적 "규제완화의 가정"(de-regulatory assumptions)이 의심을 받기 시작했다. 기업, 토지소유자 및 개발업자들은 시장 메커니즘이 제공하는 확실성보다는 법의 지배에 의거해 결정되는 확실성을 선호했기 때문이다. 셋째, 실천과정에서 확실성(certainty)과 융통성(flexibility)이라는 의미가 모호한 용어가 제기되었는데, 용도지구에서 두 가지 개념이 함께할 수 없기 때문이다. 예를 들면, 융통성이란 다양한 토지이용과 개발의 허용을 의미한다. 그런데 융통성을 허용하는 것은 인접 토지소유주에게 불확실성의 증대를 의미하기 때문에 충돌이 발생한다. 넷째, 왜 어떤 권한은 중앙집중으로 행사되고 다른 것은 그렇지 않은지 불분명했다. 만약 지방계획당국의 재량권 행사가 문제라면 중앙정부에는 왜 일정수준의 재량권을 허용하는가 등이다. 이것은 자유재량을 거부하는 자유주의와 중앙집권적 재량권을 어느 정도 허용하는 보수주의에 바탕을 둔 신우파이론의 한계로 볼 수 있다(Allmendinger, 2002: 109~110).

(5) 신우파 이론의 제약과 문제점

신우파이론은 개념상의 혼란, 계획이론으로서의 체계성 부재, 실용성 결여 등의 비판을 받고 있다. 가장 대표적인 이론적 결함은 특히 토지와 관련된 시장의 비효율성(inefficiencies)이라 할 수 있다. 시장은 다수의 판매자 및 구입자, 동질의 재화(identical goods), 충분한 정보 및 생산, 노동 및 소비에 대한 완전한 이동성 등 다양한 전제조건을 갖춰야 제 기능을 수행할 수 있다. 그러나 토지시장은 시장의 기본조건을 갖추지 못해 토지에 시장원칙을 적용하기에 한계가 있다. 시장 접근방법의 또 다른 문제점은 재산, 즉 토지 소유자와 비소유자 간의 혜택의 차별로 인해 부의 배분과정에서 불평등을 확산시킨다는 점이다. 끝으로 신우파이론은 시장을 무결점으로 인식하나 실제로는 토지시장에서 보듯이 시장은 비생산성을 초래하는 불확실성이 너무 크다는 점이다. 이 같은 이론적 문제점 외에도 신우파의 계획이론은 실제 적용상 제약이 크다. 우선 우파이론은 시장에 대한 개입(intervention)을 정당화하는 외부성(externality)을 정의하는 것조차 불분명하다는 지적을 받고 있다. 신우파이론은 단순화된 계획용도제의 사례에서 본 바와 같이 경제(economic)와 환경적 기준(environmental criteria) 간의 대립과 법의 지배와 중앙집권(centralization) 간의 대립(conflicts)을 노정했다. 즉, 보수주의자들은 사회적 불균형을 위해 강한 정부를 인정하면서도 정부의 합법적인 활동에 대해서는 지속적인 비판을 제기하는 모순을 범해왔다. 신우파이론은 마르크스이론과 같이 경제, 관료 및 국가의 역할 등 시민사회(civil society)의 많은 문제점을 찾아내고 유용한 비판론을 제시하는 데는 기여했으나 적용에는 근본적인 제약과 모순(contradictions)을 초래한 것으로 평가되고 있다(Allmendinger, 2002: 112~113).

4) 옹호계획

옹호계획(advocacy planning)은 계획을 정책결정을 위한 과학적 지식의 생산과 적용(application of scientific knowledge) 또는 합리적 의사결정 과정으로 보는 것이 아니라 정치적 과정을 통한 다양한 이해당사자 간의 협의, 합의 및 타협의 산물로 본다. 옹호계획은 합리계획이 초래하는 불균형과 불공평의 극복과 사회적 정의를 위한 계획과 계획가의 책임과 윤리의식을 중시한다. 옹호계획(advocacy planning)은 계획이란 합리적이고 객관적이지 않고 상당히 개인적이고 정치적일 수밖에 없다는 Davidoff(1965)의 주장에 바탕을 둔 계획이론이다. 그래서 옹호계획은 비정치적이며 기술적이고 합·리적 과정과 접근방법의 산물이라는 관점과 대립되는 개념이다. Davidoff에 따르면 "계획가"는 정부와 지역사회의 미래개발에 관해 제안된 정책과 관련된 집단, 조직 및 개인들의 이익 옹호자(advocates)로 정치적 과정에 관여할 수 있어야 한다(Allmendinger, 2002: 138). 그래야 시민들이 민주주의에 있어 능동적인 역할을 하도록 지원할 수 있다는 것이다. 옹호계획에서 계획가는 마치 대립하는 2개의 법정 사건에서 변호사의 역할을 하는 것을 의미한다. Davidoff(1965)에 따르면 옹호계획의 장점은 크게 다음의 세 가지이다(Allmendinger, 2002: 139~141). 첫째, 옹호계획은 일반대중(public)에게 그들에게 열려 있는 대안적 선택(alternative choices)에 대해 보다 원활한 정보를 제공하는 역할을 한다. 둘째, 지방당국으로 하여금 정치적 지지를 획득하기 위해 다른 계획집단(planning groups)과 경쟁하도록 촉구한다. 셋째, 그동안 지방당국의 계획을 비판해 온 집단에 대해 자신의 안을 준비하도록 촉구한다.

Davidoff 주장의 가장 큰 문제는 경쟁하는 서로 다른 계획 중에서 하나를 선택할 때 발생한다. 옹호계획이란 상이한 계획을 평가할 때의 "비중립성"(non-neutrality)을 기반으로 한다. 그래서 처음부터 비용-편익분석과 같은 기술적 분석은 배제된다. 옹호계획가는 자신의 가치를 수용할 뿐만 아니라 그러한 가치가 드러나게 되는 작업환경 속에서 일을 하기 때문이다. 또 다른 문제점은 재판과정에서 변호사는 재판장 앞에서 변론을 하고 재판장이 옳고 그름을 최종 판단하는 데 비해, 옹호계획은 상이한 계획을 판단할 시스템이 마련되어 있지 않다는 점이다. 이 밖에도 옹호계획은 실질적으로 빈곤층의 이익을 지켜내는 데 한계가 있을 수밖에 없다. 강력한 경제적 힘에 대항하기 어렵기 때문이다. 옹호계획은 사회-경제적으로 낮은 대표성을 지닌 집단에 대한 대변 서비스를 제공함으로써 그들이 다원사회의 일원으로 참여하도록 하는 데 목적을 둔 실천적 활동이다. 옹호계획은 1970년대 초반부터 대두되기 시작했다. 1970년대 중반 영국 계획가협회(RTPI: Royal Town Planning Institute)는 옹호계획을 지원하기 위해 계획지원서비스분과(Planning Aid Services)를 설치했고 1987년에는 1200명의 회원 중 400명의 계획가가 직접 옹호계획 서비스 제공에 참여했다. 그럼에도 불구하고 국가적인 재정 지원은 주어지지 않았다(Allmendinger, 2002: 148). 비록 옹호계획은 일반적인 적용에는 한계와 모순이 있을 수 있으나 빈곤층이나 사회적 불이익계층과 관련된 분야에서는 사회적 형평, 공정 및 정의의 실현 차원에서 중요한 역할을 해온 것으로 평가받고 있다.

5) 협동계획

(1) 협동계획의 이론적 배경

지속적인 변화와 복잡성이 증대되는 사회에서 합리성을 바탕으로 미래를 계획하고 의미를 찾는 일은 점차 어려워지고 있다. 정치적 과정 전반에 대한 불신, 단일 이슈에 대한 극심한 정치적 대립과 분열상황 속에서 사회적 관심분야에 대한 합의를 얻는 일은 불가능에 가깝다. 이에 따라 극도의 복잡성과 불확실성 및 분열상을 보이는 사회적 문제에 대한 계획적 접근방법 중에서 소통(communicative) 또는 협동적 과정(collaborative process)으로서 계획(planning)이 이론적 차원의 인기(theoretical popularity)를 얻고 있다. Healey(1997)는 협동계획의 접근방법이 크게 세 가지 연구로부터 영향을 받았다고 주장한다. 첫째, 일상생활에 있어 수단적 합리성(instrumental rationality)의 우월성에 대해 의문을 제기하고 다양한 인식과 사고방법의 필요성을 강조한 하버마스의 연구이다. 둘째, 언어와 기존 권력관계 뒤에 숨어 있는 의미와 성격을 규명하고자 한 Foucault의 연구이다. 셋째, 우리가 사회적 관계망 속에서 상호관계를 맺고 공존하는 방법에 초점을 맞춘 Giddens와 제도학파(institutionalist school)의 연구이다. 이 중에서도 하버마스의 연구는 소통적 접근방법으로서 협동계획의 대두에 가장 큰 영향을 미쳤다(Allmendinger, 2002: 182~183).

과학 또는 수단적 합리성으로부터 객관적 지식을 추구하려는 계몽주의적인 근대주의자(modernist)와 달리 후기 근대주의자(post-modernist)들은 급격한 변화와 분할적이고 다원적인 사회에서 지식이란 상대적일 수밖에 없음을 강조한다. 과학과 합리성에 바탕을 둔 객관적 지식을 통해서 진실(truth)을 구하려는 방식은 사회적 관계성이 중시되는 일상생활 또는 현실세계(life-world) 내의 다원적 형태의 사고와 지식 획득 활동을 억제하고 왜곡시키는 결과를 초래한다는 논리이다. Friedmann(1987)은 소위 가치중립적이라는 수단적 합리성에 바탕을 둔 제도적 합리계획(instrumentally rational planning approach)에 대해서 다음과 같은 여섯 가지 의문점을 제기했다(Allmendinger, 2002: 196).

첫째, 수단적 합리성 기반의 접근방법(instrumentally rational approach)으로 얻는 지식은 과거의 사건에 근거를 두고 있으나 계획가는 미래의 사건을 다룰 수 있는 지식이 필요하다. 그렇다면 계획가는 과거 사건의 지식이 미래를 알려준다고 주장하기 위해서는 어떤 가정을 해야 할까? 둘째, 모든 과학적 지식의 표현물인 가설(hypotheses), 이론(theories) 및 모델(models)은 현실세계를 과감히 단순화시킨 것이다. 그러나 실제 세계에서 계획은 훨씬 복잡하다. 그렇다면 진실이라는 가설이 약화되면 과학적 지식은 객관적 성격(objective character)을 잃어버리는 것은 아닌가? 셋째, 모든 과학 및 기술적인 지식은 이론적이거나 방법론적이다. 그렇다면 계획가는 어떤 기준에 의거해 경쟁관계에 있는 이론을 선택하는가? 다른 이론 대신 특정 이론을 선택하는 것은 정치적 행위가 아닌가? 넷째, 적용에 있어 결과가 다른 경우, 과학적 기술적 지식이 다른 종류의 지식보다도 우월하다는 주장할 수 있는 지식이나 근거는 무엇인가? 다섯째, 모든 경험적 지식은 증거에 관한 토론을 통해 정당성이 증명된다. 따라서 지식의 확립(construction)은 치열한 사회적 과정(intensively social process)을 통해 완성되어야 한다. 결론적으로 모든 지식은 사회적 과정을 통해 창조된다. 그러므로 과학적 지식에 의존하는 계획가는 어떤 근거로 세상에 대한 자기의 의견이 유력하고 우세하다고 할 수 있는가? 여섯째, 세상에 대한 개인 또는 공유된 믿음은 객관적 지식을 얻는 데 주요한 장애요인이 된다. 어떻게 계획가는 객관적인 지식에 접근할 수 있는 특권이 있다고 주장할 수 있는가? 행위자(actors)의 개인적인 지식이 계획가의 과학적 지식과 충돌할 때, 하나 또는 다른 하나가 본질적

으로 우월하다고 생각할 수 있는 어떤 이유가 있는가?(Allmendinger, 2002: 195)

이밖에도 그동안 계획이 추구해 온 사회적 가치로는 형평성(equity), 사회적 정의(social justice), 민주주의(democracy), 지속가능성(sustainability) 등이 있다. 합리적 계획은 전문가의 중립성을 강조함으로써 사회적 정의와 환경적 지속 가능성의 증진을 목적으로 하는 민주적 노력(democratic enterprise)으로서의 계획수립을 막는 역할을 하고 있다고 할 수 있다. 기술적이고 실천적인 조직과 지식만 가지고는 계획가는 형평성, 부의 집중적 집적, 광범한 빈곤과 고통의 영속화 문제를 다루어갈 수 없기 때문이다. 수단적 합리성은 이론적 측면에서의 제약점 외에도 실천(practice)의 한계가 매우 크다. 합리적 종합계획의 수립과정에서 계획가는 문제의 정의(problem definition), 문제의 근본원인 규명 및 대안 마련에 있어 정보, 시간, 기술, 자원의 제약과 같은 문제에 직면하게 된다. 수단적 합리성은 이론적 및 실천적 제약 외에도 정치, 경제 및 사회의 구조적인 제약을 피할 수 없다. 사회 내 권력, 투자와 행동의 능력은 불공평하게 분포되어 있고, 힘이 강한 정치, 경제 및 사회구조가 모든 것을 결정하게 된다. 특히 불분명한 정보와 명료하지 않은 목적을 지닌 사안에 대해서는 더욱 그러할 수밖에 없다. Forester(1989)에 따르면 이 경우 계획가는 사회 및 조직의 네트워크를 이용하고, 다른 기관이나 주체의 지지를 확보하고 목표를 거래하고 조정함으로써 최선보다는 성공의 기대수준을 낮춰 만족을 추구하게 된다. 이 같은 상황 속에서도 계획을 합리적인 영역에 속하는 것으로 보는 것은 모순이라 할 수 있다.

(2) 제도주의적 접근방법

한편 협동적 계획의 이론적 배경이 되고 있는 제도적 접근방법에서는 사회는 합리적 의사결정을 하는 개인으로 구성되어 있다는 신자유주의적 사회구성 가설을 거부한다. 사회는 사회적 관계망 속에서 상호 영향을 주고받는 관계 가운데 세상을 바라보고 이해하고 의사를 결정하는 개인들로 구성되어 있다는 것이다. 그래서 개인이나 공공의 의사결정에 있어 객관적 합리주의보다는 사회적 맥락(social context)이 중요하다는 것이다. 제도주의적 접근방식은 구조의 중요성을 인정한다는 차원에서 마르크스 분석과 부분적 공통성을 지닌다. 그러나 제도주의자적 접근방식은 이해관계가 얽혀 있는 가구원으로서 그리고 기업이나 기관에서 근무하는 일원으로서 그들이 사회를 바라보고, 인식하고, 행동하는 방식, 즉 관계적 문화(relation culture)에 관심을 갖는다. 제도주의자 접근방식은 우리 생활의 사회적 관계, 즉 타인과의 교류를 중시하고 이것을 통해 정체성을 확립하고 관계적 유대(social bonds) 형성을 강조함으로써 관계형성과정(relation-building process)을 중시하는 협동적 계획(collaborative planning)의 이론적 배경을 제공해 주고 있다(Healey, 2006: 55~57).

(3) Habermas의 소통적 행동이론

Habermas는 우리의 의식(consciousness) 역시 사회적으로 구축된 것으로 본다. 물질세계에 대한 우리의 이해는 우리의 사회적 인식(social perceptions)에 의해 구성되기 때문이다. 이것은 집단적 행동에 대한 문제점은 추론(reasoning)의 한 가지 방법만으로 해결할 수 없음을 의미한다. 즉, 그동안 우리가 의존해 왔던 수단적 합리성의 경제학이나 과학적 조사 방식은 모두 분쟁을 조정하기 위한 "객관적인 기준"을 제공할 수 없음을 의미한다. 우리는 토론(debate)과 교류활동(interaction)을 통해 주장의 정당성을 확인(validating claims)하고, 우선순위를 찾아내며(identifying priorities), 집단행동(collective action)의 전략을 개발할 수 있는 방법론을 찾아야 한다. 이에 대한 해답으로서 Habermas는 소통적 윤리를 지닌 소통적 행동이론

(theory of communicative action)을 새로운 방법론으로 제시했다(Healey, 2006: 49~55).

소통적 행동이론은 정치권(political communities)이 공적 분야에서 어떻게 소통하고, 참여자들이 어떻게 의견을 교환하며, 어떻게 유효한(valid) 것을 골라내고 중요한 것을 만들어내고 제안된 집단행동 과정을 평가하는가에 관심을 둔다. 이 같은 관점에서 보면, 계획(planning)은 의견교환(discourse)과 언어를 매개로 이루어지는 상호 교환적 집단적 추론(interactive collective reasoning)의 과정이라 할 수 있다. Habermas에 따르면 우리의 소통적 노력(communicative effort)이야말로 우리의 인식과 활동을 규정하는 문화(culture)와 구조(structure)를 형성하고 변화시키는 요인이다. 건설적 의견교환(dialog)과 대화(conversation)는 Habermas 이론의 핵심이다. 그래서 소통적 노력은 본질적으로 협동(collaboration)과 호혜(reciprocity)의 원칙을 받아들이는 데부터 가능하다. Habermas는 공적 영역(public realms)에 있어 공통의 관심사에 대해 공공 또는 공개적 대화(public conversations)와 토론(debates)을 할 수 있는 역량을 중시했다. 이것이 가능하기 위해서는 일방적인 대화(one-sided conversation)와 추상적 체제(abstract systems)의 기존 논리(ready made language)의 왜곡에 저항할 수 있는 방법론의 모색이 필요하다. Habermas는 다양한 사람들의 개방적 토론(open conversation)과 현존하는 정보(available information)에 기초한 논쟁(arguments)을 거치도록 하면 진실(truths)과 가치(values)에 도달할 수 있는 것으로 보았다. 만약 소통적 행동이 정직(honesty), 성실(sincerity), 사람들의 견해와 현존하는 지식에 대한 개방성(openness)의 원칙에 기초한다면 다양한 견해에 대한 상대주의(relativism)를 극복할 수 있기 때문이다(Healey, 2006: 52~53).

Habermas와 같은 비판이론가들은 자본주의가 진실을 왜곡하고 지배력을 창출하고 영속화시키는 데 치중해 왔음을 지적하고 계획가들은 진실의 왜곡현상을 찾아내어 밝히고 이를 극복하는 데 노력할 것을 강조했다. 그러나 계획가들은 일반적으로 정보 통제, 네트워크 이용, 문제 설정(framing)과 같은 메커니즘을 통해 자본주의 사회 및 정치적 관계를 재생산하는 조직을 위해 일한다. 그래서 계획가들은 시민들의 비판의식을 약화시키고 비정치화 또는 침묵화시킴으로써 시민들을 자격과 전문성을 갖춘 전문 집단에게 의존하도록 해왔다는 비판을 받고 있다. 따라서 계획가들은 그들이 기존 시스템을 영속화시키는 조직적 틀 속에서 일하고 있다는 사실을 인식해야 하고, 이를 극복할 수 있는 방안을 찾기 위해 노력해야 한다(Healey, 2006: 54~55).

협동계획은 과학적 객관주의(scientific objectivism)의 한계에서 벗어나 자유롭고 개방된 담론(discourse)을 통해 개인 간 이룰 수 있는 합의에 바탕을 둔 다른 형태의 객관성(objectivity) 또는 소통적 합리성(communicative rationality)을 제공한다. 그러면 계획에서 다양한 의견교환(discourses)의 결과물로 나타나는 소통적 합리성이란 무엇을 의미하는가? 소통적 합리성에 기초를 둔 협동계획은 서로 다른 생각들이 언어를 통해 함께 섞여 특정한 관점과 시각을 만들어내는 역할을 수행하기 때문에 하나의 계획안에는 여러 가지 경쟁하는 의견교환이 공존할 수 있다. 예를 들면 농촌지역 발전을 위해 경제적 성장을 추구하는 사람들과 농촌지역의 전통과 환경보전을 바라는 사람들이 공존할 수 있다. 소통적 합리성은 계획안에 포함되는 다양한 의견의 교환으로 얻어지는 결과물이기 때문에 계획가는 상이한 의견교환 간의 균형을 유지하는 것이 중요하다.

Healey는 결국은 상이한 논란(discourses) 간에 선택이 이루어져야 한다고 보고 있으나 협동계획에서 이러한 선택이 이루어지는 방법과 근거는 제대로 밝히지 못했다는 비판을 받고 있다. 이와 같은 비판에 대해 Healey는 다음과 같은 간단한 해법을 제시한다. 계획가는 우선 계획안에 상이한 주장이 있음을 인정해야 하고, 둘째는 선택이 이루어진 경우 어떻게 그러한 선택이 이루어졌는지 밝혀야 한다는 것이다. 예를 들면 특정한 문제에 대해 A, B, C의 주장이 있으며 우리는 B안을 선택한다. 그리고 선택 이유가 무엇인지를 밝히는 것이다. 계획안은 상이한 주장이 있음을 받아들이고 계획의 영역 밖에 있는 특정한 목적달성은 기대할 수 없음을 분명히 해야 하기 때문이다(Allmendinger, 2002: 197~198).

그러나 이 같은 논의는 모두 결과물에 대한 것이다. 소통적 합리성은 결정을 위한 규칙과 과정도 중요한 의미를 지닌 것으로 본다. Forester(1989)는 소통적 합리성을 확보하기 위해서는 다음의 능력을 개발할 것을 주장한다. 예를 들면, 계획가는 지역사회와 접촉과 연결을 위한 네트워크의 육성, 주의 깊은 경청, 시민과 지역사회 조직에 대한 교육, 기술적·정치적 정보의 제공, 비전문가의 문서와 정보에의 접근 보장, 제안된 사업에 대한 완전한 정보를 요구하도록 지역사회단위 집단의 동기부여, 집단과 일할 수 있는 기술의 개발, 협상이 시작되기 전부터 자신의 힘 키우기의 중요성 강조, 지역사회단위의 독립적인 사업검토(project review) 촉진, 정치적·경제적 압력의 예측 등에 대해 고민해야 한다는 것이다.

만약 소통적 합리성에 기초한 대안적 체계와 과정을 개발하려 한다면 다음 다섯 가지 질문에 대한 해법이 필요하다(Allmendinger, 2002: 199~200).

첫째, 특정 형태나 분야에 대한 토론이 일어나는 곳은 어디인가? 지역사회구성원은 어떻게 여기에 접근할 수 있는가? 이들은 대부분 영국의 계획법제나 절차에 나타나 있지만, 보다 적극적인 형태로 지역사회 요구에 대한 공간 및 특성을 지도로 표시하거나 확인하고 참여자들이 참가할 수 있는 다양한 계층과 유형의 논의구조를 마련하는 노력이 필요하다. Bryson과 Crosby(1992)는 가치와 관련된 전략이 마련되는 포럼(forums), 정책이 보다 구체적으로 논의되는 워크숍과 수련장(arenas), 대두된 분쟁이 다루어지는 재판장(courts) 등 세 가지 형태의 장소를 제시하고 있다.

둘째, 어떠한 형식(style)으로 토론이 일어날 것인가? 어떤 형태가 가장 개방적인 토론을 가능하게 하여 지역사회 구성원의 다양한 의견을 표현하도록 할 것인가? 여기서는 누가 언제 무엇을 말할지를 결정하는 형식(style), 이상적 연설과 통역 등과 관련된 언어(language), 목소리가 높은 사람들이 토론을 지배하지 못하도록 토론의 균형을 잡는 토론자의 배분(called-up) 등 세 가지 측면이 특별히 중요하다.

셋째, 어떻게 관심과 대책을 요구하는 수많은 복잡한 이슈, 논쟁과 주장을 논의과정에서 추려낼 수(sorted out) 있는가? 전통적인 계획과정에서는 계획가가 이런 논점을 정리하는 역할을 했다. 따라서 다른 사람의 이해를 돕는 역할을 하는 계획가는 논쟁에서 제기된 가치(values)와 도덕(morals)의 문제를 보다 진지하게 탐색하는 노력이 필요하다.

넷째, 어떻게 새로운 담론(new discourse)이 도시지역의 공간 및 환경적 변화를 관리할 수 있는 전략을 만들어낼 수 있는가? 이것이 가능하기 위해서는 과제(issues), 행동의 목적 및 비용과 편익의 평가방식을 계획가의 전문성에 의존하기보다는 논의과정에 다른 사람들(others), 즉 제3자가 개입해야 한다. Healey도 이 부분이 소통적 계획의 가장 위험한 측면이므로 새로운 담론이 규범적(prescriptive)이고 지배적(dominant)이 되지 않도록 지속적인 비판대상이 되어야 함을 인정했다.

다섯째, 어떻게 정치권은 합의된 전략이 지속적으로 비판의 대상으로 다루어지도록 하면서도 하나의 전략에 합의할 수 있는가? 반대는 언제나 있을 수 있고 이를 해결할 필요성도 존재한다. 중요한 것은 소통적 합리성이 이러한 방법과 비판을 받아들이는 수단이 되어야 한다는 점이다(Allmendinger, 2002: 199~200). 소통적 계획(communicative planning)은 1970년대 합리적 종합계획 이래 결여되어 왔던 규범적 기반(normative basis)과 계획의 존재

가치를 부여하기 위한 진전된 노력의 일환으로 제기되었다. 소통적 계획은 다양한 이해의 중재자이자 비정치적인 중재자로서 계획가와 계획의 직능분야에 대한 기존의 시각에서 벗어나 민주적 과정(democratic process)과 참여적 민주주의(participatory democracy)로서의 계획과 계획가의 역할을 강조하고 있다. 여기서 참여적 민주주의란 국민들이 직접 인적개발(human development)과 정치적 유효성(political efficacy)의 증진, 권력으로부터의 소외감 축소, 집단적 문제에 대한 관심의 증진, 그리고 공공분야에 대한 적극적인 관심과 기여 등 정치적 과정에의 참여를 가능하게 하는 정치시스템을 의미한다.

그러나 소통적 합리성에 기초한 협동적 계획도 여러 가지 개념 및 현실적 적용 차원에서 한계와 비판의 대상이 되고 있다. 비판가들은 협동적 계획이 기존의 구조적 질서에 대한 도전보다는 수용의 입장을 취함으로써 현존의 권력집단에 의한 정책의제의 독점을 정당화한다고 비판한다. 또한 협동적 계획은 갈등과 경쟁(contestation)의 힘겨루기 속에서 작동 가능한 답을 찾기보다 합의의 형성(consensus-building)에 너무 의존한다고 비판한다. Fainstein (2000), Allmendinger 등(1998)에 따르면 협동계획은 과정에 너무 과도하게 의존하고 사회적 정의(social justice)와 환경적 지속가능성(environmental sustain-ability)과 같은 구체적인 정책적 가치(policy values)에 대해서는 너무 낮은 관심을 보인다. 이는 협동적 계획은 다원화된 가치와 권력의 경쟁관계 속에서 문제를 공동으로 인식하고 해결방안을 모색해 나가는 하나의 과정에 불과하며 완전한 해법으로 인식할 수 없음을 의미한다. 그래서 Healey도 합의의 형성이라는 것도 모든 갈등을 해소하고 권력관계를 중립화시키는 것으로 보지 않고 제약조건 속에서 해법을 찾아가는 공동의 노력이 필요하다고 강조한다(Healey, 2006: 320).

6) 실용주의와 계획이론

(1) 실용주의의 의의

실용주의(pragmatism)의 사전적 정의는 "문제에 대한 실천적 접근"(practical approach)을 의미한다. 실용주의는 철학적인 차원에서 어떤 사고와 믿음이 세계의 진실성(reality)과 일치한다고 믿기 때문이 아니라 우리에게 실질적 의미(to make sense)가 있고 우리가 행동하는 것을 도와주기 때문에 받아들이는 것을 의미한다. 그래서 John Dewey나 William James 같은 실용주의자들은 자신들은 선험적 이론화(a priori theorizing)가 지니지 못한 점진적이고 실용적인 세계관을 가지고 있다고 주장한다. 실용주의 접근방법의 경우에도 사회는 민주적 숙의를 통해 이루어진 다양한 종류의 합의, 전통, 관습에 의거해 함께 묶여진 공동체의 집단이기 때문에 John Dewey는 자유주의(liberalism)야말로 실용주의와 실질적 민주주주의(practical democracy)를 가장 잘 촉진하는 체제라고 보았다.

실용주의는 현실과 경험의 특성에 관한 역사적, 철학적 논쟁에 뿌리를 두고 있다. 그러나 계획적 차원에서 실용주의는 무엇이든 "일이 되게 하는 것"(getting things done)을 중시하는 입장을 대변하는 용어로 사용된다. Healey(1982)는 계획수립에 있어 이론적 다원주의(theoretical pluralism)와 개별이론의 구체적 적용에 있어 한계와 실패가 분명한 현실에서 "반이론적 실증주의"가 대두한 것은 놀라운 일이 아니라는 점을 인정한다. 계획가들은 특수한 여건하에서 무엇인가 생산적이고 가시적인 결과를 만들어내야 하는 입장에 처해 있기 때문이다(Allmendinger, 2002: 114~121). 실용주의는 구체적인 문제에 대해 주어진 상황(situation)과 여건(circumstance) 속에서 가장 잘 작동되는 직접적인 행동을 중시하기 때문에 계획차원에서는 매우 유용한 접근방법으로 받아들여지고 있다(김용웅, 2012: 56~63; 김용웅, 2020:

187~196). 그러나 실용주의는 마르크스이론과 대립(anti-thesis)되는 입장에서 사회의 구조적 영향력과 뿌리 깊은 권력의 관계를 간과하고 이를 당연한 것으로 받아들이는 보수적인 접근방법이라는 비난을 받는다.

(2) 실용주의의 계획적 적용

Charles Hoch(1984)는 Dewey의 실용주의 개념을 계획에 적용할 것을 적극적으로 주창했다. 그는 실용주의적 계획은 진실(truths)과 실용성(practicality)의 최선의 결정자(best arbiter)로서 ① 이론보다는 경험, ② 실질적 문제에 대한 실질적 해결, ③ 문제 해결 과정에서 사회적인 공유와 민주주의 방식을 중시할 것을 강조했다. 실용주의적 사회관은 Lindblom의 점증주의 계획(incrementalism), Davidoff의 옹호계획(advocacy planning), Friedmann의 교류계획(trans-active planning), Grabow와 Heskin의 급진계획(radical planning)과도 일맥상통한다. John Forester(1989)도 실용주의를 Habermas와 자신의 비판적 실용주의(critical pragmatism)에 적용하고자 시도했다. Forester에게 계획수립(planning)은 문제를 해결하고 일이 이루어지도록(making things happen) 하는 매우 실천적 행위(practical action)이다. Forester도 Hoch나 Healey와 같이 공공의사 결정 및 계획수립에 있어 불균형(inequality)을 재생산하는 사회적으로 강력한 영향력과 힘이 존재한다는 것을 인정한다. 그래서 그 대응으로 보다 공개적이고 민주적인 계획과정을 통해 다양한 의견과 목소리를 반영하려는 노력이 필요함을 강조한다. 이 같은 차원에서 계획가들은 공공의 의사결정과정의 제약과 장애를 예견하고 개방적이고 민주적인 절차와 과정을 통해 실천적(practically)이고 효과적(effectively)인 방법으로 대응하는 수문장(gatekeeper)의 역할을 할 것을 요구받고 있다. Forest에게 계획수립은 영의 합 게임이 아니다. 개방적이고 민주적인 과정을 통해 왜곡을 제거하고 합의를 이루면 모든 집단이 승자가 되는 "비영의 합" 게임(non zero-sum game)이라 할 수 있다(Allmendinger, 2002: 121~129).

실용주의(pragmatism)는 철학적 관점에서 "반이론"(anti-theory)의 모습을 하고 있으나 실제는 매우 이론적인 사고체계라 할 수 있다. 실용주의는 계획수립을 적용하는 데 있어 권력의 불평등(inequality)이 존재하는 여건 속에서 실행 가능한 것에 대한 다양한 해석을 통해 공간적 조정(spatial mediation) 방안을 마련하는 방법론이 되어왔다. 미국의 실용주의는 기존 권력관계에 대한 비판적 입장을 취하면서 "자유민주주의의 틀"(liberal democratic framework) 속에 깊게 뿌리를 둔 반면, 유럽의 실용주의 전통은 기존의 제도적 현실(institutional realities)에 보다 민감하게 반응하면서 대안 가능성을 찾는 데 치중해 온 것으로 볼 수 있다. 이러한 차이가 실용주의적 접근방법에 대한 비판이론의 대상이 되어왔다. Dewey는 과학적 방법론(scientific method)이 정치와 사회적 영역으로 침투하면서 기술관료주의(technocracy)의 기초를 제공했다고 비판한다. Dewey는 자유주의에 대한 부정적 개념을 거부하면서 자유주의가 제 기능을 수행하기 위해서는 사람들에게 사회에 충분히 참여할 수 있는 수단이 주어져야 한다는 점을 강조하고, 이를 위해서는 부의 재분배, 자원의 부족으로 인해 완전한 참여가 저해받는 핵심적인 장애요인 제거 등의 노력이 필요하다고 주장한다.

그러나 지역문제에 대한 구체적인 정책처방이 실용주의의 기초를 이루지 못하고 특정한 사안별 고려사항으로 남겨둠으로써 한편에서는 실용주의를 "점증적 보수주의"(incremental conservatism)로 비판하고 있다. 그럼에도 불구하고 실용주의는 현실문제(real problems)에 대한 실천적 접근방법(practical approach)의 한 부분이 되어왔다. 거대이론을 거부해 온 실용주의는 옹호주의(advocacy)와 같은 계획이론의 또 다른 학파의 근거를 마련한 것으로 평가받고 있다(Allmendinger, 2002: 131~132).

제3장

지역계획 이론의 개념적 특성과 적용사례[*]

1. 지역의 의의와 지역주의의 대두

1) 지역의 기본개념

(1) 지역의 의의

지역계획에서 말하는 "지역"이란 무엇이고 어떻게 구역을 설정하느냐 하는 것은 지역정책이나 계획을 연구하는 사람들에게 가장 기본적이면서도 곤혹스러운 문제이다. 지역은 정책적, 학문적 목적에 따라 다양한 공간적 범역과 형태를 지닌다. 따라서 대부분의 지역경제학자나 지역계획 전문가들은 자료의 한계라는 현실적인 이유에서 새로운 공간범역을 정하기보다는 기존 행정구역과 지역을 동일시하는 데 만족하고 있다. 지역(region)이라는 용어는 통일적인 정의라기보다 학문적 분야와 관심에 따라 달리 사용된다. 국제경

---

[*] 이 장은 김용웅·차미숙·강현수(2009), 15~58쪽; 김용웅·차미숙·강현수(2003), 369~444쪽을 기초로 작성했다.

제학에서 '지역'(region)이라는 용어는 지구화된 경제체제의 하위단위(sub-system)를 의미하므로 공간적으로 몇 개의 국가가 포함될 정도로 광범위하다. 대표적으로 유럽연합(EU), 아세안(ASEAN), 북미자유무역지대(NAFTA) 등을 들 수 있다. 최근 동북아시아, 태평양 연안국 간 경제협력이 강화되면서 지역은 초국가적 영역의 공간 단위를 지칭하는 것으로 인식되고 있다.

그러나 정책 및 계획 분야에서 지역(region)이라는 용어는 일반적으로 도시와 농촌을 포함한 광역적 공간단위로 국가의 하위 공간단위를 의미한다. Richardson(1979)은 지역을 중심부와 주변부로 구성된 국가의 하위 공간단위(sub-national spatial unit)로 보고, Glasson(1974)은 전국과 최하위 공간단위 사이에 존재하는 지리적으로 연결되고 연대성을 지닌 중간계층 수준의 공간단위로 본다.

공간계층이나 기능적 차원에서 지역을 개념화하는 학자들과는 달리 Markusen(1985)은 지역을 "독특한 물적·문화적 특성을 지닌 영토적 단위"로 규정함으로써 지역의 역사성과 문화성을 강조한다. 1920년대 미국의 지역주의는 역사적 정체성을 지닌 공동 운명체적 공간단위로서 문화적 공동체를 의미했다. Czamanski(1973)는 지역을 장소·지구·지역으로 구분하고 있다. 장소(area)는 공간적 경제 분석에 유용한 개념으로서 2차원적 공간의 어느 부분을 지칭하는 용어로 제품의 지리적 판매범위인 시장권을 나타낸다. 지구(zone)는 지리적 영역을 인위적으로 구분한 기술적인 용어로서 주변지역과 상이한 성격을 가진 장소를 지칭하는 데 사용된다. 지역(region)은 국가경제 내에 존재하는 광역적 하위 공간단위를 지칭하는 용어로 사용되고 있다(Richardson, 1979: 18).

비판지리학자인 Massey는 지역을 정태적으로 주어진 것으로 보는 기존의 시각을 비판하고, 지역은 생산 및 사회적 관계와 상호작용하면서 역동적으로 변화하는 개념으로 본다. 지역은 직관적 혹은 선험적으로 주어진 대상이 아니라, 특정 목적을 위한 분석 결과에 따라 다르게 개념 지을 수 있는 공간단위를 의미한다(Massey, 1978).

(2) 지역의 특성

지역의 개념 정의는 다양하고 모호해 아직 합의가 곤란한 것이 사실이다. 그러나 공간계획 분야에서 지역은 최소한 세 가지 속성을 지니고 있다. 첫째, 국가의 하위 공간단위로서 중간계층적 성격을 지닌다. 지역은 최하위 공간단위가 2개 이상 모인 공간단위를 의미한다. Kuklinski(1975)는 지역발전을 국가 하위수준, 초지방(super-local) 수준의 활동으로 보고 있다(Kuklinski, 1975: 1~17). 여기서 지방(local)이란 최하위 공간단위로 우리나라의 기초자치단체의 행정구역을 지칭한다. 지역은 2개 이상의 지방이 포함된 공간범역을 의미한다. 둘째, 지역 내 여러 공간단위는 공통의 특성을 지니거나 상호 보완적이고 밀접한 기능적 연계를 지닌다. 셋째, 공간단위 간의 지리적 연속성이 요구된다. 지리적 연속성이란 반드시 육로의 연결을 의미하기보다 중간에 상이한 공간단위가 개입되어 있지 않은 상태를 의미한다.[1] Siebert(1969)는 공간의 중간계층성을, Perloff는 지리적 연속성을 지역 형성의 핵심적인 요소로 보는 반면, Perloff, Dunn, Lampard, Muth는 지역을 "공통적이고 보완적인 특성을 가지고 있거나 밀접한 상호작용의 흐름으로 묶여 있는 지리적으로 연속된 공간의 단위"로 정의하고 있다(Vanhove and Klaassen, 1987: 111).

---

[1] 지역의 본질에 대해서는 실증적으로 확인될 수 있는 실체(reality)라는 객관적인 견해(object-ive view)와 상상의 산물로 분류나 구분을 위한 방법론이라는 주관적인 견해(subjective view)가 대립되어 왔다. 객관적인 견해는 20세기 초 "자연지역"(natural regions)에 대한 연구에 논리적 근거를 두고 있다. 자연지역 개념에서는 지리적으로 연속된 공간으로서의 실체성(physical formal region)을 중시한다. 객관적인 견해는 경제지향의 지역계획을 수립함에 따라 더욱 구체화되었다. 반면, 주관적인 견해는 지역에 대해 어떠한 현상을 설명하기 위해 규정하는 도시지역(city region), 문화중심지(cultural core)와 같은 자연적으로 형성되는 사회단위(natural social unit)로서의 의미만을 인정할 뿐, 물리적 "자연지역"으로서의 실체성은 거부한다(Glasson, 1974: 19~21).

(3) 우리나라의 지역 개념

① 비도시지역으로서의 지역

한국 지역정책 및 지역계획에서 '지역'이라는 용어는 정책이나 계획에서 관심의 대상이 되는 "일정한 지리적 영역"이나 "비도시지역" 또는 복수의 공간단위가 포함된 "광역적 공간단위"를 폭넓게 지칭하는 용어로 사용되고 있다. 그래서 학문적으로 공간계획에서 지칭하는 중간계층적 광역공간단위인 지리적 단위 지역(region)의 개념과 혼란이 초래되고 있다.

우리나라의 공간계획 분야에서 '지역'이라는 용어에 대한 개념적 혼란이 초래된 데에는 크게 두 가지 원인이 있다. 첫째, 이미 언급한 바와 같이 "지역"이라는 용어는 공간계층에 대한 고려 없이 "일정한 땅의 구역", "구획된 토지" 또는 "땅의 경계" 등 일정한 지리적 범역(area)을 지칭하는 용어로도 사용되어 왔기 때문이다. 공간계획차원에서는 공간단위를 계층화해 가장 기초적인 공간단위는 "지방"(local)으로, 복수의 기초단위가 포함된 광역공간단위는 "지역"(region)으로, 모든 지역이 포함된 공간은 "전국"(nation)으로 구분해 지칭하면 혼란을 최소화할 수 있다. 둘째, 우리나라의 공간계획제도에서 '지역'이라는 용어가 "비도시지역의 발전계획"의 명칭으로 사용되어 온 데도 원인이 있다. 우리나라에서 지역계획이란 수도권 정비계획, 광역권 개발계획, 특정지역 개발계획, 시·군과 도종합개발계획 및 농어촌 개발계획 등을 의미한다. 따라서 복수의 공간단위가 포함된 광역적 차원의 도시계획은 지역계획으로 부르지 않고 광역적 도시계획으로 부른다.

도시와 비도시지역으로 양분된 공간계획체계를 통합한 「국토기본법」의 경우도 '지역계획'을 특정한 지역을 대상으로 특별한 정책목적을 달성하기 위해 수립하는 계획으로 규정함으로써 '지역'이란 서구에서 말하는 중간계층의 지역(region)이 아닌 특정한 목적을 지닌 일정한 지리적 공간범역(area)을 지칭하는 용어로 사용되고 있다. 따라서 지역발전 및 공간계획 차원에서 학문적으로 '지역'이라는 용어를 사용할 때 이것이 단순히 일정한 지리적 범역(area)을 의미하는지, 아니면 중간계층적인 공간단위로 광범위한 지리적 공간단위인 지역(region)을 의미하는지 여부는 확인이 필요하다.

이 같은 지역이라는 용어 사용의 혼란을 극복하기 위해서는 우리나라도 공간계층별 명칭을 '향촌' 또는 '지방(local)', '광역' 또는 '지역(region)' 등으로 구분하는 방안 모색이 필요하다. 향촌은 "읍·면단위"나 "농촌마을" 등 소규모 지역사회"를 지칭하고, "지방"은 시·군과 같은 기초자치단체 등 "행정구역이나 어떤 표징으로 나누어진 땅"을 지칭하는 용어로 사용할 수 있다. 특히 지방이라는 용어는 "특수한 공간형태와 위치적 속성을 지닌 지리적 영역" 또는 "기초적 수요를 충족하는 제한된 지리적 영역", "지역사회" 또는 "소단위 행정·정치구역" 등 공간계획에서 말하는 기초적 공간단위(local)의 개념을 지니고 있기 때문에 용어상 혼란을 방지할 수 있다. 향후에는 기초적 공간단위로 볼 수 있는 시급도시나 군 단위 계획은 "지방계획"(local plan)으로, 그리고 2개 이상의 시급도시, 시·군을 포함하는 광범한 지리적 영역에 대한 계획은 "지역계획"(regional plan)으로 지칭하는 노력이 필요하다.

② 행정구역으로서의 지역

한국 지방행정구역의 최하위 계층에는 읍·면·동이 있고, 차상위에 시·군·자치구가 있으며, 최상위에 광역시와 도가 있다. 행정구역을 중심으로 "지역"을 설정한다면 최하위 공간단위를 무엇으로 보느냐에 따라 "지역"의 공간적 범역이 달라질 수 있다. 첫째, 시·군(구)을 최하위 공간단위로 보는 경우 2개 이상의 시·군(구)과 광역시 및 도의 행정구역을 "지역"(regions)으로 볼 수 있다. 그런데 광역시 내 자치구를 최하위 공간단위로 간주할 수 있느냐의 여부는 논란의 대상이 될 수 있다. 왜냐하면 최하위 독립적 공간단위는 일일 생활수요를 충족시킬 수 있는 지역사회 또는 최하위 정치단위의 공

〈표 3-1〉 OECD 회원국들의 기초행정구역 비교

구 분		단위 수(개소)	평균 인구규모(명)	평균 면적(km²)
한국	시	72	254,000	498
	군	91	66,000	656
	구	69	343,000	51
	합계	232	-	-
프랑스	코뮌	36,000	1,700	15
독일	게마인데	16,000	3,400	22
일본	시·정·촌	3,200	36,500	115
스위스	게마인데·코뮌	3,000	2,400	14

자료: OECD(2001: 74). 김용웅·차미숙·강현수(2009: 19 재인용).

간범역을 의미하는데 자치구를 독립적 공간단위로 볼 수 있는지 여부는 추가적 논의가 필요하다. 둘째, 읍·면·동을 최하위 공간단위로 보는 경우, 시·군(구)과 그 이상의 공간적 범위를 지역으로 볼 수 있다. 그런데 행정구역상 읍·면·동을 모두 최하위 공간단위로 볼 경우 문제가 발생한다. 도시 내 동(洞)은 역사성이나 지리적 특성보다 행정관리 차원에서 구분된 경우가 많기 때문에 시(市)를 지역(region)으로 보는 데 문제가 생긴다. 그러나 읍(邑)과 면(面)은 최하위 정치단위는 아니지만 역사성과 정체성을 지니고 있기 때문에 최하위 공간단위로 볼 수도 있다. 중심부인 시가화된 읍(邑)지역과 주변부인 농촌지역으로 구성되어 있는 공간범역이 넓은 군(郡)이나 도·농 통합시는 개념상 지역(region)으로 볼 수도 있는데 이에 대해서는 사회적 논의와 합의가 필요하다.

2) 지역의 유형분류

지역의 유형은 연구자의 목적이나 관심에 따라 달라진다. 일반적으로 지역은 세 가지 기준에 의해 구분된다. 첫째, 기능적 연계성에 따라 도시세력권 및 영향권, 대도시권 등으로 구분된다. 이 기준에 의한 지역구분은 도시적 영향을 받지 않는 잔여공간이 발생하는 문제를 야기한다(김용웅, 1997: 76~97). 둘째, 행정 및 정치단위에 의한 구분으로, 국가의 정책 차원에서 공간적인 접근이 필요한 경우에 활용된다(Richardson, 1979: 18). 셋째, 지역의 자연적 특성에 따른 구분이다. 이 기준은 농업중심국가에서 흔히 사용하는 반면, 산업화와 도시화가 진전된 나라에서는 영향권 등 기능적 연계성을 중심으로 한 분류 방식을 채택한다. 지역경제 차원에서는 물품의 구입과 판매를 위한 지역 간 연계·교호작용이 중시된다. 지역의 다양한 유형은 지역의 구분이 목적이 아니라 목적을 위한 수단에 불과함을 보여준다(Vanhove and Klaassen, 1987: 114~116).

(1) Boudeville의 지역분류

① 동질지역(espace homogene)

Boudeville(1968)은 지역을 동일 또는 동질지역, 결절 또는 극화지역, 그리고 계획지역 등으로 구분한다.[2] 동질지역은 2개 이상의 공간단위가 공통적인 속성을 지니고 있어 하나의 통합된 공간단위로 이루어진 지역을 지칭한다. 동질지역의 분류기준으로는 지리적 특성이나 자연자원의 부존성 등 물리적인 기준과 소비패턴, 노동력의 취업구조, 사회적 태도, 개인소득, 산업구조 등 사회경제적인 기준이 있다.

동질지역을 규명하기 위해 여러 기법이 활용된다. 가장 단순한 방법은 가

---

2 Glasson은 지역을 공식지역(formal regions), 기능지역(functional regions), 계획지역 (planning regions)으로 구분한다. 공식지역은 균일성(uniformity)에 관심을 두고 동질성 (homogeneity)을 기준으로 설정한다. 기능지역은 지역 간 상호의존성 및 상호관계성에 관심을 갖고 공간단위 간 기능적 통합(functional coherence)을 기준으로 설정한다. 계획지역은 공식지역과 기능지역의 개념이 결합된 제3의 지역유형으로, 정책의 효율적인 집행 관리를 위해 동질성과 기능적 연계성을 지닌 소지역을 결합해 행정구역을 기초로 지정하는 지역이다(Glasson, 1974: 20~22).

중지표방식(weighted index number method)이다. 이 방식은 지방단위별 실업률, 1인당 소득, 산업성장률 지표를 정책목적에 따라 가중치를 두어 문제 지역을 구분한다. 두 번째 방법은 요인분석방법(factor analysis method)이다. 여러 변수로부터 공통변량을 구한 후, 측정치의 공통성을 찾아내어 몇 개의 기본적인 변인 또는 요인에 따라 지역을 구분한다(오택섭, 1984: 303). 요인분석방법을 활용한 대표 사례로는 Smith(1968)의 영국 북서부 지역 내 쇠퇴지역 연구를 들 수 있다. 그는 공통의 요인에 의해 결정되는 지방 고용 및 지방행정 관련 변수를 각각 14개씩 도출했는데, 산업요인으로는 산업변화(industrial change)와 산업구조(industrial structure)를, 사회경제적 요인으로는 사회구조(social structure)와 인구구조(population structure)를 도출했다. 이러한 분석을 바탕으로 경제적 건전도에 따라 영국 북서부 지역 중에서 동부 랭커셔(Lancashire)와 목화-석탄벨트인 중부 랭커셔 지역을 문제 지역으로 구분한 바 있다(Glasson, 1974: 24~26).

② 결절지역 또는 극화지역(region polarisee)

결절지역 또는 극화지역(nodal/polarized region)은 공간적 거점을 중심으로 기능적 연계가 밀접하게 형성된 지역범위를 의미하며, 기능지역(functional area)으로 지칭된다. 특정 거점을 중심으로 일정한 지리적 영역이 하나의 결절지역이 되기 위해서는 중심거점과 주변지역 간의 생산, 소비 및 각종 사회활동에 있어서 밀접한 상호작용이 존재해야 한다. 동일 수준의 공간거점은 복수의 차상위 공간거점 또는 중심거점과 연계를 유지한다. 이 중에서도 극화지역이란 가장 많은 연계를 맺는 거점집단이 포함된 지역을 의미한다. 예를 들면 우리나라의 조치원은 행정구역으로는 충청남도이지만 기능적으로는 대전과 청주라는 차상위 중심지와 교역·교호작용을 한다. 그러나 조치원이 대전보다 청주와 더 많은 연계를 맺을 경우, 조치원은 청주

지역과 함께 하나의 결절 또는 극화지역을 형성하게 되는 것이다.

결절지역이나 기능지역의 개념에서는 거점 간 기능적 상호연계성뿐만 아니라 계층적 구조도 매우 중요하다. 결절 또는 기능지역은 공간적 계층에 따라 지리적 범위가 다양하다. 촌락이 기초적인 거점인 경우, 읍·면소재지 등 소도읍을 중심으로 한 극화지역이 형성될 수 있고, 읍·면소재지를 기초단위로 하면 군소재지 또는 시급도시를 중심으로 한 극화지역이 형성될 수 있다. 공간거점 간 기능적 상호연계성은 흐름(flow)의 현상으로 가시화된다. 흐름은 ① 지역계정(regional account system), ② 투입-산출(input-output system)모형, ③ 연계그래프의 형태로 나타낼 수 있다. 흐름의 종류에는 인구 흐름(인구이동과 통근), 재화와 서비스의 교역 및 통신(전화 통화), 교통 흐름, 도·소매의 재화 흐름, 서비스 연계와 자금의 흐름 등이 있다. 흐름은 무작위로 일어나지는 않으며, 지역 내 1~2개의 대도시를 중심으로 집중적으로 일어난다. 기능적 상호의존성은 지역 내 결절지점뿐만 아니라 타 지역 결절지점 간에도 발생한다. 결절지점 간의 관계는, 두 거점 간의 통행량은 두 거점의 규모에 비례하고 두 거점 간 거리의 제곱에 반비례한다는 중력모형과 중력모형을 응용해 생활권 및 경제활동권(상권)의 경계영역을 설정하는 모형인 Reilly의 소매인력 법칙(law of retail gravitation)에 의해 잘 설명되고 있다.

$$T_{ij} = c \frac{M_i M_j}{d_{ij}^2}$$

여기서 T_{ij} = 두 도시 i와 j 사이의 통행량, M_i = 도시 i의 인구규모, M_j = 도시 j의 인구규모, d_{ij} = 시간거리, c = 상수를 각각 나타낸다.
두 중심지 시장권 사이의 경계는 위 식에 의한 지점의 연속으로 이루어진다.
$M_i / M_j = (db_i)^2 / (db_j)^2$, 여기서 db_i와 db_j는 거점 i, 거점 j로부터 경계지점까지 각각의 거리를 나타낸다.

<표 3-2> EU의 공간계층별 인구규모

공간계층	최소	최대
NUTS I	3,000,000명	7,000,000명
NUTS II	800,000명	3,000,000명
NUTS III	150,000명	800,000명

자료: Regulation(EC) of The European Parliament and of The Council on the Establishment of a Common Classification of Territorial Units for Statistics(NUTS). 김용웅·차미숙·강현수(2003: 28; 2009: 23) 재인용.

캐나다를 비롯한 OECD 국가에서는 노동시장을 기초로 기능지역(functional area)을 설정해 국제비교연구 등에 활용하고 있다. 한편, EU의 경우도 지역정책을 수행하기 위해 통계적 국토공간단위(NUTS: Nomenclature des Units Territoriales Statistiques)를 4단계로 구분하고 있다. NUTS 0은 국가, NUTS I은 표준지역, NUTS II는 시·군 집단구역, NUTS III는 시·군 단위지역이다. 경제적 공간단위는 NUTS I과 NUTS II를 지칭하며, NUTS I은 초광역적 국가하위공간으로서 인구규모는 최소 300만 명에서 최대 700만 명에 달한다.

③ 계획지역(region plan)

계획지역은 교역 및 소득의 극대화와 효율적인 자원 활용 등 특정한 목적을 효율적으로 달성하기 위해 정책적 차원에서 설정된 연속된 공간(continuous space)을 의미한다. 계획지역과 결절지역 또는 기능지역은 개념적으로 상이하나 양자 간에는 밀접한 연관성이 있다. 계획지역이 공간 내 기능적인 연계를 무시한 채 설정된다면 정책이나 계획의 추진이 비효과적이 될 가능성이 높기 때문이다. 그래서 계획지역의 설정의 경우에도 지역 간 연계성을 중시한다.

계획지역의 경우에도 소지역 간 기능적 연계성이나 동질성 및 문화적 정체성 등을 중시하나 지역설정의 목적이 정책의 효율적인 집행과 관리에 있

OECD 회원국가의 기능지역 설정 사례들

캐나다 1996년 25개 센서스 대도시권(CMA: census metropolitan area)과 112 개의 센서스 집적지역(CA: census aggromeration)이 도시지역을 중심으로 설정 되었다. CMA는 최소한 인구 10만 명 이상, CA는 1만 명에서 10만 명 미만의 도시 지역이다. 구역지정은 근무지와 거주지 간의 통근비율에 의해 결정된다. 지역설정 은 5년 단위의 센서스마다 갱신된다.

독일 지역정책 프로그램의 수혜지역을 획정하기 위해 노동시장지역(LMR: labour market regions)이라는 기능지역을 활용하고 있다. 현재 271개이며, 4년마다 갱신 되므로 지역 간 비교연구의 기초로 활용된다.

스웨덴 통근상태를 근거로 81개의 지방노동시장으로 구분했다. 구역 설정의 첫 번째 조건은 통근패턴을 분석해 시급도시가 충분히 자족적인지를 결정한다. 두 번 째 조건은 다른 시급도시에 종속되어 있는 시급도시를 제외하는 데 목적이 있다. 다른 독립적인 시급도시로의 통근자가 반드시 7.5% 이내가 되어야 한다. 이 두 조 건이 만족되어야만 하나의 시급도시가 충분히 자족적인 것으로 인정된다. 중앙 혹 은 지방행정당국은 지역분석을 위해 이 노동시장지역을 이용하고 있다. 노동시장 지역은 시급도시와 일치되며 때로는 군의 경계를 넘기도 한다.

이탈리아 국가의 기능적 지역구분은 지방노동시장지역(LLMAs)의 지리적 패턴에 기초해 이루어진다. LLMAs는 전국적으로 같은 기준에 의해 설정되므로 통계적, 지리적으로 유의미하고 비교가능한 분석단위이다. 이 지역은 1991년 인구센서스 의 1일 통근자료에 기초해 규정된 시급도시의 집합으로 형성되었고, 도(province) 와 지역의 경계를 넘어서는 상대적으로 자족적인 광역지역이다. LLMAs의 주요 특 징의 하나는 사회, 문화, 경제적 변수에 있어 높은 수준의 내적 통합이다. 이 특징으 로 인해 LLMAs는 지역격차분석에 활용된다.

자료: OECD(2001: 58~61). 김용웅·차미숙·강현수(2003: 27; 2009: 22) 재인용.

기 때문에 행정구역을 기초로 지역의 범역을 설정한다.

Boudeville은 계획지역의 설정에서 경제적 의사결정의 응집성과 통일성을 보이는 지리적 범역을 중시하는 데 비해 Keeble(1969)은 지역 내 고용과 인구배치에 실질적인 변화를 초래할 수 있을 정도로 충분한 규모를 지닌 지리적인 범역을 중시했다. Klaassen(1965)도 지역 설정에 있어 경제적 변화를 초래할 충분한 규모를 갖춰야 함을 강조했다. 계획지역은 첫째, 투자에 있어서 규모의 경제성을 갖출 수 있어야 하고, 둘째, 지역 내 산업에 대해 필요한 노동력을 공급할 수 있어야 하며, 셋째, 동질적 경제구조와 최소한 한 개 이상의 성장거점을 지녀야 한다. 넷째, 지역문제에 대한 인식과 대처에 있어 공통의 접근방식을 지녀야 한다(Glasson, 1974: 22~23).

(2) Klaassen의 지역분류

Klaassen(1968)은 정태적 기준인 지역소득 수준과 동태적 기준인 성장률을 국가 평균과 비교해 번영지역, 성장 중인 저발전지역, 잠재적 저발전지역, 저발전지역 등 네 가지 유형으로 지역을 구분하고 있다(Vanhove and Klaassen, 1987: 117). 모든 지역은 소득수준과 성장률을 기준으로 구분하는데 소득수준과 성장률 모두 전국 평균보다 높으면 번영지역(prosperous region), 소득수준은 높으나 성장률이 전국 평균보다 낮으면 잠재적인 저발전지역(potentially underdeveloped region), 소득수준은 낮으나 성장률이 높으면 성장 중인 저발전지역(underdeveloped region in expansion), 소득수준과 성장률 모두 전국 평균보다 낮으면 저발전지역(underdeveloped region)으로 분류된다(김용웅·차미숙·강현수, 2009: 25).

Klaassen의 지역분류 기준에 의해 우리나라의 지역을 유형화하면 다음과 같다. 〈표 3-4〉는 1996년의 지역소득수준(GRDP)과 1996~2001년간 성장률을 기준으로 하여 우리나라의 지역을 유형화한 것이다. 이에 따르면,

<표 3-3> 클라선의 지역구분

동태적 기준	정태적 기준	지역평균소득(yi) 대 전국소득수준(y)	
		높음(yi>y)	낮음(yi<y)
지역성장률(gi) 대 전국성장률(g)	높음(gi>g)	번영지역	성장 중인 저발전지역
	낮음(gi<g)	잠재적 저발전지역	저발전지역

주: 정태적 기준(2001년의 소득수준), 동태적 기준(1996~2001년간 성장률)
자료: 김용웅·차미숙·강현수(2009: 25) 재인용.

<표 3-4> 우리나라 지역구분 적용 예시(2001년)

동태적 기준	정태적 기준	지역평균소득(yi) 대 전국소득수준(y)	
		높음(yi>y)	낮음(yi<y)
지역성장률(gi) 대 전국성장률(g)	높음(gi>g)	서울, 충남 (번영지역)	대전, 경기 (성장 중인 저발전지역)
	낮음(gi<g)	충북, 전남, 경북, 경남 (잠재적 저발전지역)	부산, 대구, 인천, 광주, 강원, 전북, 제주 (저발전지역)

주: 경남지역에는 울산이 포함된 수치임(1996년 울산광역시 승격 이전으로 수치분리 곤란).
자료: 통계청(2001; 2006); 김용웅·차미숙·강현수(2009: 25).

<표 3-5> 우리나라 지역구분 적용 예시(2006년)

동태적 기준	정태적 기준	지역평균소득(yi) 대 전국소득수준(y)	
		높음(yi>y)	낮음(yi<y)
지역성장률(gi) 대 전국성장률(g)	높음(gi>g)	울산, 충남, 전남, 경북 (번영지역)	인천, 광주, 경기 (성장 중인 저발전지역)
	낮음(gi<g)	서울, 충북, 경남 (잠재적 저발전지역)	부산, 대구, 대전, 강원, 전북, 제주 (저발전지역)

주: 정태적 기준(2006년 소득수준), 동태적 기준(2001~2006년간 성장률).
자료: 통계청(2007); 김용웅·차미숙·강현수(2009: 26).

우리나라의 광역자치단체 중 "번영지역"(prosperous regions)은 서울과 충남이고 "성장 중인 저발전지역"(underdeveloped regions in expansion)은 대전, 경기이고, "잠재적 저발전지역"(potentially underdeveloped regions)은 충북, 전남, 경북 및 경남이고, "저발전지역(under-developed regions)은 부산, 대구, 인천, 광주, 강원, 전북 및 제주 등으로 나타났다(김용웅·차미숙·

강현수, 2009: 25~26).

<표 3-5>는 2001년 지역소득 수준과 2001~2006년간 성장률을 각각의 전국 평균과 비교해 지역발전수준을 유형화한 것이다. 광역자치단체 가운데 소득수준과 성장률이 모두 전국 평균보다 높은 "번영지역"은 울산, 충남, 전남, 경북지역이고, 지역소득수준은 전국보다 낮으나 성장률이 상대적으로 높은 "성장 중인 저발전지역"은 인천, 광주, 경기지역이고, 지역소득수준은 전국 평균보다 높으나 성장률이 상대적으로 낮은 "잠재적 저발전지역"은 서울, 충북, 경남지역이고, 소득수준과 성장률이 전국 평균보다 모두 낮은 "저발전지역"은 부산, 대구, 대전, 강원, 전북, 제주도 지역으로 나타났다.

Klaassen의 지역유형을 우리나라 사례에 적용·분석한 결과, 지역발전특성에 기초한 지역유형은 매우 유동적인 양상을 보인다. 예를 들면, 2001년 번영지역이었던 서울은 2006년에는 잠재적 저발전지역으로 전환되었고, 2001년 저발전지역이었던 인천은 2006년 성장 중인 저발전지역으로 전환되어 분석시점에 따라 유동성이 큰 것으로 나타났다.

(3) Hansen의 지역분류

Hansen(1968)은 자본(투자)을 "직접생산 활동"(DPA: Direct Production Activities), 직접생산 활동을 지원하거나 자원의 이동을 촉진하는 경제적 간접자본(EOC: Economic Overhead Capital), 교육, 문화, 보건 등과 같은 사회간접자본(SOC: Social Overhead Capital) 형성 등 세 가지 종류로 구분했다. 그리고 각 부문별로 한 단위 투자 증대의 한계사회편익(MSB: Marginal Social Benefit)과 한계사회비용(MSC: Marginal Social Cost)을 비교해 지역을 "과밀지역"(congested regions), "중간지역(intermediate regions), "후진지역"(lagging regions)으로 분류한다(Hansen, 1968).

첫째, 과밀지역(congested regions)은 지역 내 성장이 한 단위 증가하면

서 발생되는 한계사회비용이 한계사회편익과 같거나 큰 경우(MSC≥MSB)
이고, 둘째, 중간지역(intermediate regions)은 지역성장의 한계사회비용이
한계사회편익보다 작기(MSC<MSB) 때문에 개인 및 기업에게는 상당한 이
익을 주는 지역을 의미한다. 이것은 이들 지역에서 개인기업의 직접적인 투
자로 얻을 수 있는 한계적 순사회적 생산이 과밀지역에서의 투자보다 크다
는 것을 의미한다. 셋째, 후진지역(lagging regions)은 새로운 경제활동을
유치할 수 있는 여건이나 매력도를 거의 지니지 못한 지역으로 지역 내에는
생존 수준의 소규모 농업활동과 정체 또는 쇠퇴하는 산업이 주류를 이룬다.

(4) 기타 지역유형

"지역"은 상호간의 영향력(reciprocal influence) 기준에 의거해 보완지역
(complementary region)과 대체지역(substitutive regions)으로 구분된다. A
지역의 발전이 B지역의 발전에 긍정적 영향을 미치는 경우 두 지역은 "보완
지역"이고, A지역의 발전이 B지역의 발전을 저해하면 "대체지역"이라고 부
른다. "보완지역"과 "대체지역"의 관계는 경제성장 및 시간의 경과에 따라
달라질 수 있다. 중심지와 인근지역의 관계는 성장 초기단계에는 대체지역
의 성격을 지니나 일정 시점이 지나면 두 지역 간의 관계는 보완지역으로 전
환되기 때문이다.

3) 지역주의의 대두와 실천운동

(1) 지역주의의 대두배경

지역은 공통적 특성과 기능적 연계성 및 역사성을 지닌 광역적인 지리적
단위를 의미하는 데 비해 "지역주의"(regionalism)는 특정한 지리적 단위의
고유한 역사와 문화적 정체성과 정치, 경제 및 사회적 의사결정과 자원관리

의 자주성과 자율성을 존중하는 주민의 집단적 인식, 행태 및 현상을 의미한다. 지역주의는 도시와 지역단위의 일정한 자주권을 지닌 공국(republic)과 봉건체제에 연원을 두고 있고 있다. 12세기까지 유럽은 도시 및 지역별로 자족적 경제 및 생산체계와 독자적 정치와 행정체제를 갖춰 왔기 때문에 지역별 정치 경제적 자율성과 고유한 역사, 문화적 정체성을 유지해 왔다. 12세기 이후 교역의 증대와 근대 국민국가의 탄생으로 소지역단위 폐쇄적 자급경제 시스템이 무너지고 중앙집권으로 지역의 자율성과 정체성이 약화되면서 수세기에 걸친 지역주의 전통이 도전을 받게 됐다.

19세기에 들어와 중앙집권적 정치권력의 탄생과 시장경제의 확대로 지역단위 전통적 생산 및 생산양식의 보전이 어려워지고 지역적 자율성과 통제력은 약화되는 반면 중앙과 전국단위 시장에의 의존성이 증대하면서 지역의 자율권(autonomy)과 정체성(identity)을 회복하려는 "지역주의" 운동이 활발히 전개되었다. 19세기와 20세기 초 "지역주의"는 "이상향적 사회주의"(utopian socialism)와 "무정부주의"의 영향을 받아 "지방분권주의"를 통해 "지방의 전통", "문화적 정체성", "정치적 자율권을 회복"하는 데 치중했다(Weaver, 1984: 31~46).

(2) 지역주의의 실천운동

지역주의의 실천운동은 자본주의와 대도시권의 폐해에 대한 대응방안을 마련하는 데 치중했다. 영국의 전원도시운동(garden city movement)이 대표적 사례이다. Howard(1898, 1902)는 프리에(Fourier, 1808; 1822; 1829) 및 오언(Owen, 1813)의 이상향적 사회주의 사상에 입각해 산업화와 도시화의 폐해에서 벗어나 "대도시의 주민생활의 질 개선", "공동화되는 농촌문제 해결", "동적이고 상호보완적인 공동사회 창출"을 위한 "전원도시 건설"을 주창했다. Howard는 "협동적 생산체제"를 갖춘 소단위 신도시를 대도시 주변에 건설함으로써 생산과정에서 인간소외, 자본과 노동계급 간 대립과 빈부격차, 지역공동체의 붕괴와 질병, 범죄 및 비위생적 도시생활환경 대두와 같은 "산업화와 도시화의 폐해"를 극복하고자 했다. Howard의 주장은 언윈(Raymond Unwin), 파커(Berry Parker), 오스본(Fredric Osborn)으로 이어졌고 1903년 런던 주변에 레치워스(Letchworth)와 1920년 웰윈(Welwyn) 등 전원도시 구상에 의한 신도시 건설이 추진되기도 했다. 1946년에는 「뉴타운 법」(New Town Act)이 제정되었고 그 후 28개의 뉴타운이 건설되어 대도시의 과밀해소와 함께 지역진흥의 역할을 담당했다.

20세기 들어와 지역주의 운동은 미국에 파급되어 1923년 뉴욕에서는 스타인(Clarence Stein), 멈퍼드(Lewis Mumford) 및 맥케이(Benton MacKaye) 등 건축가, 주택개혁가, 경제 및 도시학자 중심으로 미국지역계획협회(RPA: Regional Planning Association)가 설립되어 대도시문제의 대응책이 논의되기 시작했고, 오덤(Howard Odum)을 비롯한 노스캐롤라이나 대학교 지역사회학자들을 중심으로 북부와의 형평성 증진 및 남부지역의 자주권 회복을 위한 "신남부운동"(New South Movement)이 전개되었다. 미국에서는 1930년대 대공황기에 경제침체를 극복하기 위해서 TVA(Tennessee Valley Authority)의 4대강 유역에 걸친 대규모 지역개발사업이 추진되기도 했다(Weaver, 1984: 68~99).

4) 신지역주의 개념과 대두배경[3]

(1) 신지역주의의 의의
"신지역주의"(new regionalism)라는 용어는 20세기 초 오덤과 무어(Odum

---

3   신지역주의에 대한 보다 상세한 내용은 김용웅 외(2009), 51~57쪽 참조.

and Moore, 1938) 등에 의거해 초지역적 차원의 문화적·정치적 현상을 지칭하는 용어로 사용된 바 있다. 신지역주의는 1990년대에 들어와 경제의 지구화와 대도시권화로 초래된 새로운 경제-사회 문제 해결을 위한 다양한 형태의 지역적 선도와 대응활동 및 현상을 의미한다. Swanstrom(1995) 및 Pastor(2000) 등에게 신지역주의란 "중심도시와 근교지역의 격차해소"와 "대도시권 경제발전 촉진"을 위한 "지역 주도의 협력적 활동"을 의미했다. Markusen(1995)에게 신지역주의는 "탈산업화"와 "경제적 구조변화"에 대응하는 "지역단위의 경제·환경 및 사회 시스템"의 상호연관성에 바탕을 둔 총체적 접근방식을 의미했다. 이밖에도 Wheeler(2002)는 "신지역주의"를 "지역도시"(regional city) 및 "대도시권 내 물적·사회적·경제적 계획의 통합"이라고 지칭한 반면, Gordon(2001)은 도시 간 경계를 초월하는 "기능적 연계"와 "통합현상"이라고 지칭했다(Wheeler, 2002).

이와 같이 "신지역주의"는 경제·사회문제나 현상의 "광역화" 또는 "지역화"를 의미하기도 하고 경제·사회문제에 대한 "지역주도의 접근방식"을 의미하기도 한다. 그래서 Webb과 Collis(2000: 857~873)는 "신지역주의"를 지역선도에 의한 "상향적 정치·행정 시스템이나 접근방법이 일반화되는 현상"을 지칭하는 용어로 사용한다. 최근에는 신지역주의라는 용어가 지역단위 광역서비스 공급 및 환경관리, 경제발전을 위한 지역적 선도와 관리기능을 하는 "광역적 지역 거버넌스"와 동일한 개념으로 사용되고 있다(Tomaney, 2002: 721~731). Wheeler(2002)는 신지역주의 개념의 다원성을 설명하기 위해 신지역주의의 5대 핵심요소를 다음과 같이 제시했다.

- 특정한 영토와 공간계획에 대한 관심
- 포스트모던시대에 대도시권 문제에 대한 대응
- 환경적·사회적 형평과 경제적 목적 간의 통합적 계획과 접근
- 도시설계 및 지역적 의미, 물리적 계획에 대한 새로운 중요성 부여

• 당위론적이고 활동가적인 관점

따라서 신지역주의는 "초광역적 단위"로 나타나는 "지역의 경제, 사회 및 환경적 현상과 문제"와 이에 대한 "지역주도의 대응방식" 및 "지역 간 협력과 공동 활동과 지원 시스템", 그리고 "지역적 가치와 문화적 정체성" 확립을 위한 다양한 활동을 총체적으로 지칭하는 용어로 볼 수 있다.

(2) 신지역주의의 대두 배경

① 경제위기와 신보수주의 등장

서구 선진공업국의 번영은 1970년대 중반부터 생산기반의 해외이전 증대, 아시아와 NICs 같은 신흥공업국들의 부상과 경쟁 심화, 생산성 상승분을 넘는 임금 상승, 복지비용 지출 증대에 따른 만성적 국가재정적자 등으로 위기에 빠지게 됐다. 경기침체로 국가재정수입이 크게 줄어들면서 케인지주의적 복지국가 노선의 포기가 불가피해졌다. 그러면서 모든 정책분야에서 정부의 역할과 재정부담을 축소하는 신보수주의가 등장했다. 1970년대 말 1980년대 초 등장한 미국의 레이건 대통령과 영국의 대처 수상 정부는 케인지주의적 복지국가 정책을 축소했고, 긴축통화, 감세, 국영기관의 민영화, 규제완화를 통해 시장과 사회적 영역에 대한 정부의 역할을 축소했으며, 민간부문의 역할 확대를 추진했다. 정부역할과 재정의 축소에 따라 사회복지나 낙후지역개발 등 지역균형발전에 대한 정부지원이 크게 줄어들었다. 지역에 대한 정부지원은 지역 간 경쟁을 왜곡하고 자원배분과 이용의 효율성을 떨어뜨리는 요인으로 인식됐기 때문이다. 이에 따라 정부의 지역정책 추진과 지원이 크게 위축됐고 지역의 자구적 노력에 대한 요구가 높아졌다.

② 기업가주의 지방정부의 등장과 지역 간 경쟁의 심화

지역에 대한 정부의 지원 감소와 규제완화 및 민영화 등 시장 지향적 신자유주의 정책이 확대되면서 지방정부는 정부로부터 지역발전의 업무를 새롭게 부여받게 됐다. 지방정부는 일차적으로 사회복지와 공공서비스 공급에 대한 재정지출의 감축과 함께 공공서비스 공급에 있어 경제적 효율성과 경쟁력 증진을 위해 민영화 및 민간 경영기법의 도입 등 기업가적 역할로 변모하기 시작했다. 지방정부는 지역발전의 새로운 주도자로서 지역경제의 활성화를 위해 기업이나 자본을 유치하는 데 총력을 기울이고 있다. 지방정부는 도로, 통신시설, 등 하부구조 건설뿐만 아니라 세제지원, 각종 인허가 및 규제 간소화, 노동운동 억제 등 기업 활동에 유리한 사회·문화적 환경 조성에 치중하면서 지역 간 경쟁에 대응하는 등 기업가와 같은 역할을 하고 있다. 지방정부는 기업이나 자본 유치 경쟁력을 지니기 위해 지역 내 다양한 공공과 민간부문 간 협력관계의 확대와 함께 기능적 연계성과 보완성을 갖춘 인접지역과의 연대와 협력 증진에 치중하고 있다.

③ 지구화와 지방화

경제의 지구화(globalization)는 신지역주의와 함께 관세장벽으로 국경의 의미를 약화시키는 요인이 되고 있다. 경제의 지구화는 공간차원에서 몇 가지 정책적 파급효과를 초래한다. 첫째, 경제의 지구화는 국가 간 자본과 기술의 자유로운 이동을 촉진함으로써 그동안 국가 간 존재해 온 상대적 입지 우위성의 차별성을 크게 약화시키고 있다. 반면 경제의 지구화는 고유의 역사, 문화적 전통과 자원, 자연과 생활환경, 산업기반과 인적자원 등 장소적 이전이 불가능한 자원을 지닌 대도시와 지역들이 새로운 경쟁력의 단위로 등장하는 계기를 마련했다고 할 수 있다. 그래서 기업들도 대도시권과 지역 고유의 잠재력을 활용해 경쟁력을 높이려는 지역화 전략을 추진하고 있다. 지구화와 지방화의 동시적 이행 현상인 세방화(世方化, glocalization)라는 용어가 일반화되기도 했다. 둘째, 지구화는 산업과 경제활동의 국경을 초월한 지리적 확산을 가져오는 반면, 금융, 정보 및 업무 등 분산된 산업경제활동의 조정과 통제기능의 강화와 특정 대도시권으로의 집중현상을 동반한다. 다국적 기업, 국제금융기관 및 국제적 정보, 통신 및 업무지원기능이 뉴욕, 런던, 파리, 프랑크푸르트 등 대도시권에 집중하면서 이들 대도시권은 세계경제를 통합·조정하는 중심거점이 되고 있다. 많은 국가에서는 국제적 기능 수행이 가능한 세계도시를 육성하기 위한 다양한 시도를 하고 있다. 셋째, 경제의 지구화는 다국적 기업과 국제금융기관, 세계무역기구(WTO), 국제통화기금(IMF)과 국제부흥개발은행(IBRD)의 조정·통제기능을 강화하고 정부의 규제력을 약화시킴으로써 지역의 자율권을 상대적으로 증진시키는 역할을 한다. 그래서 신지역주의는 경제의 지구화의 필연적 산물로서 경제적 차원에서 포드주의에서 포스트포드주의로의 전환 과정에서 지역단위의 경제적 부활(economic resurgence)이 이루어지고 있다. 경제의 지구화는 정치적으로는 중앙집권에서 분권을 지향하는 국가체제의 개편을 촉진하고 있다. 이 과정에서 지역의 정치적 부활(political resurgence) 현상이 초래되고 있다(Swyngedouw, 1992: 39~67).

2. 지역계획의 개념과 기능적 특성[4]

1) 지역계획의 개념

(1) 지역계획의 정의
지역계획(regional planning)은 복수의 공간단위를 포함하는 국가하위 공

---

4   이 절은 김용웅·차미숙·강현수(2003), 369~444쪽을 기초로 작성했다.

간계획을 의미한다. 지역계획은 일반적으로 최하위 공간단위계획(local planning)과 전국계획(national planning) 사이에 위치하는 중간계층의 공간계획을 의미한다. 지역계획의 요건은 다음과 같다. 첫째, 복수의 공간단위를 대상으로 해야 한다. 지역을 구성하는 공간단위는 다양한 계층의 공간단위가 포함될 수 있다. 따라서 2개 이상의 시·군을 대상으로 한 공간계획도 지역계획이라 할 수 있고, 2개 이상의 광역시나 도가 포함된 계획도 지역계획이라고 할 수 있다. 둘째, 지역공동의 문제해결 또는 공동의 목표달성을 추구해야 한다. 그래서 지역 전체적 차원에서 문제를 인식하고 해결하기 위한 체계화된 행동방안의 제시가 필요하다. 그러나 지역계획의 성격과 유형은 지역문제나 계획목적에 따라 달라진다.

지역계획의 유형은 다양한 형태로 확대되고 있다. 지역계획은 첫째, 추진 주체에 따라 중앙정부 계획과 지방자치단체 계획으로 구분되고, 둘째, 계획내용에 따라 경제계획 성격의 지역계획과 도시계획 성격의 지역계획으로 나뉜다. 셋째, 지역계획의 전략변화이다. 예를 들면 사회간접자본시설 확충은 지역발전계획에서는 지역 내 투자와 사회경제적 조건을 개선하기 위한 일련의 전략과 사업이 될 수 있으나 도시계획 성격의 지역계획에서는 지방자치단체 간 토지이용 및 광역서비스 공급의 조정과 지역공통의 문제해결을 위한 전략과 지침의 역할을 한다. 중앙정부 지역계획은 경제성장 촉진과 산업경제 경력 강화와 지역 간 불균형 해소에 치중하지만 지방자치단체의 지역계획은 지역내부의 토지이용이나 물적 환경의 문제, 낙후지역의 발전 촉진에 치중하고, 시·군 계획 및 부문별 사업계획 등에 대한 상위 계획으로서 정책과 계획의 기본방향과 원칙을 제시해 다양한 하위 공간계획과 부문사업 상호간 조정과 협력을 유도하는 역할을 한다.

(2) 지역계획의 필요성과 도입배경

① 지역계획의 필요성

지역단위에 대한 정부의 대응이 필요하게 된 데는 다양한 원인이 있다. 초기의 지역계획은 지역별 독자적 문화와 정치적 정체성을 지키는 데 집중했다. 대표적인 사례로 지역 고유의 문화와 정치적 정체성과 자율권 확립에 치중했던 초기의 영국 및 프랑스의 지역계획운동을 들 수 있다. 그러나 점차 도시화 확대, 생활수준 향상, 도시인구 증가, 이동성 증대로 도시과밀 문제와 농촌 및 산업 쇠퇴지역의 경제침체 등 기능적 문제(functional problem)가 증대되면서 지역계획은 현실적인 공간문제를 해결하는 수단이 되어왔다. 특히 교통 및 통신시설과 기술의 발달에 따라 주민의 경제-사회생활 공간의 확대와 이동성 증대에 따른 도시 외연적 확산이 이루어지면서 도시문제 해결을 위해서는 광역적으로 대응할 필요성이 높아졌다. 그러나 행정구역은 정치적·행정적 편의에 따라 세분되어 있기 때문에 광역적 대응이 어렵게 됐다. 이와 같은 여건 속에서 지역계획은 분절화된 행정구역을 초월해 공동으로 대응방안을 마련하는 제도적 수단으로 활용되고 있다.

② 지역계획의 도입배경

19세기 후반 지역계획제도는 영국의 도시문제 해결을 위한 수단으로 도입되기 시작했다. 도시문제 해결을 위한 지역계획은 토지이용과 시설의 입지, 도로 및 교통망의 구축 등 물적 계획 성격을 지녀왔다. 도시문제 해결을 위한 지역계획의 대상은 처음에는 대도시권과 연담도시(conurbation)에 치중되었으나 점차 소도읍 및 도시들로 구성된 도시지역(conurbation)으로 확대되었다. 그러나 20세기 들어 지역계획은 농촌 및 쇠퇴화된 산업지역의 경제적 쇠퇴와 실업문제 해결 수단으로 활용되기 시작했다. 영국의 쇠퇴지역발전계획은 1920~1930년대까지는 산업유치와 물적 시설확충 등 한정된 역할을 수행했다. 1960년대 이후에는 사회복지의 증진과 지역 간 경제적 불균형의 해결수단으로 활용되기 시작했다. 영국은 동부와 남부의 번영지역과 서부와 북부의 산업쇠퇴 및 농촌지역 간 뚜렷한 격차와 불균형이 초래되어 "분할된 국가"(divided nation)라는 지적을 받아왔다. 이를 해결하기 위한 다양한 지역정책을 추진하게 되어 지역계획은 도시계획과 경제계획 차원으로 이원화되었다(Glasson, 1974: 10~11).

개발도상국의 지역계획은 초기에는 주로 국가의 경제성장을 촉진하는 수단의 역할을 수행해 왔다. 국가의 산업 및 경제성장을 위해서는 경제적 효율성이 높은 성장거점을 찾아내어 집중적으로 육성하고 이것을 공간적으로 확산시키는 전략과 제도적 수단이 필요했기 때문이다. 따라서 개발도상국의 지역계획은 주로 자원개발, 산업입지의 조성, 사회간접자본시설의 구축과 지역 내 발전역량 및 자원을 동원하고 조직화하는 데 치중해 왔다. 그러나 개발도상국들의 경제성장과정에서 지역 간 불균형이 증대하면서 지역계획은 농촌 및 낙후지역의 개발 촉진과 대도시권 문제 해결을 위한 수단으로도 중요성이 커지고 있다.

(3) 지역계획과 지역발전정책

지역계획은 지역발전정책을 공간적인 차원에서 추진하는 제도적인 수단이다. 지역발전정책에서는 전국적인 차원에서 지역발전을 촉진하는 데 필요한 지원이나 규제수단을 제시하는 데 치중하지만, 지역계획제도는 지역발전정책을 집행할 수 있는 제도적인 절차와 수단을 제공하는 역할을 한다. 그리고 지역발전정책은 국가적 차원에서 경제성장과 균형발전을 위해 자원을 재배분하는 데 초점을 두는 반면, 지역계획제도는 지역적인 차원에서 구체적인 지역문제를 해결하기 위해 자원을 효율적으로 활용하는 데 치중한다. 그러나 지역발전정책이나 계획은 기본적으로 사회경제적인 현상을 공간적 차원에서 이해하고 해결방안을 모색하는 제도라는 차원에서 유사성과 공통적인 특징을 지니고 있다. 지역발전정책이나 지역계획제도는 지역의 사회경제적 조건을 개선하는 제도로서의 공통적인 특징을 지니고 있다. 지역계획은 지역발전정책을 구체적으로 실현하는 제도적 수단의 역할을 할 뿐만 아니라 지역계획과 지역발전정책은 상호 밀접한 관계가 있기 때문에 두 가지 용어는 구분 없이 혼용되기도 한다.[5]

2) 지역계획의 유형분류

(1) 계획의 목적별 분류

지역계획은 계획목적이 국가 정책목표의 실현을 위한 것인지, 지역적 문제의 해결을 위한 것인지에 따라 구분될 수 있다. Peter Hall(1975)은 경제발전과 관련된 광역적 계획을 국가적 지역계획(national regional planning), 물적 계획과 관련된 소규모 계획을 지역적 지방계획(regional local planning)으로 구분한다. 국가적 지역계획의 수립목적은 국가의 경제성장과 쇠퇴지역 발전의 촉진에 있기 때문에 지역계획은 국가계획의 지역화(regionalization of national plan) 성격을 지닌다.

한편, 지역적 지방계획은 수립목적이 도시와 주변지역의 공간구조와 발전에 영향을 주는 데 있기 때문에 계획의 형태는 소규모 물적 계획으로서 자율적 지방계획(autonomous local plan)의 성격을 지닌다. John Glasson은 지역계획을 범지역 또는 지역 간 계획(inter-regional planning)과 지역내부 계획(intra-regional planning)으로 구분한다. 지역 간 계획은 지역불균형을

---

5   발전정책(development policies)은 발전을 촉진하고 유도하기 위해 고안된 일련의 정부활동을 의미하는 데 비해, 발전계획(development planning)은 일정한 기간 내에 달성할 수 있는 목표를 계량적으로 표시한 유사한 정부활동을 의미한다(Kuklinski, 1975: 7).

〈표 3-6〉 지역계획의 목적별 분류

구분	국가적/지역적 계획	지역 간/지역 내 계획	중앙정부/지방정부 계획
분류 기준	계획수립의 목적	계획수립의 목적	계획수립의 주체
계획 유형	국가적 지역계획과 지역적 지방계획	범지역적 지역계획과 지역 내 지역계획	중앙정부 지역계획과 지방정부 지역계획
계획 형태	• 국가적 지역계획 - 목적: 국가경제성장 - 형태: 지역경제발전계획	• 범지역적 지역계획 - 목적: 지역 간 불균형해소 - 형태: 종합계획 형태(경제 및 물적 계획 성격)	• 중앙정부 지역계획 - 형태: 낙후지역(사업집행계획), 범지역 계획(중간단계 통합, 조정계획)
	• 지역적 지역계획 - 목적: 공간구조, 물적 기반 조성 - 형태: 소규모 물적 계획	• 지역 내 지역계획 - 목적: 지역과밀, 쇠퇴화 등 지역문제 해결 - 형태: 종합계획 형태(경제 및 물적 계획 성격)	• 지방정부 지역계획 - 형태: 중간단계 통합, 조정계획, 지방단위개발계획
학자	Peter Hall(1975)	J. Glasson(1974)	김용웅(1993)

자료: 김용웅 외(1993: 14).

완화하고 저발전지역의 자립적인 성장을 촉진하는 데 주목적이 있으나 지역내부 계획은 지역의 급성장이나 쇠퇴화 등 국지적 문제해결을 목적으로 한다(Glasson, 1974: 11~14). Peter Hall은 이와 같은 견해에 비판적 입장을 취하고 있다(Hall, 1975: 82). 범지역적 성격을 띤 지역계획이라 하더라도 경제계획 형태만을 유지할 필요는 없다. 지역계획은 특성에 따라 경제계획 및 물적 계획의 형태를 동시에 지닐 수 있기 때문이다. 스코틀랜드 지역계획은 국가적 목적을 수행하기 위한 "국가 공간계획"과 지역적 목적을 수행하기 위한 "지역 내 계획"의 두 가지 특성과 요소를 동시에 지니고 있다.

(2) 계획의 성격별 분류

지역계획은 집행계획이냐 아니면 종합조정계획이냐 등의 계획의 성격에 따라 상이한 제도적 장치가 요구된다. 집행계획 성격의 지역계획은 사업의 집행을 확보할 수 있는 예산, 부문계획의 수립에 대한 구체적 조정과 통제, 그리고 사업의 원활한 수행을 위한 행정조직과 제도의 완비가 요구된다. 한

<표 3-7> 지역계획의 성격별 분류

구분	주요 기능	주요 제도적 장치
집행계획적 지역계획	• 국가 및 지역정책의 계획실현을 위한 구체적인 사업계획 및 전략 제시 • 계획수립부서는 사업집행 또는 집행을 위한 조정역할 수행	• 사업수행을 위한 재원조달방안 확보 • 종합적 사업과 전략 제시를 위한 다원적 사업주체 및 관련부서 참여의 계획수립체계 • 사업촉진 및 조정을 위한 실효성 있는 제도적 장치 • 사업의 집행 및 평가를 위한 조직 및 제도 완비
종합조정적 지역계획	• 광역적 개발전략을 제시하고 종합조정하는 기능 제시 • 중간단위의 조정계획 • 하위계획에 대한 지침 제시	• 부문계획 수립체계 확립, 부문계획 조정을 위한 제도 • 부문계획 및 하위계획에 의한 지침 수용을 확보하기 위한 제도적 수단 • 부문계획의 집행제도 및 조직 구축

자료: 김용웅·박형서(1993: 16).

편, 종합조정 성격을 지니는 지역계획은 부문간, 상·하위계획 간의 연계와 조정을 위한 원칙과 기준 및 제도적 장치가 필요하다.

프랑스의 중앙정부기관인 DATAR에 의해 수립되는 레지옹 계획과 우리나라의 특정지역개발계획이 집행계획에 속하며, 우리나라의 수도권정비계획과 영국의 시·군 단위 구조계획(county structure pan)이 종합조정계획에 속한다고 할 수 있다. 또한 경제·사회발전 성격의 지역계획은 사업계획 및 집행계획적 성격이 강하고, 토지이용 및 공간전략적 지역계획은 후자에 속한다.

(3) 계획의 기능별 분류

지역계획은 기능적 차원에서도 배분적 계획(allocative regional planning)과 혁신적 계획(innovative regional planning)으로 구분된다. 배분적 계획은 기존의 체제가 일정한 목표나 정책에 따라 효율적으로 운영될 수 있도록 주어진 자원을 배분하고 다양한 이해집단 간의 조정과 통제기능을 수행하는 데 치중한다. "규제계획"(regulatory planning)이라고도 한다. 토지이용 측면의 도시계획, 교통계획 등이 이에 속한다. 한편, 혁신적 계획은 기존체제의 개혁이나 새로운 체제의 도입과 개발에 관심을 갖는 계획을 말하며,

발전계획(development planning)이라고도 한다.[6]

지역계획은 "성장유도 기능"(growth-promoting)을 수행하는 지역계획과 "환경개선 기능"(environment-ameliorating function)을 수행하는 지역계획으로 구분하기도 한다. "성장유도 기능"을 수행하는 계획은 사회간접자본시설의 건설과 사회경제적 조건의 개선을 위한 "지역발전계획"을 의미하며, "환경개선 기능"을 수행하는 계획은 토지이용 측면의 "도시계획 성격의 지역계획"을 의미한다.

한편, 지역계획은 다양한 목적과 기능을 지니고 있기 때문에 지역계획제도를 도입하는 경우 어떠한 계획유형을 선택하는가 하는 점이 매우 중요하다. 지역계획의 유형을 결정하는 데 있어서는 각 나라의 정치, 경제, 사회, 문화적 배경과 제도적 특성에 대한 고려가 필요하다. 경제성장을 위해 계획경제체제를 운영하는 나라에서는 "집행계획" 성격의 지역계획제도가 효과적으로 운영될 수 있다. 지방자치제도가 발달하고 자유시장경제체제가 지배하는 나라에서는 "집행계획" 성격의 지역발전계획은 추진이 곤란하다. 이 경우 지역계획 내용은 "계획기준과 원칙"을 제시해 다양한 정부조직 및 경제주체들의 자유로운 활동을 촉진하는 "중간계층적 조정계획"의 형태를 취하는 경우가 많다.

우리나라의 경우에도 계획수립 및 추진주체에 따라 지역계획을 분류하면, 국가정책 목적을 달성하기 위한 "중앙정부 지역계획"과 지역 내 공간문제를 해결하기 위한 "지방자치단체의 지역계획"으로 나눌 수 있다. 전자는

---

6 Friedmann(1967)은 배분적 지역계획과 혁신적 지역계획을 네 가지 차원에서 구분한다. 첫째, 새로운 사회목표를 설정하고 이를 합법화시키기 위해 노력한다. 둘째, 일반적인 가치명제를 새로운 제도적인 장치와 구체적인 행동프로그램으로 전환시키는 데 관심을 둔다. 셋째, 경쟁적인 이용자 간에 자원을 최적배분하는 것보다는 혁신목표를 달성하기 위한 자원을 동원하는 데 높은 관심을 갖는다. 넷째, 예상되는 변화와 결과를 정확히 예측해 대응방안을 제시하는 배분계획과는 달리 변화의 과정을 유도하고 실제적인 혁신의 결과에 관한 정보 환류를 통해 체제 내에서 지속적으로 적응해 나가는 역할을 담당한다(Kuklinski, 1975: 13 재인용).

<표 3-8> 지역계획제도의 유형별 특징

구분	중앙정부 지역계획	지방정부 지역계획
목적	• 지역 간 형평성 증진 • 낙후지역발전	• 지역 내 자원배분 및 활용 등 효율성 증진 • 개별지역의 잠재력 극대화
주요 기능	• 사업계획 수립, 집행	• 기본방향 제시 • 통합, 조정
계획수립	• 중앙정부	• 지방자치단체
계획 유형	• 특정지역계획/낙후지역계획 • 권역계획 • 수도권정비계획	• 도종합계획 • 군종합계획
지방화 시대의 문제점	• 지역 간 재정 및 경제력 격차 심화 • 상대적 낙후지원 지원수요 증대	• 중앙·지방 간 협력 조정 • 광역도시시설, 서비스공급 • 광역계획수립·조정체계 확립
정책적 배경	• 국가지역정책	• 지역 내 공간문제 해결

자료: 김용웅·박형서(1993: 20).

국가경제발전과 지역 간 형평성 증진을 위한 낙후지역 발전 촉진 역할을 하는 반면, 후자는 지역 문제 해결과 침체된 지역경제 활성화를 위해 자원의 공간적 배치와 활용에 있어 효율성을 증진시키는 데 집중한다. 지역계획을 수행기능 측면에서 보면, 중앙정부 주도의 지역계획은 지역균형발전과 경제 활성화를 위한 공공시설 투자의 확대 및 사업계획의 수립과 집행에 우선순위를 두는 "집행계획"의 역할을 하는 반면, "지역 주도 지역계획"은 국가와 지방계획의 중간계층 역할을 하며, 지역 내 다양한 공간계획과 사업의 조정 및 기본방향을 제시하는 "중간계층적 조정계획"의 역할을 한다.

3) 지역계획의 역할과 주요 내용

(1) 지역계획의 역할

지역계획의 주된 역할은 여러 행정구역에 걸친 다양한 물적, 사회 및 경제적 문제를 지역공동의 노력으로 해결하는 데 있다. 그러나 영국 남동부의 전략계획(Strategic Plan for the South East)에 따르면 지역계획의 역할은 지역내부의 문제해결에만 한정된 것이 아니라 국가적 차원의 지역 간 문제를 해결하는 역할도 수행한다. 그러나 지역주도 지역계획의 기본역할은 소지역 간 참여와 협력을 통해 지역 문제를 해결하는 데 있다. 그래서 이를 지역 공동의 확대된 "도시계획" 및 "지방계획"(local plan)이라고도 한다. 아울러 지역주도의 지역계획은 주변 행정구역과의 인구와 고용의 이동과 배분, 사회와 경제적 요구 간의 "복합적 상호작용"(complex interaction), "간선 통신망"과 "주요 여가시설"의 문제에 대한 대응책을 공동으로 마련하는 역할을 한다. 그러나 국가주도의 지역계획은 "인구와 고용"의 "지역 간 흐름"(inter-regional flows), "자원의 가용성(availability)과 이용"과 함께 정부가 결정할 수 있는 사항이나 다른 지역의 성장 등에 대한 고려 없이는 해결할 수 없는 장기적 경제적 전망(economic prospects)이나 문제점 등을 함께 다루는 역할을 한다(Glasson, 1974: 11~12).

지방당국의 관할범위를 넘는 광역단위의 지역계획을 수립하는 경우 이를 지역내부 문제를 다루는 "지역내부계획"(intra-regional planning)이라 한다. 반면, 중앙정부 차원의 지역 간 자원의 재배분과 관련된 경제계획 성격의 지역계획은 "지역 간 계획"(inter-regional planning)이라 한다. 전자의 목적은 지역내부에서 사람, 취업, 환경 간의 만족할 만한 관계를 구축하는 데 있다. 지역내부계획의 사회적 목표는 주택, 사회, 문화, 위락시설의 공급 확대에 있으며, 경제적 목표로는 과밀도시지역의 불경제의 관리, 새로운 투자의 배분을 우선시한다. 그리고 미적 목표로는 도시평면 확산 방지 및 도시형태의 질(quality)과 관련된 과제를 다룬다. 반면 지역 간 계획(inter-regional planning)은 사람과 취업 간의 만족할 만한 관계 형성과 관련된 매우 경제적인 성격의 계획이다. 지역 간 계획은 국가차원의 경제성장, 완전고용, 사회적 형평성에 대한 공간적 배려와 관련된 국가경제발전목표와 연계된 매우 다양한 목표를 추구한다(김용웅 외, 1993: 20).

1960년대 중반 노동당 정부에 의해 설립된 영국의 "경제업무성"(Department of Economic Affairs, UK 1964~69)은 지역계획을 국가계획(national plan)의 일부로서 부분적으로 영국의 산업적 효율성을 높이는 것으로 규정했다. 경제목표달성을 지향하는 지역 간 계획(inter-regional planning)에서는 균형 (balance) 및 불균형의 해소를 강조했다. 그러나 여기서 균형발전은 지역 간 사회-경제적 수준의 동등성(equality), 일치성(uniformity) 및 일률성(conformity)을 의미하지 않는다. 모든 지역이 인구, 경제, 사회 및 환경적 약점을 해소하고 잠재력을 극대화(full potential)하고 사람이 어디에 살고 어디에서 일하느냐에 따라 영향을 받지 않고 삶의 질을 확보할 수 있는 "기회의 균등화"(equality of opportunity)를 의미한다(Glasson, 1974: 14). 우리나라도 1970년대부터 수도권 집중과 지역 간 불균형을 매우 민감하게 다루어왔으나 지역균형발전의 실천적 의미가 무엇인지, 지역균형발전정책의 목적과 목표가 무엇인지에 대해 공감대가 부족하다는 비판을 받아오고 있다. 지역정책의 문제점과 해결방안에 대한 연구와 논의는 최근까지 지속되고 있다(김용웅, 2020: 39~48).

(2) 지역계획의 주요 영역

지역계획은 유형에 따라 광역적 토지이용이나 물적 시설의 개선을 위한 도시계획 차원의 공간계획에 치중하기도 하고 동시에 지역의 사회경제적 조건의 개선을 도모하는 경제계획 성격의 공간계획에 치중하기도 한다. 그러나 이 두 가지 유형은 완전히 분리되기보다는 상호 연계되어 있어 종합적인 전략과 대응책이 함께 마련되고 있다. 따라서 지역적 여건분석과 대응책 마련에 있어서도 주민의 복지와 삶의 질 차원뿐만 아니라 경제발전을 위한 생산요소로서의 지역잠재력과 제약요인도 검토해야 하며, 구체적인 실현을 위한 자원동원과 이용을 위한 행동지침과 전략이 포함된다. 지역계획에서 주요 분석대상은 하부구조 등 사회간접자본(social overhead capital), 지역경제와 산업, 토지이용 및 주거환경 그리고 자연자원 및 환경 등 매우 포괄적인 특성을 지닌다. 지역계획의 영역은 분야별로 다음과 같은 다양한 특성을 지니고 있다(대한국토·도시계획학회, 1994: 40~43).

첫째, 지역계획은 공간적 차원에서 보면 도시권 및 대도시권 계획이다. 대도시권의 물리적·경제적·사회적 현상에 대한 분석과 연구의 중요성은 지역계획의 이론적 및 정책적 측면에서 그 비중이 커지고 있다. 둘째, 지역계획은 경제발전계획의 성격을 지닌다. 지역의 경제발전계획에서는 지역의 산업구조와 생산성 및 생산력 향상, 일자리 창출을 위한 물적, 사회-경제적 여건과 수단마련을 중시한다. 이러한 경제적 접근은 낙후지역이나 저발전 지역의 발전뿐만 아니라 지구화 경제시대에 지역이 새로운 공간경제주체로서 경쟁력을 갖출 수 있는 핵심전략을 마련하는 주요 수단이 되고 있다. 경제계획 성격의 지역계획은 상대적으로 중앙정부의 지원과 참여가 활발한 것이 특징이다. 셋째, 지역계획은 지역사회 인적자원 계획(human resource planning)을 포함한다. 모든 지역계획은 계획을 수립하는 데 있어서 토지이용이든 물리적 시설이든 지역사회 및 인적자원과 밀접한 연관을 지니고 있다. 인적자원의 뒷받침 없는 지역발전은 기대할 수 없기 때문이다. 넷째와 다섯째는 각각 환경계획(environmental planning)과 자연자원계획(natural resource planning)이다. 1930년대 지역계획은 자연자원계획과 동의어로 이해될 정도로 자연자원 보호와 관리에 치중했다. 1950년대까지도 거의 모든 국가들의 지역계획에서 자연자원계획은 중요한 비중을 차지했다. 그러나 오늘날 자연자원계획은 그 자체로서보다는 관련 경제계획이나 사회계획과의 상호연계와 보완적 요소로서의 중요성이 더욱 증대되고 있다. 여섯째, 지역계획은 분석방법론 차원에서 "지역과학과 운영과학"(OR: operational research)이라고 할 수 있다. 지역과학은 과학적인 방법론으로서 지역문제와 지역현상을 분석하는 데 1950~1960년대에 크게 기여한 것으로 파악되고 있다. 지역과학은 계량경제학, 지리학, 정치학, 그리고 사회학의 도움을 받으며, 지역과학 기법들은 지역계획의 거의 모든 분야에 적용되거나 영향을 주었다. 특히 운영과학(OR)은 문제 해결을 위한 기법 또는 통계적 이론으로 지역과학과 더불어 지역계획 연구에 폭넓게 이용되었다.

3. 광역·지역협력계획의 대두와 적용사례[7]

1) 광역·지역협력계획의 의의

(1) 광역·지역협력계획의 정의

광역계획과 지역협력계획(regional collaborative planning)은 행정구역 단위를 초월한 광역적 문제의 해결이나 공동의 목표달성을 위해 관련 지방자치단체를 포함해 계획의 다양한 이해당사자(stakeholder)가 공동으로 참여해 수립하는 공간계획을 의미한다. 광역계획은 2개 이상의 행정구역이 포함된 공간을 대상으로 하기 때문에 지역계획과 차이는 없다. 하지만 지역계획은 통상적으로 2개 이상의 공간적 범역이 포함된 다양한 형태의 공간계획을 모두 포함하는 데 비해, 광역계획은 공간적 범역이 지구화 경제체제 속에서 독자적 경쟁력을 갖춘 공간규모를 갖추고 도시의 초광역화에 대응하는 신지역주의를 뒷받침하는 새로운 차원의 공간계획이다. 따라서 복수의 행정구역을 대상으로 수립·추진해 온 전통적 지역계획과는 구별된다.

한편 지역협력계획은 계획수립 및 집행과정에서 다양한 행정구역 간 협

---

7   이 절은 김용웅·차미숙·강현수(2003), 377~385쪽을 기초로 작성했다.

〈그림 3-1〉 지역협력계획의 개념적 속성

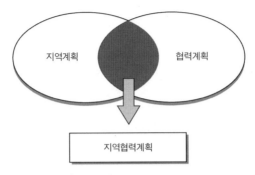

자료: 김용웅·차미숙·강현수(2003: 380).

력과 함께 광역지역 내 다양한 이해관계 기관 및 집단 등의 참여와 협력, 합의 형성을 중시하는 계획을 의미한다. 특히 지역협력계획은 계획수립의 정당성과 실효성을 지역 간뿐만 아니라 지역 내 다양한 공공과 민간의 이해당사자와 관련 집단과 기관의 폭넓은 참여와 협의와 합의를 가장 우선시한다는 차원에서 통상의 지역계획과는 차별화된다. 이는 광역계획과 지역협력계획은 모두 2개 이상의 지방자치단체가 포함되어 있고 지역 간 협력을 중시한다는 차원에서는 전통적 지역계획과 큰 차이가 없으나, 지구화경제체에의 대응과 신지역주의 대두에 따라 "지구화된 규모의 경제기반"을 구축하고 계획수립 수립과정에서 "지역 간 협력"뿐만 아니라 "모든 공공 및 민간의 이해당사자와 집단, 조직"의 "참여, 협력, 합의"를 최우선시한다는 차원에서 전통적 지역계획과는 차별적인 의미를 지니고 있다.

(2) 광역·지역협력계획의 구성요소

광역·지역협력계획의 구성요소는 크게 세 가지이다. 첫째, 지역협력계획은 "복수의 공간단위"(복수의 시·군 및 시·도)에 걸친 광역적 공간단위를 포함하는 "지역계획 속성"을 지녀야 한다. 지역계획에는 2개 이상의 행정구역이

<그림 3-2> 광역·지역협력계획의 구성요소

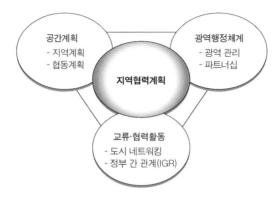

공간계획
- 지역계획
- 협동계획

광역행정체계
- 광역 관리
- 파트너십

지역협력계획

교류·협력활동
- 도시 네트워킹
- 정부 간 관계(IGR)

자료: 김용웅·차미숙·강현수(2003: 381).

포함되는 광역적 공간이 요구된다. 포함되는 공간단위로는 광역자치단체 행정구역 또는 기초자치단체 행정구역이 있을 수 있다. 둘째, "지역문제"를 "광역적 차원"에서 "공동으로 해결하고자 하는 인식과 목표"를 공유하고 이를 위해 "행정구역 상호간"뿐만 아니라 "다양한 이해관계자 및 민간부문"이 주체적으로 참여하고 협력을 통해 계획을 수립·추진하는 "협력계획의 속성"을 지닌다. 광역·지역협력계획에는 지역문제에 영향을 받고 이를 해결하는 데 주요한 역할을 담당할 지방정부, 기업, 대학, 시민단체, 주민 등 다양한 이해관계자 간의 "관계형성과 합의도출"을 이룰 수 있는 협력 및 참여체제 등 "협력적 거버넌스" 구축이 중요한 과제이다. 광역적 문제의 해결, 광역서비스의 공급, 공동사업 추진 등을 위해 행정구역을 초월한 조직과 제도적 요건을 갖춘 새로운 형태의 "광역행정 관리체제"(metropolitan governance) 구축이 요구된다. 셋째, 광역·지역협력계획은 "지구화된 경제체제"와 "신지역주의"를 뒷받침하는 제도적 수단으로서 "경쟁력을 갖춘 지역경제기반" 구축 등 지역경제의 촉진기능을 갖춰야 한다. 이를 위해서는 지역경제 활성화에 있어 민간부문의 역할 강화와 공공-민간의 동반자관계의 형성이 필요하다. 신지역주의는 경제-사회적 제반 문제를 지역적 차원에서 자율적으로 해결하는 방법으로 공공서비스의 생산 및 공급에 있어 공급자와 소비자가 함께 참여, 협력할 수 있는 제도와 체제의 마련에도 치중하고 있다.[8]

2) 광역·지역협력계획의 이론적 배경

광역·지역협력계획의 이론적 배경은 지방의 행정수요를 광역적으로 처리·관리하는 "광역행정이론"과 의사결정과 집행과정에서 다양한 이해관계자의 참여와 상호협력 및 연계를 중시하는 "협력계획이론"(collaborative planning theories), 그리고 경제-사회적 문제를 지역 주도적으로 해결하는 "신지역주의"(new regionalism) 이론 등에서 찾을 수 있다. 광역행정이론 차원에서 광역계획의 대두 배경을 보면 크게 세 가지이다. 첫째, 교통, 통신 및 정보의 확산에 따라 "도시기능의 공간적 확산"과 "대도시권의 범위가 점차 확대"되어 인위적인 행정구역 단위의 도시문제 해결과 도시 서비스 공급이 한계에 직면하게 되었고, "지역 간 협력과 공동대응"의 필요성이 지속적으로 커지고 있다. 둘째, 서구 선진공업국을 중심으로 산업쇠퇴와 경제침체로 중앙정부의 재정력이 약화되면서 지역문제의 해결에 있어 "지방정부에 대한 의존도"가 커지고 있고, 이에 대응하는 "신지역주의" 현상이 증대되었다. 셋째, "경제의 지구화"로 대도시권 등 지역이 새로운 공간경제 단위로 등장하면서 지역 자율의 경쟁력 강화와 산업발전 노력이 증대되는 현상을 들 수 있다.

---

8 지역 간 협력에는 여덟 가지 요소가 필요하다. ① 상호이해와 신뢰의 기반, ② 네트워크 경제성의 보유, ③ 공동자원의 협동적인 이용, ④ 특정한 규모의 임계치 극복(특정한 규모의 경제성 보유), ⑤ 통합적 접근으로 인한 범주의 경제성 보유, ⑥ 다양한 거래비용의 절감, ⑦ 지역 간 경제적 분쟁의 회피를 위한 경쟁수준의 조정, ⑧ 개별지역의 경쟁력 기반 강화 등이다 (Cappellin, 1993).

한편 협력계획(collaborative planning)의 대두 배경은 교육과 소득수준의 향상, 정치적 민주화의 진전 등에 따라 사회적 가치관이 크게 다원화되고 이해집단 간 대립과 갈등이 심화되어 공공정책에 있어 정부 주도의 정책수립 및 집행이 점차 어려워지고 있다. 정책 및 계획수립 및 집행과정에서 이해당사자들 간의 적극적인 참여, 협력 및 합의기반 형성과 공공과 민간부문의 협력이 계획의 실효성을 높이는 핵심적인 요인이 되고 있다. 협력계획은 계획의 수립과정에서 계획에 영향을 받거나 관련된 다양한 참여자 간의 효율적인 "의사소통과 교호작용", "합리적인 갈등의 조정" 및 "합의 형성"을 중시한다. 협력계획은 "계획수립"(planning)을 "계획과제 도출", "전략 및 정책추진" 등 계획수립과 집행 전 과정에 있어 참여자 간의 의사소통을 통한 상호작용과정(interactive process)으로 정의한다(Healey, 1997: 315~320).

협력계획이 새로운 공간계획유형으로 등장하게 된 배경은 다음의 네 가지로 정리할 수 있다. 첫째, 서구의 산업구조 재편과 이에 따른 정부 간 역할의 변화를 들 수 있다. 탈산업화에 따라 실업증대, 정부재정력의 약화로 정부기능이 전반적으로 축소되었을 뿐만 아니라 지방자치단체의 경우는 자주적 재정력이 크게 약화되면서 지방자치단체의 역할상실이라는 위기에 직면하게 되었다. 이와 같은 여건하에 지역사회 주도의 역할정립을 위해 지역 내 민간분야의 자원동원과 이해당사자의 참여를 바탕으로 한 새로운 형태의 계획기법의 필요성이 증대되었다. 둘째, 지역발전에 있어 민간의 참여와 민간자본의 역할증대이다. 중앙 및 지방정부의 재정력 약화와 역할 축소에 따라 지역발전에 있어서 민간부문의 선도와 자본의 필요성과 역할이 증대되기 시작했다. 이에 따라 정부-민간의 동반자 관계 형성, 제3섹터를 통한 민간자본의 지역발전투자와 공공시설 건설이 증대하면서 계획수립과정에 있어 민간부문 참여 요구가 높아지게 되었다. 셋째, 지방자치의 성숙과 이에 따른 주민의 참여욕구 증대이다. 지역계획은 주민복지와 생활환경에 직결된 부분을 다루고 있기 때문에 계획집행 과정에 있어서 직간접적으로 영향을 받는 지역주민의 참여의 당위성과 요구가 커지고 있다. 이와 함께 지역계획의 목표실현을 위해 지역 내 기업, 주민, 민간단체 및 대학 등 모든 이해관계자의 참여와 협력이 필수요건으로 등장하게 되었다. 넷째, 지역발전에 따른 갈등조정을 위해 이해당사자 간 합의의 형성과정이 중시되고 있다. 지역계획은 이해집단 간의 대립과 갈등 요인이 크다. 계획수립 초반부터 문제의식의 공유, 갈등적 요인에 대한 대안적 해결방안 모색 등 민주적이고 자율적인 토의와 합의 과정이 요구된다. 따라서 협력계획에서는 지역사회 내 단체, 조직, 이해당사자 간 관계설정과 네트워크 형성이 중요한 과제로 인식되고 있다(김용웅, 2001: 476~479).

이밖에도 협력계획의 대두는 "대의민주주의 체제의 한계를 극복하는 수단"으로 인식되고 있다. 동질적이고 단순한 사회구조를 전제로 한 구조화된 계층적 관료집단이나 엘리트에 의존하는 대의민주주의체제는 다원화된 사회의 합의도달이나 갈등의 조정이라는 차원에서 한계에 직면하게 되었다. 따라서 전문가 중심의 대의민주주의체제하의 계획방식은 구성원 간의 합의와 참여가 중시되는 "다원주의적 민주주의"(pluralist democracy), "조합주의"(corporatism), "고객지향주의"(clientelism)에 기저를 둔 협력계획 형태로의 전환이 불가피하게 되었다(Healey, 1997: 219~230). 이에 따라 계획수립의 접근방법도 합리주의적 계획방식인 "기준지향 방식"(criteria-driven approach)에서 점차 이해관계자, 투자자 및 주민 간의 합의와 참여를 중시하는 "기업가적 합의방식"(entrepreneur consensus) 또는 "포용적 또는 포괄적 협의방식"(inclusionary argumentation)으로의 전환이 불가피하게 되었다. "기업가적 합의방식"은 과학적 방법과 합리주의에 바탕을 둔 "기준지향 접근방식"과 달리 "조합주의"(corporatism)에 이론적 기초를 두고 있다. "기업가식 합의방식"은 공공분야와 기업가의 제휴와 파트너십 형성을 촉진하며 "제도적 능력배양"과 "지역사회의 주요 주체"(actor) 간의 "수평적 네트워크 형성"을 중시한다.

훌륭한 결정이란 객관적이고 과학적인 지식과 정보를 바탕으로 전문가적인 판단과 선택에 의존한 결정이 아니라 지역사회의 모든 구성원들이 자유롭게 참여해 의견을 개진하고, "민주적인 절차"에 의해 "충분한 토의를 거쳐 합의를 형성하는 의사결정"을 의미한다. 여기서 중요한 것은 관계형성을 위해 제도적 능력배양을 위한 소프트한 하부구조(soft infrastructure)를 구축해 나가는 것이다. 지역단위의 정책결정에 있어 자기의견을 주장할 수 있는 권리가 중요한데 단순한 투표행사만으로는 이와 같은 권리를 충분히 행사할 수 없기 때문에 이해당사자의 참여, 토의, 합의과정이 중시된다.

3) 광역·지역협력계획의 유형과 적용사례

(1) 광역·지역협력계획의 유형

광역·지역협력계획은 계획의 대상, 목적 및 내용 등에 따라 다양한 유형으로 나뉜다. 첫째, "종합발전형" 광역계획 또는 지역협력계획이다. "종합발전형" 지역협력계획은 기능적으로 연계된 지역 간에 협력해 발전방안을 공동으로 모색하는 계획을 말한다. 광역·지역협력계획은 지역발전을 위한 종합적인 계획내용을 포함하는 전략계획의 형태를 띤다. 영국의 토지이용계획을 기초로 한 지역단위 구조계획(regional structure plan)이 이에 해당한다. 둘째, "자원공동이용·관리형" 광역·지역협력계획이다. 가장 일반적인 형태는 하천용수 이용 및 하천관리 계획이고, 다른 하나는 광역적으로 분포되어 있는 산림자원의 공동이용 및 관리계획, 그리고 광역적 차원에의 환경보존 및 관리계획, 경관 및 문화자원을 활용한 지역공동의 관광자원개발 및 진흥계획 등이 있다. 셋째, "광역서비스 공급형" 광역·지역협력계획이다.

〈표 3-9〉 광역·지역협력계획의 유형과 사례

유형	사례
자원 공동이용 및 관리형	• 하천유역권(한강유역권 지역협력개발, 낙동강유역권 지역협력개발 등), 산림자원 공동이용 및 관리 • 관광자원 개발 및 진흥형: 지리산 통합문화권(지리산 일대 7개 시·군), 5도 관광지대 (무주~금산~영동~김천~거창), 3도 관광지대(태백~영주~안동~단양) 등
광역서비스 공동공급형	• 용수, 하수 등 광역서비스 공급의 협력적 대응 사례 • 광역교통망 설치, 대중교통운행체계 구축
지역현안 공동대응형	• 낙후지역형: 강원 남부~충북 동북부~경북 북부지역 등 • 대도시권 성장관리형: 수도권 집중 및 과밀 해소를 위한 공동계획 등

자료: 김용웅 외(1999: 229); 김용웅(2003: 100).

광역공급처리 시설의 건설·관리·운영 및 광역서비스 공급을 위해 여러 지역
이 협력해 계획을 수립한다. 구체적인 형태로는 지역 간 도로, 용수, 상·하
수도, 폐기물처리시설, 쓰레기소각장, 쓰레기매립장, 문화 및 체육위락시설
등 광역시설의 공동설치·운영과 대중교통체계, 교육, 의료, 소방, 사회복지
등 광역서비스의 공동공급계획 등이 있다. 넷째, 생활권, 경제권, 산업협력
권, 대중교통권(광역교통계획 등), 관광권(관광협력개발획) 등 "기능적인 연계
보완지역"을 공간단위로 하는 지역협력계획을 들 수 있다.[9]

이 밖의 광역·지역협력계획의 유형으로는 지역 간 교류·협력을 촉진하기
위한 "교류협력형" 지역협력계획을 들 수 있다. "교류협력형"은 지리적인
인접성 여부에 관계없이 지역의 산업, 기술, 문화 등 분야별 협력과 제휴를
위해 지역 간 공동으로 수립하는 계획유형이다. 대표적인 형태로는 "지역
간 산업교류" 및 "기술네트워크 형성", "문화 및 정보교류 협력"을 위한 "공
동 전략계획"이 있다. "교류협력형 지역계획"은 국제적인 차원에서도 이루

---

9   관광, 낙후지역 개발 등 단일한 목적 이외에 지역의 경제, 교통, 관광 등 복합적인 공동목적
    을 달성함으로써 지역공동발전을 도모하는 충청권 공동발전방안이 수립된 바 있다. 충청권
    공동발전계획은 충청남도, 충청북도, 대전광역시 등 동질적인 속성을 지니는 충청권 지역들
    이 자발적으로 경제, 교통, 관광을 중심으로 하여 지역 간 협력 및 공조체제를 구축하기 위해
    수립한 지역협력계획이다.

어진다. 인접국가 지역 간 또는 기능적 연계지역 간의 교류와 협력강화를 위한 "초국경"(cross-border) 또는 "범국가적 지역발전계획"(trans-national regional development plan)이 있다.

한편, 계획수립주체 측면에서 광역·지역협력계획은 "상위기관 주도형" 계획과 "자율형 또는 동반자형" 지역협력계획으로 나뉜다. 첫째 "상위기관 주도형"은 2개 이상의 시·도 또는 시·군이 포함된 광역적 공간에 있어 중앙 정부 또는 광역자치단체 등 상위 기관이 계획수립을 주도하는 경우이다. 여기에는 "상위기관의 단독 수립형"과 "지방자치단체의 참여형"이 있으나 본질적인 권한은 중앙정부에 귀속되어 있다. 현재 우리나라 "특정지역개발계획", "수도권정비계획", "광역권개발계획" 등이 이에 해당된다. 둘째 유형은 "동반자형" 광역·지역협력계획이다. 2개 이상의 시·도 또는 시·군이 포함된 광역지역에 있어서 지방자치단체가 주도적인 역할을 하는 자율협력계획이다. 지역행복생활권계획이 대표적인 사례이다. 이 경우 중앙정부 등 상위기관이 개입하기도 하나 지방정부가 자율적이고 주도적인 역할을 한다는 차원에서 "상위기관 주도형"과 차별된다. "동반자형"의 대표적인 사례로는 프랑스의 레지옹 계획을 들 수 있다. 이해당사자 간의 협의와 합의를 중시하는 협력계획 수립을 위해서는 민간, 대학, 시민단체의 자율적인 참여가 계획수립과정에서 필수적이다.

(2) 광역·지역협력계획의 적용사례

지역협력 촉진이나 지역공동전략 수립을 위한 적용사례는 "종합적인 지역협력계획 형태"와 산업, 교통, 관광 등 "부문별 지역협력계획" 또는 지역공동발전사업의 추진에 의한 협력형태로 크게 나눌 수 있다. 우선 종합적인 지역협력계획은 인접 지역 간의 지역협의체 및 연구기관의 설치를 통해 지역공동의 장기적인 발전전략과 공동발전을 위한 방안을 강구하기 위해 수립된다. 대표적인 사례로는 미국 뉴욕-뉴저지-코네티컷 등 3개의 인접 주 (州) 간 "뉴욕-뉴저지 항만청"(Port Authority of New York-New Jersey), 3개 주 지역의 "인프라 공급은행"(Tri-State Infrastructure Bank), "지역교통 청"(Regional Transportation Authority)의 운영·관리 등 지역공동의 현안문 제 해결을 위해 수립하는 장기적인 3개 주 지역계획(Tri-State Regional Plan) 과 미국과 인접한 캐나다의 광역협의체 간 대규모 협력형태인 카스카디아 포럼(Cascadia Forum)에 의한 장기적 공동계획 수립 등을 들 수 있다.

지역이 지닌 특정산업부문이나 자원의 공동개발·관리를 위한 부문별 지 역협력계획은 다양하지만 대표적인 협력분야로는 "산업네트워크 구축", "광역교통시설의 공동건설 및 운영", "관광 진흥 및 마케팅전략의 공동수립" 등이 있다. "산업네트워크 구축" 사례로는 미국의 리서치 트라이앵글(채플 힐~더햄~랠리), 독일의 바덴뷔르템베르크(슈투트가르트~카를스루에~프라이 부르크), 영국의 M4 코리도(슬라우~레딩~브리스톨), 이탈리아의 에밀리아~ 로마그나(모데나~볼로냐~카프리), 말레이시아의 멀티미디어 슈퍼코리도 계 획 등을 들 수 있다. 그리고 "광역교통시설의 공동건설 및 운영" 사례로는 네덜란드 스키폴 공항개발과 운영에 대한 정부 간 협력방식과 일본 간사이 공항건설 사례 등이 있다. 또한 관광부문 사례로는 지역공동의 관광자원의 협력적 개발형태와 관광객 공동유치를 위한 공동 마케팅과 홍보전략 수립 을 위한 스페인 카탈루냐주, 영국 타르카 프로젝트, 일본 오이타현의 광역 연합운영사례가 있다(Healey, 1997; 김용웅 외, 1999: 229).

4) 광역계획의 기대효과와 발전방안

(1) 기대효과
광역계획 및 지역협력계획은 지역문제의 해결, 자원의 이용 및 지역발전에 있어 다음과 같은 효과를 지닌다. 첫째, 광역·지역협력계획의 가장 큰 효과는 지역발전투자의 시너지 효과를 높이고 단위사업의 추진에 있어 규모의 경제성을 확보하는 것이다. 연계 도로의 협력 개발, 광역서비스시설의 공동 건설과 관리 및 공동의 시책 추진이 이를 잘 보여준다. 둘째, 지역 주민에 대한 서비스의 질적 개선이다. 광역적인 차원에서 대중교통, 사회복지서비스 공급의 진정한 효과는 주민에 대한 서비스의 질을 높이는 데 있다. 셋째, 광역·지역협력계획의 수립을 통해 이해를 달리하고 갈등의 소지가 높은 지역 간 신뢰를 구축하는 효과가 있고, 대규모 사업의 단독 추진에 따른 위험부담을 최소화하는 효과가 있다. 넷째, 광역·지역협력계획은 지역 간 갈등 해소와 분쟁을 조정하는 효과를 지닌다. 이 밖에도 광역계획은 그동안 중앙정부 중심이었던 지역발전체제에서 지역 중심의 자율적인 계획 및 집행체제를 구축케 하는 효과가 있다.

(2) 광역·지역협력계획의 발전방안

광역계획을 제도적으로 뒷받침하기 위해서는 법적·제도적 기반과 다양한 형태의 지원수단을 확보해야 한다. 광역·지역협력계획의 확대와 효율적인 추진을 위한 핵심적인 발전방안으로 다음의 세 가지를 들 수 있다.

첫째, 지역협력 촉진 및 지원법제의 도입이 요구된다. 현재 중앙정부와 지방정부, 지방정부 상호간의 공동발전 사업을 추진하거나 광역·지역협력계획을 수립하고 추진하는 법적 기반이 미흡하기 때문이다. 우리나라의 경우 복수의 지방행정구역이 포함된 광역적 공간계획을 위한 제도로는「지역균형개발 및 지방중소기업 육성에 관한 법률」에 의한 광역권개발계획제도와 최근 개정된「도시계획법」에 의한 광역도시계획제도 등이 있으나 이들 제도는 지역의 공동발전을 도모하고 중앙과 지방정부, 지방정부 간 협력을 촉진·지원할 수 있는 제도적 틀을 제공하지 못하고 있다. 따라서 지역협력계획을 법정계획화하고 이를 지원할 수 있는 제도적 수단을 확보하기 위해 「지역협력계획법」 제도를 도입해야 한다.

둘째, 지역공동발전 및 지역협력계획 사업에 대한 우선지원제도를 채택해야 한다. 지역 간 협력을 촉진하고 중앙정부와 지방정부의 동반자 관계를 활성화하기 위해 이들 사업에 대한 중앙정부의 재정지원을 강화할 수 있는 제도적 수단을 도입해야 한다. 정부는 지역발전에 관련된 다양한 사회간접자본시설의 건설과 관리에 재정지원을 하고 있다. 지역협력과 제휴를 촉진하기 위해서는 지원사업의 종류, 사업별 재정지원 비율, 그리고 예산배정의 우선순위 차원에서 특별한 혜택을 부여할 필요가 있다.

셋째, 가장 중요한 것은 고착화된 칸막이식 행정관행의 타파, 유관 부서와 집단 간의 통합적 정책 추진을 위한 제도적 역량 증진이라 할 수 있다. 현재와 같이 부처 중심의 수직적 행정수행 관행과 제도를 방치하고는 관계 부서 간 그리고 이해당사자 간의 수평적 교류와 협력이 중시되는 광역계획이나 지역협력계획은 소기의 성과를 거두기 어렵다. 이것이 가능하기 위해서는 기존의 부처 중심의 법제 및 행정 수행의 관행과 제도 전반을 혁신적으로 개편해야 하고, 정책 목적별로 다양한 시책과 사업을 통합적으로 추진할 수 있는 제도적 기반, 그리고 사회적 인식과 업무 역량의 증진을 위한 종합적인 대책, 이를 실천하기 위한 지원체계가 마련되어야 한다. 또한 서구 여러 나라의 장소 중심적인 시책과 사업 추진방식(area-based approach) 도입, 도시재생 사업에서 활용 가능한 단일예산제도(single budget system) 도입, 다양한 직무훈련과 교육 프로그램의 지속적인 운영 등을 통해 수평적 협력을 촉진하고 제도적 역량(institutional capacity)을 키울 수 있는 장기적인 종합 대응책을 마련해야 한다(김용웅·차미숙·강현수, 2009: 35~76 참조).

제4장

한국의 지역계획제도[*]

1. 지역계획제도의 구성체계

1) 지역계획제도의 법적체계

우리나라에서 지역계획이라 함은 일반적으로 「국토기본법」 및 「국가균형발전특별법」 및 기타 관련 법률에 의한 「지역발전계획」을 의미한다. 그러나 공간계획의 이론적인 차원에서 보면 「국토의 계획 및 이용에 관한 법률」에 의한 「광역도시계획」과 「수도권정비계획법」에 의한 「수도권 정비계획」 등을 모두 지역계획이라 할 수 있다.

지역계획제도의 법적체계는 국가 및 지역의 경제-사회 문제해결과 경제-사회 발전여건 개선을 위한 "지역발전계획" 차원의 법적체계와 토지이용 및 물적 환경 개선 등 도시계획차원의 지역계획제도 법적체계로 구분할 수 있

---

[*]   이 장은 김용웅·차미숙·강현수(2003), 386~398쪽을 기초로 작성했다.

다. 우리나라에서 "범도시권"의 토지이용, 사회간접자본의 확충 등의 개선을 위한 "도시계획" 차원의 지역계획은 「수도권정비계획법」에 의한 「수도권정비계획」과 「국토의 계획 및 이용에 관한 법률」에 의한 「광역도시계획」제도에 한정되어 있고 나머지 대부분의 지역계획은 다양한 법률에 의해 추진되는 국가 및 지역의 경제-사회 문제해결과 지역경제-사회 발전여건 개선을 위한 다양한 형태의 "지역발전계획" 차원의 지역계획이라 할 수 있다.

지역발전계획 차원의 가장 대표적인 지역계획의 법제도와 계획형태는 「국토기본법」에 의한 장기종합발전계획인 "전국계획"(국토종합발전계획), "도계획"(도종합발전계획) 및 "시·군 종합발전계획" 등이다. 이밖에는 독립적 법제도에 의해 수립·추진되는 다양한 지역계획제도를 들 수 있다. 예를 들면, 비수도권의 저발전지역의 물적, 경제사회적 발전을 촉진하기 위한 「지역균형발전 및 지방중소기업육성에 관한 법률」에 의한 「특정지역계획」, 「광역권계획」과 「개발촉진지구개발계획」 등이 있고, 기타 낙후 및 소외지역 등을 대상으로 하는 「접경지역지원특별법」, 「도서개발촉진법」, 「농어촌정비 법」 및 「산림기본법」 등에 의한 「접경 지역계획」, 「도서오지발전계획」 및 「시·군 농어촌발전계획」 등을 들 수 있다.

이밖에도 지역발전계획으로는 2004년 참여정부 이후 제정된 「국가균형발전특별법」에 의한 전국단위 「지역발전 5개년계획」, 「시도발전 5개년계획」 및 「지역생활권계획」 등이 수립·추진되고 있다. 2014년 개정된 「국가균형발전특별법」에서 전국단위 「지역발전 5개년계획」의 집행력을 담보하기 위해 「부문별발전계획」과 「시행계획」까지 수립·추진하도록 하고 있다. 또 다른 지역계획으로는 수도권의 과밀과 혼잡을 방지하고 지역균형발전을 위해 제정된 「수도권정비계획법」에 의한 「수도권정비계획」이 있다. 지역발전 차원의 지역계획으로는 법률적 뒷받침 없이 행정적 편의를 위해 수립·추진되어 온 "태백권", "광주 및 전주권" 개발계획, "서해안 종합개발계획"과 "중

〈그림 4-1〉 한국의 공간계획체계

구분	국토계획법 체계	행정계획체계	개별법 체계	도시계획법 체계
전국 단위	전국계획	서해안 종합개발계획	광역권개발계획	
권역 단위	특정지역 계획		수도권정비계획	
시도 단위	도계획	광주/전주도시 태백권개발계획 (제1차 국토계획)	특정지역 제주도종합개발계획	광역시급 도시종합개발계획 (기본/재정비계획)
			개발촉진지구계획	
광역 시도			시·군 농어촌발전계획	
시군 단위	군계획		시·군 농어촌발전계획	광역도시계획
				시급도시계획
읍면 단위			농어촌정주권 종합개발계획	읍면도시 (재정비계획)
			도서/오지 개발계획	

주: 2002년 「국토기본법」 및 「국토의 계획 및 이용에 관한 법률」 제정으로 발전계획 성격의 국토계획과 도시
계획체계가 일원화되었으나 행정계획 및 개별법 체계에 의한 공간계획체계는 큰 변동이 없음.
자료: 김용웅·차미숙·강현수(2003: 387).

부권", "동남권" 개발계획 등 수많은 행정계획 등을 들 수 있다.

2) 지역계획체계의 특성과 문제점

한국 지역계획체계의 특성과 문제점을 지역발전계획차원에서 보면 크게
네 가지 정도로 요약할 수 있다. 첫째, 우리나라의 지역계획체계는 다양하

게 분산되어 있고 또한 개별적으로 수립·추진되고 있다. 지역발전계획의 경우 10여 개에 달하는 독립적 개별법과 분산된 행정체계 속에서 계획이 수립·집행되고 있다. 둘째, 계획수립 및 추진의 중복과 혼란 및 비효율성의 증대이다. 동일한 지역단위 공간에 여러 개의 지역발전계획이 다양한 법령에 의해 병행해 수립·추진되고 있기 때문이다. 대표적인 사례가 「국토기본법」에 의한 「국토종합계획」, 「도종합계획」, 「시군종합계획」과 「국가균형발전특별법」에 의한 「지역발전 5개년계획」, 「시·도발전 5개년계획」 및 「지역생활권 계획」 등을 들 수 있다. 셋째, 현행 지역계획제도는 유사한 계획 간 상호연계와 조정 및 통합이 이루어지지 않아 효과적인 지역발전의 장애요인이 되고 있다. 다양한 계획 간 연계·조정을 뒷받침할 법적체계가 확립되지 못했기 때문이다(김용웅, 1984; 김용웅·차미숙·강현수, 2003: 386~398).[1] 예를 들면 「국토기본법」 및 「국가균형발전특별법」 등은 타법에 의한 계획과의 연계·조정을 선언적으로 규정하고 있으나 구체적인 실천방안이 마련되어 있지 않다. 특히 지역계획 간 연계·조정에 대한 규정미비로 동일 법체계 내에 수립되는 상하계층 계획 간의 연계·조정도 제대로 이루어지지 않고 있다. 넷째, 우리나라 지역계획은 다양한 계획수립 및 추진주체인 정부 및 공공기관 또는 행정구역 간 연계와 협력 촉진제도 및 지원수단을 제대로 갖추지 못했다.

1994년 「지역균형개발 및 지방중소기업 육성에 관한 법률」에 의한 "광역권개발계획"과 2014년 이후 「국가균형발전특별법」에 의한 「광역경제권」 및 「초광역권개발계획」 등이 있으나 지역 간 협력의 미흡으로 큰 성과를 거두

---

1 계획 간 연계는 첫째, 법적 계획체계 간 연계, 둘째, 지역에 영향을 주는 각종 계획체계 상호 간 연계, 셋째, 기본계획 실천을 위한 관련계획과의 연계 등을 의미한다. 특히 우리나라의 경우, 국토 및 지역계획체계와 도시계획체계 간에는 제도적 차원에서조차 연계가 이루어지지 않고 있다.

지 못하고 폐지된 바 있고 2014년 지역 간 협력을 기초로 「지역행복생활권계획」 제도가 새롭게 도입되었으나 상이한 행정구역 간 자율적이고 능동적인 참여와 협력을 이끌어낼 수 있는 행정적, 제도적 보완책이 제시되지 않아 시행착오는 지속되고 있다(김용웅 외, 2011: 123~167; 김용웅·차미숙·강현수, 2003: 544~598).

2. 지역계획의 수립 및 추진체계

1) 지역계획제도의 기능과 역할

(1) 지역계획제도의 유형분류

한국 지역계획제도는 「국토기본법」 및 「국가균형발전특별법」, 기타 관련 법률에 의한 「지역발전계획」과 「국토의 계획 및 이용에 관한 법률」에 의한 「광역도시계획」, 「수도권정비계획법」에 의한 광역도시계획 성격의 「수도권정비계획」 등을 모두 포함한다. 그러나 여기서는 논의의 편의상 「국토기본법」, 「국가균형발전특별법」 등에 의한 지역발전계획만을 대상으로 지역계획기능과 역할을 살펴본다(김용웅·차미숙·강현수, 2003: 386~398).

「국토기본법」에 의한 지역계획의 기능과 역할은 「국토종합계획」과 「도종합계획」에 잘 나타나 있다. 「국토종합계획」은 국토이용 및 관리의 문제점과 미래의 변화에 대비해 사전에 비전과 전략 및 부문별 시책과 사업계획을 마련해 국가와 국토경쟁력을 증진하고 국민의 삶의 질 향상을 도모하는 데 목적이 있다. 「국토기본법」은 「국토종합계획」의 기능과 역할을 제시한다. 「국토종합계획」은 종합적인 비전과 전략과 함께 "국토공간구조 및 지역별 기능분담", "균형발전과 지역육성", "국토기간시설 확충", "국토자원의 이용과

〈그림 4-2〉 지역발전계획 및 광역도시계획 구성체계

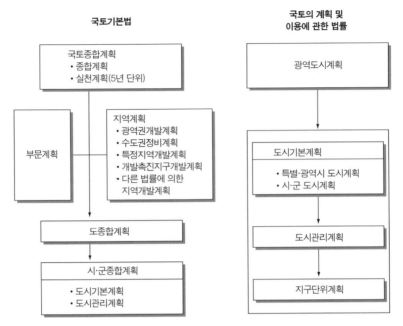

자료: 국토해양부(2010a: 172); 국토해양부(2010b).

관리", "재해방재, 지하공간이용관리", "환경보전 및 개선" 등 부문별 목적,
전략 및 시책과 사업계획과 함께 하위공간계획의 기본방향과 전략을 제시
한다. 「도(道)종합개발계획」은 「국토종합계획」의 계획방향을 지역단위에서
실천하기 위해 광역자치단체인 도(道) 관할 구역을 대상으로 장기적인 발전
방향과 전략, 사업계획과 함께 부문별 계획과 시·군 등 하위 공간 계획의 지
침을 제시하는 역할을 한다.

　「국토기본법」에 의한 「국토종합계획」, 「도 및 시·군 발전계획」과 별도로
「국가균형발전특별법」은 균형발전과 지역경제성장 촉진을 위해 「지역발전
5개년계획」과 「시·도발전 5개년계획」을 수립·추진하도록 하고 있다. 전자
는 장기 종합계획으로 비전과 장기 정책방향 제시에 치중하는 반면, 후자는

<표 4-1> 전국단위 지역발전 5개년계획과 지역단위 시·도발전 5개년계획 주요 내용

	지역발전 5개년계획(전국)	시·도발전 5개년계획
목적	• 지역 간 불균형 해소와 균형발전 • 지역 특징적 발전과 지역 간 협력 증진 • 지역경쟁력 강화와 삶의 질 향상	• 해당 시·도의 특징 있는 발전과 경쟁력 향상 • 주민의 삶의 질 향상
계획 내용	• 지역발전의 목표에 관한 사항 • 주민생활기반 확충과 지역발전역량 강화 사항 • 지역 산업 육성 및 일자리 창출 등 지역경제 활성화 • 지역교육여건 개선과 인재 양성 및 과학기술 진흥 • 지역발전 거점 육성과 교통·물류망 확충 사항 • 지역의 문화·관광 육성 및 환경 보전에 관한 사항 • 지역의 복지 및 보건의료 확충에 관한 사항 • 성장촉진지역, 특수상황지역, 농산어촌 개발 촉진 • 공공기관 등의 지방 이전에 관한 사항 • 투자재원의 조달에 관한 사항 • 그 밖에 지역발전을 위해 필요한 사항	• 시·도별 발전목표에 관한 사항 • 시·도별 현황과 여건 분석에 관한 사항 • 산업 육성 및 일자리 창출, 인재 양성, 과학기술 진흥 • 지역발전 거점 육성과 교통·물류망 확충에 관한 사항 • 문화·관광 육성, 환경, 복지·보건의료 확충에 관한 사항 • 제7조의2에 따른 지역생활권 발전계획에 관한 사항 • 시·도 간 연계·협력 발전에 관한 사항 • 투자재원의 조달에 관한 사항 • 그 밖에 시·도발전을 위해 필요한 사항

자료: 「국가균형발전특별법」(2014).

중·단기 집행계획 성격을 지니고 있다. 「국가균형발전특별법」에 의한 전국 및 지역발전계획은 계획의 집행에 필요한 투자재원 조달 및 지역 간 연계와 협력 방안 등을 제시하도록 하고 있다. 「국토기본법」과 「국가균형발전특별법」에 의거해 수립되는 국토 및 지역발전계획은 우선순위 차원에서도 차이를 보인다. 「국토기본법」에 의한 전국 및 지역계획은 국토공간정비와 국토와 환경자원의 이용과 관리 및 물적 시설의 확충 등에 치중해 왔으나 「국가균형발전특별법」에 의한 전국 및 지역계획은 지역산업 육성, 경제 활성화와 지역경쟁력 강화, 문화, 교육, 복지 등 삶의 질 향상에 우선순위를 부여하고 있다. 그러나 「국토기본법」과 「국가균형발전특별법」에 의거해 수립·추진되는 전국 및 지역계획이 국토자원의 이용과 관리의 효율성 및 효과성을 높이고 국토경쟁력을 증진하고 국민의 삶의 질을 높이는 데 기여하도록 하기 위해서는 2개의 계획체계 상호간의 제도 및 계획내용 차원의 연계성을 보다 명확히 설정하고 협력적으로 추진하는 방안을 모색해야 한다.

(2) 지역계획제도의 기능과 역할

지역계획은 중간계층의 공간계획으로서 전국계획의 지역단위 실천방안 마련, 부문별 개발시책과 사업 및 기초단위 시·군 공간계획의 조정과 방향 설정을 위한 지침 제시 등 두 가지 역할을 수행한다. 그러나 지역계획의 기능과 역할은 지역계획의 유형에 따라 차이가 있다. 예를 들면, 지역계획의 공간단위가 공간계층별로 2개 이상의 광역자치단체 행정구역이 포함된 초광역 지역계획인가, 아니면 시·도 단위 지역계획인가, 또는 2개 이상 시·군 행정구역인가 하는 것은 그 공간단위가 단일 기초자치단체의 행정구역인가에 따라 다르다. 그리고 계획의 기능과 역할은 10년 이상 장기계획인가 아니면 5년 이하 중단기 지역계획인가에 따라 다르다.

여기서는 지역계획 유형을 물적 계획, 즉 도시계획과 경제계획 유형으로만 분류해 기능과 역할의 특성을 살펴본다. 도시계획 차원의 지역계획은 난개발 및 과밀혼잡의 방지를 위한 공간구조의 정비와 토지이용과 규제, 광역 도시시설 확충계획 제시에 치중하는 반면, 경제계획 성격의 지역계획은 지역별 산업 육성, 일자리 창출, 경제 활성화와 주민의 삶의 질 개선에 필요한 환경 및 물적 기반시설 확충을 위한 공공투자계획 제시에 치중한다. 우리나라의 경우 물적 계획인 도시계획 차원의 지역계획과 경제계획 차원의 지역계획제도는 분리되어 있으나 계획내용 차원에서는 두 가지 계획내용이 혼재되어 있어 이에 대한 대응책 마련이 필요하다. 현재 지역계획 유형별 기능과 역할의 특성과 문제점을 정리하면 다음과 같다(김용웅 외, 1993; 김용웅·차미숙·강현수, 2003: 386~389).

첫째, 현재의 지역계획제도는 도시계획과 경제계획 유형으로 분리되어 있어 지역단위 장기 공간계획으로서 예방 및 유도 기능을 충분히 발휘하기

〈표 4-2〉 지역계획 유형별 기능과 역할

계획 명칭	수립 주체	근거 법	계획의 기능
국토종합계획	중앙정부	국토기본법	• 국토의 이용, 개발, 보전에 관한 국토의 미래상과 장기적 발전 방향을 제시하는 종합계획 • 국토자원관리, 공간구조, 국가기간시설, 지역 산업발전, 물리적 시설의 공급 및 배치계획 • 중앙부처와 지방정부의 관련계획과 정책, 민간 활동이 지향해야 할 방향을 제시하는 최상위 종합 및 유도계획
특정지역계획 부문계획	중앙정부	국토기본법	• 국가의 특별한 사회경제적 목적달성을 특정한 지역에 수립하는 계획으로「국토기본법」에서 지역계획으로 정의 • 국토 전역을 대상으로 하여 특정부문에 대한 장기적 발전 방향 제시 • 특정지역 종합개발 촉진에 관한 특별조치법, 지역균형개발 및 지방중소기업 육성에 관한 법률 등에 의해 추진 • 국가의 지역정책 목표 달성을 위한 계획수단
광역권계획	중앙정부	지역균형개발 및 지방중소기업 육성에 관한 법률	
개발촉진지구 개발계획	광역자치단체		
수도권정비 계획	중앙정부	수도권정비 계획법	• 수도권 인구 및 산업의 집중 억제와 적정배치에 관한 계획 • 지역문제를 광역적 차원에서 종합적으로 대처
도종합계획	광역도	국토기본법	• 상위계획 기본방향과 골격을 수렴, 지역 차원에서 구체화하는 계획 • 국토계획에서 다루지 못한 도차원의 정책과 사업을 포함해 지역의 경제, 사회, 문화 등 각 부문계획을 담는 계획
시·군 종합계획	군		• 특별시, 광역시를 비롯해 기초단체인 시·군을 대상으로 장기적 발전 방향 제시 • 기초단위 시·군 계획의 경우 도계획의 기본방향을 수렴, 지역의 경제, 사회, 문화 등 각 부문의 계획 제시
시·도발전 5개년계획	광역시·도	국가균형발전 특별법	• 해당 시·도의 특징 있는 발전과 경쟁력 향상 • 시·도 및 시·군 간 연계 협력 강화
지역생활권 계획	광역시·도 기초 시·군		• 지역생활권의 특징 있는 발전과 주민의 삶의 질 증진 • 지역 간 연계, 협력 강화
광역도시계획	중앙정부 시·도	국토의 계획 및 이용에 관한 법률	• 광역도시권의 장기발전 방향 • 2개 이상의 광역시·도 또는 기초 시·군 공간구조 정비, 기능연계 및 광역도시시설의 체계적 정비 • 하위도시계획 조정 및 지침 제시
도시계획	시		• 토지이용, 교통, 위생, 환경, 산업, 안보, 국방, 후생 및 문화 등 도시계획사업에 관한 계획

자료: 김용웅·차미숙·강현수(2003: 391).

어렵다. 2개 이상 행정구역 간 연계와 협력을 중시하는 지역계획제도가 계획의 성격에 따라「국토기본법」및「국토의 계획 및 이용에 관한 법률」등으로 분리되어 수립·추진되고 있기 때문이다. 지역계획이 상이한 행정구역 간 연계·조정의 기능을 효율적으로 수행하기 위해서는 별도의 법적체계에 의해 수립·추진되는 지역계획 간 제도적 연계 및 조정 방안 마련이 필요하다.

둘째, 우리나라 지역계획제도는 물적 시설계획과 경제계획 성격으로 분리되어 있으나 계획의 내용은 차별성이 부족하다. 두 가지 유형의 계획내용은 물적 계획과 경제계획내용을 함께 갖추고 있기 때문이다. 예를 들면, 대부분 지역발전계획에는 지역 내 공간구조의 형성과 도시 및 산업단지 개발, 인프라 및 환경보전 등 물적 계획내용과 지역 산업육성과 경제발전 촉진을 위한 시책과 사업계획 등 경제계획의 내용이 혼재되어 있다. 지역계획내용의 혼재는 우선순위 결정 및 계획추진 과정에서 중복, 혼란 및 비효율을 초래할 수 있어 이에 대한 제도적·실무적 대응책 마련이 필요하다.

셋째, 현행 지역계획은 공간적 상위 종합계획으로서 지침 제시와 부문 및 하위계획 간 조정 역할이 미흡하다. 대부분의 지역발전계획은 지역단위에서 추진해야 할 부문별 시책이나 산업단지 조성 및 인프라 시설 건설 등 개별사업계획 제시에 치중한다. 그러나 상위계획으로서의 장기방향과 목표 설정, 전략의제 및 상위계획으로서 원칙과 기준 등 지침 제시에는 상대적으로 소홀하다고 할 수 있다. 향후의 지역계획은 상위계획으로서 계획방향과 원칙 및 지침 제시에 치중하고, 아울러 상위계획과 부문 및 하위 공간단위 계획 간 연계와 조정기능을 강화해야 한다.

2) 지역계획의 수립제도

(1) 지역계획 유형별 수립절차

지역계획 수립절차는 「국토기본법」과 「지역균형개발 및 지방중소기업 육성에 관한 법률」(1994) 등 법체계별로 차이가 있다. 우선 「국토기본법」에 의한 지역계획의 수립절차에는 세 가지 특성이 있다. 첫째, 지역계획의 수립권자는 지역계획의 유형에 따라 중앙정부 부처의 장관이나 광역 및 기초자치단체의 장이 되고, 둘째, 계획수립권자가 지방자치단체의 장이 되는 경우 「국토기본법」 등에서 국토교통부 장관의 승인을 받도록 하고 있다(김용웅·차미숙·강현수, 2003: 392~393). 「도(道)종합계획」의 경우, 「국토기본법」에 따라 도지사는 계획안을 마련해 국토교통부 장관의 승인을 받는다. 셋째, 국토교통부 장관의 「도(道)종합계획」 승인 시에는 중앙부처의 장과 협의하고 「국토정책위원회」의 심의를 거치도록 되어 있다. 「특정지역계획」과 같이 중앙부처의 장인 국토교통부 장관이 계획안을 마련하는 경우에도 계획안은 관련 중앙행정기관장과 협의한 다음 「국토정책위원회」 심의를 거쳐 확정한다. 이 경우 관련 중앙행정기관의 장은 특별한 사유가 없는 경우 요청을 받은 후 30일 내에 국토교통부 장관에게 의견을 제시해야 한다.

「지역균형개발 및 지방중소기업 육성에 관한 법률」(1994)에 의한 대표적인 지역계획으로는 광역권 개발계획과 개발촉진지구개발계획이 있다. 이들 계획수립 수립절차는 크게 2단계로 구분된다. 첫째 단계는 개발권역의 지정단계로서 시·도지사는 지역발전을 위해 필요하다고 인정되는 관할지역의 일부 또는 전부를 광역개발권역으로 지정해 줄 것을 국토교통부 장관에게 요청한다. 국토교통부 장관은 관련 지방자치단체의 장 및 관련행정기관의 장과 협의를 거쳐 광역개발권과 개발촉진지구를 지정한다. 둘째 단계는 개발계획의 수립단계이다. 광역권 개발계획 및 개발촉진지구 개발계획은 원칙적으로 관련 광역시장 또는 도지사가 수립한다. 다만, 2개 이상의 광역시 또는 도에 걸쳐 광역권이 지정된 경우에 국가목적 달성을 위해 국토교통부 장관이 관련 광역자치단체의 의견을 들어 직접 계획을 수립하거나 수립권자를 지정할 수 있다. 이 경우 국토교통부 장관은 특정 지역과 관련이 있는 해당 시·도지사의 의견을 들어 계획내용에 반영해야 한다. 이밖에 도서개발계획,[2] 오지개발계획,[3] 그리고 농어촌발전계획[4]의 경우에는 첫째 계획수립을 위해서는 행정자치부 및 농림축산식품부 장관의 지역지정이 선행

되어야 한다. 지역지정 후 해당 광역자치단체의 장이 계획을 수립해 중앙정
부의 승인을 받도록 되어 있다.

「도(道)종합계획」의 경우 「국토기본법」 제정 이전에는 도지사는 계획안
을 마련해 「국토의 계획 및 이용에 관한 법률」에 의거해 도(道)도시계획위원
회의 심의를 거치도록 되어 있었다. 국토교통부 장관이 계획안을 승인할 때
는 중앙행정기관장과 협의하고 「국토계획심의위원회」의 심의를 받아야 했
으나 「국토기본법」(제15조 제2항) 제정 이후에는 「국토계획심의위원회」 심
의와 총리승인 대신에 「국토정책위원회」의 심의로 간소화되었다. 도지사는
중앙정부의 승인을 얻은 때에는 지체 없이 그 주요 내용을 공고하고, 관할
구역 내 시장 및 군수에게 「도(道)종합계획」을 송부해야 한다(「국토기본법」
제15조 제3항 및 제4항). 한편, 「시·군종합계획」의 경우, 시장·군수는 관할 지
역에 대한 계획안을 작성해 도지사의 승인을 받아야 하며 도지사가 승인을
하고자 할 때는 도시계획위원회의 심의를 거쳐야 한다. 시장·군수는 도지사
의 승인을 얻은 때에는 지체 없이 이를 공고해야 한다.

「도(道)종합계획」 등 지방자치단체가 주도하는 지역계획의 수립과정에
서 계획수립부서는 계획안에 대해 각종 심의회의 심의에 앞서 공청회 등 주
민의 의견반영이나 주민참여절차를 거쳐야 한다. 물론 지역발전계획은 그

---

2 도서개발계획은 행정자치부(내무부) 장관이 지역을 지정하며, 지역지정이 된 경우 관할 시·
   도지사는 사업계획을 작성한다. 시·도지사는 작성된 계획안을 행정자치부 장관에게 제출하
   고, 행정자치부 장관은 계획안을 도서개발심의위원회 심의를 거쳐 대통령의 승인을 얻은 후
   확정한다(「도서개발촉진법」 제4, 6, 7조).

3 오지개발계획은 도지사의 신청에 의해 행정자치부 장관이 개발지구를 지정한 이후, 관계 도지
   사는 관계군수와 협의하거나 신청을 받아 개발계획을 수립한다. 행정자치부 장관은 이를 심의
   위원회에서 심의하도록 하고 대통령의 승인을 얻어 확정한다(「오지개발촉진법」 제4, 7, 9조).

4 농어촌발전계획은 농림수산부 장관이 농어촌발전기본방침을 수립하면, 도지사는 이 같은 기
   본방침에 따라 도농어촌발전계획을 수립해 농림수산식품부 장관의 승인을 받아 확정하고,
   시장·군수는 도농어촌발전계획에 따라 시·군 농어촌발전계획을 수립해 도지사의 승인을 받
   아 확정한다. 그 외에 면지역을 대상으로 효율적인 개발을 위해 군수는 정주생활권 개발계획
   을 수립해 도지사의 승인을 얻어 고시하고 있다(「농어촌발전특별조치법」 제32, 49, 50조).

자체로 개인의 재산권 등에 직접 영향을 주는 것이 아니기 때문에 적극적인 주민참여 필요성 여부에는 논란의 여지가 있다. 그러나 현행 제도에서는 주민의 가치관과 희망을 계획내용에 최대한 반영하고 광범위한 사회적 합의를 도출하기 위한 과정으로 주민참여를 중시하고 있다.

(2) 계획수립제도의 특성과 문제점

한국의 지역계획은 유형별로 다양한 수립절차와 과정을 거치도록 되어 있어 획일적으로 특성과 문제점을 제시하기 어렵다. 그러나 지역계획 수립 과정은 공통적으로 다음 네 가지의 특성과 문제점을 지니고 있다고 할 수 있다(김용웅·차미숙·강현수, 2003: 394).

첫째, 국토 및 지역계획 수립에 있어 지역을 형성하는 기초자치단체의 주도적인 참여와 선도가 미흡하다. 현행 지역계획의 수립 시 기초자치단체장의 의견을 수렴하고는 있으나, 이는 지방의 참여가능성만을 제시한 규정에 불과해 기초자치단체와 지역이해관계자의 주도적인 참여나 수평적 협의를 보장해 주지는 못한다. 이에 따라 대부분의 주민참여와 의견청취는 형식적 절차의 요식행위에 그치는 단점이 있다.

둘째, 현행 지역계획은 지방자치단체의 수립권한은 인정하나 계획내용에 대한 중앙정부의 지침 제시 및 승인과정으로 인해 지방자치단체의 자율적이고 창의적인 계획수립이 어렵다. 특히「국토의 계획 및 이용에 관한 법률」에서는 시·군 도시계획 수립과정에서 해당 지방자치단체의 도시계획위원회 및 지방의회는 자문·협의기능만을 담당하고 계획내용의 적합성 여부에 대한 심의기능은 상위 지방자치단체 및 정부가 담당하도록 하고 있다. 현재 지역계획의 승인제도를 보면,「도(道)종합계획」은 중앙정부에서 계획내용을 심의해 승인하도록 제도화되어 있다.「시·군종합계획」은 도지사가 심의·승인하도록 되어 있다. 특히 지역계획내용에 대한 상위기관 및 중앙정부의 심사내용이 포괄적으로 되어 있어 심의·승인과정에서 중앙정부나 상위 자치단체의 불필요한 간섭을 초래할 우려가 있다. 지역계획의 심의와 승인과정에서 불필요한 개입을 방지하기 위해 상위기관의 심의내용을 국가나 상위 지역계획과의 일관성이나 계획의 기본원칙과 기준 등으로 제한하고 계획안의 세부적인 내용의 적합성 여부에 대한 개입은 최소화해야 한다.

셋째, 「국토기본법」에 의한 지역계획의 수립은 공간단위별로 계층화되어 있으므로 지역계획 수립이 지연되어 지역발전업무의 공백이 초래될 우려가 있다. 「국토기본법」에 의거해 「전국계획」, 「도(道)계획」 및 「시군계획」이 수립되는 경우 상위계획 수립이 완료되어야 하위계획 수립 작업에 착수한다. 따라서 계획수립과정의 심의·승인절차가 지연되면 불필요한 시간적 낭비가 초래된다.[5] 이와 같은 불필요한 시간손실을 방지하기 위해서는 다양한 공간계층의 지역단위 계획이 동시에 수립되고 계획수립과정에서 상하계층 간의 긴밀한 연계·조정이 이루어지도록 하는 개선책이 필요하다. 그래야 지역의 문제점과 의견이 국토계획 등 상위계획에 반영되고 단계적 계획수립에 따른 불필요한 시간 낭비를 어느 정도 막을 수 있다.

넷째, 지역계획안의 작성은 일반적으로 업무에 대한 권한과 책임이 없는 전문용역업체 등에 의해 이루어지고 있어 현실적이고 실용적인 계획안 마련이 어렵다. 이는 중앙부처나 지방자치단체에 전문 인력을 갖춘 계획전담부서가 존재하지 않기 때문이다. 앞으로 지역계획안의 작성은 계획을 수립·집행하는 계획부서가 직접 담당하도록 하고 전문용역업체 등 외부전문가는 계획안 작성에 필요한 자료의 수집 및 분석 등 조력업무만 담당하도록 하는

---

5 우리나라의 공간계획체계는 계층화되어 있다. 상위계획이 확정된 이후에나 하위계획 수립이 가능하다. 일반적으로 도(道)계획은 국토계획 수립 이후 2년까지도 확정되지 않는 경우가 있다. 기초자치단체인 군(郡)계획은 새로운 국토계획이 수립된 이후 상당 기간이 지난 후에야 수립·확정된다.

새로운 계획수립 방안의 마련이 필요하다.

3) 지역계획의 집행 및 평가·환류제도

(1) 지역계획의 집행제도

「국토기본법」에 의한 지역계획은 일반적으로 종합계획 성격을 지니고 있기 때문에 상위 지침계획 역할을 하면서 동시에 추상적인 계획내용을 구체적인 사업으로 전환해 집행하기 어려운 특징이 있다. 이와 같은 지역종합계획의 집행체계를 개선하기 위해서는 「부문계획」 및 「시행계획」 수립 의무화 등 제도적 보완 노력이 필요하다. 「국토기본법」에서는 전국대상의 「국토계획」의 경우 구체적인 집행을 위해 5년 단위 부문별 실천계획제도를 도입하고 있다. 「국토종합계획」이 수립되면 중앙행정기관의 장 및 시·도지사는 계획내용을 소관업무와 관련된 정책 및 계획에 반영해야 한다. 그리고 법령에 따라 소관별 「실천계획」을 수립해 국토교통부 장관에게 제출하도록 되어 있다. 국토해양부 장관은 대통령령이 정하는 바에 따라 「국토종합계획」의 성과를 정기적으로 평가하고, 그 결과를 국토정책의 수립·집행에 반영하도록 하고 있다. 그러나 이와 같은 제도는 그동안 실천된 사례나 관행이 확립되어 있지 못해 실효성을 강화하는 노력이 필요하다.

「국가균형발전특별법」에서는 전국단위 「지역발전 5개년계획」과 5년 단위 「부문별 발전계획」을 수립하고 있으며 매년 「시행계획」을 수립해(제5조), 추진실적과 향후계획을 정기국회에 보고하도록 하고 있다(제21조). 이와 함께 「시·도발전 5개년계획」의 경우에도 매년 「시·도발전시행계획」을 수립하고(제7조 제3항), 이를 매년 전년도 추진실적과 함께 향후 시행계획을 지역발전위원회와 중앙행정기관의 장에게 보고하도록 하고 있다(제7조 제4항). 그러나 이는 형식적인 요건일 뿐 지역계획의 구체적인 실천을 위한 재정조달이나 재정지원을 위한 제도적 수단과 장치가 미흡해 실효성이 부족하다.

지역발전계획 집행체계의 문제점을 정리하면 다음과 같다. 첫째, 「국토기본법」 및 「국가균형발전특별법」 등에서는 종합적 발전계획의 추진을 위한 「부문계획」 및 「시행계획」을 수립·집행하도록 되어 있다. 그러나 이들 지역발전계획은 국가재정 및 예산과의 연계가 미흡하고 집행을 담보할 재정지원의 제도적 수단이 확보되어 있지 않다. 「국가균형발전특별법」 제7조 제2항에서는 지역생활권계획에 대해 정부와 시도지사는 예산의 범위 내에서 지원할 수 있다는 선언적 규정만을 제시하고 있다.

둘째, 그동안 지역발전계획은 재정적 차원에서 현실성이 없는 장기 청사진계획과 전시성 사업을 많이 포함해 계획의 집행과 실효성을 저하시키는 원인이 되고 있다. 대부분의 지역발전계획은 정부의 재정부담능력이나 공공 및 민간 투자가능성과 시장여건 등을 고려하지 않고 희망적인 계획안을 전시효과 차원에서 제시하는 데 치중하고 있기 때문이다.

셋째, 「국토기본법」 및 「국가균형발전특별법」 등에 의한 지역발전계획은 경직적인 청사진 성격의 종합계획 형태를 취하고 있어 계획기간 중에 일어나는 사회-경제적 여건 변화에 적응하기 어려워 현실과 계획내용 간 괴리가 발생할 우려가 있다. 이는 이들 계획이 처음부터 계획안의 구체적 집행보다는 장기비전이나 발전방향의 제시에 치중하기 때문이다.[6] 지역계획의 효율적인 집행과 계획목표 달성을 위해서는 이상적인 비전 제시에 치중하기보다는 현실성 있는 계획의 수립과 효율적 집행과 환류를 통해 지속적으로 계획의 실효성을 높이는 노력이 필요하다.

---

6 우리나라의 공간계획은 일본의 계획제도와 비교해도 청사진계획의 성격이 강한 것으로 나타나 현재와 같은 불확실성 시대에는 바람직하지 않다. 여기서 청사진적 계획이란 바람직한 미래상을 제시하기 위해 일정 기간 동안 달성해야 하는 사항을 기술하는 데 역점을 둔 계획을 말한다(이인원 외, 1987: 257).

〈그림 4-3〉 공간계획 유형별 수립 절차

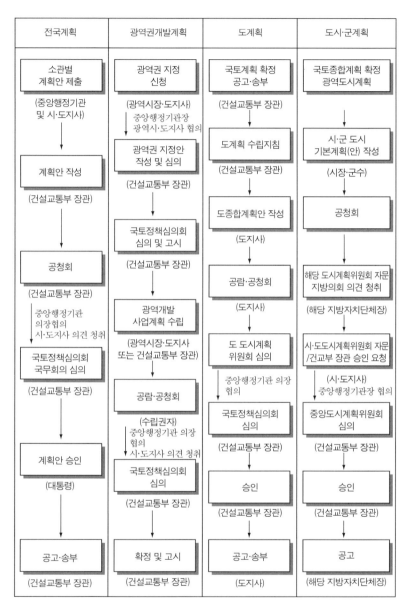

자료: 김용웅·차미숙·강현수(2003: 396).

(2) 지역계획의 평가·환류제도

지역계획은 장기적인 종합계획이기 때문에 계획의 집행에 대한 점검과 평가를 통해 사회경제적 여건 변화에 따라 계획안을 지속적으로 수정, 보완하는 등의 환류가 필요하다. 우리나라도 형식적으로는 지역계획 집행의 점검과 평가 및 환류제도를 갖추고 있다. 장기종합계획의 체계적인 추진 및 추진성과의 평가를 위해 국토교통부 장관은 매년 장기국토계획의 연차별 추진계획 및 익년도 실적을 정기국회에 보고하도록 하고 있다. 국토계획 추진성과를 모니터링하고 평가하기 위해 중앙행정기관의 장과 각 시·도지사는 매년 국토교통부 장관에게 구체적인 사업계획의 내용과 추진실적을 통보한다.

그러나 현행 지역계획은 첫째, 계획의 구체적인 집행 여부와 성과를 모니터링하고 평가할 수 있는 실효성 있는 행정적·제도적 수단이나 장치 마련이 미흡하다. 수많은 지역계획이 다양한 형태로 수립되고는 있으나 계획집행을 보장하고 집행성과의 평가 및 환류를 위한 체계적인 노력이 부족하며 이를 뒷받침할 인적·제도적 장치와 수단이 갖춰져 있지 못하다.

둘째, 현행 지역계획은 변화 적응력과 현실성이 부족한 경직적인 청사진계획의 형태를 지니고 있어 집행력과 실효성이 취약한 결점이 있다(Faludi, 1976: 150). 지역계획의 대부분은 장기종합계획으로서 이상적 계획목표, 전략, 규범적 시책, 구체적인 사업을 제시하는 청사진계획 형태를 취하고 있기 때문이다(김용웅, 1984). 지역계획이 변화 적응력, 현실 문제 해결력, 수요 대응의 실효성을 갖추기 위해서는 경직적인 청사진계획에서 벗어나야 한다. 향후 지역계획은 핵심 부문에 대한 실용적인 비전, 정책 방향, 원칙을 제시하고 다양한 부문계획 및 하위 공간계획과 개발사업 추진에 지침을 제공할 수 있는 지침형태의 전략계획을 수립하는 데 치중할 필요가 있다.

셋째, 지역계획의 효율적인 집행을 위해서는 과정으로서의 계획(planning)의 개념을 재정립할 필요가 있다. 그동안 "과정으로서의 계획" 또는 "계획수립"(planning)과 완성된 계획안(plan)을 명확히 구분하지 않고 사용해왔다. 그러나 계획이론에서 planning으로 지칭되는 "계획수립"(planning)이란 단순히 계획안을 작성해 완성하는 행위나 완성된 계획안이 아니라 완성된 계획을 행동으로 옮겨 집행하고 집행과정을 점검·평가 및 환류해 계획안을 보완하면서 집행을 계속하는 지속적이고 반복적인 과정(process)을 의미한다. 그러나 우리나라의 경우 지역계획추진과정에서 실무적인 계획안 작성과 계획안의 집행은 분리되어 있고, 또한 집행과정의 점검과 평가 및 환류는 별도의 조직에서 처리하고 있어 "과정으로서의 계획"(planning as a process)의 참된 의미를 이해하기 어려웠던 것이 사실이다. 따라서 앞으로는 planning과 plan을 "과정으로서의 계획" 또는 "계획수립"과 "계획안"이라는 새로운 명칭으로 지칭하고 "과정으로서의 계획"(planning)의 효과적인 실천을 위해 계획안 작성과 집행, 그리고 평가와 환류가 연계되어 이루어질 수 있도록 제도적 역량과 시스템을 구축하는 데 치중해야 한다(Faludi, 1976: 150~151).

3. 지역계획 관련 법 및 적용사례

1) 「국토기본법」[7]

(1) 법률제정의 배경
「국토기본법」은 1963년 제정된 「국토건설종합계획법」의 미비점을 보완

---

7   「국토기본법」은 임윤택 편저(2008), 28~45쪽을 기초로 작성했다.

하고 국가공간계획 간의 연계와 일체성 확보, 난개발 방지, 효율적인 국가 공간계획의 수립과 집행을 위해 2002년 2월에 제정되었다. 종전의「국토건설종합계획법」은 국토의 효율적이고 균형적인 발전을 위한 기본이념과 제도를 담지 않고 한정된 공간계획만 포함하는「국토종합계획」의 수립절차에 관해서만 규정하고 있었다. 「국토기본법」을 제정한 배경은 국토공간을 계획적·효율적·균형적으로 관리하기 위해 국토공간에 영향을 주는 다양한 법제에 의해 개별적으로 수립되는 공간계획과 부문계획을 상호 연계·조정함으로써 국토 및 토지이용에 있어 통일성을 확보할 수 있는 제도적 수단의 필요성에 대한 사회적 요구가 증대되었기 때문이다. 「국토기본법」이 제정된 또 다른 배경은 국토이용의 체계성과 효율성을 침해하는 국토 난개발이 심화되고 있었기 때문이다. 국토 난개발이 심화되면서 난개발이 사회적 문제로 부각되었다. 국토와 토지이용의 난개발 방지를 위해서는 체계적인 선계획-후개발 체제의 구축이 필요했다. 그러나 국토의 이용과 관리가 개별 법에 의거해 산만하게 이루어져 난개발 현상이 심화되는 결과를 초래했다.

난개발 방지를 위한 가장 시급한 과제의 하나가 법적·제도적으로 분산된 법제를 정비하는 것이었다. 이에 따라 국토 3법이던「국토건설종합계획법」,「국토이용관리법」,「도시계획법」을 국토 2법인「국토기본법」과「국토의 계획 및 이용에 관한 법」으로 통폐합해 국토이용 및 토지이용체계를 일원화했다. 국토법제의 정비로「국토건설종합계획법」과「국토이용관리법」이 연계체계를 갖추게 되었고,「국토이용관리법」과「도시계획법」이 연계되어 국토이용체계를 일원화하는 제도적 바탕이 마련되었다.

(2)「국토기본법」제정의 목적

「국토기본법」의 궁극적인 목적은 국토이용과 관리의 일체성을 확보해 국토이용의 선계획-후개발 체제를 구축할 수 있는 제도적 기반을 마련하는 데 있다. 그래야 국토의 이용과 관리가 국토의 지속가능한 발전과 국민복지 향상에 기여할 수 있기 때문이다. 「국토기본법」은 균형 있는 국토발전, 경쟁력 있는 국토여건 조성, 환경친화적 국토관리를 국토정책의 목표로 삼고 있다. 이와 같은 국토정책 목적을 달성하기 위해 「국토기본법」은 다음 세 가지 사항에 관한 규정을 담고 있다.

첫째, 국토이용 및 관리에 대해 국가적으로 지향할 이념과 기본방향을 제시하는 것이다. 국토이용과 관리에 대한 국가적 이념과 기본방향을 제시함으로써 다양한 국토 및 토지이용과 관리계획과 집행 간의 통합성과 일체성을 확보하는 데 목적이 있다.

둘째, 국토 및 토지이용과 관리 계획의 수립과 집행의 실효성을 증대하고 다양한 국토 및 토지이용계획 간에 연계·조정을 촉진하는 법적 기반과 제도적 장치를 마련하는 것이다.

셋째, 국토의 균형적·효율적·계획적 이용과 관리를 촉진할 수 있는 종합적인 법적 기반을 마련하는 것이다. 「국토기본법」이 지속가능한 국토발전을 통해 국토의 균형발전과 국가경쟁력 증진 및 국민의 복리향상에 기여하기 위해서는 국토정책 목적달성에 필요한 법적 근거와 제도적 기반을 갖춰야 하기 때문이다. 「국토기본법」은 국토에 관한 계획 및 정책의 수립·시행에 관한 기본적인 사항을 정함으로써 국토의 건전한 발전과 국민 복리향상에 기여하는 데 목적이 있다고 규정하고 있다(「국토기본법」 제1조).

(3) 「국토기본법」 추진 연혁과 주요 내용
① 법률 추진 연혁

「국토기본법」은 2002년 2월에 제정되었으나 법률의 시행은 2003년 11월부터 시작되었다. 그 후 2006년, 2008년 일부개정을 거쳐 보완 시행되고 있다. 2006년 개정안에서는 지속가능한 국토관리의 평가지표와 기준이 신설되었고, 2008년 일부 개정안에서는 대통령 산하의 국토정책위원회(제26조 또는 제28조)를 폐지하고 국토계획에 관한 정책 조정 등 위원회 기능을 국토해양부 장관이 수행하도록 하여 절차를 간소화해 효율적인 국토계획 및 정책 수립과 집행을 촉진하도록 하고 있다.

② 법률의 주요 내용

「국토기본법」의 내용은 국토발전의 기본 이념과 원칙에 관한 사항, 국토 및 토지에 대한 체계적 관리를 위한 국토계획체계의 재정비에 관한 사항, 지속가능한 국토발전을 촉진하는 친환경차원의 제도적 장치에 관한 사항 등 세 가지 부문으로 구성되어 있다. 「국토기본법」에 의한 「국토계획」이라 함은 국토를 이용·개발 및 보전함에 있어 미래의 경제적·사회적 변동에 대응해 국토가 지향해야 할 발전 방향을 설정하고 이를 달성하기 위한 다양한 형태의 국토 관련 계획을 말한다(법 제6조 제1항).

첫째, 국토관리의 기본이념 부문은 21세기에 지향해야 할 국토관리 철학과 원칙을 제시하고 있다. 즉, 국토는 모든 국민의 삶의 터전이며 후세에 물려줄 민족의 자산이므로 국토에 관한 계획 및 정책은 개발과 환경의 조화를 바탕으로 국토를 균형 있게 발전시키고 국가경쟁력을 높이며 국민의 삶의 질을 개선함으로써 국토의 지속가능한 발전을 도모할 수 있도록 이를 수립·집행해야 한다.

둘째, 국토 및 토지의 체계적인 관리를 위한 국토계획의 재정비 부문에서는 국토정책의 목표를 균형 있는 국토발전, 경쟁력 있는 국토여건 조성, 환경친화적 국토관리로 설정하고 이를 달성하는 데 필요한 전략과 시책을 촉진하는 법적 조항을 제시하고 있다. 국토의 균형발전부문에서는 특징화된 지역발전과 경쟁력 구비, 균형 있는 지역발전, 지역 간 화합과 공동번영을 지원하는 법적 근거를 제시했고, 경쟁력 있는 국토여건 조성부문에서는 기간시설의 체계적인 확충, 국토자원의 효율적인 이용과 관리, 국제교류의 활성화를 촉진할 수 있는 전략과 시책을 지원하는 법 규정을 제시하고 있다.

셋째, 친환경 국토관리부문에서는 자연환경 보전, 종합적인 토지이용계획, 자연생태 보전을 위한 종합적인 시책을 추진할 수 있는 법적 기반을 제시하고 있다. 또한 지속가능하고 균형 있는 국토발전을 위해 환경친화차원의 지속가능성 평가지표에 관한 법적 근거를 마련하는 등 국토관리의 지속가능성 평가를 제도화했다.

끝으로 「국토기본법」은 국토계획의 실행력 강화와 다양한 국토관련 계획의 법적 연계체계를 구축했다. 「국토기본법」은 광역권개발계획, 수도권정비계획, 특정지역개발계획 등 타 법률에 의한 지역계획과 국가기간망, 주택, 수자원환경, 정보통신 및 공업배치 등 다양한 부문계획을 모두 국토종합계획으로 인정함으로써 계획 간 연계와 조정 및 통일적인 국토이용관리가 가능하게 되었다. 「국토기본법」은 국토계획의 실행력과 실효성 증대를 위해 국토계획의 수립과 집행 절차의 간소화 및 재정지원이 가능한 법적 기반을 마련했다(임윤택 편저, 2008: 28~30).

(4) 적용사례

① 국토건설종합계획

국토종합계획은 1963년 제정된 「국토건설종합계획법」에 의거해 1972년 「제1차 국토종합개발계획」(1972~1981)을 수립한 이후 「제2차 국토종합개발계획」(1982~1991), 「제3차 국토종합개발계획」(1992~2002)이 수립·추진된 바 있다. 그러나 「제3차 국토종합개발계획」 기간 중 경제의 지구화와 정보화의 진전 등 국내외 여건의 급격한 변화로 「제3차 국토종합개발계획」의 수정이 요구되었다. 따라서 「제3차 국토종합개발계획」이 만료되기 전 2000년에 20년 장기의 「제4차 국토종합계획」(2000~2020)이 수립·추진되었다.

「제4차 국토종합계획」은 기존 국토종합개발계획과 달리 계획기간을 10년에서 20년으로 장기화했고, 전국계획의 명칭을 「국토종합개발계획」에서 개발이라는 제한된 명칭을 배제하고 「국토종합계획」으로 변경했다. 이는 국토계획의 목적이 개발 지향에서 벗어나 국토의 정비와 보전, 환경과 개발의 조화에 치중한다는 정책적 의지를 반영한 것이다. 「제4차 국토종합계획」은 급격한 국내외 환경 변화와 정부의 국토정책 전환에 따라 5년 만에 「제4차 국토종합계획수정계획」(2006~2020)으로 전환되었고, 또 다시 정권이 바뀌면서 5년 만에 「제4차 국토계획재수정계획」(2011~2020)이 수립·추진된 바 있다. 2020년에는 「제5차 국토종합계획」(2020~2040)이 수립되어 추진되고 있다. 2003년 11월 이후 「국토건설종합계획법」은 폐지되고 「국토기본법」이 시행되고 있다(임윤택 편저, 2008).

국토종합계획이 급변하는 국내외 여건을 반영하기 위해 평가·환류과정을 거쳐 수정되는 것은 바람직한 측면도 있으나 5년에 한 번 정권이 바뀔 때마다 장기국토발전 비전과 전략을 수정하면 장기공간계획으로서의 안정성과 일관성이 약화되고 국토계획이 장기 비전과 전략을 제시하는 기능을 하지 못할 우려가 있다. 그동안 다섯 차례에 걸친 국토종합계획의 수립 및 집행에도 불구하고 목표와 전략은 대부분 대동소이한 형식을 채택하고 있으나 주요 국토발전전략은 시대별로 차이가 있는 것으로 알려지고 있다.

예를 들면, 1970년대는 "산업육성과 경제성장"에 치중했고, 1980년대는 "국토균형발전" 차원에서 "발전기반의 공간적 확산"을 추진했다. 1990년대에는 "지역균형발전" 및 "국민의 삶의 질 향상" 등에 대해 상대적으로 높은 정책적 우선순위를 부여했다고 할 수 있었다. 그러나 2000년대 들어와서는 "경제의 지구화"와 "남북통일"에 대비한 국토전략이 상대적으로 높은 우선순위를 차지했다. 「제4차 국토계획수정계획」에서는 국가발전의 동인을 지역발전에서 찾으려는 데 치중했고, 「제4차 국토계획재수정계획」에서는 "국

〈표 4-3〉 국토종합계획의 변천과 주요 내용

구분	계획 기조	기본목표	공간전략	개발전략
제1차 국토계획 (1972~1981)	경제성장 및 국토생산성 제고	• 국토이용관리의 효율화 • 사회간접자본 확충 • 국토자원개발, 보전 • 국민생활환경 개선	4대 유역권 8중권 17소권	• 대규모 공업기반 구축 • 교통·통신·수자원·전력 공급기 반 확대 • 자원지역개발
제2차 국토계획 (1982~1991)	지역균형 발전	• 인구의 지방정착 • 개발가능성 전국 확대 • 국민복지 수준 제고 • 국토환경보전	28개 생활권	• 국토다핵구조(성장거점) 육성 • 수도권 집중 억제 및 지역균형 발전 • 후진지역개발 촉진
제3차 국토계획 (1992~2001)	국토의 균형성, 효율성, 쾌적성, 통합성 촉진	• 지방분산형 국토골격 형성 • 생산적·자원절약적 국토이 용 • 국민복지 향상과 국토환경 보전 • 통일국토 기반 조성	9개 지역 경제권	• 지방 육성과 수도권 집중 억제 • 신산업지대 조성, 산업고도화 • 통합적 고속교류망 구축 • 국민생활환경, 환경 보전
제4차 국토계획 (2002~2020)	21세기 통합국토	• 더불어 잘사는 국토 • 자연과 어우러진 녹색국토 • 지구촌 열린 개방국토 • 통일국토 기반	10개 광역권	• 개방형 연안 국토축 형성 • 지역별 경쟁력 고도화 • 건강하고 쾌적한 국토환경 • 고속교통정보망 확충
제4차 수정계획 (2006~2020)	개방형 통합국토	• 상생하는 균형국토 • 경쟁력 있는 개방국토 • 살기 좋은 복지국토 • 지속가능한 녹색국토 • 번영하는 통일국토	시·도 행정구역 (지역 간 협력)	• 분권·분산형 국토구조 • 자립형 지역발전 • 지역혁신체제 구축 • 네트워크형 인프라 • 아름답고 인간적인 정주환경 조성
제4차 재수정계획 (2011~2020)	글로벌 녹색국토	• 경쟁력 있는 통합국토 • 지속가능한 친환경국토 • 품격 있는 매력국토 • 세계로 향한 열린 국토	5+2 광역경제권	• 글로벌 경쟁력을 갖춘 신성장 거점 • 초고속교통 글로벌 인프라 확 충 • 강 중심 자원순환형 안전국토 • 쾌적하고 문화적인 도시정주 기반 조성

자료: 임윤택 편저(2008: 42).

가적 차원의 경쟁력"과 "경제성"을 중시하는 국토정책을 추진했다. 그러나 「제5차 국토종합계획」은 "제4차 산업혁명"과 저성장, 고위험 증대가 상존하는 "뉴 노멀" 추세의 확산, 그리고 "거대권력의 붕괴", 권력의 분권화, 중소 단위 조직과 집단의 참여와 권력 증대 등의 추세를 반영해 새로운 국토비전과 전략을 제시하는 데 치중했다(김용웅, 2021: 6~10).

제5차 국토종합계획은 모든 세대와 계층 및 지역을 포용하는 "모두를 위한 국토"와 "함께 누리는 국토 조성"이라는 2대 장기 비전과 함께 "어디서나 살기 좋은 균형국토", "안전하고 지속 가능한 스마트국토" 및 "건강하고 활력 있는 혁신국토" 등 3개 목표를 제시했다. 제5차 국토종합계획은 장기 비전과 계획목표 달성을 위해 "연대와 협력을 통한 스마트국토 구현"이라는 공간전략을 제시하고 부문별 실천을 위해 "개성 있는 지역발전과 연대, 협력 촉진", "지역산업 혁신과 문화관광 활성화", "세대와 계층을 아우르는 안심 생활공간 창출", "품격 있고 환경친화적 공간 창출", "인프라의 효율적 운영과 국토 지능화" 및 "대륙과 해양을 잇는 평화국토 조성" 등 6개의 부문전략과 다양한 실천방안을 제시하고 있다(대한민국정부, 2020).

② 도(道)종합계획

「도(道)종합계획」은 「국토종합계획」 기본방향을 수용해 도 전역을 대상으로 지역경제기반 강화와 주민의 생활환경 개선 및 시·군 발전계획의 방향과 지침을 제시하는 역할을 한다. 본격적인 「도(道)종합계획」은 「제2차 국토종합계획」(1982~1991)을 수립한 이후부터인데 현재까지 4차례의 「도종합계획」이 수립·추진되고 있다. 「제1차 국토계획」(1972~1982) 기간 중에는 전국계획의 수립 및 추진 여건이 마련되지 않아 「도(道)종합계획」도 수립·추진되지 못했다. 제1차부터 제3차까지의 도(道)종합계획은 「국토건설종합계획법」에 의해 수립·추진되었다. 「국토기본법」 제정 이후 2006년 「제4차 국토종합계획」의 1차 수정 및 2011년 재수정 계획이 마련되면서 도별 종합계획도 수정 추진된 바 있다. 현재 「제4차 도(道)종합계획」(2021~2040)은 「제5차 국토종합계획」(2020~2040)의 기본방향을 수용해 「수도권정비계획」의 대상인 "경기도"와 "특별자치도인 제주도"를 제외한 7개 도에서 수립·추진 중이다.

2) 「지역균형발전 및 중소기업 육성에 관한 법률」

(1) 법률제정의 배경

1990년대 초 본격적인 지방자치시대에 대응해 지역특징에 맞는 자립적인 지역경제 기반을 구축할 필요성이 높아지면서 이를 뒷받침하기 위해서 1994년 「지역균형발전 및 중소기업 육성에 관한 법률」이 제정되었고, 지방광역권개발제도가 도입되었다. 그동안 비수도권 지역도 단일 거점도시 육성에 치중했으나 수도권 집중에 대응하거나 국제적 차원의 경쟁력을 갖기어려워 규모의 경제를 지닌 지방의 대규모 집적경제기반 구축이 필요했기때문이다. 「지방광역권」이란 비수도권 광역시, 그 주변 산업단지와 배후지역, 그리고 여러 도시가 상호 인접해 동일한 생활권을 이루고 있는 지역을하나의 발전거점으로 지정해 산업단지 및 광역 인프라 시설을 확충하고 산업 육성과 경제발전을 촉진하는 특화된 지역발전전략이었다.

지방광역권은 세 가지 전략적 특징을 지니고 있다. 지방광역권은 첫째, 지역발전의 선도거점의 역할을 수행하는 것이 목적이고, 둘째, 복수의 도시또는 성장거점이 포함된 규모의 경제성을 지닌 개발권이며, 셋째, 도시적성격이 강한 대도시권과 달리 중심도시와 주변 농촌지역을 포함하고 있어지역성이 강하다(김용웅·차미숙·강현수, 2009: 493~506).

(2) 10대 「광역권개발계획」의 수립·추진

「지역균형발전 및 중소기업 육성에 관한 법률」의 대표적인 적용사례는전국의 10대 「광역권개발계획」을 들 수 있다. 정부는 수도권에 대응하는 경쟁력을 갖춘 지방의 대규모 집적경제기반을 구축하기 위해 비수도권 지역을 대상으로 4개의 대도시권형, 3개의 신산업지대형, 1개의 연담도시형 및중부내륙권과 제주도권개발계획 등 10개의 광역권개발계획을 수립·추진해 왔다. 광역권개발계획은 지역 특징에 따라 다음과 같은 특화된 지역발전전략을 채택했다(김용웅·차미숙·강현수, 2009: 498~499).

아산만광역권과 대전·청주광역권은 수도권과 인접한 지역으로, 수도권의 기능을 분담·수용함으로써 수도권의 개발 압력을 흡수하고 산업 및 도시발전을 전국적으로 확산하는 기능을 수행하도록 했다. 이를 위해 아산만권은 대규모 산업지대와 항만을 중심으로 수도권의 산업·물류 기능을 분산 수용하고 인구를 정착시키는 역할을 담당하도록 했고, 대전·청주광역권은 이미 형성된 대덕, 둔산 등 과학기술 및 국가 중추기능의 수용 기반을 확대해 2차적인 수도기능을 수행하도록 했다. 한편, 군산·장항광역권과 광주·목포광역권은 상대적으로 낙후되어 온 서남권의 발전을 촉진하는 성장거점 기능을 수행하도록 했다. 이를 위해 군산·장항권은 군장산업기지와 신항만을 중심으로 한 생산과 교역의 중심지로 산업발전을 선도하고 환황해경제권의 전진기지로 육성했으며, 광주·목포광역권은 서남권 내륙의 첨단산업과 기술혁신의 중심지 및 중국, 동남아지역과의 주요 교류거점으로 발전시키도록 했다. 그리고 남해안의 광양만·진주광역권과 부산·경남광역권은 우리나라 양대 항만체계의 배후도시와 산업거점으로, 물류·교역·생산의 중심지로 육성한다는 전략하에 광양과 부산의 항만이 우리나라의 관문항과 동북아의 중계항 기능을 동시에 수행할 수 있도록 확장했다. 그리고 영남의 북부내륙과 동해안을 연결한 대구·포항광역권은 낙후된 산업구조의 개편을 통해 생산기능을 고도화하고 산업발전의 선도기능을 강화하는 데 초점을 두었다. 한편, 강원·동해안광역권은 국내 및 동아시아 관광거점지대로 개발하는 한편 북한 및 일본 북서부, 러시아 연해주, 중국 동북부 등 환동해경제권의 교류거점으로 육성하고자 도모했다.

지방광역권 육성정책은 추진실적이 매우 부진하다. 국비지원이 이루어지고 있는 환경 및 수자원, 공항 분야는 추진이 원활한 반면 대부분 민간자

<표 4-4> 10대 광역권 지정 현황

유형	권역명 (지정연도)	인구 (만 명)	면적 (km²)	행정구역	해당 지역
대도시권	대전·청주권 (1998)	261	6,768	1개 광역시 4개 시 8개 군	대전, 청주, 공주, 논산(일부)·청원, 괴산, 보은, 옥천, 영동, 금산, 연기·증평, 계룡
	광주·목포권 (1998)	220	4,977	1개 광역시 2개 시 8개 군	광주, 목포, 나주·장성, 담양, 화순, 영암, 함평, 무안·해남, 신안 일부
	대구·포항권 (1999)	428	9,869	1개 광역시 6개 시 7개 군	대구·포항, 경주, 구미, 김천, 경산, 영천·군위, 청도, 칠곡, 성주, 고령, 영덕, 울릉
	부산·경남권 (1994)	629	5,090	2개 광역시 8개 시 1개 군	부산, 울산, 김해, 마산, 창원, 진해, 밀양, 장승포, 양산, 거제·함안
신산업 지대	아산만권 (1994)	126	3,517	7개 시 3개 군	천안, 서산, 아산, 당진, 예산, 태안·평택, 송탄, 화성, 안성
	군산·장항권 (1999)	112	3,100	5개 시 2개 군	보령, 부여, 서천, 논산·군산, 익산, 김제
	광양만·진주권 (1999)	136	4,544	5개 시 4개 군	광양, 순천, 여수, 고흥, 보성(벌교)·진주 사천, 남해, 하동
연담 도시권	강원·동해안권 (1999)	65	4,921	5개 시 5개 군	강릉, 동해, 태백, 속초, 삼척, 평창, 정선, 인제, 고성, 양양
기타	중부내륙권 (2005)	110	8,641	6개 시 6개 군	원주, 영월, 횡성·충주, 제천, 단양, 음성·영주, 문경, 예천, 봉화 등
	제주권 (2003)	62	1,846	2개 시 2개 군	제주, 서귀포·북 제주, 남제주

주: 계획 목표 연도는 2011년임(단, 중부내륙권은 2020년).
자료: 건설교통부(2006).

본에 의존하는 사업은 민간기업의 투자 기피로 실적이 저조한 것으로 나타났다. 지방광역권 정책은 재원 확보 어려움과 재정지원 부족, 계획수립과 집행과정에서 지방자치단체 간 협력을 촉진할 수 있는 인적·제도적 역량과 기반 취약 등의 한계와 문제점을 지니고 있어 계획사업의 효율적인 집행과 성과 도출이 지연되고 있다. 건설교통부에 따르면 인구 증가, 고용 및 생산 증가를 기준으로 할 때에도 지방광역권이 다른 지역에 비해 더 빨리 성장했다는 증거는 발견되지 않는다(건설교통부, 2006: 107).

지방광역권 육성계획 추진 과정에서 나타난 정책 실패의 원인 규명과 해법 마련 없이 2000년대 들어 모든 정권이 지역 간 참여와 협력이 필수적인 지역협력계획, 광역경제권 육성 및 지역생활권 육성계획을 수립·추진했으나 큰 성과는 거두지 못한 것으로 지적되고 있다(김용웅, 2020: 157~165).

3) 「수도권정비계획법」

(1) 법률제정의 배경 및 주요 내용

「수도권정비계획법」은 1982년 수도권의 집중과 과밀을 해소하고 수도권과 지방 간의 불균형을 완화하기 위해 제정되었다. 1960년대 초 이후 강력한 공업화와 경제성장정책 추진에 따라 전 국토의 11.8%에 불과한 수도권 지역에는 1980년 전체 인구의 36%, 제조업 고용의 46%, 대기업 본사, 공공·민간 부문의 중추 관리 기관과 조직의 2/3 이상이 집중되어 주택난, 교통혼잡, 공해 발생과 함께 심각한 도시문제가 초래되었다. 반면 수도권 외의 다른 지역은 경제-사회발전의 상대적 둔화와 삶의 질 저하로 생산인구의 지속적 유출과 정주 기반의 약화가 초래되어 심각한 지역격차 문제와 함께 국가경제성장의 장애요인으로 작용하는 현상이 발생했다. 「수도권정비계획법」(1982)은 수도권의 과밀혼잡 방지 및 계획적인 정비와 개발을 위해 수도권의 인구와 산업 재배치, 인구집중유발시설 규제, 광역적 교통시설 등 인프라 구축과 환경보전 등의 종합적인 내용을 다루고 있다(제4조 제1항).

- 수도권정비의 목표와 기본방향에 관한 사항
- 인구와 산업 등의 배치에 관한 사항
- 권역구분과 권역별 정비에 관한 사항
- 인구집중유발시설 및 개발사업의 관리에 관한 사항
- 광역적 교통시설과 상하수도시설 등의 정비에 관한 사항
- 환경보전에 관한 사항
- 수도권정비 등의 지원에 관한 사항

- 계획의 집행 및 관리에 관한 사항
- 이 밖에 대통령령으로 정하는 수도권정비에 관한 사항

(2) 「수도권정비계획」의 수립

1982년 「수도권정비계획법」의 제정 이후 그동안 3차에 걸쳐 「수도권정비계획」이 수립·집행되었다. 「수도권정비계획」은 국토교통부 장관이 중앙행정기관의 장과 서울특별시장·광역시·도지사의 의견을 들어 입안하며, 수도권정비위원회의 심의와 국무회의 심의를 거쳐 대통령의 승인을 받아 확정된다. 「수도권정비계획」이 확정되면 중앙행정기관의 장 및 시·도지사는 실행을 위한 소관별 추진계획을 수립해 국토교통부 장관에 제출하고, 이는 수도권정비위원회 심의를 거쳐 확정된다. 확정된 계획안은 중앙행정기관의 장과 시·도지사에 통보되며, 시·도지사는 이를 지체 없이 고시해야 한다 (제5조 제1~3항).

1984년 확정된 「제1차 수도권정비계획」(1982~1996)은 수도권의 인구와 산업의 집중 억제, 이를 통한 지방의 인구정착기반 조성 등 지역균형발전을 위해 수도권 내 강력한 입지규제방안을 도입했다. 「제1차 수도권정비계획」은 서울의 인구집중유발시설을 규제하기 위해 개별시설의 강력한 규제와 이전촉진지역 내 공장 및 시설의 분산 이전, 그리고 제한정비권역, 자연보전권역, 개발유보권역 등 규제 중심의 계획안을 제시했다. 그러나 「제2차 수도권정비계획」(1997~2011)은 강력한 규제를 통한 수도권의 인구와 산업의 집중 억제나 지방인구 정착기반 조성보다는 수도권 내부의 과밀과 혼잡 해소, 도시기능의 고도화, 삶의 질 개선에 보다 치중했다. 「제2차 수도권정비계획」은 수도권 집중 억제를 위한 물리규제를 포기하고 경제적 총량적 규제방식을 수용하고 수도권의 계획적인 성장을 유도하는 계획방안을 제시했다. 「제2차 수도권정비계획」은 이전촉진권역, 제한정비권역, 개발유도권

<표 4-5> 「수도권정비계획」 비교

구분	제1차 수도권정비계획 (1982~1996: 15년간)	제2차 수도권정비계획 (1997~2011:15년간)	제3차 수도권정비계획 (2006~2020: 15년간)
기조	• 수도권 집중 억제 • 지방인구 정착기반 확대	• 수도권 내부 집중·과밀 해소 • 지구화와 통일 대비 기능 제고	• 수도권·지방 상생 발전 • 동북아 경제 중심도시 육성
목표	• 수도권 인구·산업 집중 억제 • 수도권 기능 선별적 분산 • 국토균형발전 촉진	• 지구화, 지방화 및 통일대비 도시기반 조성 • 다핵분산형 자족적 공간구조 구축	• 선진국 수준의 삶의 질을 갖춘 수도권정비 • 지속가능한 수도권성장기반 구축 • 지방과 더불어 발전하는 수도권 구현 • 경쟁력 갖춘 동북아경제중심지 육성
전략	• 인구집중시설 입지 규제 • 수도권 내 기능 분담, 다핵구조 형성 및 생활권 육성 • 한강수계 환경보호	• 수도권 질서 있는 정비, 자족적 지역생활권 조성 • 지구화 대비 수도권 기능 제고, 통일 대비 도시기반 조성 • 쾌적한 생활, 자연환경 보전	• 수도권 인구 안정화 • 수도권 경쟁력 강화 • 수도권 주민의 삶의 질 개선 • 수도권 규제의 합리적 개선
규제 수단	• 5대 정비권역 • 개별시설 물리적 입지규제	• 3대 정비권역 지정관리 • 경제적 총량규제: 과밀부담금 공장 총량제	• 3대 정비권역 지정관리 • 경제적 총량규제 • 수도권 규제 완화 및 합리적 개선
인구 (천 명)	• 계획: 15,720(1991)/17,700(2000) 35% • 실제(1995): 20,188(45.2%)	• 계획: 21,498(2001)/21,393(2011) 45.3% • 실제(2010): 23,836(49.1%)	• 계획(2020): 27,400(47.5%) • 실제(2020): 26,035(50.2%)

자료: 김용웅·차미숙·강현수(2003: 492); 김용웅·차미숙·강현수(2009: 432).

역, 개발유보권역, 자연보전권역 등으로 세분화된 5대 정비권역을 폐지하고 과밀억제권역, 성장관리권역, 자연보전권역 등 규제조치가 유연한 3대 정비계획을 제시했다.

「제2차 수도권정비계획」에서부터는 수도권 인구집중 억제를 위해 대학교, 공장, 공공청사, 업무용 건축물, 연수시설 및 대규모 토지개발 등 인구집중유발시설의 신설과 확장에 대한 물리적 규제가 폐지되었다. 공장의 신증설은 공장 총량제의 한도 내에서 허용되었고 인구집중유발시설의 신설과 확장도 과밀부담금을 부담하면 가능하도록 했다.

「제3차 수도권정비계획」(2006~2020)은 수도권과 지방의 상생 발전과 동북아 경제중심도시 육성이라는 기조하에 규제 완화와 규제수단의 합리적인 개선을 추진했다. 「제3차 수도권정비계획」은 수도권이 경쟁력을 갖춘 동북아 경제중심도시로 발전할 수 있도록 수도권 내에 지속가능한 성장기반 구축과 선진국 수준의 삶의 질 확보에 관한 계획적인 정비방안을 제시했다.

정부는 1970년대 이후 「국토종합계획」과 「수도권정비계획」을 통해 수도권 집중을 억제하기 위한 인구성장억제 목표를 지속적으로 제시해 왔다. 그러나 큰 성과를 거두지 못했다. 「제1차 국토종합개발계획」(1972~1981)에서는 1981년 수도권의 인구성장 억제 목표를 1098만 명으로 설정했으나 실제 인구는 1475만 명에 달했고, 「제2차 국토종합개발계획」(1982~1991)에서는 1991년 목표인구를 1575만 명으로 설정했으나 실제 인구는 1902만 명으로, 계획수립 당시 추정되던 인구 추세치를 상회하는 결과를 초래했다. 수도권정비계획은 그동안 현실에 맞지 않는 이상적인 계획목표치를 제시해왔으나 수도권의 인구는 예상되던 추세치 전망을 상회해 계획의 실효성이 매우 낮다는 것을 보여주고 있다(김용웅·차미숙·강현수, 2009: 421~452).

4) 「국가균형발전특별법」

(1) 법률제정의 배경 및 주요 내용

2003년 등장한 참여정부는 국가균형발전을 국정의 최우선 과제의 하나로 격상하고 이를 실현하기 위해 행정수도 건설, 지방분권의 획기적인 확대, 지역혁신체제 구축 등 강력한 지역균형발전정책의 추진을 시도했다. 참여정부는 그동안 지속되어 온 수도권 집중과 지역 간 불균형 증대의 악순환고리를 끊고 지방의 자립적인 발전을 촉진하기 위해 국가균형발전정책을 범정부정책으로 채택하고 이를 제도적으로 뒷받침하기 위해 2004년 「국가균형발전특별법」을 제정했다. 2004년 제정된 「국가균형발전특별법」은 정부 및 지방자치단체가 추진해야 할 구체적인 지역발전전략 및 시책방향과 함께 제도적 실행수단으로 지역발전계획수립 및 각종 지원방안을 종합적으로 제시했다. 2004년 제정된 「국가균형발전특별법」에서는 전국단위 종합계획인 「국가균형발전 5개년계획」과 관련부처별 실행을 위한 「부문계획」과 「매년시행계획」 수립을 제도화했다. 그리고 시·도 단위에서는 「지역혁신발전 5개년계획」을 수립·추진하도록 했다. 전국 및 지역단위 지역발전계획과 주요 시책의 효율적인 추진을 보장하기 위한 예산 지원제도로 국가균형발전특별회계를 설치하도록 했다. 국가균형발전특별회계는 지역발전정책 목적에 따라 지역개발계정과 혁신계정으로 분리해 계정별 세입과 세출항목을 구체화해 안정적인 재원 확보와 지속적인 시책 추진을 가능하게 했다.

그러나 「국가균형발전특별회계」는 연간 규모가 광범한 지역발전 관련 예산의 극히 일부분인 6조~7조 원에 불과해 새로운 지역정책 추진을 선도하는 데는 미흡했다. 「국가균형발전특별회계」는 전체적인 예산규모도 제한되었고, 대부분의 예산내용도 새로운 시책과 사업을 지원하는 예산이 아니라 기존 시책과 사업예산을 포함하는 데 치중했기 때문이다. 그러나 국가균형발전특별회계의 설치는 지역발전정책과 계획의 집행을 보장하는 새로운 예산제도 마련이라는 차원에서 진일보한 조치로 볼 수 있다(김용웅·차미숙·강현수, 2009: 591~592).

2004년 「국가균형발전특별법」은 다양한 부처의 관련시책과 사업을 통합·조정하기 위해 관련부처의 장관과 민간전문가로 구성된 대통령 직속의 국가균형발전위원회를 설치·운영하도록 했다. 이와 함께 시·도 등 지역단위에는 산·학·관·민 등 혁신주체 간 협력을 촉진하고 지역발전계획의 심의를 위해 지역혁신협의회를 설치·운영하도록 했다. 특히 「국가균형발전특별법」은 지역발전계획의 집행력 확보를 위해 중앙행정기관에서는 국가균형발전 5개년계획의 부문별 계획과 매년 시행계획을 수립하고, 정부는 매년

<표 4-6> 국가균형발전특별회계별 세입 및 세출항목

	지역개발계정	혁신계정
세입항목	• 주세의 100분의 80 • 과밀부담금 • 개발부담금 • 농어촌구조개선특별회계전입금 • 교통관리개선특별회계 전입금 • 공공자금관리기금 예수금 • 일반회계, 기타 특별회계 전입금	• 주세의 100분의 20 • 통신사업특별회계전입금 • 공공자금관리기금 예수금 • 일반회계, 기타 특별회계 전입금
세출항목	• 개별법에 의한 낙후지역개발 지원 • 지역사회기반시설 확충 • 지역문화, 예술 관광 진흥 • 지역고용 창출/지역경제 활성화	• 지역혁신체제 구축 • 지역전략산업 지원 • 지방대학 육성, 인재 양성 • 지역과학기술진흥, 특징화사업 지원 • 지역정보화 촉진 • 공공기관, 기업, 대학지방 이전 지원 • 기타 지역경제 및 산업 지원 등

자료: 「국가균형발전특별법」(2004, 2009, 2014 개정판) 참조.
법제처 국가법령정보센터(http://www.law.go.kr).

국회에 전년도 추진실적과 새해의 계획을 제출하도록 의무화했다. 시·도 단위에서는 매년 시·도 단위 시행계획을 수립하고, 매년 전년도 추진실적과 새해의 추진계획을 "국가균형발전위원회"(현 지역발전위원회)에 제출하도록 하고 있다.

(2) 「국가균형발전특별법」의 변천과 적용사례

「국가균형발전특별법」은 2004년 제정 이후 이명박 정부(2008~2012), 박근혜 정부(2013~2017) 등 정권이 바뀔 때마다 큰 폭으로 개정되어 왔다. 참여정부(2003~2008) 시대의 「국가균형발전특별법」은 "지역균형발전", "지역혁신"과 "자립적 지역발전"을 바탕으로 시·도 및 시·군 단위 지역자율 및 협력적 계획을 수립·집행하는 제도를 구축하는 데 치중했다. 그러나 이명박 정부(2017~2013) 시대의 「국가균형발전특별법」은 참여정부의 지역균형발전정책이 지역 간 물리적 형평과 균등화에 치중한 나누어 먹기식의 비효율적 정책이라는 판단하에 경제적 효율성과 규모의 경제 이익을 지닌 5+2 "광역경제권" 육성 전략을 도입했다. 그리고 지역균형발전정책의 수립 및 집행과정에서 중앙정부의 역할을 강화했다. 「국가균형발전특별회계」는 「지역발전특별회계」로, 그리고 대통령 직속의 「국가균형발전위원회」는 「지역발전위원회」로 명칭을 변경했고, 광역경제권 육성을 위해 "지역발전 특별회계"에 "광역계정"을 추가했다. 박근혜 정부(2013~2017)의 「국가균형발전특별법」은 이명박 정부의 법안내용을 수용했으나 지역발전전략은 새롭게 설정했다. 박근혜 정부는 지역생활환경 개선을 중시하는 "지역행복생활권" 육성 전략을 채택했고, 이를 뒷받침하기 위해 지역발전특별회계에 「생활기반계정」을 신설했다. 문재인 정부(2017~2022)는 "고르게 발전하는 지역"을 5대 국정목표의 하나로 설정하고 이의 달성을 위해 "국가 기능의 획기적 지방이양", 국세와 지방세의 조정을 통한 강력한 재정분권의 실현" 및 "지역성장거점의 조성 및 도시재생 뉴딜 사업" 등 11개 정책과제와 53개의 실천과제를 제시했다(김용웅, 2017a: 52~53).

문재인 정부의 「국가균형발전특별법」은 참여정부 「국가균형발전특별법」의 주요 내용을 수용해 대통령 직속의 「지역발전위원회」를 「국가균형발전위원회」로 명칭을 변경하고 새로운 지역정책을 효율적이고 효과적으로 수립·집행하기 위한 내용을 추가했다. 문재인 정부도 이명박 정부 및 박근혜 정부와 마찬가지로 기존 정책을 부정하고 차별화를 시도했으나 소기의 성과도출에는 미치지 못한 것으로 지적되고 있다. 그동안 정책 실패에 대한 반성과 대책마련이 미흡했기 때문이다. 2000년대 정권별로 지역정책 추진이 시행착오를 반복해 온 데는 다양한 원인이 있을 수 있으나 지역정책 내용과 추진방식에서 보면 몇 가지 원인과 대응책을 생각해 볼 수 있다.

첫째, 정권별로 제시한 대부분의 지역정책 목적이나 전략이 너무 이상적이고 규범적이어서 지역발전 현장에서의 실천 가능성이 적고 정책성과 도출도 기대하기 어렵기 때문이다. 구체적인 사례로는 참여정부가 추진한 모든 지역을 대상으로 대학-기업-연구기관-지방자치단체 등 다양한 혁신주체의 상호작용과 협력을 통해 연구개발, 기술혁신, 벤처창업, 신산업 창출을 시도한 지역혁신체제 구축, 이명박 정부가 추진한 2개 이상의 광역자치단체 구역이 포함된 7개의 광역경제권 육성, 박근혜 정부가 추진한 60개의 지역생활권 육성계획 등을 들 수 있다. 둘째, 정권별로 전 정권의 정책과의 차별화를 부각시키기 위해 새로운 명칭의 지역발전전략과 시책 및 사업계획을 제시하는 데 치중해 왔기 때문이다. 그러나 〈표 4-7〉에서 보는 바와 같이 정권별 새로운 정책들은 본질적으로 큰 차이가 없다. 결과적으로 정책추진의 시행착오만 반복하는 모습을 보이고 있다. 셋째, 2000년대 정권별 지역정책 패러다임 경쟁은 과거 유사한 전략, 시책 및 사업계획의 실패원인에 대한 극복방안 없이 새로운 정책을 추진해 시행착오를 반복해 오고 있기 때문이다. 이명박 정부의 "광역경제권" 육성정책은 1990년대 중반 이후 추진되어 온 "10대 광역권개발계획"과 참여정부의 "시·도의 공동계획"과 유사한 전략이나 정책의 하나라 할 수 있다. 광역경제권 육성정책의 성공적인 추진을 위해서는 과거 및 기존의 유사정책이 실패한 원인을 규명하고 극복방안을 마련해야 하나 이를 간과하고 정책을 무리하게 추진했기 때문에 소기의 정책성과를 거두지 못했다. 끝으로, 2000년대 5년 단위 정권별로 기존 정책과 차별화된 새로운 정책 패러다임을 도입·추진함으로써 장기적인 공간정책으로서의 지역발전정책 추진의 일관성과 지속성을 유지하기 어려웠기 때문이다. 홍보나 전시효과만을 노린 선언적 정책을 실시하거나 이상적인 선진제도의 무늬만 도입하게 되면 효율적인 정책 추진이나 성과 도출을 기대하기 어렵다(김용웅, 2020: 97~133).

〈표 4-7〉「국가균형발전특별법」의 변천

구분		국가균형발전특별법 (2004~2007)	국가균형발전특별법 (2008~2012)	국가균형발전특별법 (2013~2017)
목적		• 전국이 골고루 잘사는 사회 건설	• 지역 간 균형 있는 발전 도모	• 지역 간 균형 있는 발전 도모
추진 전략		• 지역 간 불균형 해소 • 지역혁신, 특징 있는 발전 • 자립형 지방화	• 지역특징에 맞는 발전과 지 역 간 연계협력 • 지역경쟁력 및 삶의 질 향상	• 지역 간 불균형 해소 • 지역특징 발전과 지역 간 연 계협력 증진 • 지역경쟁력 및 삶의 질 향상
공간 발전 계획	국가	• 국가균형발전계획(5년) • 부문별 발전계획(5년) • 부문별 시행계획(매년)	• 지역발전계획(5년) • 부문별 발전계획(5년) • 부문별시행계획(매년)	• 지역발전 5개년계획 • 부문별 발전계획(5년) • 부문별 시행계획(매년)
	시·도 광역	• 시·도지역혁신발전계획(5년) • 시·도 단위시행계획(매년) • 2개 이상 시·도 공동계획(자 율)	• 광역경제권발전계획(5년) • 광역경제권발전시행계획(매 년) • 시·도발전계획(5년) • 초광역개발권 기본구상	• 시·도발전계획(5년) • 시·도발전시행계획(매년) • 경제협력권발전계획(자율)
	시군	• 시·군지역혁신발전계획(자 율) • 낙후지역개발계획 등	• 기초생활권발전계획(2개 이 상 시·군 공동, 자율) • 성장촉진지역, 특수상황지역 계획	• 생활권발전계획(2개 이상 시·군 공동, 자율)
주요 시책		• 지역혁신체제 구축 • 지역전략산업 육성 • 지방대학 육성 • 지역과학기술 • 지역정보화, 정보통신 • 지역문화·관광진흥 • 낙후지역 및 농산어촌 등 개 발	• 국토의 다원적 개발, 지역발 전역량 확충 • 지역 산업 육성, 지역경제 활 성화 • 지역인력 양성, 과학기술진 흥, 지방대산업체 협력 강화 • 지역발전거점 교통물류망 확 충 • 지역문화관광 • 성장촉진지역 등 개발	• 주민생활기반 확충, 지역발 전역량 강화 • 지역 산업 육성, 일자리 창출 • 지역교육, 인재 양성, 과학기 술진흥 • 지역발전거점 교통물류망 확 충 • 지역문화관광 육성, 환경 보 전 • 지역복지 및 보건 의료 확충 • 성장촉진지역 등 개발

지원
체계
	조직	• 국가균형발전위원회
		  - 위원회 소속 기획단
		  - 산자부 산하 지원단
		• 시·도 혁신협의회
		  - 시·군 혁신협의회(자율)
			• 지역발전위원회
			  - 위원회 소속 기획단
			  - 지경부 소속 지원단
			• 권역별 광역경제위원회
			  - 위원회 소속 사무국
			• 시·도/시군발전협의회(자율)
				• 지역발전위원회
				  - 위원회 소속 기획단
				  - 산자부 소속 지원단
				• 시·도 생활권발전협의회

	예산	• 국가균형발전특별회계
		  - 지역개발사업계정
		  - 지역혁신사업계정
			• 지역발전특별회계
			  - 광역계정
			  - 지역계정/제주도, 세종시 계
			정
				• 지역발전특별회계
				  - 생활기반계정
				  - 경제발전계정/제주도, 세종
				시 계정

자료: 「국가균형발전특별법」(2004, 2009, 2014 개정판) 참조.
법제처 국가법령정보센터(http://www.law.go.kr).

제5장

—

외국의 지역계획제도[*]

1. 영국의 지역계획제도

1) 지역계획의 시대별 배경과 전개

영국 지역계획의 수립은 1920년 시작된 이후 오랫동안 시대적인 여건변화에 따라 지역계획의 의미와 형태가 크게 변화되어 왔다. 지역계획의 대두와 전개과정은 정치·행정적 여건변화와 밀접하게 연관되어 있다. Wannop과 Cherry는 영국의 지역계획 발전과정을 시기별로 구분해 특성을 설명하고 있다(Wannop and Cherry, 1994: 29~60). 1990년대 이전의 영국 지역계획 전개과정은 Wannop 등의 시대별 구분에 따라 설명한 후 1990년대 이후의 동향을 추가해 살펴보도록 한다(김용웅·차미숙·강현수, 2003: 399~402).

제1단계(1920~1948)는 제1차 세계대전과 제2차 세계대전의 중간에 해당

---

[*]   이 장은 김용웅·차미숙·강현수(2003), 399~441쪽을 기초로 작성했다.

하는 시기로 지역계획의 개척기(the pioneering period)이다. 이 시기에는 잉글랜드와 웨일스에 있는 지방정부와 몇몇 중앙정부 인사에 의해 지역계획의 이점이 주장되었는데, 공간 및 토지이용계획으로서의 지역계획은 인구 재배분, 농촌경관 보호 및 용도지구적인 특징을 지니고 있었다. 1939년 제2차 세계대전으로 지역계획은 민방위를 위한 조직화의 수단이자 전후 재건을 준비하기 위한 수단으로서 그 중요성이 부각되었다. 전후에는 영국 내 대부분의 연담도시권 지역(conurbation regions)에서 지역계획이 수립되었고, 1947년「도시 및 지역계획법」(Town and Country Planning Act) 제정으로 영국의 지역계획제도가 확립되었다.

제2단계(1949~1961)는 지역계획의 휴한기(the fallow years)이다. 1947년 도시 및 지역계획을 수립한 이래 15년간에 걸친 지역계획의 내핍기가 시작되었다. 이 시기에 정부는 토지이용 등 도시계획 차원의 지역계획에 대해 반감을 갖고 있어 기존 지역계획이 크게 후퇴된 반면, 도시와 농촌의 개발을 위한 지역계획에 대한 관심이 증대되기 시작했다.

제3단계(1962~1971)는 지역계획의 부활기(regional revival)이다. 1960년대 들어서면서 지역계획에 두 가지 압력이 제기되었다. 첫째, 북부 잉글랜드와 스코틀랜드지역에서는 낙후된 경제여건으로 인한 정치-사회적 불만과 문제가 제기되기 시작했다. 이에 따라 정부는 농촌 및 쇠퇴지역의 투표자들의 지지를 얻기 위해 지역발전 프로그램을 개발해 추진하게 됐다. 1960년대에는 이를 뒷받침하기 위해 지역조사(regional survey)사업이 부활되었다. 둘째, 이 시기에는 과도한 지역발전정책이 수립·추진됐다. 이에 따라 지역의 미래인구성장 추정은 대부분 지방정부 발전계획의 능력을 훨씬 넘어섰으며, 신도시 건설계획이 급하게 착수되거나 확장되었다. 그러나 보수당 정부에 의한 지역계획에 대한 관심부활은 1964년 총선을 승리로 이끄는 데는 역부족이었다. 기술과 경제적 재건에 강한 의지를 지니고 있던 노동당 정부가 집권하면서 영국의 지방행정 및 지역계획은 획기적인 진전을 이루었다. 또한 이 시기에는 영국 지역계획의 이슈와 방식에 있어서 전환을 맞았다. 즉, 계획과제가 과거의 도시 확산 문제에서 신도시, 토지이용 문제와 함께 경제적·환경적 측면으로 바뀌었다.

제4단계(1972~1978)는 지역자원 및 경제계획 시기(regional resource and economic planning)이다. 1970년대에는 인구가 성장하고 경제가 급격히 침체되었고, 장기적인 도시 확장에 대한 압력이 완화되면서 도시 내부 사회문제가 정치적 관심으로 대두되었다. 예산과 경제계획에 대한 관심은 증대된 반면 지역계획에 대한 관심은 상대적으로 줄어들었다.

제5단계(1979~1993)는 지역계획에 대한 경시 속에서도 여전히 그린벨트, 주택가격, 교통 혼잡, 환경 등의 문제로 인해 지역계획이 유지되면서 제도가 정비되던 지역계획의 조정기라 할 수 있다. 1990년대 초 정부는 지역 내에서 구조계획(structure plan)과 지방계획(local plan)을 조정할 수 있는 지역계획지침(regional guidance)을 출간했으며, 영국 전역에 걸쳐서 완전히 제도화되었다.

제6단계(1994~현재)는 지역주의의 부활기(resurgence of regionalism)이다. 이 시기에는 「지역발전법」(Regional Development Act)(1998) 제정, 지역협의체(Regional Chamber) 설치 등 영국 내 지역계획체계에 있어서 획기적인 전환이 이루어졌다. 특히 1997년 노동당이 집권하면서 지역 및 지역주의가 새로운 정책이슈로 대두되었다. 이는 영국의 정치적·경제적 여건과 밀접하게 관련되어 있다. 경제적 측면에서 지역주의는 경제의 지구화와 유럽연합(EU)의 출현과 관련해 경쟁력 있는 공간단위에 대한 필요성 차원에서 제기되었다.[1] 지구화된 경제체제에서 국민국가 차원의 대응능력이 약화

---

1   1980년대의 로컬리즘(localism), 즉 지방주의는 지방단위 도시와 낙후지역 재개발 및 재활을 경제성장의 핵심으로 본 반면, 1990년대의 지역주의(regionalism)는 EU의 지역프로그램과

<그림 5-1> 영국의 지역계획체계

```
┌─────────────────────────────┐
│        국토정책지침           │
└─────────────────────────────┘
              │
┌─────────────────────────────┐
│       지역공간계획지침        │
└─────────────────────────────┘
              │
┌─────────────────────────────┐
│          구조계획            │
└─────────────────────────────┘
              │
┌─────────────────────────────┐
│          지방계획            │
└─────────────────────────────┘
      │       │       │
┌──────────┐ ┌──────────┐ ┌──────────┐
│  지구계획 │ │사업지구계획│ │ 테마별 계획│
└──────────┘ └──────────┘ └──────────┘
```

되면서 광역적 지역육성정책은 새로운 경제-사화발전의 전략으로 많은 관
심을 받고 있다(김용웅·차미숙·강현수, 2003: 399~401).

2) 지역계획체계와 수립절차

(1) 공간계획체계

영국의 지역계획은 현재 군(county)단위 제도만을 유지하고 있다. 그러
나 영국도 1964년부터 1979년까지 우리나라의 종합개발계획과 비슷한 지
역경제계획을 수립·추진한 경험이 있다. 영국의 지역경제계획은 우리나라
의 도 단위 지역에 해당하는 광역지역(regions)을 대상으로 중앙정부가 직
접 계획을 수립·집행했으나 부처 간 조정·통제가 곤란하고 계획부처와 타

연계해 물리적·경제적 개발에서의 공간적 불균형에 대해 지속적인 관심을 가지고 광역적 지
역 수준에서 전략적 조정 및 거버넌스(governance)가 필요하다는 것을 강조했다(Stephenson
and Poxon, 2001: 109~124).

<표 5-1> 영국의 지역계획 유형별 특징

계획명	수립 주체	계획의 기본 성격
국토정책지침	국가	• 공간 이용 및 개발의 질서 부여
지역공간계획지침	시·군 연합	• 지역에 따라 공간계획 기준 설정(중앙정부 또는 지역연합)
구조계획	시·군	• 토지이용과 공공서비스 설치, 물리적 환경개선계획 • 지방계획에 기본 틀 제공 • 계획기간 15년
지방계획	시·읍	• 계획기간 10년(의무계획 아님)
지구계획	시·읍	• 특정지역의 종합개발계획
사업지구계획	시·읍	• 토지이용 및 시설설비 상세계획
테마별 계획	시·읍	• 특정부문사업계획

자료: 김용웅·차미숙·강현수(2003: 402).

부처 간 알력 등으로 폐지되기에 이르렀다.

영국에서는 토지이용 측면의 공간계획을 발전계획시스템(development planning system)으로 부르고 있으나 적극적인 투자를 의미하는 우리나라의 지역개발계획과는 성격을 달리하며 토지이용 측면의 물적·공간적 계획성격을 지니고 있다. 영국의 공간계획은 3개의 계층 구조(three-tier structure)로 되어 있다. 최상위 구조로는 관보(circular) 형식을 띤 일련의 국토정책지침(national policy statement)과 광역지역 단위 시·군들의 협동적인 노력으로 만들어지는 지역공간계획지침(regional spatial policy)이 있다. 지역공간계획지침은 중앙정부의 승인대상이 되고 내용은 매우 융통성 있는 것이 특징이다. 두 번째 계층으로는 시·군단위의 구조계획(structure plan)이 있다. 마지막 단계는 시·군의 하위공간단위계획인 지방계획(local plans)이 있다(Grant, 1992: 3~12). 그러나 런던대도시권의 경우 시·군단위 구조계획은 폐지되고 구(Borough)별로 단일계획제도(unitary plan)를 채택하고 있다.

(2) 지역계획의 기능과 역할

영국의 도시 및 농촌계획(Town and Country Planning)은 토지이용 등에 대한 예방적 기능과 지역산업발전을 위한 성장 유도 기능을 함께 수행한다. 지방계획(local plans)의 조정역할을 하는 시·군의 구조계획(structure plan)은 시·군 지역 내 각종 기능적 문제를 해결하는 종합적인 처방을 위한 것이 아니고, 정책의 지침 기술서(indicative statement) 성격을 지닌다. 예를 들면 시·군의 구조계획은 토지이용 및 개발에 관한 지역적 장기 전략을 제시하고, 국가정책과 지방의 우선순위를 조정하며, 시·군 지역 내 다양한 부문과 지방계획 간 상이한 목표를 조정하는 역할을 하기 때문이다(Grant, 1976: 6).

구조계획은 일반적인 계획목적과 구체적인 목표를 제시하고 이를 달성하기 위한 전략적 대안을 포함한다. 목표의 설정은 국가 및 지역정책과 연계되어야 하고 주변 타 시·군의 활동도 고려해야 한다. 이 밖에 구조계획에서는 지역의 발전이나 계획수립에 영향을 줄 수 있는 여건을 분석해야 한다(Kirby, 1985: 12). 이를 위해 시·군 내 변화방향과 성격을 규명하고 구체적인 정책대안의 가능한 파급효과에 대한 분석이 요구된다. 구조계획의 주요 내용을 보면 첫째, 지역 내 사회적·경제적 그리고 물리적 특성의 서술적 분석(descriptive analysis), 둘째, 기존정책의 성공과 실패에 대한 비판적 평가, 셋째, 향후 정책에 영향을 미칠 수 있는 조치에 대한 검토, 그리고 주변 시·군의 변화나 활동에 대한 해당 시·군의 입장과 상호영향을 주게 될 범역에 대한 검토 등이 포함된다. 주요 계획대상에는 지역마다 차이는 있으나 주거와 취업, 교통, 쇼핑, 교육, 사회 및 지역사회서비스, 위락, 여가공간과 보전 및 각종 공급시설 등이 포함된다.

(3) 지역계획의 집행체계

영국의 시·군 단위 구조계획은 기본적으로 종합조정 및 전략계획으로 그 자체의 집행은 문제가 되지 않는다. 구조계획의 집행은 소단위 지방계획(local plans)에 의해 구체화되고 집행된다. 지방계획에는 지구계획(district

〈표 5-2〉 영국의 지역계획 수립 내용과 사례

부문	계획내용	목표	정책대안
고용	• 고용(산업) • 개발입지 선정	• 고용증진 • 산업 및 상업입지공급 촉진	• 고용입지대안 - 제한된 집중식 입지 - 분산입지
주택	• 주택개발 • 적정입지	• 다양하고 충분한 주택 공급의 보장 • 취업, 쇼핑, 여가 및 지역사회시설과 연계된 주거지개발입지 선정	• 주택입지 대안 - 제한된 집중 식 입지: 소도읍 내 및 인접지 개발 - 분산입지: 지역 내 소취락지 개발
교통	• 최적교통투자 입지 선정 • 교통수단별 투자우선순위 결정	-	• 교통투자 입지 선정 대안 - 제한된 집중식 투자: 주요도시지역 간 연계망 투자 - 분산입지: 간선 및 지선도로 균형 투자 • 공공교통투자 우선순위 대안 - 축소: 민간교통수단 지원 우선 - 정비: 민간교통시설 투자와 공공교통시설정비의 병행 - 확대: 공공교통
관광	• 관광관련 개발 입지 선정	• 적정한 관광시설 공급 수준 유지	• 관광숙박업소의 입지대안 - 집중식 입지: 주요관광센터 내에 개발입지 집중 - 제한된 집중식 입지: 주요관광센터 및 시가지에 개발입지 - 분산입지: 시가지 외곽지역에 입지
관광	• 적정한 관광 시설규모 유지	-	• 관광숙박업소 규모 대안 - 확장: 관광숙박시설의 전반적인 확장(단, 고정입지형 카라반)과 해소지역 내 방갈로는 지속 억제 - 정비: 현재 숙박업소 규모 유지 및 시설정비 - 축소: 관광업소 시설규모 축소
위락	• 위락시설 • 유형별·규모별 입지 선정	• 국가 및 지역의 위락 시설 수요 충족	• 위락시설 규모대안 - 확장 - 정비
도 시	• 생태, 환경, 경관 역사적 문화 유적	• 환경증진 및 보호	• 도시환경 보존대안 - 강력 보존: 도시환경 보존이 최우선순위 - 신축적 보존: 규제보다 지원우선 • 농촌 환경의 보존 - 강력 보존: 농촌 환경질 보존에 최우선순위 - 신축적 보존: 규제보다는 지원우선

자료: Grant(1992: 13~14); 김용웅·차미숙·강현수(2003: 403).

plans), 사업시행지역계획(action area plans), 특정부문계획(subject plans)
등이 있다. 지구계획이란 광범위한 도시지역의 종합계획이며, 사업시행지
역계획은 구조계획에서 향후 10년 이내에 개선, 개발 또는 재개발사업을 착

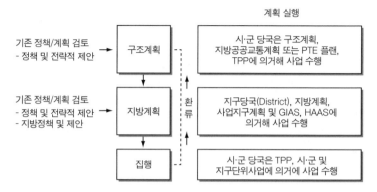

〈그림 5-2〉 영국의 지역계획 집행체계

계획 실행

기존 정책/계획 검토
- 정책 및 전략적 제안 → 구조계획

시·군 당국은 구조계획,
지방공공교통계획 또는 PTE 플랜,
TPP에 의거해 사업 수행

기존 정책/계획 검토
- 정책 및 전략적 제안
- 지방정책 및 제안 → 지방계획

환류

지구당국(District), 지방계획,
사업지구계획 및 GIAS, HAAS에
의거해 사업 수행

집행

시·군 당국은 TPP, 시·군 및
지구단위사업에 의거에 사업 수행

자료: Kirby(1985: 72); 김용웅·차미숙·강현수(2003: 404).

수하도록 지정된 지역(areas)에 대한 종합계획이고, 특정부문계획은 구조
계획에서 제시한 특정한 부문에 대한 계획이다.

영국에서 공간계획의 적극적인 실현수단은 두 가지이다. 하나는 민간투
자에 대한 재정적 지원(financial underpinning)이고, 다른 하나는 지방당국
과 개발업자 간의 계획합의제(planning agreement)로서 지방정부는 사업승
인 시 계획목표달성을 위한 각종 조건을 부여할 수 있다. 특히 각 시·군에서
는 그들의 행정조치에 대해 관련 중앙부서 장관에게 제소하는 것을 방지하
기 위해 민간업자와 법적 계약을 체결하기도 한다(Grant, 1992: 11).

한편, 계획허가제(planning permission)도 영국 공간계획의 중요한 실현
수단으로 이용된다. 이 제도는 비교적 일반적이고 막연하게 기술된 계획내
용과 구체적이고 특수한 개발사업 간의 연계를 위한 제도적 장치이다. 영국
에서는 개별적 토지이용이나 건축행위는 장기적인 계획 차원에서 검토하도
록 되어 있다. 시·군 당국의 결정에 불복이 가능하며 불복 시 중재적 판단은
환경·교통·지역성 장관이 담당한다.[2] 이를 위해 지역별로 반독립적인 환경·
교통·지역성의 감독관(inspector)이 배치되어 있다. 그러나 사안이 정치적

으로 민감하거나 중대하다고 판단될 때에는 관련 중앙부처의 장관(minister)이 담당한다.

(4) 수립절차와 환류체계

영국의 시·군 구조계획은 장기적 발전전략으로서 국가의 일관된 정책 밑에서 소규모 지구단위(districts) 계획의 지침역할을 하고 있다. 시·군 구조계획은 국가 및 지역정책의 우선순위 조정과 타협이 중요한 과업의 하나이다. 구조계획은 1992년 지방승인제도(local approval)가 채택될 때까지도 환경성 장관의 승인 사항이었다. 중앙정부의 승인제가 폐지된 것은 승인에 따른 절차와 기간이 크게 소요되었기 때문이다(약 2년). 구조계획제도는 1968년 착수되었으나 최종적으로 시·군의 구조계획이 중앙정부의 승인을 받게 된 것은 1986년으로 전국적인 제도가 갖춰지기까지는 20년이 소요되었다. 비록 1992년 구조계획에 대한 중앙정부의 승인제도는 폐지되었으나 중앙정부는 필요 시 계획안의 수정 및 변경을 명할 수 있는 권리를 보유한다. 중앙정부는 분쟁의 조정역할을 통해 국가정책의 우선순위를 지역적으로 반영할 수 있다(Grant, 1992: 7).

시·군 구조계획 수립의 내부적 절차는 다음과 같다. 첫째, 지역발전의 문제점 확인 및 목표를 설정하고, 둘째, 지역현황 기초조사를 바탕으로 지역의 분야별 발전의 전략 대안을 마련한다. 셋째, 이를 이해집단 등에 공포해 의견을 청취하고, 외부의 참여로 계획초안을 마련한다. 넷째, 계획초안은 최종적으로 공람(public examination)을 거치며 주민 및 관계집단의 의견을 청취, 반영해 보고서를 작성한다. 초기에는 주민의 의견을 들어야 하는 의무가 있는 공청회(public inquiry)제도가 채택되었으나 시간의 소모 등 절차

---

2   현재는 정부조직 개편으로 계획관련 기능을 부수상실에서 담당하고 있다.

상의 문제로 현재는 공람제도로 바뀌어 주민참여 기회 축소라는 비난을 받고 있다. 한편, 영국 공간계획의 형식과 내용은 환경변화에 적응하기 용이하게 되어 있다. 국토 및 지역계획의 본질적 기능은 다양한 토지이용이나 개발, 즉 건조환경의 조성을 계획적으로 통제하고 유도하는 데 있으므로 상위의 기본계획이나 정책의 내용은 개별 행위 시 고려해야 할 원칙이나 기준을 제시하는 데 치중하며, 상황에 따라 변하게 될 구체적인 사업형태나 내용은 담지 않는다. 따라서 전국적 차원이나 시·군 이상의 공간단위에서는 계획의 수립보다 지역정책을 제시하는 데 그치며, 환경의 변화에 대처하기 위해 준법적인 관보형태(circular)의 정책 및 계획지침을 필요 시 수시로 작성하고 있다. 이와 함께 시·군 단위에서 구조계획과 같은 융통성 있는 기본계획을 보완하기 위해 구체적인 부문계획 및 지방계획을 수립해 집행하고 있다(김용웅·차미숙·강현수, 2003: 401~406).

3) 최근의 지역계획 동향

(1) 지역정부 설치 필요성과 지역계획 거버넌스 구축

1997년 노동당 정부가 들어서면서 노동당 정부는 잉글랜드가 수많은 지방자치 행정구역으로 분절된 상태이므로 효과적인 광역 지역단위의 발전전략과 계획수립을 위해서는 지역정부를 설치해야 한다고 주장했다. 이러한 잉글랜드 내의 지역계획에 관한 논쟁은 주로 스코틀랜드, 웨일스, 북아일랜드의 분권화 및 체제개혁과 밀접히 관련되어 있다. 그러나 최근에는 지역정부를 설치하기보다 중앙정부 지역사무소의 기능을 강화하고 다수의 지방정부 간 협동을 통해 지역계획지침(RPG: regional planning guidance)을 작성하도록 유도하고 있다. 지역계획지침(RPG)은 중앙정부에 의한 일방적인 계획이 아니라 지역 내 다양한 지방정부와 중앙정부가 참여해 수립하는 공동

〈그림 5-3〉 영국의 지역구조계획 수립 절차

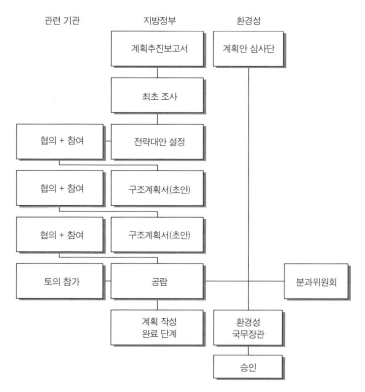

주: 중앙정부 소관부서는 정부조직 개편으로 변화되었으나, 구조계획의 수립 절차는 큰 변화가 없음.
자료: 김용웅·차미숙·강현수(2003: 407).

계획의 성격을 띠고 있다.[3]

　지역제도 변화에 대응하기 위해 중앙정부 지역사무소(GOR: government office of region)의 기능 강화, 지역협의체 및 지역의회 구성 등 다양한 형태

3　영국의 지역계획 및 발전에 있어 중점이 변하고 있다. 1990년대에는 환경과 도심의 질적 개
　선이 주요한 정책목표였으나, 2000년대 들어와서는 지역의 경제·산업발전전략을 중시하고
　있다. 경제적 측면에서 지역경쟁력 확보와 도시재생을 위해 많은 준정부조직(Quangos)이
　설립되었다. 이 가운데 지역발전기구(RDA)의 구성과 운영은 경제지향의 지역정책 목표와
　전략의 변화를 명확하게 보여준다.

의 지역 거버넌스가 등장하고, 이들 간에 새로운 관계가 형성되고 있다. 중앙정부와 지방정부를 둘러싼 이러한 변화는 새로운 제도적 관계(institutional relationship)의 형성을 요구했다. 새로운 제도는 잉글랜드 내 지역계획과 발전을 위해 시험 가동 중이며, 이는 거버넌스적 접근으로 설명된다. 여기서 제도적 능력(institutional capacity)이 필요하다. 제도적 능력이란 목표를 달성하고 기능을 수행하기 위해 기관과 조직들 간에 요구되는 관계방식을 의미한다. 새로운 형태의 제도형성으로 작성된 계획정책지침(PPG: planning policy guidance)[4]과 지역계획지침(RPG: regional planning guidance)은 종합적인 공간계획지침이 되었다.[5]

(2) 지역계획지침(RPG) 수립의 단계적 절차

지역계획지침(RPG)의 수립과정은 다음과 같다.

첫 단계는 계획착수 및 문제 확인 단계이다. 약 4개월에 거쳐 계획수립과업 지침을 마련하고, 지역목표 및 과제에 대한 협의와 합의를 도출한다. 지역계획위원회(혹은 지역협의체)는 중앙정부 지역사무소(GOR)와의 협의를 통해 과업지침을 마련한다. 이 과정에서는 중앙과 지방정부의 협력적인 관계가 필수적이다.

두 번째 단계는 지역현황 조사를 통해 대안을 마련하는 단계이다. 이 과정에서도 중앙정부 지역사무소와 지역계획위원회, 지방정부는 협동해 계

---

4 계획정책지침(PPG: Planning Policy Guidance)은 계획측면에 관한 정부정책을 제시한다. 따라서 지방계획기구(local planning authorities)는 지역개발계획을 준비하는 과정에서 PPG의 내용을 감안해야 한다. 또한 이 가이던스는 개별적인 계획의 적용을 결정하는 근거가 될 수 있다.

5 지역발전을 위해 지역발전기구(RDA)는 지역경제발전전략(RES: regional economic strategy)을, 지역협의체(Regional Chamber)는 지역의 지속가능발전전략(RSS: regional sustainability strategy)을 각각 자체적으로 수립한다. 그리고 지역계획지침(RPG)의 수립과정에서 이들 기구가 수립한 주요전략들이 중앙정부의 정책방향과 함께 반영된다.

<표 5-3> 지역계획지침(RPG) 수립과정

단계	주요 활동	소요기간
Identifying the brief/ Issues	• 지역계획위원회(지역계획포럼)는 중앙정부 지역사무소와의 협의하에 RPG 검토를 위해 계획초안 작성(지역목표와 이슈 포함) • 지역목표 및 이슈에 대한 합의 도출을 위해 공공회의 개최	4개월
Identifying the options	• 지역계획위원회(지역계획포럼)는 중앙정부 지역사무소와의 협력 및 지역 관계자와의 협의하에 지역 현황 및 조사업무 수행 - 개발을 위한 당초 제안서의 파급효과를 평가하고, 초안을 추진시책으로 발전시킴	12개월
Consultation on draft RPG	• 지역계획위원회는 환경·교통·지역성 장관(SoS)에게 RPG 초안과 평가서를 제출. 초안은 공공열람 및 공고를 위해 RPB/GOR 합동으로 출판, 발간 • 지역계획위원회 사무국(Panel Secretary)에 서면답변서 제출	3개월
Testing	• 지역계획위원회와 중앙정부 지역사무소와의 협의하에 계획위원(Panel)들은 공공열람을 위해 참석자를 초대하고, RPG 초안은 환경·교통·지역성 장관에 의해 임명된 독자적인 계획위원들에 의해 열람	4개월
Publication of Panel report	• 계획위원들은 환경·교통·지역성 장관에게 리포트 제출 및 출간	2개월
Amendments to RPG	• 계획위원의 리포트에 따라 RPG 초안이 환경·교통·지역성 장관에 의해 수정 출간. 수정사항에 대한 협의기간(8주일)을 걸쳐 최종 RPG 출간	6개월
Issue of Final RPG	• 환경·교통·지역성 장관에 의해 최종적으로 RPG 승인	계획 소요 총 2.5년
Development and local transport plan	• 지역계획위원회의 지원으로 환경·교통·지역성 장관(중앙정부 지역사무소)은 개발계획 및 지방교통계획이 RPG와 일관되는지 확인	-
Monitoring and review	• 지역계획위원회는 중앙정부 지역사무소와 제휴해 RPG의 목표 달성을 체크하기 위해 모니터링 시스템 확립 및 검토	-

주: RPB: 지역계획위원회, GOR: 중앙정부 지역사무소, RPG: 지역계획지침.
자료: 김용웅·차미숙·강현수(2003: 408).

획대안을 작성·평가하고 바람직한 대안을 마련해 지역계획지침 초안으로 발전시킨다.

　세 번째 단계는 관련 중앙부처와의 협의 및 공공열람을 통해 지역계획지침(RPG)을 협의하는 단계이다. 지역계획지침은 완전히 지방정부의 자율에 맡기는 것이 아니라 중앙정부와 지방정부 간의 합의안이므로 지역계획위원회와 중앙정부 지역사무소가 공동으로 공람·공고한다. 이후 약 15개월에 걸쳐 초안에 대한 분과협의와의 검토, 분과위원회 보고서 제출 및 출간, 지역계획지침 수정, 그리고 중앙정부의 승인과정을 거친다.

(3) 지역계획지침(RPG) 수립과정의 특징

지역계획지침(RPG) 수립과정에서 중앙정부와 지방정부는 중앙정부 지역사무소, 지역협의체 혹은 지역계획위원회와 협동적인 공동 작업을 추진한다. 또한 계획목표, 계획과제의 확인 및 대안 도출, 대안평가와 계획초안 마련에 있어서 지역발전기구(RDA: regional development agency)를 비롯해 다양한 지역 내 이해당사자들이 참여한다. 영국의 지역계획지침 수립과정의의 특징은 다음과 같다.

첫째, 다수 지방정부의 자발적인 참여와 공동노력에 의해 수립된다.

둘째, 지역계획지침의 수립과정에서 지방정부 간에 자율적으로 협력할 뿐만 아니라 중앙정부와도 유기적인 협력관계를 유지한다. 지역계획지침은 지역목표와 과제에 대한 합의 도출뿐만 아니라 개별 지방정부의 토지이용, 도시서비스시설의 공급기준 및 원칙을 담는 정책기술서의 형식을 지닌다. 따라서 지역계획지침의 작성과정에서 지방정부의 자율성은 최대한 보장하면서도 전국적인 차원의 통일성과 균형성을 유지해야 하므로 중앙정부와 지방정부의 유기적인 협력이 필수적이다.

셋째, 지역계획지침 수립과정에서 중앙정부 및 지방정부기관, 지역 내 다양한 이해관계자들 간에 충분한 협의와 검토를 거친다. 지역계획지침은 수립과정에서 중앙정부와 지방정부, 그리고 지역사회 구성원들의 다양한 의견에 대해 충분히 협의하고 지역발전을 위한 최적의 대안을 제시해야 한다. 따라서 지역계획지침을 작성하는 데는 3년의 기간이 소요된다(김용웅·차미숙·강현수, 2003: 406~409).

2. 프랑스의 지역계획제도

1) 지역계획체계

(1) 이원적 지역계획체계

프랑스는 두 가지의 광역지역계획체계를 지니고 있다. 하나는 국가 및 지방정부의 공공시설 개선이나 산업 활성화를 위한 투자 등을 포함하는 지역발전계획체계이고, 다른 하나는 대도시권 내 기초단위(local unit) 간 토지이용 및 개발의 조정·통제를 위한 공간계획체계이다. 프랑스도 1984년 이전 국가계획과 연계된 레지옹(region) 계획을 중앙정부에서 수립·집행해 왔으나 제9차 계획(1984~1988) 이후에는 지방정부가 계획을 수립하며, 구체적인 집행은 중앙정부와 계획계약(contrats de plan)을 체결해 추진한다.

전국 차원의 국토정비계획은 국가경제계획의 일환으로 수립된다(국토연구원, 1992: 21). 국가계획의 국토정비 부문을 토대로 DATAR는 통신, 간선도로, 공항, 정보처리 및 여객수송에 대한 장기예상계획이 포함된 프랑스 정비기본계획(Schema general d'amenagement de la France)을 수립해 구체화하며, 이 계획이 지역화되어 주요한 레지옹 계획의 체계를 형성한다. 프랑스는 전국이 2021년 현재 13개(해외 5개 제외) 레지옹 지역으로 구성되어 있다, 레지옹별로 국가계획을 지역화한 지역경제사회발전 및 국토정비에 관한 계획(plans regionaux de developpement economique et social et d'amenagement du territoire)이 수립된다. 이와 함께 국가계획과 연계해 프랑스의 6대 대도시권에는 대도시권 기본계획(schemas directeurs des aires metropolitanes)이 수립되어 광역지역계획의 역할을 수행한다. 이 계획은 파리와 지방의 균형을 회복시키는 중요한 전략거점에 대해 대도시권정비조사기구(OREAM)가 작성하는 장기계획으로서 각종 하위도시계획의 기준역

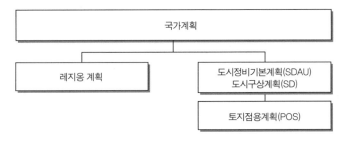

〈그림 5-4〉 프랑스의 지역계획체계

자료: 김용웅·차미숙·강현수(2003: 411).

할을 한다. 이 밖에 특정지역계획으로 관광 및 경제정비기본계획(Schemas directeurs d'aménagement touristique et economique)이 있어 대규모 중점 개발지구의 관광개발사업 등을 추진한다. 이들 광역계획은 지방자치단체가 수립에 참여하기는 하나 기본적으로 중앙정부의 주도에 의해 이루어지는 계획으로 볼 수 있다(Hall, 1975: 167~179; 김용웅, 1994: 47~48).

경제계획 성격의 지역계획과는 별도로 프랑스에는 영국의 시·군 구조계획과 유사한 도시구상계획(SD)이 수립된다. 도시구상계획은 공간계획, 즉 도시계획 측면의 지역계획체계를 형성하고 있다. 프랑스의 도시계획법제는 1967년 법에 의해 SDAU(도시정비기본계획)와 POS(토지점용계획)의 이원계획체계(two-tier system)를 도입했다. SDAU는 단일 또는 수개의 코뮌에 걸쳐 작성하며, 인구 1만 명 이상의 시가지는 반드시 SDAU 내에 포함되도록 했으나 1983년 도시구상계획(SD)으로 바뀌면서 의무화 조항이 삭제되었다(김용웅·차미숙·강현수, 2003: 410~422).[6]

---

6   프랑스 지역계획제도는 김용웅·차미숙·강현수(2003), 410~422쪽을 기초로 작성했다.

<그림 5-5> 프랑스의 지방행정구조

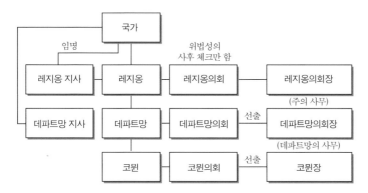

자료: 최진혁(2003: 95). 김용웅·치미숙·강현수(2003: 412) 재인용.

<표 5-4> 프랑스의 공간계획체계

계획명	수립체계	계획의 기본 성격
국가발전계획	국가 (계획위원회)	• 국가의 경제, 사회, 문화 발전 중기목표와 전략 및 이를 달성하기 위한 수단(5개년계획) 제시
레지옹 계획	레지옹 (본토 13개 + 해외 5개)	• 국가계획의 시행 기간 동안 레지옹의 경제, 사회, 문화 발전의 중기 목표 제시 • 레지옹이 국가와 체결하는 계획계약의 목적과 중요성 기술
도시구상계획	관련 지자체	• 향후의 성장억제와 토지이용의 주요 내용을 개괄적으로 명시 (축적 1 : 50,000에 작성) • 종합적인 도시기반시설 공급체계 명시 • 계획대상의 범위가 다양함(레지옹, 데파트망, 코뮌, 코뮌연합 등) • 계획기간 30년 • 수립 의무적 아님
토지점용계획	기초지자체	• 개별 토지단위에서의 규제사항 명시 (축적 1 : 2,000과 1 : 10,000에 작성) • 수립 의무적 아님

자료: 김용웅·차미숙·강현수(2003: 412).

(2) 지역계획의 기능과 역할

프랑스의 레지옹 계획은 지역화(Regionalisation)된 "국가경제·사회계획"의 하나로서 공공투자배분 역할을 하며, 토지이용 및 개발에 대한 소단위지역(local areas) 간 종합 조정기능을 하는 공간계획과는 구별된다. 레지옹 계획은 도 단위 지역의 경제, 사회, 문화발전의 중기목표를 제시하고 이의 달성을 위한 공공시설의 투자 내용과 지원전략 그리고 국가와 레지옹 간 계약계획(contrats de plan)의 목적과 내용을 기술한다(국토연구원, 1991: 121).

도시수준의 계획조정을 위해 도시구상계획(Schema Directeurs)이 수립된다. 도시구상계획(SD)은 토지점용계획(POS)의 상위계획으로서 지방자치단체 계획 간의 조정 역할을 한다. SD의 주요 계획내용은 토지의 일반적 용도, 대규모 공공시설의 정비, 공공수송체계, 주요한 공공서비스 용지의 지정 및 우선개발지역의 지정 등을 포함한다(김용웅·차미숙·강현수, 2003: 410~413).

2) 지역계획의 수립과 집행

(1) 지역계획의 수립체계
① 공간정비계획

도시구상계획(SD)은 경제계획 성격의 지역계획과는 별도로 단일 또는 수개의 코뮌을 대상으로 시·군에서 수립하는 도시계획차원의 공간정비계획이다. SD는 국가와 지방의 공동비용으로 시·군이 수립한 후 지방파견관의 승인을 얻어 공람, 확정된다(국토연구원, 1991: 21). SD는 기본적으로 국가, 지방자치단체 및 공공법인이 작성하는 여러 계획에 대해 구속력을 가지는 반면 일반주민에게는 규제를 미치지 않기 때문에 일반주민의 참여제도는 존재하지 않는다. 구체적으로 토지이용계획(POS)과 개발구역(ZAC)의 지정, 기타 공공시설 및 사업 등은 SD와의 적합성이 요구된다.

② 경제·사회발전계획

국가 차원의 계획수립체계를 보면, 국토정비가 포함된 경제·사회발전계획은 수상직속 국가계획청(CGP: Comissariat General au Plan)에 의해서 수립되며, 수립과정에는 해당부서의 장 등으로 구성된 국가계획위원회(CNP: Commission Nationale de Planification)의 심의를 받는다. 한편, 국토개발정책부처간위원회(CIAT)는 통신, 간선도로, 공항, 정보처리, 여객수송에 대한 장기예상계획이 포함된 프랑스 정비기본계획(Schma general d'amenagement de la France)을 수립한다. 그러나 실제적 업무는 CIAT[7]의 사무국인 DATAR가 담당한다. DATAR(경제빌진 및 지역계획을 위한 부치 긴 협력단)는 2000년대 프랑스 경쟁력을 추구한 지역정책 및 지역계획 기조의 전환으로 2005년 "경제변화대응 범부처협력단"(MIME)과 통합해 DIACT(국토경쟁력 및 공간계획을 위한 부처 간 협력단)로 확대 개편되었다(김용웅·차미숙·강현수, 2003: 414).

레지웅 계획은 제9차 계획 이전에는 중앙정부의 지역파견관인 레지웅 지사(prefet)가 지역협의를 거쳐 수립했으나, 현재는 레지웅과 데파트망의 선출된 지방정부 대표자가 수립한 후 중앙정부 파견관 또는 지사와 협상해서 계획계약을 체결한다. 레지웅의 계획계약 절차를 보면 4단계로 구성되어 있다. 제1단계는 지방정부에 의한 레지웅 계획 수립이고, 2단계는 수립된 계획안에 대한 중앙정부 심의이며, 제3단계는 지방정부 대표자와 중앙정부의 레지웅 파견관의 계획안에 대한 협상과정이고, 마지막 단계는 중앙과 지방정부 대표자 간의 계약체결이다(Hansen, Higgins and Savoie, 1990: 76).

---

7   CIAT는 국토개발관련부처장관급위원회로 1995년 CIADT로 명칭이 변경되었다.

(2) 지역계획의 집행체계

프랑스의 국토계획은 국가의 경제사회발전 및 국토정비에 대한 종합적인 중기계획의 일환으로 수립된다. 국가계획은 집행을 위해서 부문별 및 레지옹별로 구체화된다. 국가계획의 하위체계로 레지옹 계획이 수립되면 집행을 위해서 분야별로 시행계획이 수립된다. 대표적인 사례로는 레지옹의 발전정비시행계획(PRAD)과 공공시설정비 및 근대화를 위한 연차별시행계획(Programmes departementaux pluriannuels de modernisation et d'equipement)이 있다. 시행계획을 기초로 중앙과 지방정부는 공공투자배분계약을 체결한다. 제6차 계획(1971~1975) 기간 중에는 중소도시(인구규모 2만~20만 명)를 육성하기 위해 이들 도시에 대해 우선으로 개발계약제(development contract)를 채택해 매력 있는 생활환경 조성을 지원했다. 중앙과 지방정부 간 계약이 체결되는 경우, 중앙정부는 계약사업의 총지출의 1/3을 부담한다. 대표적인 지원 사업으로는 주차장, 녹지 공간, 산책 및 보도, 문화시설 사업이 주로 포함된다. 제7차 계획은 지역별로 국가우선순위사업(PAPs: national priority action programs)을 제시해 재정지원을했다.

제9차 계획(1984~1988)에서는 지역발전에 대해 국가와 지방이 공동책임을 수반하는 중앙과 지역의 계획계약제(national-regional planning contract)를 본격적으로 도입했다. 이에 따라 국가계획의 지역화 이후 처음으로 지역발전 사업에 대한 구체적인 중앙정부 지원체제가 마련되었다. 이후 중앙정부의 지역사업에 대한 지원도 공공시설사업(infrastructure projects) 위주에서 생산 활동 지원 및 고용문제 해결에 관련된 사업 위주로 전환되었다(Hansen, 1990: 75).

계획의 집행에는 다양한 중앙정부 부서 간 그리고 중앙과 지방 간의 조정 및 연계가 필요하다. 이를 위해 1963년 수상직속의 DATAR(Delegation a l'amenagement du territoire et l'action regionale)를 설치해 다원화된 지역발전 기능을 통합, 운영하고 있다. DATAR는 그동안 여러 부처에 소속되어 왔으나 국토개발정책관련부서위원회(CIADT)의 사무국으로서 교통하부구조 계획을 수립하고 FIAT라는 국토정비 및 개발을 위한 지역발전기금을 운영하면서 지방행정 및 공공기관, 민간 및 민관 합동기관에 대한 재정지원을 했다.[8] 이 밖에도 DATAR(현 DIACT)는 산업의 지방입지 조성을 위한 국토정비장려금(PAT)을 운영하며, 파리권 내 사무소 등의 입지적부를 심의하는 지방분산위원회의 사무국을 담당해 왔다. 아울러 DATAR는 국가와 레지옹 간 계획계약의 국가적 창구역할과 EC지역정비기금의 관련업무도 담당했다(국토연구원, 1992: 21~22). DATAR(경제발전 및 지역계획을 위한 부처 간 협력단)는 2005년 국토경쟁력 증진정책 기조에 따라 MIME(경제변화대응 범부처협력단)과 통합해 DIACT(국토경쟁력 및 공간계획을 위한 부처 간 협력단)로 확대 개편됐다(김용웅·차미숙·강현수, 2003: 415).

3) 계획계약제도의 개념과 특성[9]

(1) 계획계약제도의 기본개념

프랑스는 1950년대부터 산업발전 및 인구재배치에 주안점을 두고 중앙정부 주도로 정책을 추진해 왔으나 1982년부터 실시된 지방분권화로 인해 새로운 전기를 맞게 되었다. 지방분권화 실시 이후에는 과거의 중앙집권체제 때와는 다른 새로운 국토계획체제의 도입이 필요하게 되었는데, 특히 국

---

8   FIAT기금은 1995년 FNADT(Fonds National d'Amnagement et de Dveloppement du Territoire)로 대체되었다. FNADT는 국토개발과 관련된 재정지원의 단순화를 위해 분산되어 있던 6개 기금(FIAT, FIDAR, FAD, FDA, FIAM, FRILE)을 통합한 기금이다.

9   이 글은 박양호·이원섭(2000), 75~110쪽; 김용웅·차미숙·강현수(2003), 415~422쪽을 기초로 작성했다.

〈그림 5-6〉 프랑스 계획계약의 성립구조

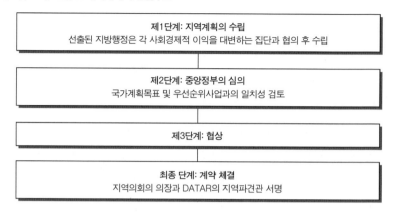

| 제1단계: 지역계획의 수립 |
| 선출된 지방행정은 각 사회경제적 이익을 대변하는 집단과 협의 후 수립 |

| 제2단계: 중앙정부의 심의 |
| 국가계획목표 및 우선순위사업과의 일치성 검토 |

| 제3단계: 협상 |

| 최종 단계: 계약 체결 |
| 지역의회의 의장과 DATAR의 지역파견관 서명 |

자료: 국토연구원(1992). 김용웅·차미숙·강현수(2009: 331) 재인용.

가와 지방자치단체 간의 협력·보완관계를 통해 국토정책의 일관성을 유지
하고 지역 간 불균형을 해소하는 것이 중요한 과제로 대두되었다. 계획계약
(contrats de plan)제도는 이와 같은 상황에서 도입된 제도이다.[10] 계획계약
이란 광역자치단체인 레지옹과 국가가 공동의 이해관계에 있는 사업을 선
정하고 국가와 레지옹의 대표가 공식계약을 통해 이를 위한 재정투자를 분
담할 것을 약속하는 것을 의미한다. 계획계약을 통해 국가의 우선사업과 자
치단체의 우선사업을 균형적이고 종합적으로 추진함으로써 국가는 국토발
전의 전반적인 목표를 달성하고 지역 간 조화와 안정을 도모하고, 지방정부
는 안정적으로 확보된 재원을 이용해 자신들이 필요로 하는 분야를 전략적
으로 육성하고자 했다. 계획계약제도는 1984~1988년까지 제1차 계획이

---

10 계획계약(contrats de plan)이라는 표현은 1982년 지방분권화 이전에도 국가와 도시공동체
간의 계약체결 등에 사용되어 왔다. 용어 및 형식 자체는 새로운 것이 아니다. 그러나 지방분
권화 이후에는 계획과 계약을 연결하는 개발의 계획화와 지방자치단체의 위상이 강화된 점
이 새롭고 중요한 의미를 지닌다.

시행된 이후 현재 제4차 계약(2000~2007)이 진행 중이다.

프랑스에서 계획계약제도(contrats de plan)는 1982년 지방분권화 이후 국가계획의 법적 집행수단으로 활용되고 있다. 프랑스에서 계약방식은 오래된 제도이다. 도시의 현대화, 시설사업계획에 대한 다년도 사업시행을 보장하기 위해 1970년 12월 정령(decret)으로 제도화되어 공공단체의 특별한 사업수단이 되었다. 현행 계획계약제도는 과거의 계약제도와 비교할 때 발전에 대한 계약적 계획화라는 점에서 새로우며, 계약절차의 일반화는 계획화와 함께 분권화 과정에서 정착된 새로운 방법이다.

(2) 계획계약의 유형과 특징

① 계획계약의 유형

계획계약은 주체에 따라 유형을 달리한다. 첫째, 국가와 레지옹 간의 계획계약이다. 국가와 레지옹 간의 계획계약에는 ① 레지옹이 국가계획상 우선수행사업계획의 실행에 참여하는 사업, ② 특별히 레지옹의 이익이 있으나 국가계획의 목표와 양립될 수 있는 목표의 실행에 기여하는 사업, ③ 국가 및 레지옹 간 결속을 좀 더 증진하는 사업 등이 포함된다. 국가와 레지옹 간의 계획계약은 일반계약(contrat global)과 특별계약(contrats particuliers)으로 나눌 수 있는데, 특별계약은 일반계약의 몇 가지 사항을 구체화하는 것으로 확정된 사업의 시행수단을 정하는 계약이므로 보통 계획계약은 일반계약을 지칭한다.

둘째, 국가와 기초자치단체(데파트망, 코뮌) 간의 계획계약이다. 레지옹은 계획계약에 관해 국가의 주된 계약당사자이지만 독점권을 가지고 있는 것은 아니다. 국가는 다른 지방자치단체(데파트망, 코뮌 또는 코뮌의 연합)와도 계획계약을 체결할 수 있다. 이러한 계획계약은 해당 자치단체 의결기관의 장과 데파트망 지사(prefet)에 의해 수립·서명되며, 국가의 참여는 국토개발전정책부처간위원회(CIAT)에 의해 승인되고, 관련 레지옹에 계약체결이 통지된다. 국가와 레지옹 간 계획계약과 마찬가지로 국가와 다른 지방자치단체 간의 계약은 특별계약에 의해 보충된다. 이와 같은 유형의 규정을 마련함으로써 국가는 레지옹이 다른 지방자치단체에 대해 지나치게 강한 통제를 할 수 없도록 하는 한편, 우선적이라고 판단되는 사업이 레지옹 계획에서 고려되지 않는 경우 다른 상대자와 사업을 처리할 가능성을 갖고자 했다. 극단적으로 레지옹이 심각한 의견의 불일치로 인해 국가와 레지옹 간의 계약을 처리할 수 없는 경우에 국가와 기초자치단체 간의 계획계약은 하나의 수단이 될 수 있다.

셋째, 국가와 기업 간의 계획계약이다. 국가와 기업 간의 계획계약은 다음과 같은 세 가지 목적을 가진다. ① 산업, 에너지, 교통 및 통신정책에 있어 국가의 방침과 기업전략 간의 결합을 보장하기 위한 것이다. 따라서 기업은 생산 및 전력발전에 중점을 두고, 에너지 자립목표의 실현에 기여하며, 교통체제의 현대화와 통신의 하부구조 개발에 참여해야 한다. ② 기업으로 하여금 공공부문과 같이 공공이익의 목표 실현에 참여하게 하는 동시에 기업경영의 자율성의 범위를 설정한다. ③ 계획계약의 사업 전망, 작업의 조직, 훈련 및 고용에 관해 기업 내부에서의 합의를 바탕으로 하여 기업으로 하여금 일정한 목표의 인력을 충원하는 것을 지원한다.

넷째, 국가와 위에서 언급한 단체 외의 공·사법인 간의 계획계약이다. 그러나 「계획의 개혁에 관한 법률」과 1983년 1월 시행령은 법인의 의결기관장과 계약의 지역적 적용범위에 따라 레지옹 또는 데파트망의 국가대표나 관련 장관에 의해 계약이 수립·조인된다고만 규정하고 특별한 규정을 두지 않고 있다.

다섯째, 레지옹과 국가 이외의 공·사법인 간의 계획계약이다. 이것은 「계획의 개혁에 관한 법률」 제16조에 규정되어 있다. 이러한 계획의 시행을 위해 레지옹은 지방자치단체(데파트망, 코뮌 또는 코뮌의 연합), 기업 또는 다른 레지옹과 계약을 체결할 수 있다. 레지옹 계획계약의 수립·시행 및 통제 절차는 레지옹 의회에 의해 자율적으로 정해진다.

② 계획계약의 특징

계획계약의 특징은 크게 다섯 가지이다.

첫째, 계획계약은 단순히 사업에 대한 의향을 선언하는 목록에 그치는 것이 아니라 목표와 재정수단을 연계하는 사업계획이다. 이와 같은 사업은 매우 다양한 특징을 지니고 투자비용, 경상비용 및 활성화 비용을 포함하며, 전체적으로는 몇 가지 중요한 목표와 연결되어 있다. 또한 계획계약은 재정계획과 시행기간[11]이 정해져 특수사업을 수반할 수 있고, 몇 가지 주요사업의 실행수단이 정의되며, 이를 시행하기 위해 데파트망, 코뮌, 자문기관 간의 협력이 필요하다.

둘째, 계획계약은 하부구조, 공동시설 설치, 생산 활동 지원, 취업문제에 우선적 비중을 두고 이를 위한 국가와 레지옹의 사업이 추진되도록 유도하는 역할을 한다. 국가와 레지옹은 계약의 실행을 위해 재정상 협력을 해야 한다.[12]

셋째, 다년도 사업 및 통합성을 특징으로 한다. 계획계약에 포함되는 사업은 다년도 방식과 프로그램 형태에서 효과적으로 수행될 수 있는 것들로 구성된다. 그러나 모든 사업이 계약의 전 기간을 포함하는 것은 아니다. 통

---

11 계획계약의 시행기간을 보면, 제1차(1984~1988) 및 제2차(1989~1993) 계획계약은 5년이었으나, 제3차 계획계약(1994~1999)은 당초 5년에서 정부에 의해 1년이 연장되었으며 국가재정 적자를 축소하기 위해 예산 추가는 이루어지지 않았다. 제4차 계획은 2000년부터 2007년까지를 대상으로 계획기간이 8년으로 더욱 확대되었다.

12 제9차 계획기간 중 국가는 350억 프랑을 지원하고 레지옹은 전체 예산의 30~60%에 해당하는 270억 프랑을 분담하는 재정협력을 실현함으로써 계획계약의 목표를 달성했다.

합성과 관련해 국토계획 계약 사업은 명확하게 설정된 목표를 달성하기 위해 국가와 레지옹 간에 서로 밀접한 관계를 가지면서 보완적인 사업으로 구성되어 있다.

넷째, 계획계약은 획일화된 지역 간 수렴화 현상을 방지할 수 있도록 레지옹의 특징에 부합하는 차별화된 계약을 수립해야 한다. 특히 기업의 경쟁력과 특정 부문의 발전을 촉진하는 것을 목표로 삼거나 특정지역의 계획을 목표로 삼아야 한다.[13]

다섯째, 계획계약의 중요한 기능이자 특징 중 하나는 서로 다른 계획들을 조정하는 역할이다. 계획계약은 유사하거나 보완적이며, 때로는 서로 다른 목표를 수행하는 여러 계획을 조정하는 역할을 담당한다.

(3) 계획계약의 수립절차와 집행

① 계획계약의 수립절차

계획계약의 수립은 DATAR의 지침 마련에서 시작해 국가의 대표인 레지옹 지사와 지역의 대표인 레지옹 의회 의장이 서명을 함으로써 완료된다. DATAR(1995년 이후 DIACT로 명칭 변경)가 마련한 지침에 따라 국가와 레지옹은 계획계약 초안을 마련하며 관련부처 협의를 거쳐 국토개발정책관련 부서위원회(CIADT)의 심사 및 승인과 레지옹 의회 의결을 거쳐 확정된다. <그림 5-7>은 계획계약의 수립절차이다.

---

13 각 레지옹은 스스로의 사업을 선정하는데, 스페인과 포르투갈에 인접한 남서부 지역의 레지옹이 유럽공동시장의 개방에 대비한 사업계획을 마련하는 것이나, 산업이 침체된 북동부 지역의 레지옹이 생산체제를 재전환하기 위한 사업계획을 마련한 것은 모두 지역특징을 반영하고자 하는 노력을 보여준다.

<그림 5-7> 프랑스의 계획계약 수립절차

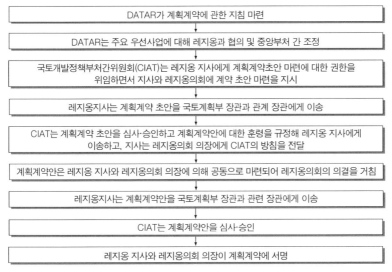

| DATAR가 계획계약에 관한 지침 마련 |
| DATAR는 주요 우선사업에 대해 레지옹과 협의 및 중앙부처 간 조정 |
| 국토개발정책부처간위원회(CIAT)는 레지옹 지사에게 계획계약초안 마련에 대한 권한을 위임하면서 지사와 레지옹의회에 계약 초안 마련을 지시 |
| 레지옹지사는 계획계약 초안을 국토계획부 장관과 관계 장관에게 이송 |
| CIAT는 계획계약 초안을 심사·승인하고 계획계약안에 대한 훈령을 규정해 레지옹 지사에게 이송하고, 지사는 레지옹의회 의장에게 CIAT의 방침을 전달 |
| 계획계약안은 레지옹 지사와 레지옹의회 의장에 의해 공동으로 마련되어 레지옹의회의 의결을 거침 |
| 레지옹지사는 계획계약안을 국토계획부 장관과 관련 장관에게 이송 |
| CIAT는 계획계약안을 심사·승인 |
| 레지옹 지사와 레지옹의회 의장이 계획계약에 서명 |

주: CIAT는 1995년 CIADT로 명칭이 변경됨.
자료: 배준구(1992).

② 계획계약의 집행

계획계약의 집행을 위해 계획계약 집행공동위원회(혹은 국가-레지옹 동수 대표위원회)가 설치된다. 이 위원회는 국가를 대표하는 레지옹 지사와 레지옹을 대표하는 레지옹의회 의장에 의해 공동 주최되며, 위원회의 구성은 당사자들 간의 상호합의에 의해 결정된다. 계획계약 집행공동위원회는 계약사업의 시행을 조정하고 계약사업의 기술적·재정적 조건을 당사자에게 알리기 위해 1년에 1회 이상 회의를 개최한다. 공동위원회는 계약의 두 당사자에게 매년도 계약사업의 시행에 대한 전반적인 평가서를 이송하는 책임을 담당하는데, 이 평가서에서는 사업 시행의 재정적·물리적 측면을 기술하고 가능한 한 계약사업의 경제적 영향도 언급한다.

정부는 매년도 제2차 정기회기 개최 때 이전의 사업시행기간 중에 행해

〈표 5-5〉 국가와 레지옹의 재정분담 비교(제1차 계획계약)(단위: 백만 프랑)

구분	국가 (A)	레지옹 (B)	계	A/B	1인당 GNP(%)	실업률 (%)	1인당 세부담(프랑)
Alsace	1,117	719	1,836	1.6	105	7.8	124
Aquitaine	2,138	1,333	3,471	1.6	95	11.3	169
Auvergne	980	534	1,5144	1.8	78	10.3	183
Bourgogne	945	640	1,585	1.5	87	9.9	135
Bretagne	1,949	978	2,927	2.0	82	9.6	133
Centre	840	580	1,420	1.4	91	11.1	124
Champagne-Adrenne	595	455	1,050	1.3	96	11.5	135
Corse	850	360	1,210	2.4	69	11.8	422
Franche-Comte	917	568	1,485	1.6	90	9.6	139
Ile-de-France	7,238	8,562	15,800	0.8	146	8.7	163
Languedoc-Roussillon	2,073	850	2,923	2.4	76	13.9	161
Limousin	721	316	1,037	2.3	75	8.9	138
Lorraine	3,058	1,049	4,107	2.9	90	10.8	190
Midi-Pyrenees	1,615	827	2,442	2.0	84	9.5	203
Nord-Pas-de-Calais	4,472	2,462	6,937	1.8	82	13.6	147
Normandie(Basse)	779	487	1,266	1.6	83	11.2	119
Normandie(Haute)	509	523	1,032	1.0	109	12.7	131
Pays de la Loire	1,405	958	2,390	1.4	86	11.7	175
Picardie	1,949	1,025	2,974	1.9	88	11.3	145
Poitou-Charente	1,050	567	1,617	1.9	78	11.7	163
Provence-Alpes-Cote d'Azur	4,137	2,664	6,801	1.9	99	12.4	131
Rhone-Alpes	2,533	1,516	4,049	1.7	89	8.6	155
합계	41,870	28,000	69,870	1.5	100	10.1	166

주: 1인당 GDP는 1984년 현재 프랑스 전체 평균을 100으로 할 때의 상대적인 비율임.
실업률은 1986년 현재의 백분율임. 1인당 레지옹의 세부담은 1984년 현재의 금액임.
자료: 배준구(1992); 김용웅·차미숙·강현수(2003: 421).

진 사업 전체를 평가하고, 계획계약의 집행을 보고하는 보고서를 의회에 제출한다. 국가계획의 수립에 필요한 자문 역할을 하는 계획계약의 집행보고서는 계약사업 집행에 자문을 제공하는 국가계획위원회(CNP)의 자문을 거쳐 작성한다. 정부는 계획계약이 시행되는 제2차 년도부터는 계획계약 및 특별계약의 시행에 대해 매년 전년도 1월 31일 이전까지 국토계획부 장관에게 보고해야 한다.

(4) 계획계약제도의 평가

1982년 지방분권화 실시와 더불어 채택한 계획계약은 프랑스 계획의 독창적인 특징을 유지하면서 계획의 역할을 강화했다. 지역화 과정에서 지역계획 또는 광역행정의 수요에 부응하기 위해 기존의 광역자치단체인 데파르트망 위에 새로운 광역자치단체인 레지옹을 신설하고, 레지옹 역할 강화 등 분권화된 새로운 지역계획제도를 정착·발전시키고 있다.

새로운 지역계획제도는 프랑스 계획의 특징인 유도적 성격을 유지하는 동시에 몇 가지 중요한 역할을 통해 지역계획의 점진적인 변화와 발전을 촉진한다. 첫째, 「계획법」을 개혁해 국가계획, 레지옹 계획, 지방계획, 기업의 계획을 포함한 각종 계획이 전반적인 조화를 이루도록 하고 있다. 둘째, 광역지역수준의 계획에서는 신설된 광역자치단체인 레지옹에 계획수립과 집행에 관한 권한을 부여함으로써 광역행정수요에 부응하고 있으며, 사회·경제단체와 기업을 비롯한 주민참여를 확대함으로써 지역발전의 활성화를 도모하고 있다. 셋째, 계획체계의 분권화정책과 관련해 계약정책을 연결시킴으로써 고립되는 분권화의 위험을 방지하고 있다. 끝으로, 국토 및 지역계획과 관련된 행정조직에 조정, 촉진, 정보, 전망하는 기관을 설치해 적은 인원과 예산으로 국토계획의 효율성을 확보하고 있다. 이와 같은 성공적인 평가가 있는 반면, 새로운 지역계획 체계는 「계획법」의 규정과 집행 간의 괴리 문제, 협력 부족, 계약에 따른 분권화 제약, 분권화 계획의 수립·집행에서의 인적자원·재정력·기술 부족 등의 문제점을 노정시키고 있다는 비판도 있으므로 지속적인 관심과 개선이 요구된다(김용웅·차미숙·강현수, 2003: 421~422).

4) 프랑스 지역계획 요약

(1) 프랑스 지역계획의 특징
① 국가(중앙정부) 주도 지역계획
프랑스의 지역계획 역사는 상대적으로 일천하다. 제2차 세계대전 이전만해도 프랑스에는 지역이나 계획과 같은 개념이 취약했으나 그 후 매우 많은발전이 이루어졌다. 지역계획을 통한 발전이라는 측면에서는 영국과 매우유사성이 높지만, 프랑스 지역계획은 국가계획의 일환으로 수립·추진되었다는 점에서 영국과 큰 차이를 보인다.

② 지역격차 특성과 지역균형발전계획
프랑스의 지역문제도 영국과 같이 "파리와 그 밖의 프랑스 사막들"(Paris et le Desert Français)로 표현되는 지역 간 격차문제와 광역도시 차원의 대응이 필요한 성장도시지역의 물적 환경문제를 들 수 있다. 파리는 프랑스를지배했으며, 프랑스 내에 있는 다른 지역의 삶은 파리를 중심으로 중앙집중화(centralized)됐다. 파리로의 집중은 루이 14세와 나폴레옹 시대로 거슬러 올라갈 정도로 역사가 오래되었다. 오늘날 파리는 정치와 지성의 수도일뿐만 아니라 전체 산업의 1/4이 입지해 있고 산업거래의 절반이 이루어지는 산업과 비즈니스의 수도이다. 파리의 지배력은 파리에 대응할 대도시권의 부재로 더욱 강화되었다. 이 점은 여러 개의 대규모 연담도시지역과 대도시권이 존재하는 영국 및 독일과 차이가 있다. 프랑스는 파리와 다른 지역과의 격차뿐만 아니라 파리의 영향권으로 해서 번영을 누리는 동부의 산업지대와 빈곤한 서부의 농업지대로 나뉘는 지역격차 문제에도 직면했다. 동부와 서부의 지역격차는 산업과 농업기반이라는 구조적·입지적 요인의작용(function of structural and locational factors)으로 볼 수 있다. 특히 서부지역은 기계화와 토지개혁으로 고용이 크게 줄어든 점과 보수적인 문화와 정치적 전통도 큰 몫을 차지한 것으로 지적되고 있다. 비록 정부의 개입이 프랑스경제에 악영향을 미칠지 모른다는 우려도 있었으나 프랑스정부는 파리의 성장과 과도한 집중(excessive centralization)의 통제와 저발전된 서부와 남부의 발전과 산업쇠퇴지역의 재생을 통해 지역 간 격차를 줄이는 정책목표와 전략을 수립했다.

(2) 프랑스 지역계획의 행정체계

① 행정구역 중심 지역개발기구 설치

지역계획의 다양한 정책 목표를 달성하기 위해서는 효율적인 지역계획기구(regional planning machinery)의 확보가 무엇보다 필요하다. 그러나 프랑스의 행정체계는 지역계획 수립 및 추진에 적합하지 못했다. 프랑스는 나폴레옹 시대의 유물로 행정구역이 96개의 데파트망(departments)과 3만 4836개의 소단위 자치단체 코뮌(commune)으로 나뉘었다.[14] 오랜 노력 끝에 1955년 드디어 전국에 광역적 레지옹(regions)설치위원회가 마련되어 1959년 드디어 21개의 계획지역(planning regions)이 탄생했다. 그런 후에 정부의 다양한 부처가 공동으로 지역단위 경제-사회계획을 지역별위원회(regional expansion committees)와 협의해서 수립·추진하도록 했다. 그 후 1964년에는 파리를 제외한 20개 레지옹에 레지옹 지사(region prefect)를 대표로 하는 행정체계를 구축했다. 레지옹 지사는 5개년 경제발전계획을 책임지는 지역경제단(Mission Economique Regionale)의 전문적 기술팀(technical team)의 지원을 받고 있고, 영국의 지역별경제계획청(UK Regional Economic Planning Boards) 같은 레지옹 행정협의회(CAR: Conference Administrative

---

14 프랑스 지방행정체계의 변화로 2021년 시·군에 해당하는 데파트망(departments) 수는 본토 96와 해외 5개이고, 코뮌(communes) 수는 본토 3만 4836개와 해외 129개에 달한다.

Regionale), 새로운 자문 집단인 영국의 지역별경제계획위원회(UK Regional Economic Planning Councils) 같은 지역경제발전위원회(CODER: Commission de Developpement Economique Regionale)의 지원을 받고 있다. 이밖에 6개 레지옹은 대도시권 계획수립 및 연구를 위해 1966년 레지옹 내 소지역 지역계획기구인 "도시권정비 및 연구조직"(OREAM: Organismes d'Etudes d'Amenagement d'Aires Metropoltaines)을 창설했다(Glasson, 1974: 287).

② 국가단위 지역계획 조정 및 지원기구 설치

프랑스는 10여 년에 걸쳐 지역단위 행정조직체계를 구축했는데 이와 함께 정부도 국가 수준의 지역계획 조정을 위한 새로운 기구를 창설했다. 국가경제계획기구(CGP: Commissariat General du Plan) 산하에 지역계획의 조정을 위해서 DATAR(Delegation a l'Amenagement du Territoire),[15] CNAT(Commission Nationale d'Amenagement du Territoire), "국토발전전국위원회"를 설치했다. 이를 통해 경제계획과 공간계획을 조정하는 것은 물론 다양한 부처의 지역발전시책과 사업을 조정하도록 했다. DATAR는 단기적 지역계획의 조정업무를 담당하는 소규모 조직인 데 비해 CNAT는 도시 및 지역발전에 관한 장기적(20년) 계획과 정책을 다루는 보다 규모가 큰 조직이다. 1967년 CNAT와 CGP는 전국차원의 공간 및 경제계획을 통합해 중장기계획을 수립·추진하는 단일의 계획기관(planning institute)으로 통합됐다. 2005년 DATAR는 경제변화대응 범부처협력단(MIME)과 통합해 DIACT, 즉 국토경쟁력 및 공간계획을 위한 부처 간 협력단(Inter-Ministerial Delegation for Spatial Planning and Territorial competitiveness)으로 확대

---

15 DATAR(경제발전 및 지역계획을 위한 협력단)의 영문 공식명칭은 The Delegation for Economic Development and Regional Planning)이다(김용웅·차미숙·강현수, 2003: 315~318).

개편됐다.

(3) 프랑스 지역 간 지역계획

① 국가단위 최상위 지침계획 수립·추진

프랑스의 지역 간 계획(inter-regional planning)은 영국과 달리 효과적인 국가계획체계 속에서 추진됐다. 프랑스의 국가계획은 정부가 경제성장을 위한 가이드라인을 제시하고 정부의 다양한 자원과 경제적 수단을 통해 달성방안을 모색하는 일종의 지침계획(indicative planning)의 형태를 지녔다. 프랑스의 국가계획은 1947년부터 수립된 이후 1993년에 걸쳐 10차의 계획을 성공적으로 수립·추진해 왔다. 초기의 지역 간 계획은 국가경제 성장을 위한 실질적인 전략이라기보다는 사회-정치적 요구에 대응하는 성격을 지녔다. 그러나 1950년대에 들어오면서 다양한 규제와 재정적 인센티브를 동원해 파리로부터 실업률을 기준으로 설정된 위기지구(critical zones)로 성장력을 유도하기 위해 노력했다. 산업입지정책은 파리로부터 70~200km 거리 내에서 상당한 성공을 거두었다. 그럼에도 불구하고 파리대도시권과 다른 지방과의 격차는 더욱 심화되면서 4~5차 국토계획(1962~70)에서는 더욱 적극적인 지역정책을 추진하게 됐다(Glasson, 1974: 289~294).

② 지역별 차등지원 및 규제계획 수립·추진

프랑스는 1960년대 초 이후에도 산업입지정책을 계속 추진했다. 그러나 위기지구(critical zones)제도는 전국을 5대권으로 나누어 차등적 재정지원을 제공하는 제도로 대체됐다. 제1지구(zones 1)는 산업화에 뒤진 서부와 남서부의 변경지대로서 전국의 1/3을 차지한다. 이들 지역에는 전반적으로 투자비의 12%의 보조금(grants)을 지급하고 이 중 특정지역은 투자비의 25%의 보조금을 지급했다. 그리고 기존 시설을 확충한 경우에는 투자비의

15~16%의 보조금을 지급했다. 제2지구(zone 2)는 전통적으로 광산과 직물산업이 발달했던 동부의 산업쇠퇴지구로서 전환지구(conversion zones)로 규정되어 다양한 투자보조금 및 재정적 감면조치(financial exonerations)가 주어졌다. 제3~4지구는 "회색지역"(gray areas)으로서 시설확충 기업에 대해서는 자동적으로 세금면제가 주어졌다. 한편 제5지구(zone 5)는 파리와 주변지역으로, 정부 지원이 제공되지 않고 여러 가지 개발규제(development control)를 통해 산업발전을 억제하도록 했다.

1960년대 중반 프랑스는 전국을 파리 지역과 8개의 기타 기능지역(functional regions)으로 구분해 공공투자를 집중시키고 도시화경제를 촉진하는 정책을 추진했다. 1966년에는 지역균형발전을 위해 파리의 성장에 대한 대응거점(counter magnets) 역할을 할 수 있는 인구 40만 명에서 150만 명 규모의 균형발전대도시권(metropoles d'equilibrium) 육성정책을 추진했고, 1970년대에는 중소규모의 지역거점(regional centers) 육성정책을 추진했다.

1990년대 들어 파리로의 집중이 둔화되고 지방도시의 성장이 파리권을 앞서면서 형평성을 추구하는 전통적인 지역균형발전을 모색하기보다는 국가경쟁력을 증진하는 데 정책적 우선순위를 두기 시작했다. 물론 파리에 대한 규제를 완화하고 지방의 지원제도를 단순화하고 운영의 효율성을 높이는 데 치중하고는 있으나 지역정책의 기조는 아직도 국민이 어디에 살더라도 높은 삶의 질을 누리고 균등한 사회참여 기회를 갖는 데 두고 있다. 이를 위해 중앙행정권한의 지방 이전 및 분권화와 공공기관의 지방 이전사업을 지금도 지속적으로 추진하고 있다(김용웅·차미숙·강현수, 2003: 315~318).

(4) 프랑스 지역 내 계획

① 파리권 규제 및 종합관리계획 추진

프랑스의 지역 내 계획(intra-regional planning)은 이미 언급한 "균형발전을 위한 지방대도시권계획"(metropoles d'equilibrium)이 중요한 역할을 한다. 그러나 파리권으로의 집중과 과밀이라는 대도시문제를 다루는 파리권 정비계획도 대표적인 지역계획의 하나이다. 파리는 프랑스를 지배하고 세계적인 대도시의 위상을 가지고 있기 때문이다. 파리권은 인구가 1100만 명을 넘었고 지난 100년간 전국 인구증가의 2배의 성장을 기록했으며 경제활동, 정치권력, 문화시설 등이 인구비중보다도 높은 과도한 집중(excessive concentration)을 보임으로써 과밀, 혼잡 등 도시의 물적 문제를 야기하고 있다. 그뿐 아니라 출퇴근 등 사회-경제활동을 위한 장거리 이동으로 시간 낭비와 피로감이 높으며, 토지용도의 대립과 환경오염으로 인해 성장의 불경제가 초래되고 있다.

1947년 장 프랑수아 그라비에(Jean-François Gravier)가 파리로의 집중은 나머지 지역을 사막처럼 만들어버린다고 경고했음에도 불구하고 정부는 특별한 조치를 취하지 않았다. 그러다가 1960년 드디어 파리의 도시문제를 해결하기 위해 파리권에 대한 "파리권 종합관리계획", 즉 PADOG(Plan d'Amenagement et d'organisation General de la Region Parisenne)라 불리는 종합조정계획(comprehensive and coordinated plan)을 수립했다. 이 계획은 1960~1970년간 실시된 단기 계획으로 파리로의 유입인구를 연간 10만 명에서 5만 명으로 줄이도록 하면서 파리의 물리적 성장에 제한을 가했다. 이와 같은 접근방식은 현실성 없는 계획이라는 비판에 직면했고, 파리는 고유의 경쟁력으로 추정치보다 더 큰 성장을 기록했다.

1965년에는 파리 지역계획청(The District de la Region de Paris)이 새로운 계획의 하나로 "파리도시권 도시화 및 관리지침계획"(Schema Directeur d'Amenagement et d'Urbanisme de la Region de Paris)을 수립했다. 새로운 파리권계획은 2000년까지 초장기로 파리권의 발전에 관한 종합적인 지침(general guidelines)을 제시했다. 이 계획은 PADOG와 달리 2000년까지 파리의 고용인구가 1400만 명으로 200만 명이 증가할 것으로 보고 여기에 걸맞은 공간계획 및 물적 계획을 마련하도록 했다.[16] 새로운 파리권계획에서는 기존의 일극중심(monocentric) 도시구조를 탈피해 새로운 중간거점(intermediate centers)을 조성하는 데 목적을 두고 기존 도시거점을 혁신(renovation)해서 점차 증대하는 인구와 경제활동을 수용하도록 했다. 그래서 파리권계획은 라데빵스(La defence) 종합도시재생사업 및 뉴타운 계획을 통해 새로운 도시거점과 개발 축을 형성하는 역할을 했다. 새로운 개발축에는 인구 30만~50만 명을 위한 고용과 하부지역 서비스(sub-regional service)를 갖춘 도시센터를 조성하도록 했다. 새로운 계획은 막대한 투자비용이 소요되고 지방 쇠퇴를 가속화시킨다는 강력한 반발에 직면했으나 파리도시권의 문제를 해결하는 데에는 지대한 영향을 끼쳤다(Glasson, 1974: 294~297).

② 지방거점개발 등 지역특화발전전략과 시책추진

한편 균형발전을 위한 프랑스의 지방을 대상으로 한 지역 내 계획(intra-regional planning)은 1970년대 중반까지 큰 진전이 없었다. 1950년대에는 지역계획이 지역성장위원회(regional expansion committee)의 지역진단을 위한 작업에 한정됐다. 다만 바론, 랑그도크 등 한정된 지역에서 재개발사업(redevelopment programs)을 추진하기 위해 반관개발공사(quasi-public development corporations)인 CNARBL(Compagnie Nationale d'Amenagement de la Region du Bas-Rhone et du Langedoc)이 설치됐다. CNARBL에서는 포도밭에 농업용수를 공급하기 위한 관개사업을 다루었으나 점차 사업범위를 주민생활 전반으로 확대해 나갔다.

---

16 파리권의 인구는 1995년 1100만 명에서 거의 정체되어 2000년 현재 1110만 명 정도이다(김용웅·차미숙·강현수, 2009: 417).

1960년대 중반 이후 균형발전대도시권(metropoles d'equilibrium) 육성 정책이 추진되면서 계획 수립을 위해 새로운 형태의 하위지역단위별 지역개발청(sub-regional development agencies)인 OREAM이 설립되었다. 1972년 마르세유 OREAM은 2000년까지 인구를 현재의 140%로 증가시킨다는 야심찬 계획은 제시했다. 그러나 OREAM은 본질적으로 조사, 연구에 한정하는 계획기구로서 사업집행권한은 중앙과 지방정부에 귀속됐다(Glasson, 1974: 294~298). 그 후 1970년대에 지방거점(regional centers) 개발, 1980년대에 지역기술거점(pole de technologique regionaux) 육성, 산업쇠퇴지역 내 산업전환지대(Pole de Reconversion), 1986년에 기업지구(Zone d'Entreprise) 사업이 추진되었고, 2004년에는 지역혁신정책의 일환으로 교육기관, 연구기관 및 기업이 파트너십을 통해 시너지를 창출하기 위한 경쟁거점(pole de competitivite) 정책 등이 활발하게 전개되었다. DATAR(현 DIACT)와 레지옹 의회는 5년 단위의 계획계약을 체결해 중앙과 지방의 투자분담을 통해 지역 내 계획의 집행을 촉진하도록 하고 있다(김용웅·차미숙·강현수, 2003: 330~335).

3. EU의 공간발전구상(ESDP)

1) ESDP의 대두 배경

(1) EU지역발전 여건과 과제

EU의 지역적 특성은 소규모 지역 내에 집중되어 있는 '문화적 다양성(cultural variety)'이다. 다양성은 EU지역이 지닌 가장 중요한 잠재적인 발전요인이다. 따라서 EU는 공간발전에 있어서 EU 내 지역적 고유성을 유지하면서 지역주민의 전반적인 삶의 질 향상을 지역발전정책의 궁극적인 목표로 하고 있다. EU지역의 발전여건을 살펴보면, 1996년 현재 인구는 3억 7208만 3000명으로 미국, 일본, MERCOSUR[17]지역에 비해 높으며, GDP는 6조 7760억 ECU로 미국, 일본에 비해 높은 경제력을 보유하고 있다. 지리적으로는 EU 회원국의 대부분이 섬이나 반도의 형태를 취하고 있어 해안선이 6만km로 미국의 3배에 이르고 있다. EU지역은 바다와 인접해 있음에도 불구하고 지리적 특성상 대부분의 지역이 접해 있으며, 특히 해저 터널 구축과 같은 대규모 사업은 지리적 장애를 극복하게 함으로써 EU지역 내 공간적 결속력을 강화하는 데 기여했다.

EU지역은 인구, 경제규모 측면에서 매우 높은 수준을 지니고 있음에도 불구하고 지속가능한 발전 및 지역균형발전 측면에서 심각한 경제적 격차 문제를 지니고 있다. 즉, 런던, 파리, 밀라노, 뮌헨, 함부르크 등 5개 대도시 (EU지역 내 펜타곤이라 불린다)를 포함한 EU의 핵심지역이 EU 인구의 40%, GDP의 50%, 면적의 20%를 차지하고 있는 반면, 포르투갈, 남부 스페인, 남부 이탈리아, 그리스 등 EU의 남부지역은 EU 평균 GDP의 50~65% 수준에 불과한 실정이다. 또한 회원국 내의 지역격차문제도 주요한 과제이다. 그리스, 스페인, 포르투갈, 아일랜드 지역 등에서 비교적 강한 경제력을 지닌 도심이 농촌지역보다 훨씬 높은 성장률을 보임에 따라 지역 간 격차문제가 야기되고 있을 뿐만 아니라, 부유한 국가의 경우 쇠퇴산업을 보유한 침체 지역과 지속적인 성장지역 간의 경제적 격차문제가 야기되고 있어 공간개발에 있어 주요 현안문제로 대두되고 있다(김용웅·차미숙·강현수, 2003: 422~424).[18]

---

17 MERCOSUR은 아르헨티나, 브라질, 파라과이, 우루과이 등이 공동시장을 형성하기 위해 만든 지역연합체이다.
18 EU의 공간발전구상은 김용웅·차미숙·강현수(2003), 422~433쪽을 기초로 작성했다.

(2) ESDP 도입배경

1990년 이전까지 유럽의 국가들은 도시·지역계획을 수립하는 데 있어서 유럽(Europe)이라는 공간적인 차원을 고려할 필요가 없었다. 그러나 1990년대 들어서면서부터 EU의 공간발전구상이나 정책방향을 고려하지 않은 채 각 국가의 공간발전이나 지역정책을 수립하는 것이 불가능하게 되었다. 1999년 확정된 유럽공간발전구상, 즉 ESDP(European Spatial Development Perspective)는 EU의 공간발전에 관한 유럽공동체와 회원국들 간의 심도 있는 논의과정의 산물이다. 1993년 최초로 아이디어가 제기된 이래 지속적인 협의과정을 거쳐 1997년 초안(First Official Draft of the ESDP)이 완성되어 15개 회원국의 중앙정부, 지방정부, 민간단체를 비롯해 EU 관련기구 및 단체로부터 폭넓은 의견을 수렴했다. 따라서 ESDP는 EU지역의 향후 공간발전에 대한 회원국 공동의 목표와 개념에 대한 합의라 할 수 있다. 그리고 1999년 10월 ESDP는 포츠담에서 EU 회원국의 공간계획 관련 장관들에 의해 공식적으로 승인되었다.[19]

ESDP는 성장 자체나 경제적 수치의 수렴만으로는 EU지역을 균형적이고 지속가능한 경제적·공간적 구조로 발전시키는 데 충분치 않다는 인식에서 출발한다. 이에 따라 EU 지역이 해결해야 할 가장 시급하고도 중요한 공간발전 과제로 첫째, 실업문제,[20] 둘째, EU 국가 간 및 국가 내 경제적 통합의 증대를 위한 정주체계 및 교통 인프라의 구축, 셋째, 환경보전문제, 넷째, 경제적·사회적 근대화과정에서 야기된 자연 및 문화적 전통의 보전문제를

---

19 ESDP는 Potsdam document라고도 불린다. ESDP는 독일의 공간조정(spatial coordination) 방식과 프랑스에서 실행 중인 국토정비(aménagement du territoire)를 결합한 방식이다. ESDP의 시간적 범위는 장기적이라기보다는 중기적(medium term)이다(Faludi, 2000: 243).

20 EU의 실업률은 1994년 18.5%를 정점으로 낮아지다가 1998년에는 1650만 명으로 경제활동인구의 약 10.7%에 달했다. 한편, 1997년 현재 25세 이하의 청년실업률은 평균 20%를 초과함으로써 회원국 간에 심각한 격차를 보이고 있다.

들고 있다.

2) ESDP의 기능과 역할

(1) ESDP의 목표

ESDP는 경제적·사회적 결속력을 강화함으로써 균형적이고 지속가능한 발전을 달성코자 하는 EU의 기본목표에 토대를 두고 있다. 따라서 ESDP가 궁극적으로 추구하는 목표는 EU를 지역적 다양성·독자성을 유지하면서 경제적 연합체(economic union)에서 환경적 연합체(environmental union), 사회적 연합체(social union)로 발전시켜 나가는 것이다. 이는 ESDP가 제시하는 세 가지 목표, 즉 첫째, 경제적·사회적 결속력, 둘째, 자연자원과 문화적 전통의 보전, 셋째, 유럽지역의 균형적인 경쟁력 확보에 잘 반영되어 있다(김용웅·차미숙·강현수, 2003: 425).[21]

(2) ESDP의 위상과 기능

ESDP는 EU 내 회원 국가들의 향후 지역발전 비전으로서, EU 내 국가·지역·지방수준에서 공공 및 민간부문의 정책결정자에 의해 행해지는 공간적 영향을 갖는 일체의 행위에 대해 일반적인 준거를 제공한다. ESDP는 법적 구속력은 없지만 회원국가 간, 지역 및 도시 간뿐만 아니라 공간적으로 중요한 영향을 미치는 유럽공동체 부문정책 간의 협력 증진을 위한 정책적인 틀이다.[22] 그리고 ESDP의 정책적 위상은 유럽의회(European Parliament),

---

21 1994년 초 EU의 공간계획 관련 장관들은 EU의 공간발전을 위해 첫째, 균형적이고 다중심적인 도시체계 개발과 새로운 도시-농촌관계 형성, 둘째, 인프라 및 지식에의 동등한 접근성 확보, 셋째, 지속가능한 발전, 신중한 관리 및 자연·문화적 전통보호 등 세 가지의 정책방향에 동의했다.

22 ESDP는 비법정 문서이지만 지역사회 간 협력을 증진하는 기본 틀의 역할을 한다.

<그림 5-8> ESDP의 목표

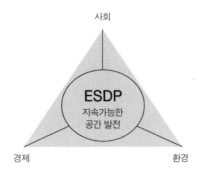

EU 지역위원회(The Committee of the Regions), 그리고 EU 경제사회위원회 등에 의해 지지되고 있다.

ESDP는 1994년 EU의 공간계획 관련 장관회의에서 동의한 다음과 같은 정치적 원칙과 일관성을 유지하고 있다. 첫째, 공간발전은 경제적·사회적 결속력이라는 목표를 달성하는 데 결정적으로 기여할 수 있다. 둘째, ESDP는 지역적 영향력을 지니는 커뮤니티 정책의 집행에 기여할 수 있다. 셋째, 주요목표는 지속가능하고 균형적인 발전을 달성할 수 있어야 한다. 넷째, ESDP는 기존의 기관들을 존중한 채 준비되어야 하고 회원국들에 대해 비구속력을 지녀야 한다. 다섯째, 지역 보조성(subsidiarity) 원칙을 지켜야 한다. 여섯째, 각 국가들은 그들의 국가정책에 있어서 유럽의 공간발전 측면을 고려해야 하고 가능한 이를 준수해야 한다.

3) ESDP의 주요 추진전략과 시책

EU지역 간 균형은 유럽단일통화(EMU: European Monetary Unification) 도입이나 한두 가지 제도나 정책만으로 이루어지지 않는다. 지역 간 불균형의 원인은 현재의 지역 간 경제-사회발전 수준이 다르기 때문만이 아니라 EU의 부문정책이 지역에 미치는 영향이 모두 다르기 때문이다. 따라서 EU 지역이 균형적이고 지속가능한 공간발전을 이루기 위해서는 공간적으로 차등화된 시책을 취하는 것이 매우 중요하다. 이러한 맥락에서 ESDP의 공간발전 목표와 정책들은 관련 지방자치단체 및 정부기구에 의해 정책과정의 초기단계에서부터 고려되어야 하고 구체적인 공간발전 정책목표와 시책들은 EU 공간발전정책지침에 따라 집행되어야 한다. 이들 지침은 모든 지역에 동일한 수준으로 적용되는 것이 아니라 균형적이고 지속가능한 발전을 위해 각 지역의 경제적·사회적·환경적 여건에 따라 상황에 맞게 해석되어야 한다. ESDP의 발전목표와 주요 발전전략은 다음과 같다. 첫째, 도시-농촌 간의 이원론을 극복하기 위해 다중심적(polycentric)이고 균형적인 도시체계를 개발하고 도시-농촌지역 간의 파트너십을 강화한다. 둘째, 다중심적이고 균형적인 발전을 위해 통합적인 교통·통신개발을 증진하고 이들 하부구조·시설·지식에 대한 동등한 접근성을 확보한다. 셋째, 세계화 시대에 EU 내 도시 및 지역이 지닌 자연적·문화적 다양성을 유지하고 지역 고유성을 확립하기 위해 자연적·문화적 전통을 보전한다.

(1) 다중심적 공간발전 및 도시-농촌 파트너십

다중심적 공간발전을 위해 세계적 수준의 통합경제지대를 형성하며, 대도시, 도시군집, 네트워크 형성을 촉진하고, 경쟁력이 높은 세계화 거점도시(gateway city)를 육성하도록 한다. 도시-농촌 파트너십 형성을 위해서 소도읍 육성을 위한 생산형 농촌지대와 도시-농촌 간 기능적 통합사업을 추진한다.

① 다중심적이고 균형적인 공간발전

• 세계적 경제통합권을 형성·강화하기 위해 초국가 간 공간발전전략을 적극 활용

• 그리스 등 다중심적·균형적인 대도시지역, 도시군집, 도시네트워크를 강화하기 위해 구조정책 실시 및 유럽 간 교통네트워크(TENs) 구축, 국제·국가 및 지역 교통네트워크 연계를 강화하기 위해 협력 증진

• 초국가적·범국경적인 협력적 틀 내에서 개별 회원국의 도시군집 형성을 촉진시키기 위해 통합적 공간발전전략 활용

• 교통, 폐기물관리 및 주거·산업지역 공동지정 등 특정 분야에서 도시-농촌지역 간 협력네트워크를 구축함으로써 범국경적·초국가적 수준에서 도시 주변 지역 및 농촌지역 발전 촉진

• 중부 및 동부유럽지역에서 북부-남부지역 간 연계, 북부유럽지역에서 서부-동부지역 간 연계 등 범국경적·초국가적 수준의 협력 강화

② 다이내믹하고 경쟁력 있는 도시와 도시화된 지역 조성

• EU 내 주변 지역발전과 함께 대도시지역과 항만, 국제공항 등 거점도시의 전략적 역할 강화

• 낙후지역의 경제기반, 환경과 서비스기반시설 향상을 통해 투자유치 증대

• 도시의 경제적 다원화전략 도모, 단일 산업 부문 의존에 따른 도시경제 쇠퇴화를 최소화, 낙후지역 내 도시와 소도읍의 경제적 발전 지원

• 사회적·기능적 다양성에 민감한 통합적 도시발전전략 증진, 과소 도시지역의 재구조화와 재생, 사회적 통합을 위한 전략 개발

• 용수, 에너지, 폐기물 등 도시생태계의 현명하고 자원절약적인 관리전략을 최대한 활용

• 컴팩트 시티(compact city) 개념 등 도시기능의 혼합과 대중교통의 사용을 촉진할 입지정책과 토지이용계획을 통해 도시 및 대도시지역 내의 접근성 증진
• 비계획적인 도시 확장의 최소화, 해안지역에 과도한 주거이용 압력 감소방식의 개발·지원

③ 자생적인 발전을 통해 다양하고 생산적인 농촌지역 조성
• 농촌지역 내 발전 잠재력이 높은 다원화된 발전전략 증진, 농업의 다기능성을 포함해 자생적 발전 촉진. 농촌지역 내 교육·훈련 및 비농업적 일자리 창출을 통한 지역발전 적극 지원
• 지역발전의 핵심 거점으로서 농촌지역 내 중소규모 소도읍 강화와 지역 간 네트워킹 증진
• 농업토지이용의 다원화, 친환경적 시책 활용 등으로 지속가능한 농업기반 확보
• 농촌지역 간 협력 및 정보교환 증진 지원
• 도시·농촌지역의 재생가능 에너지, 문화적·자연적 전통의 활용, 환경친화적인 관광개발 잠재력 활용

④ 도시-농촌지역 간 파트너십
• 지역경제개발의 성장엔진인 농촌지역 내 중소규모 도읍의 대중교통 및 서비스 공급 수준 유지 관리
• 소도읍과 주변 농촌지역 간 협력 증진, 농촌지역의 통합적인 기능지역 역할 강화
• 효율적인 토지이용계획을 위해 도시 주변의 농촌지역을 공간발전전략 차원에서 도시지역으로 통합·개발하고 도시 주변 지역의 삶의 질 개선에

치중

• 초국가·국가 수준의 중소규모 소도읍 간 공동프로젝트, 상호경험·지식 교환 등 파트너십 형태의 협력지원

• 소도읍과 주변 농촌지역 내 중소규모 기업체 간 네트워크 증진

(2) 통합적인 교통통신체계 구축과 동등한 접근성 확보

① 교통 및 정보통신 기회 확충

• 주변 지역 및 EU 내 사회적·경제적 결속력을 강화하기 위해 효율적인 교통과 적절한 정보통신 접근성 개선 필요

• 대도시권으로 사람, 재화, 정보가 집중하는 극화 현상 극복, EU의 사회경제적 결속력을 강화하기 위해 모든 지역 간 적절한 접근성 확보에 필요한 기반시설 및 정보통신망 구축

• EU 내 핵심지역으로의 집중과 교통체증문제 극복을 위해 환경친화적인 교통체계로의 전환과 기존 기반시설의 효율적인 이용을 촉구하는 방안 마련

• 대규모 교통시설 구축 시 통합적 공간발전전략과 지역영향평가 실시

• 교통시설 및 정보통신에의 접근성을 확보하기 위해 기반시설 신설뿐만 아니라 지역입지우위 증진을 위한 지역 구조정책, 교육·훈련 등 여타 부문 시책의 동시추진 지원

② 다중심 발전모형

• 세계적인 경제통합지역을 육성하고 주변 지역을 세계경제와 통합하기 위해 다중심 발전모형에 근거한 TEN(Trans-European Networks) 확장 추진

• 섬이나 원거리에 위치해 지리적 접근이 어려운 지역을 위해 효율적인

지역 내 대중교통 시스템 개발, 부차적인 교통네트워크와 TENs 간 연계
시스템 구축 확대
• 항만, 공항 등 세계적인 거점도시의 적절한 공간적 균형배분과 EU의
대륙 간 교통접근체계 구축, 배후지역과의 연계성과 서비스 수준 증진
• EU 내 국가 간, 주변 지역 간 교통연계를 증진하기 위해 항공교통 및 유
사 교통시설 개발 확대
• 인구과소지역 내에서 보편적인 서비스 공급에 적절한 요금책정과 정보
통신시설의 이용 및 접근성 증진 방안 모색
• EU, 국가, 지역수준에서 교통정책 간 협력 도모

③ 효율적이고 지속가능한 기반시설 활용
• 교통과 정보통신 정책결정자 간의 상호조정, 지역계획과 교통계획 간
의 통합성 확보를 위해 공간발전정책과 토지이용계획, 교통 및 정보통신
계획 간의 상호조정 노력 지원
• 대중교통 서비스 증진, 중소규모 소도읍과 도시지역 내 최소수준의 교
통서비스 공급
• 환경친화적인 교통수단 강화, 도로통행세 징수, 외부비용의 내부화 등
을 통해 교통압력이 높은 지역에서의 부정적인 효과 감소
• 범유럽 교통로(European Corridor) 간 선박, 내륙해운 등 화물교통의
원활화를 위해 상호연계 및 교통수단 간 접속 확충
• 중복적 교통시설 등 비효율적인 투자방지와 기존 교통시설의 이용 극
대화를 위해 상호조정·통합적인 기반시설 계획과 관리 추진

④ 혁신과 지식의 확산
• 혁신, 교육·훈련, 연구개발 등 지식관련 정책을 원거리, 인구과소지역

공간발전정책에 통합

• 지속가능한 경제발전을 위해 중소기업(SMEs)의 지식관련 기반시설에 대한 유럽 차원의 접근성 확충

• 혁신관련 지역기구 활용, 혁신의 급속한 확산과 기업 간 네트워킹 강화

• 경제적 취약 지역 내 고등교육, 연구개발 및 민간부문 간 협력을 촉진하기 위해 지역혁신센터 설립 지원

• 정보·통신기술 이용 및 지역적 접근성을 증진하고 수요-공급을 유도하기 위해 다양한 통합시책 개발

(3) 자연자원 및 문화적 전통 보존·관리

① 자연자원의 보전과 개발

• 유럽생태네트워크(European ecological network)를 지속적으로 발전시키고 지역·국가·초국가·EU 전역에 걸쳐 중요한 자연자원 및 보호지역 간 연계 강화

• 지역사회생물다양성전략(Community Biodiversity Strategy)에 포함된 생물다양성 개념을 농업, 지역정책, 교통 및 어업 등 모든 부문의 정책에 통합

• 지역영향평가와 환경영향평가에 기초해 보호지역, 환경민감지역(ESA: environmentally sensitive area), 해안, 산악 등 생물다양성이 높은 지역에 대해 통합적인 공간발전전략 수립

• 자연자원 보전에 따른 주민 피해를 최소화하고 보호지역, 환경민감지역의 생태적 의의를 확보하기 위해 보조금 등 경제적 수단을 최대한 활용

• 에너지 절약, 교통감소형의 정주구조를 구축하고 이산화탄소의 방출을 줄이기 위해 재생 가능한 에너지 사용을 증대하고 통합적인 자원개발계획을 수립·추진

• 인류와 동식물 생활터전인 토양을 보호하기 위해 토양의 침식·파괴 최

소화, 오픈스페이스의 과도한 사용을 최소화

• 지역 및 초국가적 수준에서 재난위험지역에 대해 위기관리전략 개발

② 용수자원관리-공간발전에서의 현안

• 가뭄 우려지역에서 용수공급-수요의 균형을 증진시키고, 물 부족 지역에서 용수절약형 농업기법 및 관개기술 증진 등 경제적인 용수관리수단을 개발해 적용

• 광역적 용수자원 관리를 위한 통합적 전략을 적용하기 위해 국가 간 및 초국경적 협력 증진

• 과도한 용수채취와 강이나 하천어귀의 변화로 위기에 처한 대규모 습지를 보전·복구

• 해안생태계의 보전과 복구를 통해 바다를 협력적으로 관리

• 용수자원관리에 있어 지역적 책임 강화

• 대규모 용수관리사업에 대한 환경 및 지역영향평가 적용

③ 문화적 경관의 창조적 관리

• 역사적·심미적·생태적으로 중요한 의의를 지니고 있는 문화적 경관을 보호하고 창조적으로 개발[23]

• 통합적인 공간발전전략의 틀 내에서 문화적 경관이 지닌 가치를 향상시키기 위해 노력

• 경관에 영향을 미치는 개발수단 및 시책의 상호조정 강화

• 인위적인 개입으로 위기에 처한 경관을 창조적으로 복구하기 위해 지원

---

23 여기서 창조적 개발이란 단순한 보전에만 그치는 것이 아니라 관광개발, 재조림 등을 통해 지속적으로 관리하고 개발한다는 것을 의미한다.

④ 문화유산의 창조적 관리

• 귀중한 문화자원을 많이 보유한 유럽의 도시와 소도읍지역의 관리와 복구를 위한 통합적인 발전전략 수립, 위기요인을 평가하고 관리수단의 개발을 촉진

• 현대의 혁신적인 건물들과 전통적인 문화경관 간의 조화를 통해 지역 문화유산의 잠재력 향상

• 높은 수준의 현대 건물 등을 창조적으로 재설계함으로써 도시의 문화적 고유성 강화

• 문화유산 및 전통을 미래세대에 이어주기 위해 도시 및 공간발전정책에 대한 인식 증대

4) ESDP의 적용과 집행: 통합 공간발전을 위한 제안

(1) 협력 방식의 추진시책

EU의 기구뿐만 아니라 회원국 정부, 행정기관들은 ESDP에서 제시한 공간발전목표를 달성하기 위한 추진시책을 집행함에 있어서 부문 및 공간정책 간 갈등과 집행시점상의 곤란을 고려해 초기단계에 우선순위를 설정해야 한다. 원칙적으로 ESDP의 적용은 지역의 자발성(voluntarity)과 보조성(subsidiarity)에 기초한다. 따라서 ESDP를 통해 통합적인 공간발전을 이루기 위해서는 새로운 형태의 협력방식이 요구된다. 즉, 부문 간 수평적인 협력과 EU, 초국가, 국가, 지역 간의 수직적인 협력이 동시에 요구되기 때문이다. 이와 같은 협력은 통합적인 공간발전에 있어서 핵심적인 요소이며, 개별 부문정책의 효과를 배가시키는 시너지 효과를 지니고 있다.

(2) EU 공간계층별 추진시책

ESDP는 공간적 협력을 위해 공간계층별로 EU, 초국가/국가, 지역/지방 등 세 가지 협력 수준을 제시하고 있다. 이 중에서 EU 관점에서는 초국가 수준의 협력이 매우 중요하다. 초국가 수준에서 통합적인 공간발전정책에 대한 혁신적인 접근은 INTERREG Ⅱ C에 의해 EU 내에서 집행되었다. 이러한 이니셔티브에 의거해 7개의 초국가적 공간발전협력, 홍수 및 가뭄대비를 위한 2개의 프로그램이, 이 밖에 ERDF(European Regional Development Fund) 10조에 의해 초국가적인 시범사업(pilot action)이 4개의 협력지역에서 추진되고 있다. 이들 협력 프로그램의 해당 지역들은 참여국가 간의 세부적인 협의의 결과이며, 비회원국들도 일부 프로그램에 참여하고 있다(차미숙, 2001: 91).

EU 회원국들은 ERDF로부터 재정적인 지원을 받는 반면, 비회원국들은 PHARE(중부유럽국가와 발트해 국가들을 위한 프로그램으로 장래 EU 회원국을 위해 준비한 재정프로그램), TACIS(이전 소비에트공화국에서 새로 독립한 국가들과 몽골리아를 대상으로 하며 지역수준에서의 환경문제 해결과 협력, 네트워크구축지원프로그램)와 같은 지원프로그램을 통해 재정지원을 받는다.

4. 일본의 지역계획제도

1) 지역계획체계

(1) 이원적 지역계획체계

일본의 지역계획체계는 「국토총합개발법」(國土總合開發法) 등에 의한 투자계획 및 경제-사회발전을 추구하는 지역발전계획체계와 「국토이용계획법」(國土利用計劃法)에 의한 토지이용 및 도시계획 조정 등을 위한 도시계획차원의 지역공간계획체계로 이원화되어 있다. 일본의 국토 및 지역계획은 제도적 결함과 실효성 미흡으로 행정구역에 따른 도도부현(都道府縣)차원의 계획은 현재 수립조차 되지 않고 있다. 현재는 법적체계와 관계없는 임의의 행정계획으로 "도도부현계획"(都道府縣計劃), "시정촌계획", "광역시정촌계획", "모델정주권" 및 "지방생활권계획" 등이 수립·추진되고 있다.

(2) 계층적 국토·지역계획체계

일본은 「국토총합개발법」(國土總合開發法)에 의해 지역발전계획체계가 이루어지고 있는데, 이를 보면 최상위에 "전국총합개발계획"(國土總合開發計劃)이 있고 하위에 행정구역에 따른 "도도부현계획"(都道府縣計劃)과 보다 광범위한 초광역지역을 대상으로 하는 지방권 계획과 거대도시권을 대상으로 하는 거대도시권계획이 있다. 지방권계획으로는 「북해도개발법」, 「동북개발촉진법」, 「북류지방개발촉진법」, 「중국지방개발촉진법」, 「사국지방개발촉진법」, 「구주지방개발촉진법」 등 6개의 지방별 개발촉진법이 있고, 거대도시권계획으로는 「수도권정비법」, 「근기권정비법」, 「중부권개발정비법」 등 3대 도시권 정비계획법이 있다. 이 밖에도 일본에는 제도화되지 않은 다양한 지역계획이 있어 중복과 일관성 결여의 문제에 직면하고 있다. 대표적인 사례로 정주권 구상, 신산업도시건설계획, 공항정비5개년계획, 해안사업5개년계획 등이 있으며, 특히 정주권, 지방생활권 및 광역시정촌계획 등 권역단위 계획이 수립되고 있으나 권역 내 다양한 계획과 사업을 종합적으로 조정하는 기능을 수행하지 못하고 있다.

일본의 「국토총합개발법」은 4단계의 지역발전체계를 설정했으나 계획법의 난립으로 국토 및 지역계획의 경우 당초 의도와 달리 현재에는 거의 형태

만 남아 있는 실정이다. 특히 국토이용규제를 위해 별도의 「국토이용계획
법」(國土利用計劃法)이 제정되어 「공간계획법」 체계는 더욱 복잡하게 되었
다. 일본에서는 계획관련 법률과 계획의 난립으로 국토 및 지역계획의 경우
체계적인 집행은 고사하고 혼란과 무질서가 초래되고 있어 계획의 실효성
이 상실된 것으로 평가되고 있다.

「국토이용계획」(國土利用計劃)은 국토이용에 관한 행정지침으로서 전국,
도도부현 및 시정촌 각각의 구역에 대해 「전국계획」, 「도도부현계획」 및 「시
정촌계획」으로 이루어진다. 한편, 도도부현은 토지의 용도지역을 지정하는
토지이용기본계획을 수립하도록 되어 있다. 국토이용계획은 국토의 종합
적이고 계획적인 이용의 기본방침인 「국토이용에 관한 기본구상」, 농업용
지, 삼림, 택지 등 지목별·용도별 장래 목표면적을 밝히는 「국토의 이용목적
별 토지규모의 목표 및 지역별 개요」 및 「목표달성 위한 필요조치의 개요」
등의 내용으로 구성되어 있다(김용웅·차미숙·강현수, 2003: 434~437). 전국단
위 「국토이용계획」은 제2차 계획이 1985년에 책정되었고 이에 맞춰 「도도
부현계획」이 개정되었다. 반면 「시정촌계획」의 책정률은 1992년 현재 50%
에 불과하고 책정된 시정촌계획도 개정을 요하는 경우가 많다(國土廳, 1993:
209~211).

2) 지역계획의 기능과 역할

(1) 지역종합발전계획

일본의 지역계획은 우리나라와 같이 공공시설투자 및 지역발전계획 성
격을 지니고 있다. 지역계획의 집행은 종합발전계획에 의거해 지역 내 발전
사업을 체계적으로 추진하도록 되어 있다. 그러나 국가는 물론 지방에서도
이와 같은 기능은 거의 수행하지 못하고 있어, 국토계획체계에 의한 "도도

<그림 5-9> 국토이용계획과 타 계획과의 관계

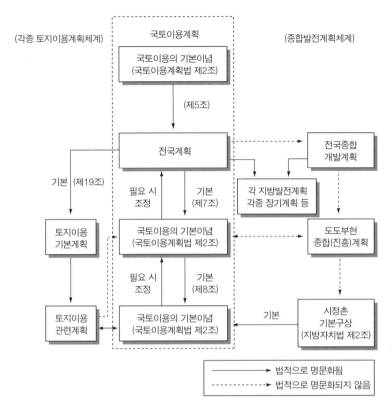

자료: 일본 국토행정연구원, 『국토』, 현대행정전집 18권, 동경(1985), p.72. 김용웅·차미숙·강현수(2003: 436) 재인용.

부현계획"(都道府縣計劃)은 아예 폐지된 상태에 있다. 국토청은 국토 및 지역발전에 대한 정부의 통일적인 의사를 형성하고 각 부문 간 우선순위를 조정하기 위해 설치되었으나 계획의 종합조정역할을 하지 못하고 있는 것으로 지적되고 있다. 그 주요한 원인은 첫째, 부처의 할거주의가 팽배해 있고, 둘째, 국토청의 발전계획이 각 부처와 부서의 부문계획에 대해 구속력이 없기 때문인 것으로 지적되고 있다. 각 부서는 독자의 중장기 부문별 계획을 우선적으로 추진하려 하기 때문에 계획조정 관청이 일정지역을 대상으로 종합적 견지에서 이익을 비교하면서 사업을 연계 또는 우선순위를 조정할 수 없게 된다. 따라서 「수도권정비계획」과 「근기권정비계획」 등 광역적 발전계획에 제시된 종합적 계획은 각 부서의 부문별 계획을 단순히 수집한 것이라는 지적을 받고 있다.

(2) 지역발전계획과 광역도시계획

일본은 투자계획 성격의 발전계획체계와는 별도로 공간적 차원에서 도시계획을 조정하고 광역시설의 공급관리를 위해 광역도시권 내에 「광역시정촌계획」을 수립하고 있다. 그러나 「광역시정촌계획」은 제도화되어 있지 않다. 「광역시정촌계획」과 「국토이용계획」은 토지이용 및 개발에 있어서 지역적 구상이나 전략 제시 등 광역적 공간계획의 기능수행에는 미흡하다. 현재 기능을 상실한 국토계획체계상 지역계획에 대응하기 위해 각 도도부현(都道府縣)별 비법정계획인 사회·경제발전과 물적 환경조성을 위한 지역계획을 수립하고 있다.

3) 지역계획의 수립절차

(1) 중앙정부의 국토·지역계획

일본의 국토 및 지역발전계획은 중앙정부의 국토분야의 종합계획부서인 「국토청」에 의해 주로 수립되고 있다. 「전국종합발전계획」과 각 「지방권계획」의 작성권자는 내각총리대신이지만 국토청에서 수립업무를 담당하고 국토심의회의 조사심의를 거쳐 각료회의에서 최종 결정하도록 되어 있다. 수도권계획과 근기권계획은 내각총리대신이 관계 행정기관과 지방자치단체의 의견을 들어 수립한다. 반면 중부권계획의 수립권자는 국토청 장관으

〈그림 5-10〉 일본의 지역개발 관련 주요 법률체계

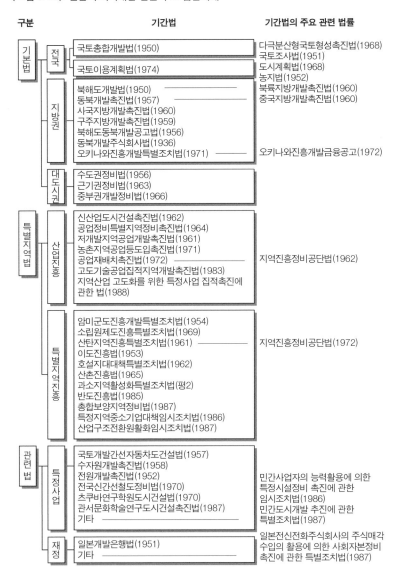

구분		기간법	기간법의 주요 관련 법률
기본법	전국	국토총합개발법(1950) 국토이용계획법(1974)	다극분산형국토형성촉진법(1968) 국토조사법(1951) 도시계획법(1968) 농지법(1952)
	지방권	북해도개발법(1950) 동북개발촉진법(1957) 사국지방개발촉진법(1960) 구주지방개발촉진법(1959) 북해도동북개발공고법(1956) 동북개발주식회사법(1936) 오키나와진흥개발특별조치법(1971)	북륙지방개발촉진법(1960) 중국지방개발촉진법(1960) 오키나와진흥개발금융공고(1972)
	대도시권	수도권정비법(1956) 근기권정비법(1963) 중부권개발정비법(1966)	
특별지역법	산업진흥	신산업도시건설촉진법(1962) 공업정비특별지역정비촉진법(1964) 저개발지역공업개발촉진법(1961) 농촌지역공업등도입촉진법(1971) 공업재배치촉진법(1972) 고도기술공업집적지역개발촉진법(1983) 지역산업 고도화를 위한 특정사업 집적촉진에 관한 법(1988)	지역진흥정비공단법(1962)
	특별지역진흥	암미군도진흥개발특별조치법(1954) 소립원제도진흥특별조치법(1969) 산탄지역진흥특별조치법(1961) 이도진흥법(1953) 호설지대대책특별조치법(1962) 산촌진흥법(1965) 과소지역활성화특별조치법(평2) 반도진흥법(1985) 총합보양지역정비법(1987) 특정지역중소기업대책임시조치법(1986) 산업구조전환원활화임시조치법(1987)	지역진흥정비공단법(1972)
관련법	특정사업	국토개발간선자동차도건설법(1957) 수자원개발촉진법(1958) 전원개발촉진법(1952) 전국신간선철도정비법(1970) 츠쿠바연구학원도시건설법(1970) 관서문화학술연구도시건설촉진법(1987) 기타	민간사업자의 능력활용에 의한 특정시설정비 촉진에 관한 임시조치법(1986) 민간도시개발 추진에 관한 특별조치법(1987)
	재정	일본개발은행법(1951) 기타	일본전신전화주식회사의 주식매각 수입의 활용에 의한 사회자본정비 촉진에 관한 특별조치법(1987)

자료: 丹羽 由一(1992); 김용웅·차미숙·강현수(2003: 438).

로 되어 있다. 일본에는 과소지역, 산촌, 도서, 호설지대 등 특수지역의 개
발계획이 수립되고 있는데 계획의 성격에 따라 해당 시정촌장, 도도부현 지
사, 또는 중앙의 내각총리대신이 계획의 수립권을 갖는다.

(2) 지방자치단체의 지역계획

「국토총합개발법」(國土總合開發法)에 의한 「도도부현계획」(都道府縣計劃)
은 지방자치단체에서 수립하고 국토청의 심의와 승인을 거친 후 도도부현
지사가 확정한다. 도도부현 지사는 계획안에 대해 공람과 공청회의 절차를
거치도록 되어 있으나 현재 수립되고 있지 않다. 이는 「국토총합개발법」(國
土總合開發法) 체계에 의해 중앙정부가 「전국종합발전계획」을 수립하고, 지
방자치단체는 하위계획을 수립하는 계획체계가 실질적인 지역발전이나 공
공투자에 영향을 주지 못하기 때문이다. 이와 같은 법적 지역계획 수립의
중단에 대응하기 위해 현재 도도부현별로 자율적으로 「도도부현 발전계획」
을 수립하고 있으나 수립절차, 집행, 조정기능 등을 위한 수단이 제도화되
어 있지 않다.

4) 지역계획의 집행과 한계

(1) 국토·지역계획의 체계적 추진 미흡

일본의 국토 및 지역계획체계는 지역적으로 종합적인 차원에서 공공시
설투자를 촉진하기 위해 수립되고 있으나 종합발전계획은 체계적인 집행이
이루어지지 못하고 있다. 「국토총합개발법」(國土總合開發法)에 의해 수립되
는 「전국종합발전계획」은 각 부서의 부문계획에 대한 구속력을 갖추지 못하
고 있다. 예를 들면 계획사업으로 선정된다 하더라도 공공투자가 보장되지
않기 때문이다. 이밖에도 각 부서 차원의 부문계획은 처음부터 종합적인 국

토계획이나 지역계획을 기본으로 하여 작성되지 않아 지역적, 공간적으로 다른 계획과 조정하기 어렵게 되어 있다. 또한 각 부서의 부문 사업이나 계획은 재원조치를 수반하고 있어 항상 국토 및 지역계획에 비해 우선적이고 상대적으로 높은 권위와 실효성을 가지고 있는 점도「전국종합발전계획」의 체계적인 집행을 가로막는 원인이 되고 있다.

(2) 국토·지역계획체계의 제도적 개선 지연

일본의 지역계획제도가 체계화되어 있지 않고 집행의 실효성을 상실한 근본적인 원인은 국토 및 지역계획체계와 제도에 중대한 결함이 있기 때문이다. 첫째, 국가와 지방공공단체 간 계획권한의 배분문제를 들 수 있다. 계획입법에 있어 계획원안의 작성권의 소재와 지방공공단체의 계획 작성에 대한 관여와 참여, 그리고 결정권의 소재와 형식 등이 서로 상이한 규정에 의거해 운영되고 있다. 둘째, 계획관련 행정청 및 공단, 공사를 포함한 계획실시 관계행정기관의 할거성에 관한 문제이다. 다양한 기관 간 체계적인 종합조정이 결여되어 있다. 셋째, 계획수립 및 집행체계의 연계성 결여문제이다. 대도시권계획의 하나인 동경권 및 근기권계획은 중앙정부 수준에서 수립되지만 실제적으로 각 현이나 시정촌의 도시계획과 연계되어 운영되지 못하고 있다(김용웅·차미숙·강현수, 2003: 441). 일본의 국토·지역계획제도의 실효성을 강화하기 위해서는 계획체계와 제도가 지닌 근원적인 문제점에 대한 실질적인 개선책 마련이 필요한 것으로 판단된다(김용웅·차미숙·강현수, 2003: 434~441).

5. 외국의 지역계획제도 비교 및 정책적 시사점[24]

1) 사례제도 비교

(1) 개요

영국, 프랑스 및 일본 3개 사례국의 지역계획제도에는 각각 기능과 역할을 달리하는 두 가지 유형이 있다. 하나는 토지이용 측면에서 지역적 통일성과 일관성을 유지하기 위해 개별 도시계획을 조정하는 공간계획적 지역계획제도가 있고, 다른 하나는 지역의 종합적인 사회·경제적 발전을 위한 경제계획 성격의 지역계획제도가 있다. 후자는 다양한 공공기관 및 조직에 의해 추진하는 투자 사업을 조정하고 지역개발을 위해 투자를 촉진시키는 기능을 한다. 두 가지 유형의 지역계획을 모두 갖추고 있는 나라는 프랑스뿐이고, 영국은 공간계획적 지역계획제도만을 갖추고 있고, 일본은 경제계획적 성격이 강한 지역종합개발계획체계만을 갖추고 있다.

영국의 경우 1970년대에는 중앙정부 차원에서 경제계획 성격의 지역계획을 운영한 바 있으나, 다원적인 정부조직체계 내에서 계획부서가 국가의 자원배분을 지역종합개발이라는 차원에서 일일이 조정·통제하기 곤란하고, 지역의 발전문제는 지방자치단체의 자율적인 노력에 의해 해결하는 것이 효과적이라는 판단하에 1979년 폐지하기에 이르렀다. 현재 중앙정부에서는 지역개발기금의 지원이나 낙후지역에 이전하는 기업에 대한 지원만을 제공하고 모든 지역개발계획과 활동은 지방자치단체의 자율로 이루어지고 있다. 일본에서는 현재 공간계획적 차원의 지역계획은 제도화되어 있지 않으며 광역시정촌계획 등 행정적 차원의 지역계획이 운영되고 있다.

---

24 이 글은 김용웅(1994), 41~61쪽을 기초로 작성했다.

(2) 사례제도의 특성 비교

① 계획기능과 역할

사례제도의 기능과 역할을 기본목표 차원에서 비교하면 영국의 구조계획(structure plan)과 지역전략계획(regional strategic plan), 그리고 프랑스의 도시구상계획(SD)은 쾌적한 건조환경을 기본목표로 하는 데 비해, 프랑스의 레지옹 계획과 일본의 도도부현계획(都道府縣計劃)과 지방권계획 등은 지역의 경제·사회발전을 기본목표로 한다. 계획기능 차원에서 보면, 공간계획 차원의 영국의 지역계획은 토지이용 및 개발을 통제하는 하위 지방자치단체의 도시계획을 조정·통제하는 상위조정 계획의 역할을 하는 데 비해, 프랑스의 도시구조계획은 지방계획의 상위계획기능을 하기보다는 국가정책이나 계획의 집행계획기능을 하고 있다(김용웅, 1994: 57~58).

② 계획체계

사례국의 지역계획제도의 계층적 체계를 보면, 영국의 구조계획이나 프랑스의 도시구상계획은 기초적 지방자치단체의 도시계획의 상위계획으로서 도시계획과 동일한 계획체계에 속하며, 프랑스의 레지옹 계획은 국가의 사회·경제발전계획과 국토정비계획의 하위체계에, 일본의 도도부현계획(都道府縣計劃) 등은 국토총합개발계획의 하위체계에 속함을 보여주고 있다. 여기서 한 가지 특징은 프랑스의 레지옹 계획은 국가의 자원배분기능을 하는 경제·사회발전계획과 밀접한 관계를 맺고 있는 데 비해 일본의 제도는 국토개발계획이라는 별도의 계획체계를 유지하고 있다는 점이다. 사례국의 지역계획제도가 기능적 유형별로 별도의 계획체계를 유지하고 있는 이유는 계획제도별로 도입배경이나 수립목적이 다르고 계획내용의 효율적인 집행을 위해 계획 유형별로 상이한 제도적 장치가 필요하기 때문이다.

〈표 5-6〉 사례별 지역계획제도의 특징 비교

		영국		프 랑 스		일본	
		구조계획	지역전략계획	도시구상계획	레지옹계획	도도부현계획	지방권계획
기본목표	건조환경 조성	●	●	●			
	경제-사회개발				●	●	●
계획기능	지방계획 조정	●	●	●			
	국가정책 집행				●	●	●
계획체계	도시계획	●	●	●			
	국가경제계획				●		
	국토개발계획					●	●
공간단위	시·군 수준	●		●		●	
	광역지역단위		●		●	●	●
수립주체	지방자치단체	●	●	●	●	●	
	중앙정부 수립			●			●
	중앙정부 승인			●	●	●	●
계획기간	10년 장기	●	●	●		●	●
	5년 중기				●		
계획형식	정책기술서	●	●	●			
	사업계획서				●	●	●
집행	하위·부문계획 조정·통제	●	●	●			
	부문·시행계획 수립·집행				●		
	개발기금 운용				●		

자료: 김용웅(1994: 57).

③ 계획의 수립제도

사례국의 지역계획제도 중 영국의 구조계획과 프랑스의 도시구상계획은 계획수립의 공간적인 범위가 복수의 기초적 자치구역을 지닌 시·군지역인데, 시·군지역의 상위에는 제도화된 지역계획제도가 갖추어져 있지 않다. 그러나 이미 폐지된 영국의 지역경제계획과 프랑스의 레지옹 계획은 시·군 단위에 대해서는 계획이 수립되지 않고 있고 복수의 시·군이 포함된 우리나라의 도와 같은 광역지역을 대상으로 계획이 수립되고 있다. 그러나 같은 경제계획 성격의 일본의 도도부현계획은 기초적 지방자치지역부터 최상위 지방자치지역까지 전국의 모든 지역을 계획대상으로 삼고 있고, 지방권계획은 우리나라 도보다 큰 초광역적인 권역을 계획수립대상으로 삼고 있어 영국과 프랑스의 사례제도와 차이를 보이고 있다. 한편, 공간계획 성격을 지닌 지역계획의 하나인 영국의 지역전략계획은 복수의 시·군지역이 포함된 광역지역을 대상으로 수립되고는 있으나 법정계획으로서의 집행력은 없으며 단순히 조언적 계획(advisory plan)의 성격을 지니고 있다.

각 사례국 지역계획제도의 수립주체를 보면, 영국, 프랑스 등 서구에서는 공간계획적 성격을 띤 지역계획은 지방자치단체에 의해 수립되는 데 비해 광역지역을 대상으로 한 경제계획적 지역계획은 중앙정부가 수립하거나 중앙정부의 주도적 노력으로 수립된다. 프랑스의 레지옹 계획은 원래 중앙정부에 의해 수립되어 왔으나, 레지옹 단위의 상위 지방자치단체가 실시됨에 따라 1984년 제9차 계획 이후부터 지방자치단체에 의해 수립되고 있다. 그러나 현재에도 계획내용은 중앙정부와 협의한 후 공동으로 계약을 체결하도록 하고 있다. 한편, 일본의 경우 도도부현계획은 지방자치단체가 수립하지만 지방권계획은 중앙정부가 수립한다.

지역계획 수립의 주체에 관한 사례제도의 공통점을 보면, 계획구역이 지방자치구역과 일치하는 경우에는 계획의 유형과 관계없이 지방자치단체가 계획수립의 주체가 되지만, 계획구역이 지방자치행정구역을 초월하는 경우 중앙정부가 계획수립의 주체가 되거나 주도적인 역할을 한다는 점이다.

사례국의 지역계획제도는 계획기간 및 형식에 있어서도 다양한 특징을 보이고 있다. 영국과 프랑스의 경우 공간계획 성격을 지닌 구조계획으로서 하위 지방계획을 위한 계획적 틀이나 계획지침 내용을 제시하는 포괄적인 정책기술서 형식을 띠고 있는 반면, 경제계획 성격을 지닌 레지옹 계획은 4~5년 단위 중기계획으로서 개발사업 제시 등 종합적인 경제개발계획 형식을 취하고 있다. 그러나 일본의 지역개발계획은 경제계획적인 성격이 강함에도 불구하고 계획기간이 10년 이상의 장기계획 형식을 취하고 있어 서구 제도와는 차이를 보이고 있다.

④ 계획의 집행체계

사례국의 지역계획의 집행제도를 보면, 영국의 구조계획과 프랑스의 도시구상계획은 계획안 자체의 직접적인 집행을 추구하지 않고 지역 내 수립되는 각종 하위계획이나 각종 토지이용 및 개발계획을 조정·통제하는 데 초점을 둔다. 그에 비해 프랑스의 레지옹 계획은 계획에 포함된 투자를 실현하기 위해 다양한 정부부서의 투자 사업을 조정하고 개별사업에 대한 재정을 지원하는 데 치중한다. 이를 위한 구체적인 집행수단으로는 부문 및 사업계획수립제도, 지역개발투자기금 및 계약계획제도를 들 수 있다. 특히 계약 계획제도는 중앙정부와 지방정부의 재원분담을 보장하는 성격을 지니고 있어 계획의 집행력 확보에 크게 기여하고 있다. 그러나 이미 폐지된 영국의 지역경제계획이나 일본의 도도부현계획은 이와 같은 구체적인 집행수단을 갖추지 못해 지역개발계획으로서의 기능을 제대로 발휘하지 못하고 있다.

2) 정책적 시사점

사례국의 지역계획제도는 각국의 계획제도 형성과정이 지닌 역사적 특수성과 각국이 처한 사회경제적 환경의 차이로 인해 매우 다양한 특징을 보인다. 그러나 사례국의 계획제도가 지닌 일부 공통적인 특징은 우리나라 지역계획제도의 적합성과 효율성을 살펴보고 이를 개선해 나가는 데 중요한 정책적 시사점을 줄 수 있을 것으로 판단된다. 이 중 주요한 사항만 정리하면 다음과 같다.

첫째, 영국, 프랑스 등 서구 제국의 지역계획제도를 보면 기능적 특징이 비교적 분명하고 기능에 맞는 계획제도를 갖추고 있는 데 비해, 일본의 종합개발계획제도는 기능적 특징이 분명하지 않고 기능유형별로 요구되는 제도적 수단을 갖추고 있지 못하다. 일본의 지역계획이 현재 기능을 충분히 발휘하지 못하고 일부 제도는 폐지 상태에 있는 것은 기능적 모호성과 무관하지 않은 것으로 판단된다. 우리나라는 일본의 제도와 유사한 지역계획제도를 지니고 있기 때문에 현행 지역계획의 실효성을 증진하기 위해서는 계획기능 정립 및 이에 따른 제도적 정비와 관련해 노력이 필요한 것으로 판단된다.

둘째, 영국, 프랑스 등 서구 제국은 모두 토지이용 및 개발 측면에서 국가적·지역적 통일성과 일관성을 유지할 수 있는 공간계획 체계를 확립하고 있는 데 반해, 일본은 서구형의 공간계획제도를 갖추고 있지 못하다. 따라서 일본은 다른 나라에 비해 토지의 난개발이 심하고 건조환경의 질적 수준이 낮은 것으로 지적되고 있다. 하지만 지방자치제의 실현으로 지방자치단체 간 개발 경합이나 경쟁이 증대하고 도시의 광역화 추세 등으로 토지이용 및 개발에 있어 조정과 통합의 필요성이 높아지고 있어 도시계획을 중심으로 한 공간계획 체계를 형성하기 위한 노력이 오래전부터 계속되고 있다. 비슷한 실정에 있는 우리나라의 경우에도 국토이용계획과 도시계획을 중심으로 한 공간계획제도를 도입하는 문제를 신중히 검토할 필요가 있다.

셋째, 일본의 종합개발계획제도는 프랑스의 레지옹 계획과 달리 지역적 투자의 조정 및 집행력을 상실한 것으로 지적되고 있다. 여기에는 여러 가지 원인이 있을 수 있으나, 가장 큰 원인은 경제계획 성격을 지닌 지역개발계획의 기능적 특징을 이해하지 못하고 이를 단순히 물적 계획 또는 공간계획과 같이 운영하고 있기 때문으로 생각된다. 따라서 일본과 유사한 지역개발제도를 택하고 있는 우리나라의 경우에도 지역계획의 조정 및 집행력을 확보하기 위한 종합적인 검토와 개선방안을 모색해야 한다.

넷째, 영국, 프랑스 등 서구 사례국의 지역계획제도는 대부분 계획내용을 실현하기 위한 세분화된 연계계획수립체계를 지니고 있다. 예를 들면, 국가 및 지역단위의 종합적인 기본계획이 수립되면 이를 구체화하기 위한 부문계획 및 하위계획을 수립해 집행으로 연결시키고 있다. 공간계획 측면의 지역계획은 지역 내 각종 토지이용 및 개발계획과 도시계획의 상위계획으로서의 기능을 수행하고 있으며, 이를 위해 지역계획은 도시계획 체계로 운영되고 있다. 한편, 경제개발 측면의 지역계획에서는 각 부문별 투자계획과의 연계가 강조되고 있으며, 계획기관은 투자 및 자원배분에 영향력을 행사할 수 있는 권능을 지니고 있다. 그러나 부문계획 및 하위계획 수립이 제도화되어 있지 않은 우리나라의 경우에는 이에 대한 심층적인 검토가 요망된다.

다섯째, 사례국의 공간계획 측면의 지역계획에서는 지방자치단체의 자율과 선도가 크게 중시되고 있으며, 중앙정부의 개입은 지방의 계획이 중앙정부의 정책이나 계획과 적합하지 않은 경우로 한정하고 있다. 그동안 중앙정부의 역할로 인정되어 온 경제발전 차원의 지역개발계획의 추진도 점차 지방당국의 자율체제로 전환되고 있다. 자율적인 지역발전 추진체제는 지방화 시대가 예견되는 우리나라의 경우 좋은 참고가 될 수 있을 것이다.

끝으로, 사례국의 지역계획 등 상위계획은 사회경제적 문제를 해결하기 위한 구체적인 계획내용을 제시하는 것이 아니라 부문계획이나 하위계획에 지침이 될 수 있는 기본적인 정책방안이나 전략만 제시하는 정책기술서 형식을 취하고 있다. 우리나라는 정치적 민주화와 분권화 추세가 확대되고 있어 중앙통제적 성격의 종합계획을 운영하는 데에는 많은 제약이 따를 것으로 예상되므로 계획의 계층별 역할을 정립하고 적실성 있는 계획형식을 모색해야 할 것으로 전망된다.

제6장

지역분석 기법의 유형과 접근방법

1. 지역분석 기법의 개요

1) 지역계획 수립과 지역격차분석

지역계획을 수립하기 위해서는 다양한 측면에서의 지역분석이 필요하다. 가장 일차적인 지역분석은 국가적인 차원에서 지역정책 또는 지역계획의 필요성을 검토하고 지역정책이나 계획을 통해 지역발전을 촉진할 대상을 찾아내기 위해 지역 간 불균형 또는 격차를 측정하는 것이라 할 수 있다. 지역정책이나 계획은 시장 실패에 대한 정부 및 공공의 개입을 의미하는 것이기 때문에 지역격차분석을 통해 지역 간의 불균형과 격차 수준이 정부의 개입이 필요할 정도로 높은지 여부를 판단하고 어떤 지역을 대상으로 정부의 지원을 제공할 것인지를 판단해야 된다. 특히 전국단위 지역계획의 가장 일반적인 목적은 저발전 및 쇠퇴지역의 발전을 촉진하고 번영지역의 과밀과 혼잡을 해소함으로써 지역 간 균형발전을 통해 국가경제성장을 촉진하는 데 있다.

그렇기 때문에 가장 우선적으로 지역 간 불균형과 격차수준을 측정하고 원인을 분석하는 작업이 중요하다. 여기서 지역격차는 일반적으로 경제성 장률과 경제수준의 공간적 편차현상을 의미한다. 지역격차에는 경제성장 률 및 변화의 지역 간 차이를 나타내는 동태적 지역격차와 경제·발전수준 의 지역 간 차이를 나타내는 정태적 또는 자본 축적 상태의 격차가 있다. 동태적 또는 흐름 차원의 지역격차는 지역 간 관계와 지역문제의 예측과 전망을 가능하게 해주는 반면, 정태적 또는 자본수준의 지역격차는 현재의 지역격차의 정도와 지역문제의 수준을 나타낸다. 생산요소 이동 등 동태적 지역격차는 지역불균형(regional disequilibrium 또는 regional imbalance)이 라는 용어를, 정태적 차원의 지역격차는 지역 간 불균등(regional disparity 또는 regional inequality)이라는 용어를 사용한다(Vanhove and Klaassen, 1987: 5; 김용웅·차미숙·강현수, 2003: 165).

그동안 지역 간 불균형과 격차를 측정하는 데는 다양한 기법이 사용되어 왔다. 여기서는 지역격차분석에서 가장 많이 사용되는 분산 및 표준편차, 변이계수, 지니계수, 로렌츠곡선에 의한 집중계수 기법을 소개하고 적용방 법을 소개하도록 한다.

지역격차분석에서 중요한 것은 지역이라는 공간단위를 어떤 계층의 공 간단위로 할 것인가, 어떤 지표를 이용할 것인가, 어느 정도의 지역격차가 정부의 개입이 필요한 지역격차 수준인가를 판단하는 것이다. 여기서는 이 같은 지역격차 측정방법과 국내외 적용사례를 함께 살펴보고자 한다(김용 웅·차미숙·강현수, 2003: 167~170).

2) 지역계획 목적과 지역분석 유형

(1) 지역분석의 대상과 내용

지역실태와 전망의 분석은 특정한 공간을 대상으로 지역계획을 수립할 때 필요하다. 그러나 지역분석의 대상과 내용은 지역정책 및 계획의 목적에 따라 다양하다. Diamond(1974)는 지역정책의 목적으로 실업상태가 장기화된 지역의 실업률의 감소, 혼잡지역의 인구 압력 해소, 국가자원의 평균적 활용도 증진, 인플레이션 압력의 해소와 수요압력의 지역적 격차(interregional differences) 축소, 지역 문화와 지역 정체성 강화와 보전 및 인구와 환경 간의 바람직한 균형화 증진 등 6대 목적을 제시했다(Armstrong and Taylor, 1978: 5). 그러나 지역발전계획의 주목적은 지역주민의 삶의 질 향상과 지역경제의 활성화 촉진이라고 할 수 있기 때문에 대부분의 지역분석 기법은 지역경제분석에 치중되어 있다. 여기서는 지역경제성장과 정책의 경제효과를 예측할 수 있는 다양한 지역경제분석 기법과 적용방안을 집중적으로 소개하도록 한다.

(2) 지역분석 기법의 3대 유형

지역경제분석 기법은 크게 세 가지 유형으로 구분된다. 첫 번째 유형은 단기적 지역성장분석 기법이다. 경제기반이론, 케인즈 소득-지출모형, 지역 간 교역승수 및 지역투입-산출모형 등이 있다. 두 번째 유형으로는 지역성장의 구조와 내부적 결정요인을 분석하는 장기적 지역성장분석 기법이다. 변이할당모형 및 거시경제모형 등이 있다. 세 번째 유형은 종합적 평가기법이다. 비용-편익분석, 계획대차대조표 및 목표달성행렬 등이 있다.

2. 지역격차의 측정과 접근방법

1) 지역격차의 측정기법

(1) 분산과 표준편차

지역격차분석은 지역 간 상대적 위치와 격차 정도를 나타내는 데 목적이 있다. 대부분 동일 계층 공간단위 간 분산과 변이 수준을 측정한다. 지역격차분석에서 분산은 분석 대상 지역들이 집중 경향치를 중심으로 얼마나 집중 또는 분산되어 있는지를 나타낸다. 한 분포 내의 분산도는 범위(range), 분산(variance), 표준편차(standard deviation)의 지수로 나타낸다(오택섭, 1984: 40~41). 범위(range)는 한 분포 내에서 최고에서 최저 점수를 뺀 구간을 말하며 변이 구간이라고도 한다. 최고치 및 최저치는 비율을 사용하거나 상위 및 하위 구간의 평균값을 사용할 수 있다. 이들은 최고치와 최저치만 이용하기 때문에 극한치 분석기법이라고도 한다. 분산(variance)은 편차를 제곱해 모두 합한 후에 이 값을 N(전체 사례 수)-1로 나눈 값으로, 각 사례 값이 평균값에서 얼마나 떨어져 있는지를 보여준다. 표준편차(standard deviation)는 분산을 나타내는 가장 일반적인 지수로 분산에 제곱근을 취한 값이다. 분산 중 극단 값이 들어 있는 경우 그 값이 크게 변하는 단점이 있으나 평균편차보다는 작게 변한다.

$$S = \sqrt{S^2}$$

변이를 나타내는 데는 변이계수, 가중변이계수 및 로그변이계수 등이 있다. 분산 또는 표준편차는 평균으로부터 떨어진 상태를 절대치로 표시하기 때문에 서로 다른 지역 간의 상호비교가 어려운 단점이 있다. 이를 해소하기 위해 평균에 대한 상대적 크기로 나타낸 것이 변이계수(coefficient of variation: C.V.)이다.

$$S^2 = \frac{\Sigma(Xi\text{-}M)^2}{N\text{-}1}$$

S^2=분산 Xi=각 측정치 값   M=표본의 평균

$$C.V. = \frac{\sqrt{\sum (\Xi - M)^2 / n}}{M}$$

분산(S2)을 평균(M)으로 나눈 값으로 나타내는 변이계수는 여러 가지 형태로 변형해 활용이 가능한데, 그중 하나가 윌리엄슨(Williamson)의 가중변이계수이다. 이 방법은 변이계수에 각 지역의 인구 비중을 가중시킴으로써 1인당 평균소득의 지역 간 편차를 분석하는 데 유용하다.

(2) 지니계수

분산과 표준편차 외의 지역격차분석기법으로는 플로렌스계수(Florence's coefficient) 분석법, 지니계수(Gini-coefficient)와 상관계수가 같은 효과계수 분석법이 있다. 이 가운데 지니계수가 가장 널리 쓰이고 있다. 지니계수는 대각선과 집중곡선 사이의 면적(<그림 6-1>의 빗금 친 부분)을 2배 한 값과 같다. 그 값은 0과 1 사이에 있으며, 0일 경우에는 완전균등, 그리고 1일 경우에는 완전불균등을 나타낸다.

지니계수는 소득분포의 불평등 정도를 측정하기 위해 미국의 통계학자 로렌츠(Lorenz)가 고안한 로렌츠 곡선 측정 방법에 기초한다. 도표상 가로축에 소득인구(저소득인구부터)의 누적백분비를 표시하고, 세로축에 그에 대응하는 소득액의 백분비를 표시한다. 소득분포가 같아서 소득분포곡선

<그림 6-1> 로렌츠 곡선

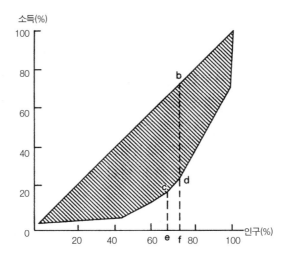

자료: 김용웅·차미숙·강현수(2003: 170).

은 원점을 통과하는 45도선이 된다. 이것을 완전평등 분포선이라고 한다. 현실의 소득분포곡선은 완전평등 분포선에서 이탈해 아래쪽으로 활처럼 굽는다. 이때 빗금 친 부분의 면적이 클수록 소득분포의 불평등은 커진다. 로렌츠 곡선에서는 완전평등면적에 대한 빗금 친 소득분포의 불평등을 나타낸다(국토개발연구원, 1981: 228~233). 로렌츠 곡선의 소득불평등 측정을 수식으로 나타내면 다음과 같다.

$$R = \frac{\sum_{i=1}^{n} |Π - Yi|}{2\sum Π} \qquad (0 \leq R \leq 1)$$

Pi = i 번째 지역(또는 소득 계층)의 총인구에 대한 구성비
Yi = i 번째 지역(또는 소득 계층)의 총소득에 대한 구성비

로렌츠곡선에 의한 집중계수 R은 지리적 관계도를 나타내는 플로렌스계수(Florence's coefficient)와 매우 유사하다.

$$F = 1 - \frac{1}{2} \sum_{i=1}^{n} |Pi - Yi|$$

이 밖에도 두 변수 간의 분산, 상관도, 평균의 차이로 분해할 수 있는 장점을 가진 타일(Theil) U계수 분석법과 지역 내 불평등과 지역 간 불평등으로 분해 가능한 타일 T계수 등 분해계수 분석법(decomposable coefficient)이 있다.[1]

2) 지역격차 측정의 접근방법

(1) 분석의 공간단위

지역 간 격차분석에서 가장 먼저 고려할 사항은 지역단위의 설정과 측정지표의 선정이다. 우리나라 지역계획에서는 최근의 광역경제권 등을 제외하고는 일반적으로 2개 계층의 지역단위가 선정되어 왔다. 그동안 자료의 구득 가능성과 정책추진의 편리성 때문에 상위계층 지역은 광역시·도의 행정구역을 기초로 한 반면, 하위계층 지역은 시·군 등 기초자치단체의 행정구역을 지역단위로 삼아왔다.

광역 시·도를 기본단위로 한 상위의 지역계획은 다른 나라의 사례와 같이 일반적으로 경제-사회발전의 촉진을 우선시하는 반면, 시·군 등 하위지역단위 지역계획은 국민의 삶의 질 향상 및 복지지향적인 정책목적을 우선시한다. 지역불균형 분석 또는 격차수준의 분석은 지역정책의 목적에 따라

---

1   보다 상세한 내용은 박상우·권혁진(1997), 102~103쪽; 권오현(1993), 25~26쪽 참조.

달라져야 한다. 경제지향 정책목적의 달성을 위한 광역 시·도 단위 지역격차분석에서는 소득과 고용 등 경제적 발전차원의 격차분석이 바람직하며, 기초 시·군 단위의 삶의 질 및 사회복지지향적 정책목적을 달성하기 위한 지역격차분석에서는 경제, 사회 및 문화 등 복지지향 지표 분석이 바람직하다.[2]

(2) 공간단위 특성별 측정변수

지역 간 격차분석을 보면, 지역경제수준 분석에서는 1인당 소득 또는 생산액, 실업률 등이 측정변수가 될 수 있고, 지역성장 잠재력 차원에서는 지역별 경제구조, 집적경제수준, 사회간접자본시설, 생산성, 경제성장률, 인구 증감률, 노령화율 등이 측정변수가 될 수 있다. 한편, 사회복지나 삶의 질 차원의 지역 간 분석에서는 경제적 변수 외에 생활환경 변수, 사회·문화적 변수 등 다양하고 복합적인 측정변수가 선정된다. 우리나라의 대부분의 지역격차분석 연구에서는 구체적인 정책이나 연구목적 없이 복합적이고 광범위한 측정변수를 사용하는 경향이 있다. 그러나 이같이 측정변수가 광범위하고 복합적인 경우 변수집단 간의 상관성이나 가중치를 처리하는 문제가 발생해 지역격차의 특징과 수준을 제대로 나타내지 못하는 단점이 있다.

(3) 분석자료의 적정성 검토

그동안 지역격차분석은 많은 경우 분석목적이 불분명하고 분석자료나

---

[2] 경제 수준의 향상과 물질적 풍요만으로는 국민의 복지 수준 향상과 사회적 안정을 가져오지 못한다는 인식이 확산되면서 국가나 지역의 발전 수준을 좀 더 객관적으로 측정할 수 있는 지표의 개발이 필요해졌다. 이러한 요청에 부응해 대두된 것이 사회지표(social indicators)이다. 사회지표는 국민 생활수준의 측정, 종합적인 사회 상태의 측정, 사회 변화 예측, 사회 개발정책 성과의 측정을 위해 1960년대부터 미국을 중심으로 논의되어 오다가 UN, OECD 등 국제기구와 영국, 프랑스, 일본이 채택하기 시작했으며, 우리나라도 1972년 이후부터 활용하고 있다.

지표선정의 오류, 무분별한 공간단위 비교 등으로 정확한 지역 간 격차를 측정하는 데 어려움을 겪었다. 가장 중요한 것은 분석목적이 모호하고 지역 불균형을 측정하기 위한 적정한 자료를 확보하기 어렵다는 것이다. 이에 대한 고려 없이 부적합한 분석자료를 이용하는 경우 지역격차 현상이 왜곡되고 정책의 신뢰성이 훼손된다. 예를 들면 지역 간 경제성장과 소득수준의 격차를 분석하기 위해 지역내총생산(GRDP) 자료를 이용하는 경우이다. 지역 총생산 자료는 지역 내 생산액 규모와 산업별 구성내용을 보여줄 수는 있으나 지역주민의 소득이나 지역경제의 수준은 거의 반영하지 못하기 때문이다.

서울은 국내 100대 기업의 본사, 정부기관, 금융 및 주요 전국단위 방송, 신문 등 대중매체의 대부분이 집중되어 고소득 전문직 및 자본가의 비중이 월등히 높다. 하지만 서울의 1인당 GRDP는 전국적으로 그리고 상대적으로 소득수준이 낮고 경제적 쇠퇴현상이 심한 전남도와 거의 같거나 낮은 것으로 나타나 지역경제 현실을 거의 반영하지 못하는 것으로 알려져 있다. 그럼에도 불구하고 대부분의 분석이나 연구에서 신뢰성과 적합성이 없는 GRDP 자료를 지속적으로 사용하고 있다. OECD는 한국의 도시·지역정책 검토보고서에서 그동안 관행적으로 이용되어 온 GRDP 자료에 기초한 지역격차분석 결과를 거부하고 시·도별 1인당 소득세 징수액 자료를 지역격차의 측정지표로 활용했다(OECD, 2001).

1인당 소득세 자료는 개인과 법인소득세가 모두 포함되어 본사기능이 집중된 서울 등 수도권과 비수도권 지역 간의 격차가 과다하게 나타나는 문제가 있다. 그러나 지역 간 개인소득 자료가 부족한 현실에서 GRDP에 비해 지역 간 소득수준과 변화추이를 보다 정확히 나타낼 수 있다는 장점이 있다. GRDP 자료에 따르면 그동안 상대적으로 저발전지역으로 알려진 전남과 경북은 1인당 소득수준과 성장률이 전국 평균을 상회하는 번영지역으로

<표 6-1> GRDP 자료에 따른 우리나라 지역구분 적용(2006년)

동태적 기준 \ 정태적 기준		지역평균소득(yi) 대 전국소득수준(y)	
		높음(yi>y)	낮음(yi<y)
지역성장률(gi) 대 전국성장률(g)	높음(gi>g)	울산, 충남, 전남, 경북 (번영지역)	인천, 광주, 경기 (성장 중인 저발전지역)
	낮음(gi<g)	서울, 충북, 경남 (잠재적 저발전지역)	부산, 대구, 대전, 강원, 전북, 제주 (저발전지역)

주: 정태적 기준: 2006년의 소득수준, 동태적 기준: 2001~2006년간 성장률
자료: 통계청, 『2006년 시·도별 지역 내 총생산 및 지출』, 『경제활동별 지역 내 총생산』(2007); 김용웅·차미숙·강현수(2003: 29~30); 김용웅 외(2009: 25~26).

<표 6-2> 1인당 소득세 자료에 따른 우리나라 지역구분 적용(2006년)

동태적 기준 \ 정태적 기준		지역평균소득(yi) 대 전국소득수준(y)	
		높음(yi>y)	낮음(yi<y)
지역성장률(gi) 대 전국성장률(g)	높음(gi>g)	인천, 경기 (번영지역)	충남, 울산 (성장 중인 저발전지역)
	낮음(gi<g)	서울 (잠재적 저발전지역)	부산, 대구, 대전, 광주 강원, 충북, 전북, 경북, 경남, 제주 (저발전지역)

주: 정태적 기준: 2007년의 1인당 소득세 징수액, 동태적 기준: 1996~2007년간 소득세 징수액 증가율
자료: 국세청 http://www.nts.go.kr/

분류되는 데 비해 소득수준과 성장률이 높은 것으로 알려진 수도권 내 인천과 경기도는 오히려 저발전지역으로 분류된다.

그러나 1인당 소득세 징수액을 소득지표로 보는 경우 인천과 경기도 등 수도권은 전반적으로 주민소득이 전국 평균을 상회하는 반면 대부분의 비수도권 지역은 소득수준도 낮고 성장률도 평균 이하인 저발전지역으로 나타나 GRDP 자료와는 반대의 결과를 보이고 있다. 지역격차분석에서는 이론적 완결성이나 분석방법의 정교성도 중요하지만 분석목적에 맞는 지표선정과 자료의 적정성 확보가 더욱 중요하다(김용웅·차미숙·강현수, 2003: 29~30).

(4) 지역격차분석지표의 선정

지역격차분석지표란 지역격차분석 자료의 범위와 내용을 나타내는 자료의 구성요소이다. 지역격차지표를 선정하기 위해서는 자료수집과 마찬가지로 지역정책의 목적이 무엇인지부터 확인해야 한다. 그래야 지역격차분석이 지역정책 목적을 달성하는 데 기여할 수 있다. 잘못된 지표의 선정은 잘못된 자료의 수집과 분석을 의미하므로 연구나 정책 목적의 왜곡과 부작용을 초래하기 때문이다. 그동안 다양한 지역격차분석 연구가 수행되어 왔다. 대부분의 지역격차분석 연구의 결과를 보면 우리나라의 지역격차는 줄어드는 것으로 나타났다. 국토계획과 지역개발연구의 공공연구기관은 1975~1995년간 삶의 질 지역격차를 분석했다. 삶의 질 분야는 사회적 환경, 사회간접자본시설, 지역경제, 교육, 의료, 공공서비스, 재정력 및 문화 등 8개 분야의 16개 지표로 시·도 간 분야별 격차분석을 실시했다. 분석결과에 따르면 공공서비스 분야를 제외하고 모두 지역격차수준(표준편차)이 줄어들었다. 1975~1995년간 종합 부문의 표준편차는 0.263에서 0.105로 2.5배 줄어들었다.

지역격차수준 변화를 분야별로 보면 어떤 분야의 지역격차가 줄어들었는지 알 수 있다. 예를 들면, ① 인구 1000명당 전화회선, 자가용대수, 주택 보급률로 측정된 사회환경은 0.883에서 0.051로, ② 자가용당 도로 연장, 도로 포장률, 상수도 보급률로 측정된 사회간접자본시설은 0.521에서 0.321로, ③ 초등학교 학생 1000명당 교원 수와 인구 1000명당 대학생 수로 측정된 교육 분야는 0.587에서 0.171로, ④ 제조업 종사자 비율로 측정한 지역경제기반은 0.779에서 0.424로 크게 줄어든 것으로 나타났다(박상우, 1997: 105~108; 김용웅·차미숙·강현수, 2003: 172~174).

이와 같은 분석결과는 1975년 이후 20년간 지역균형발전정책이 지역 간 삶의 질 격차를 획기적으로 개선하는 데 기여했음을 의미한다. 즉, 최소한

<표 6-3> 국내 지역별 1인당 총생산 및 소득세 지수 비교

(전국 = 100)

구분	1인당 국내총생산 지수			1인당 소득세 지수		
	1995	2000	2010	1995	2000	2007
서울	101	111.7	114	218.6	209.6	200.8
인천	120	84.6	88	66.1	71.2	116.1
경기	116	99.3	84	62.6	86.5	122.2
부산	80	73.7	72	95.3	99.0	63.4
대구	74	66.9	61	89.1	96.2	58.7
광주	87	74.5	71	78.9	68.3	42.4
대전	97	79.1	74	72.0	75.0	49.0
울산	-	223.1	227	-	63.5	68.7
강원	78	88.4	82	47.6	51.9	43.2
충북	96	106.3	100	55.0	51.9	44.0
충남	83	125.3	155	43.6	44.2	65.7
전북	75	80.1	81	47.7	50.0	28.0
전남	92	107.6	139	30.6	32.7	18.0
경북	103	112.6	125	59.9	49.0	36.8
경남	142	101.1	108	65.2	55.8	43.5
제주	85	82.3	81	63.0	80.8	47.6
최소치	74	66.9	61	30.6	32.7	18.8
최대치	142	223.1	227	218.6	209.6	200.8
최대치/최소치	2.0	3.3	4.0	7.1	6.4	10.7

자료: OECD(2001: 31~32); 김용웅·차미숙·강현수(2003: 172)를 기초로 보완(통계청 e-지방지표, 2010년).

삶의 질 차원에서 16개 시·도 간 지역균형발전을 촉진하는 정책을 추진해야
하는 필요성이 낮다는 것을 의미한다. 그러나 지역격차분석이 지닌 학문적·
정책적 의의를 높이기 위해서는 분석결과에 대한 신중한 해석과 함께 분석
대상지역 선정, 분석지표 선정, 분석의 접근방법 개선 등이 필요한 것으로
판단된다. 이를 위해서는 다음과 같은 노력이 필요하다.

첫째, 지역격차분석의 학문적·정책적 목적이 무엇인지 분명히 해야 한
다. 지역격차분석이 주민의 삶의 질 또는 생활환경의 질 격차를 측정하기
위한 것이라면, 조사 대상의 공간단위는 광역적인 시·도지역이 아니라 기초

자치단체인 시·군 등 소단위 지역이 적합하며, 만약 지역 간 경제·산업의 발전수준과 성장률을 촉진하기 위한 것이라면 조사대상은 시·도 등 광역지역이 적합하고 측정지표는 산업경제 구조, 생산 및 소득수준과 성장률에 치중해야 한다. 그래야 지역격차분석이 지니는 학문적·정책적 의의를 높일 수 있다.

둘째, 지역격차분석이 학문적·정책적 차원에서 유용성을 높이기 위해서는 지역격차분석의 목적을 달성하는 데 필요한 지표만을 선별하는 데 치중해야 한다. 지역격차의 측정목적에 맞는 지표와 지역발전 수준을 대변할 수 있는 지표선정이 이루어지지 않으면 분석결과의 학문적·정책적 의의는 약화될 수 있다. 제조업 생산 활동이 중심부에서 주변부로 확산되는 추세가 지속되는 상황 속에서 제조업 종사자 비율이 지역경제기반의 지역수준을 대변할 수 있는지, 지표 간의 가중치나 자기상관성(autocorrelation)이 존재하는지에 대한 사전 검토 없이 무작위로 지표를 선정하면 분석결과를 학문적·정책적으로 활용하는 데 제약이 따르게 된다.

셋째, 지역격차분석의 목적에 따라 분석방법을 선택하고 분석결과를 학문적·정책적 차원에서 적정하게 해석·활용하는 방안을 모색하는 데 치중해야 한다. 16개 시·도 간 삶의 질 격차를 분석하는 학문적·정책적 차원의 목적이 무엇인가부터 확인해야 한다. 도시와 농촌, 또는 거대 도시권과 지방 대도시권의 삶의 질 격차를 분석해 학문적·정책적 과제를 도출하고 해결방안을 제시하기 위한 것인지, 아니면 16개 시·도 간 지역격차의 변화를 살펴보기 위한 것인지를 분명히 하고 이유를 제시해야 한다. 한국의 지역격차가 정치적·경제적·사회적 문제점으로 등장해 지역균형발전정책을 추진하게 된 이유는 무엇인지, 현재나 미래에 지역격차의 문제점은 무엇인지, 해결책 모색이 왜 필요한지부터 확인해야 한다.

넷째, 지역격차분석 결과와 정부의 지역균형발전정책 간의 상관성을 고려하고 이에 적합한 해석과 설명을 해야 한다. 1970년대 이후 지역격차가 문제시되어 지역발전정책의 과제로 등장하게 된 원인은 무엇인가? 그동안 지역균형발전정책은 16개 시·도 간 균형발전을 추구하는 것이 아니라 수도권과 비수도권 지역 간에 심화되는 경제, 사회, 교육, 문화 등 다양한 분야의 불균형을 해소하는 데 치중해 왔다. 따라서 통상 지역격차나 불균형이란 수도권과 비수도권 간의 불균형한 관계를 의미해 왔다. 그런데 16개 시·도 간 삶의 질 지역격차에 대한 분석만 가지고 한국의 지역격차가 2배 이상 낮아졌다고 평가한다면 이는 지역균형발전정책의 기조가 변화해야 한다는 것을 의미한다. 그러나 2000년 이후에도 수도권 집중과 과밀은 증대일로에 있고 비수도권의 상대적 침체는 지속되고 있어 정책 추진에 혼란을 초래할 우려가 있다.

끝으로, 1975년 이후 20년간 지역격차분석 결과는 같은 기간 중 16개 시·도 지역 간 관계의 변화 추세와 어떤 연관성이 있는지 밝혀야 한다. 16개 시·도 지역 간의 삶의 질의 격차가 줄어들면 지역 간 인구이동, 소득수준, 성장률에도 상응하는 지역 간 관계 변화의 추세가 나타나야 한다. 그러나 이에 대한 설명이 충분하지 않다. 오히려 수도권과 비수도권, 그리고 도시와 농촌 간 관계에는 특별한 변화가 없으며, 일부에서는 지역격차가 더욱 악화되거나 고착되는 현상까지 보이고 있다. 예를 들면, 전국의 증가인구 대비 수도권 증가인구 비중을 바탕으로 수도권 인구집중도를 환산해 보면, 1960~1970년대에는 전국의 증가인구 중 수도권 인구 증가가 65% 수준이었으나 1980년대 106.3%, 1990년대 74.3%, 2000~2010년 101.5%로 점차 커지고 있다. 또한 1인당 소득세액을 바탕으로 수도권과 비수도권의 1인당 소득격차(표준편차)를 측정해 보면 1996년 0.036에서 2000년 0.042, 2005년 0.086, 2007년 0.164로 커지고 있음을 알 수 있다. 지역격차분석의 학문적·정책적 활용성을 강화하기 위해서는 이미 지적한 문제점과 과제를 종합적으로 검토하고 다양한 해법을 모색하는 데 초점을 두려는 노력이 필요하다(김용웅, 2009: 37, 41).

3) 지원지역(쇠퇴지역) 선정의 국내외 사례

지역 간 격차분석은 국가적 차원에서 지역 간 격차수준과 변화추이를 밝히는 동시에 문제 지역을 찾아내 지역발전을 위한 정책지원의 대상지역을 선정하는 데 목적이 있다. 지역격차 측정지표는 지역정책의 목적과 공간단위에 따라 달라질 수 있다. 낙후 및 쇠퇴지역 주민의 소득 및 취업 증진 등 지역경제발전 촉진이 목적인 경우 공간단위는 실행력을 갖춘 광역시·도가 적정하지만, 주민의 복지 및 삶의 질 향상과 균등화 등을 추구하는 경우에는 기초자치단체인 시·군 공간단위가 적정하다. 지역분석의 측정지표를 선정할 때에는 이론적 완결성을 추구하거나 특정 선진사례를 답습하기보다는 지역정책 및 계획목적에 맞는 핵심적인 지표를 찾으려는 노력이 필요하다(김용웅, 2005: 7; 김용웅, 2007: 5).

WTO는 공정한 국제교역의 촉진을 위해 기업에 대한 정부의 지원을 금지하고 있다. 그러나 특별히 낙후된 지역의 경우에만 기업에 대한 정부 지원을 허용한다. 이 경우 정부지원을 받을 수 있는 문제 지역은 가구 소득과 실업률에 한정해 측정하는데, 가구소득이 전국 평균의 85% 이하이고, 실업률이 전국 평균의 110% 이상인 지역만을 대상으로 한다. EU의 경우, 지역격차 지표는 가구소득, 실업률, 인구밀도 등에 한정한다. EU의 경우 1인당 GDP가 EU 평균의 75% 이하이고, 실업률이 EU 평균 이하인 지역, 인구밀도가 $1km^2$당 8인 이하인 지역을 구조기금 지원 대상으로 한다. 일본은 농어촌의 인구감소와 노령화에 대응하기 위해 「과소지역자립촉진법」을 제정해 인구감소율과 노령화율만을 분석지표로 한다. 1960~1995년 인구감소

〈표 6-4〉 지원지역 지정기준 사례

구분	지정기준
한국 개발촉진지구	① 인구증가율, 재정자립도, 제조업 고용인구 비율, 도로율, 평균지가 ② 5개 지표 중 2개 이상이 전국 하위 20% 이내
일본 과소지역활성화 특별법 (1990~2000)	① 1960~1980년간 인구감소율 25% 이상 - 동기간 중 인구감소율이 20% 이상, 65세 노령인구 16% 이상 - 동기간 중 인구감소율이 20% 이상, 15~30세 14% 미만 ② 평균재정력 지수 0.44 이하
일본 과소지역자립촉진 특별조치법 (2000~2010)	① 1960~1995년 인구감소율 30% 이상 - 동기간 중 인구감소율 25% 이상, 노령인구 24% 이상 - 동기간 중 인구감소율 25% 이상, 15~29세 15% 이하 - 1970~1995년 인구감소율 19% 이상 ② 1996~1998년 평균재정력 지수 0.42 이하
유럽 연합구조기금 대상지역	① 낙후지역발전 촉진: EU 평균 1인당 GDP의 75% 이하 (유럽지역개발기금, 유럽사회기금, 유럽농업기금) ② 산업쇠퇴지역 구조 전환: EU 평균 실업률 이하 - 해당 산업의 고용 감소지역(유럽지역개발기금, 유럽사회기금) ③ 인구감소지역 지원: 인구밀도 8인/km^2 이하 지역 (유럽지역개발기금, 유럽사회기금, 유럽농업기금) ④ 모든 관련지역에 대한 지원 프로그램 - 장기실업 및 청년, 사회적 소외계층(유럽사회기금) - 직업전환훈련 지원(유럽사회기금) - 농어업부문의 현대화(유럽농업기금, 유럽어업기금) - 농어촌지역의 개발 추진(유럽지역개발기금, 유럽농어업기금, 유럽사회기금)

자료: 김용웅(2005: 7); 김용웅(2007).

율이 30% 이상인 지역, 또는 인구감소율이 25% 이상이고 노인인구가 24%
이상인 지역, 또는 인구감소율이 25% 이상이고 15~29세 인구비중이 15%
이하인 지역, 1970~1995년 인구감소율이 19% 이상인 지역을 정부재정지
원의 대상으로 하고 있다.

　우리나라의 개발촉진지구 대상지역은 인구증가율, 재정자립도, 제조업
고용 비율, 도로율, 평균지가 등 5개 지표 가운데 2개 이상이 전국 하위 20%
이내에 해당하는 지역을 대상으로 하고 있다. 우리나라의 낙후지역분석지
표의 특징은 상대적으로 분석지표의 수가 많다는 것, 분석지표를 보고 정부
가 어떤 지역을 문제시하는지를 인식하기 어렵다는 것, 그리고 선정지표의

적합성이 부족하다는 것이다. 대표적인 사례가 지역별 제조업 고용비율과 도로율 등이다. 우선 제조업 고용비율은 지역경제구조를 대변하고 지역주민의 소득이나 실업률 등 경제수준에 영향을 줄 수 있으나 지역특징에 관계없이 모든 지역이 일정 수준의 제조업 고용이 필요하다는 논리로 인해 합리적 근거가 취약하기 때문이다. 또한 도로율의 경우 산림지대가 많은 우리나라 지형의 특징상 도로율만 가지고는 주민의 접근성이나 서비스수준을 나타내기 어렵기 때문이다.

3. 단기적 지역성장분석 기법[3]

1) 경제기반이론

(1) 기본가정과 구성내용

국가단위에서 지역 간 계획수립을 위해서는 전국의 여러 지역들이 개방적이고 상호의존적인 시장여건 속에서 어떻게 번영 또는 쇠퇴하는지에 대한 분석이 선행되어야 한다. 지역의 경제적 부침(fortunes)은 지역마다 크게 다르다. 이는 지역별로 경제구조(economic structure)가 다르기 때문이다. 경제기반이론(economic base theory)은 국가 및 지역고용 및 소득결정에 관한 모형으로서, 이론적 가정은 국가 및 지역의 고용 및 생산의 증가는 재화나 서비스를 국가 및 지역 밖으로 수출하는 기반경제에 의존한다는 것이다. 즉, 경제기반부문의 증대는 비기반부문의 증가를 가져옴으로써 국가·지역경제 전반의 성장을 가져온다는 것이다. 경제기반이론 또는 모형(economic base

---

3 단기적 지역성장분석 기법은 Glasson(1974), pp. 62~83; Armstrong and Taylor(1978[2000]); 김용웅·차미숙(2001), 29~108쪽을 기초로 작성했다.

model)은 케인즈 모형(Keynesian model)과 함께 지역정책 및 사업으로 인한 직접적 생산, 소득, 고용 증대가 이차적으로 파생시키는 효과를 총량적으로 분석하는 지역승수분석기법(regional multiplier analysis)이자 간접 및 유발 효과를 창출하는 요인과 영향력 등을 설명하는 지역계량경제모형(regional econometric models)의 하나이다. 경제기반모형은 지역경제를 기반부문 (basic sector)과 비기반부문(non-basic sector)으로 나눈다. 여기서 기반부문 이란 지역경계를 넘어 수출하는 제품과 서비스를 생산하는 경제활동을 의미 하고 비기반부문은 지역의 경제적 범역하의 소비자 수요에 대응하는 재화와 서비스를 생산하는 경제활동을 의미한다. 경제기반이론은 수출산업의 성장 이 지역경제성장을 선도한다는 차원에서 수출기반이론(export base theory) 이라고도 불린다(김용웅·차미숙, 2001: 37~38).

기반부문의 지역승수효과는 지역 총고용(또는 소득)을 기반부문의 고용 으로 나눈 값을 의미한다. 만약 특정지역 내 총고용이 50만 명이고 이 중 기 반부문 고용이 25만 명이면 승수효과는 2.0이 된다. 기반부문의 승수효과 가 2.0(k)인 지역에 2만 명의 기반부문 고용이 새로 창출되면 지역 총고용 은 4만 명이 될 수 있다는 예측이 가능하다.

$$\triangle T = \triangle B(k)$$
$$40,000 = 2000 \times (2)$$

여기서 $\triangle T$ = 총고용 증가
$\triangle B$ = 기반부문 고용 증가
(k) = 고용승수

이와 같이 지역경제가 외부수요, 즉 수출 또는 기반부문의 성장에 의해 결정되는 과정을 수식으로 표현하면 다음과 같다. 첫째, 총소득(T)은 수출로 인한 기반소득(B)과 내부 수요 충족을 위한 생산활동에서 얻어진 서비스소득(S)의 합이다.

$$T = B + S \quad \cdots\cdots\cdots\cdots\cdots\cdots\cdots\cdots\cdots\cdots\cdots\cdots\cdots\cdots \text{①}$$

둘째, 서비스소득은 총소득의 안정적인 함수이다. 여기서 α는 추정되어야 할 모수치(parameter)이다.

$$S = \alpha T \quad \cdots\cdots\cdots\cdots\cdots\cdots\cdots\cdots\cdots\cdots\cdots\cdots\cdots \text{②}$$

셋째, 총소득은 기초소득(수출기반 가설)의 승수이다. 수식 ②를 수식 ①에 대입해 정리하면 다음과 같다. 여기서 k는 지역 내 한계(또는 평균)소비성향을 나타낸다.

$$T = 1/1 - \alpha \cdot B \quad \cdots\cdots\cdots\cdots\cdots\cdots\cdots\cdots\cdots\cdots \text{④}$$
$$\kappa = 1/1 - \alpha \quad \cdots\cdots\cdots\cdots\cdots\cdots\cdots\cdots\cdots\cdots\cdots \text{⑤}$$

(2) 기반경제 분석의 개선 모형

경제기반모형은 다양한 결함을 지니고 있다. 비기반부문(S)을 수출로 발생하는 기반부문의 함수로만 결정되는 총소득(T)의 함수로만 본다는 단점은 부분적인 개선이 가능하다. 지역 내 소비부문을 의미하는 비기반부문(S)은 수출 외에도 정부지원이나 지역 내 창출되는 새로운 고용 및 소득에 의거해 영향을 받을 수 있음을 인정하고 이를 수식으로 보완할 수 있다. 이를 위해 ②의 단순 비례적 수식을 배제하고 비기반부문(S) 소득 또는 고용과 총소득 또는 고용(T)과의 관계를 다음과 같은 비례수식으로 전환할 수 있다.

식 ①에 식 ②-1을 결합하면 다음의 식을 얻는다.

$$S = S_0 + \alpha T \quad \cdots\cdots\cdots\cdots\cdots\cdots\cdots\cdots\cdots\cdots\cdots\cdots\cdots ②\text{-}1$$

S_0 = 추가적 비기반소득/고용 α = 총소득의 함수

$T = 1/1 - \alpha(S_0+B)$ 또는 $T = S_0/1 - \alpha + 1/1 - \alpha \cdot B$ ②-2지역총소득(T)과 기반부문 소득(B)의 시계열 또는 횡단자료가 마련되면 B에 대해 T를 회귀하면 지역승수를 얻을 수 있다.

또한 경제기반모형에서는 기반부문을 동질적으로 보고 있으나 기반부문은 지역경제에 상이한 효과를 미치는 다양한 수출산업으로 구성되었기 때문에 이를 세분하면 경제기반이론의 단점을 어느 정도 극복할 수 있다(김용웅·차미숙, 2001: 37~38).

(3) 기반부문과 비기반부문의 추정방법

경제기반모형을 적용하는 데서 가장 중요한 것이 어떻게 지역경제를 기반부문(basic sector)과 비기반부문(non-basic sector)으로 나누는가 하는 점이다. 지역경제를 기반부문과 비기반부문으로 구분하는 데에는 산업표준분류를 보고 판단하는 단순 인식방법에서부터 지역 내 산업 활동의 실질적인 산업연계관계를 조사하는 방법에 이르기까지 다양한 방법론이 존재한다. 그러나 방법론마다 고유의 단점을 지니고 있다. 일반적으로 가장 많이 사용되는 지역경제의 분류방식을 소개하면 다음과 같다.

첫째, 산업표준분류(standard industrial classification: SIC)에 의한 가정방법론(assumption method)이다. 단순 가정방법에서는 지역 내 모든 1차 산업과 제조업(SIC 1~16)은 기반부문으로, 그 외의 서비스부문(SIC 17~24)은 비기반부문으로 분류하는 방식이다. 그러나 제조업 중에서도 항공산업의 경우에는 100% 수출하는 기반부문일 수 있으나 반대로 건설산업은 100%

비기반부문일 수 있고, 도소매는 기반부문과 비기반부문이 혼합된 부문이기 때문에 이 분류방식에는 신뢰성의 한계가 있다.

둘째, 일반적인 입지계수방식(location quotients method: LQ)이 있다. LQ는 특정 산업의 지역 내 상대적 중요도(비중)와 국가 내 상대적 중요도(비중)를 비교·측정하는 방식이다. 따라서 *j*지역의 *i*산업의 경우 LQ계수는 다음과 같다. 이 수식을 적용한 결과 LQ＞1이면 해당 산업의 수출활동이 이루어지고 있는 것으로 해석하며, 1 이상의 값은 수출 비중으로 해석한다. 이 방법은 적용이 용이하고 석탄과 같은 중간재의 경우 지역 내 산업생산에 쓰인다 하더라도 수출제품 생산에 쓰이면 LQ가 1.0이 넘어 기반부문으로 측정할 수 있는 장점이 있다. 그러나 LQ 방식은 적용이 용이하고 편리하기는 하지만 모든 산업에 걸쳐 지역과 국가의 수요패턴이 동일하다는 묵시적 가정(underlying assumptions)을 수용하기 때문에 신뢰성(reliability)이 부족한 단점이 있다.

$$LQ = \frac{X_{ij} / X_j}{X_{in} / X_n}$$

X = 생산(또는 고용)　　　 *i* = 산업부문

j = 특정지역　　　　　　 n = 전국

셋째, LQ 방식을 보완한 최소요구방식(minimum requirements method)이다. 이 방식은 도시생활에 필요한 제품과 서비스생산에 필요한 최소한의 고용비중을 산정하고 최소기준이 넘는 고용비중을 기반고용으로 본다. 도시규모별·산업별 최소요구량의 비중이 다르기 때문에 도시나 지역을 규모별로 등급해 산업별 고용비율을 비교한 뒤 집단 내 가장 낮은 비율을 최소요구량으로 보아 기반부문으로 하고 나머지는 비기반부문으로 측정하는 방식이다.

최소요구량은 세 가지의 산출방식으로 측정된다. 첫째, 여러 지역 내 각 산업별로 가장 낮은 고용비중을 최소요구량으로 선택하는 방법, 둘째, 각 지역의 산업별 고용비중을 순차적으로 배열하고 이 중 일정 순위에 해당하는 산업비율을 최소요구량으로 선택하는 방법, 셋째, 각 지역의 산업별 고용비중의 표준편차를 구해 적정 정도의 표준편차를 설정하고 그 안에서 최소요구량을 선정하는 방법이다.

최소요구량 산출방식은 이론적 근거가 미약하고 자의적인 요소가 개입할 가능성이 크다는 단점이 있다. 이 밖에도 최소요구량 산출방식은 산업분류를 세분화할수록 지역승수가 커지는 단점이 있다. 또한 이 같은 3대 분류방법은 비교적 용이한 적용과 설명력에도 불구하고 서로 다른 가정과 분류방식을 사용하고 있어 동일한 지역의 분석 값이 서로 크게 달라 신뢰성이 부족하다는 단점이 있다. 영국 동남부지역의 방법론별 기반부문 및 비기반부문 고용비중을 보면, 산업표준분류방식으로는 기반부문과 비기반부문 비중이 32% 대 68%이지만, 입지계수 방식으로는 13% 대 87%이고, 최소요구기법에서는 41% 대 59%로 나타나 지역특징에 따른 방법론의 선택이 중요하다는 것을 보여준다(Glasson, 1974: 68).

$$T = kB \quad \text{③}$$

(4) 경제기반모형의 장단점

경제기반모형의 장점은 첫째, 적용이 용이하고 이해가 쉽고, 둘째, 실무자나 정책 및 의사결정자에게 설득력이 강하며, 셋째, 지역승수를 통해 정책효과를 예측할 수 있고, 넷째, 지역경제정책 수립에 활용 가능하다는 것이다. 그러나 경제기반이론에 의존한 방식의 단점은 첫째, 복잡한 경제활동을 2개로 분류해 분석함으로써 산업별 특징을 반영하지 못하고, 둘째, 경제

활동의 기반부문과 비기반부문 간 구분에 있어 신뢰성이 부족하며, 셋째, 경제기반이론은 도시경제활동의 단기변동을 설명하는 데는 유용하지만 장기성장의 예측에는 부적합하고, 넷째, 총량적 경제규모의 변동만 예측할 뿐 도시의 경제성장과정을 설명하지는 못하며, 끝으로, 지역경제성장과 변화에 있어 수입 측면이 전혀 고려되지 않고 지역의 노동의 생산성 증가에 따른 생산량 증가가 무시된다는 것이다.

2) 케인즈의 소득-지출 모형

(1) 기본가정과 구성내용

지역승수를 측정하는 대안적 방식으로는 케인지안 소득-지출모형(the Keynesian income-expenditure model)이 있다. 케인지안 소득-지출모형은 단순한 개방경제하의 케인지안 소득-지출모형과 동일하나, 국가적 수입과 지출을 단순히 지역차원의 수입과 수출로 규정한다는 점에서 차이가 있다. 여기서 지역소득은 지역소비지출, 투자, 정부지출, 그리고 수출에서 수입분을 뺀 것의 총합으로 본다. 그리고 소비지출과 소비재 수입은 총합소득에서 직접세를 제외한 가처분 소득의 함수로 가정한다. 이 경우 모형은 다음과 같다(김용웅·차미숙, 2001: 39~40).

$$Y = C+I+G+X-M \quad \cdots\cdots\cdots\cdots\cdots\cdots\cdots\cdots\cdots\cdots\cdots ⑥$$

여기서 Y = 지역소득, C = 지역소비, I = 지역투자
G = 정부지출, X = 지역수출, M = 지역수입

여기서 지역소득(Y)은 지역소비지출(C), 투자(I), 정부지출(G), 그리고 수출(X)에서 수입(M)을 뺀 총합으로 본다. 그리고 소비지출과 소비재의 수입은 총소득에서 직접세를 제외한 가처분소득의 함수로 가정한다. 이 경우

모형은 다음과 같다

$$I = I_0 \qquad G = G_0 \qquad X = X_0$$

  소비와 수입지출은 부분적으로 외생적이며, 가처분 소득에 종속적인 것으로 가정한다. 지역투자, 정부지출, 수출은 모두 외생적으로 결정되는 것으로 가정해 다음과 같이 표시할 수 있다. 여기서 M은 지역소비재수입, M_0는 지역자력수출액, mDY는 한계지역가처분소득이다(Armstrong and Taylor, 1978: 235~236).

$$C = C_0 + cDY \quad \cdots\cdots\cdots\cdots\cdots\cdots\cdots\cdots\cdots\cdots\cdots\cdots\cdots\cdots\cdots\cdots \quad ⑦$$

$$M = M_0 + mDY \quad \cdots\cdots\cdots\cdots\cdots\cdots\cdots\cdots\cdots\cdots\cdots\cdots\cdots\cdots \quad ⑧$$

$$DY = Y - tY \quad \cdots\cdots\cdots\cdots\cdots\cdots\cdots\cdots\cdots\cdots\cdots\cdots\cdots\cdots\cdots \quad ⑨$$

  DY는 가처분소득이고 t는 소득세율, 여기서 식 ⑥에 식 ⑦, ⑧, ⑨를 대입하면 다음의 식이 도출된다.

$$Y = \kappa(C_0 + I_0 + G_0 + X_0 - M_0) \quad \cdots\cdots\cdots\cdots\cdots\cdots\cdots\cdots\cdots \quad ⑩$$

  여기서 지역승수 κ는 다음과 같다.

$$\kappa = 1/(c-m)(1-t) \quad \cdots\cdots\cdots\cdots\cdots\cdots\cdots\cdots\cdots\cdots\cdots\cdots \quad ⑪$$

(2) 케인즈 모형의 적용과 문제점

케인즈 모형 적용의 핵심적인 변수는 한계소비성향(MPC/c-m)이다. 한계소비성향은 지역승수 산출에 절대적인 영향을 주지만 이에 대한 지역자료는 매우 제한되어 있기 때문이다. 이러한 한계소비성향은 지역의 규모와 경제구조에 따라 달라진다. 지역규모가 커지면 한계소비성향의 값과 지역승수 값이 커지게 된다. 반면 소규모 지역은 지역소비에 필요한 재화와 서비스의 역외 구입, 즉 수입(m) 비율이 높아서 소득 증가에 따른 한계수입(import)성향이 커지기 때문에 한계소비성향과 지역승수 값은 작아진다. 또한 한계소비성향과 지역승수 값은 지역경제구조의 다원성의 정도에 따라 크게 달라진다. 다양한 제품과 서비스를 생산하는 지역은 지역의 한계소비성향과 지역승수가 높으나 철강도시, 화학공업도시 등 전문화도시는 전문제품과 서비스의 수출비중과 생산 및 주민생활에 필요한 제품과 서비스의 수입비중이 높기 때문에 한계소비성향과 지역승수는 낮아진다. 대도시가 높은 한계소비성향과 지역승수를 보이는 것은 대도시일수록 보다 다양한 제품과 서비스를 공급할 수 있기 때문이다.[4]

또한 케인즈 모형의 적용에 있어 또 다른 핵심변수는 지역 내 외생적으로 주어지는 최초의 투입가액, 즉 피승수(multiplicand)의 산정이다. 정확한 피승수 산정을 위해서는 최초의 투자나 정부 지원에 포함된 수입분(import)을 제외해야 한다. 따라서 지역경제의 파급효과를 추정하기 위해서는 최초투입가액, 즉 피승수 가액에서 수입유출(import leakages)을 찾아내는 일이 중요하다(김용웅·차미숙, 2001: 41~43).

---

4 영국의 경우 규모가 큰 동남부 지역과 스코틀랜드는 지역승수가 각각 1.57과 1.77인 데 비해, 지역 규모가 작은 동부의 이스트 앵글리아, 요크서·험버사이드 지역은 지역승수가 각각 1.33과 1.26에 불과한 것으로 나타났다(Armstrong and Taylor, 1978: 237).

$$\triangle Y = \kappa I_1 (1-mi) \quad \cdots\cdots\cdots\cdots\cdots\cdots\cdots\cdots\cdots\cdots\cdots\cdots \quad \text{⑫}$$

여기서 $\triangle Y$ = 지역소득 변화, I_1 = 지역최초투자분,
mi = 최초투자를 위한 직접수입분

케인즈 모형의 적용에 있어 고려해야 할 또 다른 핵심변수는 최초 투입의 가속화 효과(accelerator effect)이다. 가속화 효과란 자본재 산업이 지역 내 특정산업의 확장으로 인한 추가수요 충족을 위해 생산을 확대하는 경우 발생하는데, 지역소비를 위한 재화와 서비스를 공급하는 지역산업이 새로운 노동자의 유입으로 증대되는 수요를 충족하기 위해 생산능력을 확대하는 경우에도 발생한다. 이를 수식으로 정리하면 다음과 같다(Armstrong and Taylor, 1978: 238~239).

$$\triangle Y = \kappa[I_1 (1-m_i)] + \kappa[I_2 (1-m'_i)] \quad \cdots\cdots\cdots\cdots\cdots\cdots\cdots \quad \text{⑬}$$

여기서 I_2 = 최초 투입의 가속화 효과에 의해 유발된 추가투자,
m'_i = 지역으로 유입된(유발된 투자) 투자비

3) 지역 간 교역승수

(1) 기본가정 및 구성내용

지역 간 교역승수(Inter-regional trade multipliers) 방식은 지역성장을 위해 다른 지역으로부터 원자재, 부품 등 재화와 서비스를 수입하고 조세와 같은 국가적 경제요인에 의해 영향을 받는다는 점을 수용한 지역승수 산정 방식이다. 이 방식은 케인즈 소득승수(Keynesian income type multipliers) 모형과 같이 일정 규모의 돈이 지역경제에 투입되면 지역소득이 증가하고 이것은 또 다시 소비자의 지출(spending)의 증대를 불러일으키고 이것이 반복 순환하면서 지역소득을 증대시킨다고 가정한다. 최초투자 및 자금으

로 인해 증대된 소득의 일부분은 지역 내 다른 사람의 소득이 되고 이것은 다시 다른 사람의 소득을 증대시키는 여러 차례의 소비와 소득 증대의 연속 과정을 거쳐 지역소득 증대에 기여한다.

만약 지역에 투입되는 소득이 100% 모두 소비되고 그로 인해 증대되는 소득이 완전히 소비된다면 한 번의 소득투입으로 인한 소득 증대는 끝없이 이어질 수 있다. 그러나 지역소득은 저축, 조세 및 수입이라는 필수적인 누출(leakages)로 인해 소득 증대 – 소비 증대 – 소득 증대 등의 연결고리가 갈수록 약해지게 된다. 그래서 추가소득(I)에 대한 추가소비를 나타내는 한계소비성향(marginal propensity to consume)(c)은 추가소득에서 저축(s)을 뺀 (I-s)가 된다. 이밖에도 추가소득으로 인한 지역소비는 총 추가소득에서 조세(t)와 수입(m)분이 제외되기 때문에 여기서 지역승수(k)는 초기의 소득증가분을 저축, 조세 및 수입 등 모든 유출의 총액으로 나눈 값이 된다(Glasson, 1974: 70~71).

$$k \; = \; \frac{\text{initial injection}}{\Sigma(\text{Leakages})}$$

만약 한 지역소득이 100만 원 추가로 증가하고 저금, 조세 및 수입으로 50만 원이 유출된다면 지역소득승수는 2.0이 된다. 이것을 수식으로 표현하면 다음과 같다.

$$k \; = \; \frac{I}{I-(c\text{-}m)(I\text{-}t)}$$

c = 한계소비성향   m = 한계수입성향   t = 한계 조세율

(2) 지역 간 교역승수의 문제점

지역 간 교역승수는 적용이 용이한 장점에도 불구하고 여러 가지 제약점

이 있다. 첫째, 단계별 한계소비성향이나 한계수입성향 측정을 위한 자료가 크게 부족하다. 둘째, 최초의 승수효과(multiplier)와 후속효과인 환류효과(feedback effect)를 측정해서 통합하기 어렵다. 셋째, 지역 간 교역승수 방식은 다른 지역승수 측정방식과 같이 통합적 접근방식(aggregate approach)을 택하고 있어 산업별 특성과 산업 간 연계관계를 반영하기 어렵다. 평균적 차원에서는 지역승수효과가 낮은 경우에도 특정한 산업에서 매우 높은 승수효과를 지닐 수 있기 때문이다. 이밖에도 지역별 승수효과는 지역별로 큰 차이를 보인다. 영국의 잉글랜드 8개 지역과 웨일스 및 스코틀랜드 등 10개 지역의 환류효과를 포함한 지역승수 값(multiplier)은 1.3에서 1.5에 집중되어 있으나 지역별 분포도는 1.26에서 1.77로 매우 크게 차이를 보이고 있어 분석결과의 신뢰성이 의문시된다(Glasson, 1974: 72).

4) 지역투입-산출모형

(1) 기본개념

지역투입-산출분석(regional input-output analysis) 혹은 지역투입-산출모형(regional input-output model)은 일정기간 동안 지역경제 내에서 발생한 재화와 서비스의 생산 및 판매와 관련한 산업부문 간 상호연관관계를 행렬방식으로 정리한 투입-산출 표(산업연관표)를 이용하는 분석방법으로, 이 투입-산출 표는 지역경제를 분석하는 데 이용되는 것은 물론 각종 정책의 파급효과를 측정해 계획을 수립하기 위한 기초자료로도 활용한다.

지역투입-산출모형은 지역정책 및 사업으로 인해 직접적으로 유발되는 특정산업의 생산, 즉 최종수요의 변화로 야기되는 연관 산업과의 연계관계와 이에 따른 유발승수를 측정하는 기법이다. 이 모형은 총량적인 수준의 승수효과뿐만 아니라 연관 산업 부문에 미치는 영향과 전후방 연관관계도 설명하고 예측하는 역할을 한다. 지역투입-산출모형은 지역경제의 산업 간 연계관계 분석과 함께 단기적 변화를 예측(prediction of short-run change)하는 데도 이용하는 서술적 모형(descriptive framework)이다. 이 모형은 지역경제를 산업별로 구분하고 산업 간 구입과 판매의 상호관계(inter-industry relation-ships)를 분석하고 단기적 변화를 예측하는 분석방식으로 경제기반이론이나 지역소득승수 산출방식의 단점을 크게 개선한 지역경제분석 방식이다.

지역투입-산출모형은 지역경제체제를 구성하는 다양한 산업별 경제활동을 함께 묶어 상호간의 연계관계를 분석할 수 있는 장점을 지닌다. 지역투입-산출모형의 목적은 지역 내 다양한 경제활동 간의 연계관계를 밝히고 측정하는 데 있기 때문이다. 기업측면에서는 후방연계(backward linkages)와 전방연계(forward linkages)가 있다. 후방연계는 토지, 노동 및 자본 등 기본 생산요소를 다른 기업이나 가계로부터 구입한 원부자재나 투입요소 형태로 나타난다. 전방연계는 중간제품의 형태로 다른 기업이나 가계에 판매하는 것을 말한다. 기업은 중간제품과 함께 최종 생산품을 소비자에게 직접 판매하기도 한다. 가계부문도 기업으로부터 재화와 서비스를 구입함으로써 후방연계를 맺고, 기업에 서비스, 즉 노동력을 공급함으로써 전방연계 관계를 형성한다. 지역투입-산출모형은 다양한 경제활동 간 연계관계를 밝힘으로써 지역경제체제 일부분의 변화에 대한 파급효과를 예측하는 데 활용된다(Glasson, 1974: 74~77; 김용웅·차미숙, 2001: 55~56).[5]

---

[5] 지역산업연관모형은 1930년대 Leontief 이래 W. Isard, H. B. Chenery, L. N. Moses 등 미국 경제학자들에 의해 개발되었다. 특히 Chenery는 제2차 세계대전 이후 이탈리아 경제에 대해 남북 두 지역으로 나눈 두 지역 간 산업연관표를 작성해 두 지역의 경제구조를 비교하고 남북개발의 경제효과를 측정하는 실증사례를 보여주었다. 그 후 미국, 일본 등 선진국은 지역별로 자체적으로 지역산업연관표와 함께 다지역산업연관표를 작성해 왔다. 우리나라에서도 KDI, 국토연구원 등 국책연구원을 중심으로 지역산업연관표를 지속적으로 연구하고 있으며, 한국은행 등에서도 지역산업연관표 작성을 추진해 오고 있다.

(2) 구성내용

① 거래 표

지역투입-산출모형을 통한 지역경제파급효과를 예측하기 위해서는 지역투입-산출모형의 거래 표(transaction table)와 기술계수 행렬(technical coefficients matrix)을 이해해야 한다. 지역투입-산출모형에서 거래 표는 각 산업부문이 생산을 위해 다른 산업, 가계, 정부로부터 투입요소를 구입하고 다른 기업의 중간재와 가계의 최종소비재로 산출물을 판매하는 지역경제체제 내 생산물의 흐름을 기록한 일종의 지역경제계정(regional economic accounts)을 의미한다. 지역투입-산출 거래 표의 구성내용은 다음의 2개 산업만을 가정한 거래 표를 보면 알 수 있다. 거래 표에는 생산요소의 제공과 최종수요의 역할을 하는 가계와 정부부문이 포함되어 있다. 거래 표는 두 산업 간 투입(가공)과 산출(지불)부문의 연계관계를 잘 보여준다(김용웅·차미숙, 2001: 57).

예를 들면 강철산업과 자동차산업이 각각 220파운드와 200파운드의 생산을 한다고 가정하는 경우, 자동차산업은 생산품 중 20파운드에 해당하는 상품을 강철산업에 판매하고, 나머지 180파운드는 최종수요처인 가계, 정부, 타 지역 구입자에게 판매(수출)한다. 자동차산업은 산출 차원에서는 생산자이지만 투입 차원에서는 구입자이기 때문에 자동차산업은 200파운드를 생산하기 위해 100파운드의 강철, 50파운드의 노동, 10파운드의 정부서비스, 40파운드의 수입품을 구입한다. 거래 표는 주어진 기간 동안(보통 1년) 한 지역의 경제구조에 대한 정보를 제공한다. 이같이 거래 표는 각 산업의 산출물이 어디로 가고 생산을 위한 투입물이 어디에서 오는지를 기술함으로써 지역경제뿐만 아니라 타 지역경제와의 연계관계를 보여주는 역할을 한다(김용웅·차미숙, 2001: 56~61).

<表 6-5> 2개 산업 부문의 투입-산출 거래 표(예시)

산출 부문		투입 부문		최종수요			총 산출
		자동차산업	강철산업	가계	정부	수출	
자동차산업		0	20	90	30	60	200
강철산업		100	0	20	50	50	220
지출 부문	소계	100	200	30	80	0	
	가계	50	150	0	0	0	200
	정부	10	20	10	0	0	40
	수입	40	30	20	0	0	90
총 지출		200	220	140	80	110	750

자료: 김용웅·차미숙(2001: 57).

② 기술계수 행렬

거래 표는 산업별 투입-산출구조만을 밝히는 역할을 한다. 따라서 거래 표를 지역경제의 파급효과 등 예측수단으로 사용하기 위해서는 기술계수 행렬(technical coefficients matrix)이 필요하다. 기술계수 행렬은 산업별 생산을 위해 여러 산업부문에서 구입되는 투입을 산업별 총생산에 대한 비율로 나타낸 표를 의미한다. 예를 들어 총 산출이 220파운드인 강철산업으로부터 자동차산업이 20파운드의 강철을 투입을 구입하면, 기술계수는 20/220 = 0.09가 된다. 기술계수표는 거래 표에 제시된 정보로 작성된다. 이러한 총 산출과 투입의 비례관계를 식으로 나타내면 다음과 같다.

$$X_{ij} = a_{ij}X_j \quad\cdots\cdots\cdots 2\text{-}1$$

여기서 X_{ij} = 산업 i에서 산업 j로의 산출 흐름

X_j = 산업 j의 총 산출

a_{ij} = 산업 j 제품 1단위 생산에 투입되는 산업 i 제품의 양을 나타내는 기술계수

산업부문의 산출은 다른 산업의 중간재로 판매되거나 최종수요의 소비를 위해 판매되며 다음의 수식으로 표현된다.

$$X_1 - X_{11} - X_{12} - X_{13} - \cdots X_{1n} = Y_1 \cdots\cdots\cdots\cdots 2\text{-}2$$

여기서 X_1 = 총 산출, X_{1n} = 산업 간 판매(중간재)

Y_1 = 최종수요

모든 산업부문에는 식 2-2와 같은 식이 만들어진다. 만약 모든 산업(1, 2, 3 ⋯ n)에 의해 구입되는 산업1의 규모가 구입하는 산업의 생산에 대해 선형적이라면 식 2-2는 다음과 같은 재작성이 가능하다.

$$X_1 - a_{11}X_1 - a_{12}X_{12} - a_{13} - \cdots a_{1n}X_{1n} = Y_1 \cdots\cdots\cdots\cdots 2\text{-}3$$

여기서 $a_{11} = X_{11} \cdots a_{1n} = XX_{1n}$

Σ최종수요 변화에 따른 파급효과를 측정하기 위해서는 투입계수행렬 A ($\Sigma i \Sigma jaij$)가 필요하고 이는 다음의 행렬형태의 산출방정식을 통해 얻을 수 있다.

$$X - AX = Y \cdots\cdots\cdots\cdots\cdots\cdots\cdots\cdots 2\text{-}4$$

여기서 X = 산업부문별 총 산출을 나타내는 n×1 벡타

Y = 각 산업부문의 산출에 대한 최종수요를 나타내는 n×1 벡타

A = 산업부문별 교역계수를 나타내는 n×n 행렬

위의 식은 각 산업부문의 총 산출이 중간수요 계와 최종수요 계의 합계와 같음을 나타낸다. 그러나 최종수요의 변화에 대한 완전한 파급효과를 측정하기 위해서는 직접효과뿐만 아니라 2차, 3차, ⋯ n차의 간접효과까지 측정할 필요가 있다. 이를 위해 대각원소들의 값인 I(identity matrix)를 이용해 식 2-4를 변형하면 (I-A)X = Y, 만약 (I-A)가 역의 관계라면 역행렬에서 총 산출은 외생변수인 최종수요의 함수형태로 나타낼 수 있다.

$$X = (I-A)^{-1}Y \quad\cdots\cdots\cdots\cdots\cdots\cdots\cdots\cdots\cdots\cdots\cdots\cdots\cdots\cdots \text{ 2-5}$$

여기서 생산유발계수는 오른쪽 Y를 제외한 $(I-A)^{-1}$이 된다.

(3) 산업 간 연계 적용사례

① 산업산출 파급효과의 측정

최종수요변화의 기술계수 행렬이 산정되면 산업별 산출에 대한 파급효과 측정이 가능하다. 최종수요변화에 기술계수를 적용하면 타 산업으로부터 투입변화를 예측할 수 있기 때문이다. 여기서 중요한 것은 최초효과와 함께 추가적 연쇄효과라 할 수 있다. 예를 들면 자동차산업이 200파운드의 추가 적 생산을 하는 경우 강철 100파운드 추가구입이 유발되고 강철산업은 100 파운드의 추가생산을 위해 자동차산업으로부터 9파운드(0.09×100파운드) 의 자동차를 구입하고, 다시 자동차부문의 생산증가는 강철생산증가로 이 어지고 이것이 0이 될 때까지 연쇄작용을 일으킨다. 자동차산업이 200파운 드를 추가생산하면 자동차부문은 209.42파운드, 강철부문은 104.71파운드 의 추가생산이 이루어진다. 즉, 자동차부문의 최종수요가 1파운드 증가하는 것은 자동차부문 총생산의 1.047파운드(209.42파운드/200파운드) 증가와 강 철부문의 0.524파운드(104.7파운드/100파운드) 증가를 가져온다. 따라서 자 동차 최종수요가 1파운드 변화하는 것은 전 산업에 대해 1.571파운드의 직 간접효과를 유발한다. 강철산업이나 다른 산업의 생산유발효과도 같은 방 법으로 측정한다(Armstrong and Taylor, 1978: 251~256; 김용웅·차미숙, 2001: 560~562 재인용).

② 가계부문

산업산출 파급효과는 특정산업의 최종수요 1단위 증가가 가계소득 및 고

<표 6-6> 산업별 직접효과와 간접계수

구분	자동차산업	강철산업
자동차 생산	1.047	0.094
철강 생산	0.524	1.047
계	1.571	1.141

자료: Armstrong and Taylor(1978: 256); 김용웅·차미숙(2001: 62).

용에 미치는 영향을 설명해 주지 못한다. 가계부문은 생산요소인 토지, 노동, 자본을 보유하고 있으며, 산업부문은 생산을 위해 이들로부터 생산요소를 구입해야 한다. 가계부문을 산업부문과 같이 가공부문에 포함함으로써 내생적 요소로 다룰 수 있다. 자동차산업의 생산 증대는 타 산업의 산출에서 비롯되는 것 외에도 가계부문으로부터 노동력을 구입함으로써 가능하다. 가계부문으로부터 노동력을 구입하는 것은 가계소득 증대를 가져오고, 지역 입장에서는 지역 내 재화와 서비스 수요 증대를 가져오며, 이것은 다시 지역생산 및 소득 증대로 이어진다. 가계부문을 내생화할 때는 제조업부문뿐만 아니라 1차 산업 및 서비스산업 부문까지 포함해야 설명력이 높아진다. 가계부문이 내생화되면 제조업 수요가 증대되어 해당 산업의 고용이 증대되고, 이는 가계수입을 높이고 노동집약성이 높은 지역서비스 수요를 증대시키는 연쇄효과를 가져온다.

자동차산업 생산 증대의 적용사례에서 가계부문을 내생화시키면 자동차산업의 최종수요 1단위 변화는 자동차부문의 총생산을 1.047에서 1.507로, 철강 생산을 0.094에서 0.643으로 크게 증가시킨다. 지역투입-산출모형을 이용하면 생산유발과 함께 고용유발 효과도 측정할 수 있다. 고용계수는 생산 대 노동비용의 비율만으로도 구할 수 있다. 영국의 북부지역의 경우 화학산업에서 고용이 1000명 증가하면 연쇄 연관효과로 화학 분야에 1053명, 1차 산업에 208명, 금속과 기계산업에 각각 11명과 32명, 서비스산업에 936명의 고용이 증가해 지역 내 총고용이 2372명 증가한다(Armstrong and Taylor, 1978: 256~260; 김용웅·차미숙, 2001: 61~64).

5) 다지역산업연관모형[6]

(1) 기본개념과 모형의 유형

단일지역투입-산출모형은 지역 간, 산업 간 연계관계가 분석과정에서 구체적으로 고려되지 못하는 단점이 있다. 이러한 단점을 극복하기 위해 다지역산업연관모형이 개발되었다. 다지역산업연관모형은 한 지역의 수요변화, 즉 생산 증대가 해당 지역뿐만 아니라 다른 지역의 생산 증대를 가져오고 그리고 그로 인한 다른 지역의 생산 증대는 다시 해당 지역의 생산 증대로 이어지는 관계를 보여준다. 지역 간 산업연계관계로부터 발생하는 총 효과는 크게 확산효과(spill-over effect)와 환류효과(feedback effect)로 나뉜다. 확산효과는 L지역의 수요변화가 R지역 산업생산에 미치는 영향을 의미하고 환류효과는 R지역의 확산효과가 다시 L지역의 산업생산 증대로 이어지는 되돌림 효과를 말한다.

다지역산업연관모형(MRIO: Multi-Regional Input-Output Model)은 체너리-모제스모형인 경쟁형 다지역연관모형을 바탕으로 개발되었다. 산업연관모형은 수입부문의 처리방식에 따라 경쟁수입방식과 비경쟁수입방식으로 구분된다. 지역투입-산출모형은 지역 내 경쟁수입방식과 비경쟁이입형 그리고 지역 간 경쟁이입형과 비경쟁이입형으로 구분된다. 다지역산업연관모형은 지역투입계수의 산출방식에 따라 직접조사방식에 의한 지역 간 투입-산출모형(inter-regional I-O model)과 기술 및 교역계수의 간접추정방식에

---

6   다지역산업연관모형은 김용웅·차미숙(2001), 69~78쪽을 기초로 작성했다.

의한 다지역투입-산출모형(MRIO)으로 구분된다. 전자는 W. Isard(1951)에 의해 개발되어 Isard 모형이라 불린다. 후자는 H. B. Chenery, L. N. Moses 모형이라고 불린다(김용웅·차미숙, 2001: 69).

(2) 모형의 구성과 지역기술계수 및 교역계수 추정방법

두 지역(L, M)의 3개 산업을 가정한다. 지역산업연관모형의 구성사례는 〈표 6-7〉과 같다. 〈표 6-7〉의 세로는 투입부문이고 가로는 산출부문이다. 투입부문은 중간투입, 부가가치 및 총 투입부문으로 나뉘고, 중간투입은 지역별(L, M), 산업별(1, 2, 3)로 나뉜다. 산출부문은 중간수요, 최종수요, 총수요, 수입, 순유입 및 총 산출로 구분되고 중간수요부문은 지역별(L, M), 산업별로, 최종수요는 소비와 수출로 구분된다.

다지역산업연관모형을 작성하기 위해서는 〈표 6-8〉과 〈표 6-9〉를 작성해 지역기술계수와 지역교역계수를 구한 뒤 결합하는 방식을 택한다. 지역기술계수를 추정하는 방식은 단일지역기술계수를 추정하는 방식과 같다. 즉, 중간투입에 사용되는 다른 산업부문이 어느 지역에서 투입된 것인지를 불문하고 전국산업연관표 기술계수를 바탕으로 중간투입계수를 추정한다. 지역기술계수는 전국산업연관표의 기본부문의 투입계수를 이용한 생산물조합방식(product-mix approach)으로 추정한다. 특정산업에 중간재를 제공하는 전국 하부산업의 부가가치비율은 중간투입비율에 의해 자동적으로 결정된다. 다지역산업연관모형 분석에서는 다양한 지역기술계수 추정방식이 활용되고 있다. 전국산업연관표의 기술계수를 조정하는 방식과 전국산업연관표의 기술계수의 가중 합을 구하는 방식, 그리고 직접적인 지역기술계수를 구하는 방식은 아니지만 지역별 총 중간투입을 이용해 기술계수를 조정하는 RAS 방식 등이 있다(한국개발연구원, 2000: 29).

지역교역계수는 지역 L로부터 지역 M에 수입(이입)된 i재화의 양을 각 지

〈표 6-7〉 다지역산업연관모형

투입		산출	중간수요						최종수요		총수요	수입	순유입	총산출
			지역 L			지역 M			소비	수출				
			산업1	산업2	산업3	산업1	산업2	산업3						
중간투입	지역 L	산업1												
		산업2												
		산업3												
	지역 M	산업1												
		산업2												
		산업3												
부가가치														
총 투입														

〈표 6-8〉 다지역기술계수 산출

투입 \ 산출		지역 L			지역 M		
		산업1	산업2	산업3	산업1	산업2	산업3
	산업1						
	산업2						
	산업3						

자료: 김용웅·차미숙(2001: 70).

〈표 6-9〉 다지역교역계수 산출

투입 \ 산출		산업 1		산업2		산업3	
		지역 L	지역 M	지역 L	지역 M	지역 L	지역 M
	지역 L						
	지역 M						

자료: 김용웅·차미숙(2001: 70).

역에서 지역 M으로 수입(이입)된 i재화의 총계로 나누면 i재화 교역계수를 구할 수 있다. 그러나 지역교역계수는 다양한 방식으로 추정된다. 지역교역계수를 추정하는 방식은 고정교역계수모형(fixed trade coefficient model),

선형계획모형(linear programming model), 중력모형(gravity model), 엔트로피모형(entropy model) 등 다양하다. 이 가운데 고정교역계수모형, 선형계획모형, 중력모형 등은 직접 기준자료를 이용하는 추정방식, 회귀계수를 구하는 방식, 또는 여타산업 자료를 이용해 거래계수를 구하는 방식인 반면, 엔트로피모형은 각 산업별로 지역별 수요량, 지역별 생산량, 총 수송비용, 지역 간 단위 수송비용을 기초로 지역 내외의 거래규모를 추정하는 방식이다.

(3) 적용사례

KDI(2000)는 전국 5대 도시와 9개 도를 총괄하는 15개 지역의 다지역산업연관모형(MRIO)을 작성했다. 산업부문은 12개의 토목건설부문을 포함해 총 37개로 구성된 경쟁형 다지역산업연관모형이다. 이러한 다지역산업연관모형을 기초로 생산, 부가가치, 고용 등 모든 부문의 생산유발계수를 구해 지역정책 및 사업의 지역 내외 파급효과를 측정 및 예측하는 작업을 수행한 바 있다. 이후 다양한 MRIO가 작성되어 지역계획 및 정책 추진에 필요한 분석의 틀로 활용되고 있다(김용웅·차미숙, 2001: 73~78). 다지역산업연관모형을 작성하기 위한 지역기술·교역계수 추정, 부가가치 및 최종수요 추정, 경제적 파급효과 분석을 위한 유발계수 추정방식과 이들의 적용사례에 대한 구체적인 내용에 대해서는 보다 전문적인 연구 검토가 필요하다.[7]

(4) 지역산업연관모형의 제약과 개선방안
① 지역산업연관모형의 구조적 제약성
지역투입-산출모형은 구조상 한계점을 지니고 있다. 첫째 한계점은 투입

---

7 지역산업연관모형의 작성 및 활용사례는 김용웅·차미숙(2001), 239~254쪽을 기초로 작성했다.

과 산출 간의 생산성 차이를 무시하고 비례적 관계를 가정한다는 것이다. 둘째 한계점은 모든 생산요소 시장에서 과도한 공급을 가정한다는 것이다. 셋째 한계점은 요소시장에 어떠한 공급제약도 없기 때문에 수요 증대가 요소가격에 어떠한 상승 압력 없이도 이루어진다는 것이다.

② 지역경제의 공급측면 제약 보완

지역투입-산출모형의 한계점을 보완하기 위해서는 지역모형에 공급측면의 제약(supply-side constraint)을 고려한 대안적인 접근방법을 모색해야 한다. 즉, 요소시장에 어떠한 공급제약도 없다는 가정에서 파생되는 모형의 한계는 투입-산출모형을 다음과 같이 보완함으로써 해결할 수 있다. 첫째, 지역투입-산출모형에 노동과 자본 등 요소시장을 부가시킨다. 둘째, 지역투입-산출모형과 계량모형(시계열모형)을 결합해 시간적 차원(time dimension)을 추가해 통합투입-산출계량경제모형(integrated input-output econometric model)을 구축한다. 통합투입-산출모형은 투입-산출 간 비례관계의 제약을 극복하고 노동과 자본 등 요소시장 변화를 반영해 공급측면 제약(supply-side constraints)을 보완할 수 있다. 통합모형은 각 지역 요소시장에서 투입물의 가격이 더 이상 외생적으로 결정되지 않고 내생적으로 결정되도록 하고 있다.

통합투입-산출계량경제모형의 핵심은 레온티에프 역행렬(Leontief's inverse matrix)에 있다. 즉, 최종수요의 변화(투입)에서 출발해 역행렬을 거쳐 산출물의 변화로 전환된다. 산출물의 증가는 고용증대와 함께 파생적 효과를 초래한다. 이와 같은 고용증대는 실질임금의 상승, 노동참여율 증대, 순수 유입인구 증대를 가져온다. 한편, 고용 및 임금의 증대는 가계소득의 증대와 소비재수요에 영향을 준다. 그리고 가계 소비재는 지역 내에서 생산되기도 하고 타 지역으로부터 수입되기도 한다. 따라서 지역의 산출물에 대한 추가수요는 지역이 생산병목현상을 겪지 않는다면 산출물 증대와 고용 증대를 가져온다. 지역의 최종수요 변화가 미치는 파급효과를 추정하는 데 있어 이 통합모형이 기존의 지역산업연관모형에 비해 가진 가장 큰 장점은 정태적 모형(static model)을 동태적 모형(dynamic model)으로 전환했다는 점이다.

③ 투입-산출 간 고정적 비례관계의 대안 허용

지역투입-산출계량모형에서는 투입물의 가격이 더 이상 외생적으로 결정되지 않으며, 모든 요소가격은 각 지역 자체의 노동시장에 의해 내생적으로 결정된다고 가정해 지역투입-산출모형의 구조적 제약을 보완했다. 그렇다면 투입-산출모형의 가정이 첫째, 상이한 기술유형을 허용하고 둘째, 수요와 공급에 대응하는 요소시장을 허용한다면 투입-산출모형은 기존 모형과 어떤 차이가 발생하는가? 이 문제를 연구한 Harrigan et al. (1991)은 기술 및 요소시장에 대한 가정과 관련한 투입-산출승수의 민감성을 검토하기 위해 스코틀랜드경제를 대상으로 연산일반균형모형(CGE: computable general equilibrium model)을 구축했다. 이 연산균형모형은 레온티에프(혹은 고정계수)기술을 사용하고 요소투입의 무제한적 공급을 가정하는 스코틀랜드 경제모형에 일련의 승수를 산출하면서 출발한다. 그런 다음 고정기술계수와 무제한적 요소공급 가정은 제거되고 다양한 승수들은 각 부문 내 기술구조에 대한 상이한 가정을 위해 추정된다.

<표 6-10>은 스코틀랜드 제조업 수출수요 10% 증가 시 세 가지 가정별 파급효과 추정치이다. 첫 번째 가정은 고정기술계수와 무제한적 요소공급이고, 두 번째 가정은 변동-투입생산함수(예: Cobb-Douglass 생산함수)와 고정된 자본(a fixed capital stock)을 갖는 노동의 무제한적 공급이며, 세 번째 가정은 변동-투입생산함수와 스코틀랜드 임금을 결정하는 경쟁적 노동시

<표 6-10> 스코틀랜드 제조업 수출수요 10% 증대 파급효과 비교

예측변수	수출산업수요 10% 증가 시 대안별 변수별 파급효과		
	input-output simulation[1]	Keynesian simulation[2]	Neoclassical simulation[3]
GDP	4.5	2.1	1.0
제조업 부가가치	8.5	5.0	2.7
고용	4.8	3.0	1.5
공산품가격	0.0	1.2	2.2
가계 가처분소득	3.0	1.1	1.8

주 1) Input-output simulation: fixed-coefficient technology+unlimited supplies of capital and labor+fixed factor price
2) Keysian simulation: variable factor proportions+fixed capital stock+unlimited supply of labour+fixed wages(determined nationally
3) Neoclassic simulation: variable factor proportions+fixed capital+competitive labour market(flexible wages determined in region
자료: Harrigan et al.(1991) in Armstrong and Taylor(2000: 61). 김용웅·차미숙(2001: 90) 재인용.

장이다. 예상대로 지역산출물 및 고용에 대한 수요에서 외생적 증가와 파급효과 추정치는 기술과 요소시장에 대한 가정이 표준투입-산출모형에 비해 더 실제적일 때 현저하게 낮은 것으로 나타났다. 또한 이 연구는 지역투입-산출모형과 신고전모형의 예측치를 비교했다. 분석결과에 따르면, 지역의 생산능력이 한계에 직면한 경우 지역투입-산출모형은 단기적인 지역경제 파급효과를 과다하게 추정할 가능성이 있음을 지적하고 있다. 따라서 지역이 공급병목현상을 겪고 있는 경우 단기적 예측으로 투입-산출모형을 적용하는 것은 신뢰성이 의문시된다는 것이다. 오히려 지역투입-산출모형은 지역 간 요소이동과 자본투자를 통해 요소시장이 보다 융통성을 발휘하는 10~20년 등의 장기적인 예측일 때 더 적절한 것으로 나타났다(Armstrong and Taylor, 2000: 61~62; 김용웅·차미숙, 2001: 88~93).

4. 장기적 지역성장분석 기법[8]

1) 장기 지역성장모형의 개요

그동안 지역성장분석은 지역정책이나 사업이 지역성장에 미치는 단기적인 요인과 파급효과 분석에 치중했다. 그러나 지역성장에서 중요한 것은 단기적인 경제의 부침보다 장기적 경향치라 할 수 있다. 장기적 지역성장모형은 지역성장에 미치는 장기적 요인과 파급효과를 밝히는 방법론을 제시한다. 장기적 지역성장모형에서는 단기적 지역성장분석에서 불변(constant)적인 요인으로 다루어온 인구, 임금, 가격, 자원, 기술 및 소득분포 등을 변화요인으로 다루며 그중에서도 특히 노동 및 자본 등 요소의 이동성(the mobility of factors)의 변화를 중시한다. 지역성장은 다양한 지역내부의 요소인 내생적 결정요인(endogenous determinants) 또는 지역외부 요소인 외생적 결정요인(exogenous determinants), 그리고 두 가지 요인의 결합에 의해 결정되기 때문이다. 주요 지역내부 결정요인(internal determinant)은 토지, 노동 및 자본과 같은 생산요인의 분포(distribution)를 포함하며, 주요 외부적 결정요인(external determinant)은 다른 지역으로부터 유입되는 재화의 수요수준(the level of demand)을 의미한다. 이와 같은 내생적 요인과 외생적 요인의 구분은 대부분 지역성장모형의 이론과 방법론에 반영되어 있다. 지역성장부문이론(sector theory)은 지역발전을 본질적으로 내부적 진화론적 과정(evolutionary process)으로 보는 반면 수출기반이론은 지역성장의 동인을 지역 수출수요에서 찾는다.

장기 지역성장모형은 단기 지역성장모형과 같이 통합모형(aggregate

---

8 이 절은 Glasson(1974), 84~101쪽을 기초로 작성했다.

models)과 분할모형(disaggregate models)으로 구분된다. 통합모형은 이미 설명한 방법과 함께 보다 국가경제성장이론을 바탕으로 정교하고 공간적으로 추상화된 모형에 의존하는 반면, 분할모형은 이론보다는 기법을 중시하는 모형으로서 지역성장의 내부적 및 외부적 요인을 파악하는 데 유용한 방법론으로 활용된다(Glasson, 1974: 84~85).

2) 통합모형

(1) 지역성장의 부문이론

부문이론은 장기지역성장이론 중 가장 단순한 이론으로서 "상이한 지역과 상이한 시기의 지역의 개인소득 증대는 1차 산업(농업)의 노동력 비중 감소와 2차 산업인 제조업 부문의 고용 증대와 그다음으로 3차 산업인 서비스 산업의 고용 증대와 같은 자원의 재분배(resource reallocation)를 수반한다"는 Clark과 Fisher의 경험적 관측(empirical observation)에 근거를 두고 있다. 부문이론은 부문의 변화(sector shift)의 발생률과 전문화와 분업의 증대를 지역성장의 주요한 동인(dynamic)으로 본다.

여기서 상이한 경제부문의 상대적 중요도의 변화율은 지역의 제품수요에 대한 소득탄력성(income elasticity of demand)과 노동생산성의 상이한 변화율(different rates of change in labour productivity)에 의해 설명된다. 즉, 소득이 증대되면 1차적 생산품보다는 2차 및 3차 부문에 의해 공급되는 재화의 수요가 빠르게 증가하고 그래서 2차 산업과 3차 산업의 성장이 빨라지게 된다.

(2) 지역성장 단계이론

부문이론을 연장한 것이 지역성장 단계이론(stages theory)이다. 지역발전은 기본적으로 다음 5단계를 거친 내부적 진화과정(internal evolutionary process)이라 할 수 있다.

제1단계: 투자와 교역이 거의 이루어지지 않는 자급자족적 한계경제 (self-sufficient subsistence economy) 단계이다. 기초적 농업부문의 인구집단은 자연자원의 지역화, 즉 분포도에 따라 배분된다.

제2단계: 교통의 개선이 이루어지는 단계로서 개선된 교통을 바탕으로 지역의 교역과 전문화가 이루어지기 시작한다. 농민들은 농업생산 외에 단순한 마을산업(village industries) 생산에 참여하기 시작한다. 이때 마을산업의 대부분의 활동은 기본적인 농업활동과 연계되어 입지하게 된다. 왜냐하면 원자재(materials), 시장 및 노동력은 모두 농업인구에 의해 제공되기 때문이다.

제3단계: 지역 간 교역이 증대되면서 지역이 조방한 가축방목(extensive grazing)에서 벗어나 곡물(cereals), 집중낙농(intensive dairy) 및 과일농업으로 농산물의 승계를 통해 발전하는 단계이다.

제4단계: 인구가 증가하고 농업의 수익이 줄어들면서 산업화로의 이행이 불가피해지는 단계이다. 이 단계 초기에는 1차 산물의 가공에서 시작해 점차 전문화되는 2차 산업이 발전하게 된다. 그런데 이때 2차 산업의 발전이 이루어지지 못하면 인구 압력과 생활수준의 저하 및 종합적 정체와 퇴화에 직면하게 된다.

제5단계: 수출을 위한 서비스를 생산하는 3차 산업이 발달하는 단계이다. 이렇게 발전한 지역은 자본, 기술, 전문화된 서비스를 상대적으로 부진한 지역으로 수출한다. 지역경제가 성숙단계로 이행하면서 산업조직의 구성에 근본적인 변화가 초래된다. 우선 특정 산업의 소기업체의 폐쇄가 증대되면서 사업체의 수가 줄어 강력하고 규모가 큰 소수의 사업체가 등장한다. 이 같은 조직의 지역화 현상과 산업부문 간 내부적인 재조정(reallocation)은 지역 내 소규모 중심지에서 보다 큰 중심지로의 인구이동을 통해 입지와 정주체계의 변화를 이끌어낸다.

(3) 부문 및 단계이론의 장단점

① 부문 및 단계이론의 문제점

Glasson(1974: 86~87)은 부문이론과 단계이론(sector and stages theory) 이 네 가지 한계와 문제점을 지닌 것으로 보았다. 첫째, 부문이론은 지역성 장을 너무 경직적인 1차 산업 – 2차 산업 – 3차 산업의 연쇄과정의 산물로 보고 있고, 단계이론은 산업화 과정을 지역성장의 필수적 요인으로 본다는 점이다. 두 이론은 기본적으로 외부시장에만 의존하므로 발전하는 지역에는 적합하지만 다양한 요인으로 발전하는 지역 현실을 설명하지는 못한다. 둘째, 두 이론은 지역의 대외적 관계(external relationships)와 외부수요의 변화에 대한 고려가 결여되어 있고, 지역경제의 자족성(self-sufficiency)에 대한 고려도 미흡하다. 지역경제는 기본적으로 개방적 경제(open economies) 이므로 한쪽 측면만 강조한다는 근본적인 취약성에서 벗어나기 어렵다. 셋째, 모든 통합이론의 문제점이긴 하지만 지역성장의 요인을 너무 뭉뚱그린 요인(grossness of the factors)으로 설명한다는 점이다. 1차, 2차 및 3차 산업 속에는 수많은 산업적 차별성이 존재하나 여기서는 이를 간과한다는 것이다. 끝으로 두 이론은 진정한 이론으로의 적합성이 의문시된다. 지역성장이론은 지역성장을 촉진하거나 저해하는 핵심적 요인을 분명히 할 수 있어야 하는데 두 이론은 개인소득 증대의 가정 속에서 지역성장의 과정만 설명할 뿐 지역의 성장과 변화의 원인을 설명하지는 못한다(Glasson, 1974: 84~86).

그러나 이와 같은 4단계 발전이론은 20세기 말부터 시작된 4차 산업혁명의 경제-사회 패러다임 변화를 예견하지 못했다는 비판을 받는다. 1980년대 중반 이후 ICT와 소프트웨어가 결합된 디지털부문의 기술혁신과 물리학과 생물학이 융합된 기술혁신이 이루어지면서 기존의 생산방식과 부가가치 창출방식, 산업생산 활동은 물론 정치-사회적 관계와 시스템을 포함한 총체적인 경제-사회 시스템을 변화시키는 지능형 디지털융합기술혁명, 데이터 혁명, 자동화 혁명 등 새로운 산업 패러다임과 문명의 등장이 급속도로 현실화되고 있기 때문이다(김용웅, 2020: 180~186).

② 부문 및 단계이론의 장점

지역성장 부문 및 단계이론은 여러 가지 단점에도 불구하고 몇 가지 긍정적인 장점을 지니고 있다. 두 이론은 지역발전의 단계별 특징적 형태를 보여주며, 한 단계에서 다른 단계로 전진하기 위한 조건을 제시해 왔다. 이들 이론은 산업과 직업구조의 주요 요인(major factors)과 수요패턴 및 부문생산성의 변화에 관심을 두어 지역성장의 분산적 분석(disaggregate analysis)에 필요한 유용한 초기의 논리를 제공해 왔다.

3) 거시경제모형

(1) 기본개념과 구성내용

거시경제모형(macro-economic models)은 지역성장의 내부적 결정요인을 설명하는 국가경제성장이론을 바탕으로 한 지역경제성장모형이다. 거시경제모형은 공급 지향적(supply oriented)이고 지역의 n지역의 잠재적 산출(On)을 자본(K), 노동(L), 토지(Q), 교통자원(Tr), 기술(T) 및 사회정치체제(So) 등 지역적 요인으로 설명한다(Glasson, 1974: 87~88).

$$O_n = f_n(K,\ L,\ Q,\ Tr,\ T,\ S_o) \cdots\cdots\cdots\cdots\cdots\cdots\cdots\cdots\cdots$$

O = n지역의 잠재적 산출, K = 자본, L = 노동, Q = 토지(자연자원),

Tr = 교통자원, T = 기술, S_o = 사회정치체제

보다 중요하고 용이한 계량화가 가능한 요소(factors)를 받아들이면 성장 등식(growth equation)은 다음과 같이 형성된다.

$$O_n = a_n,\ \kappa_n,\ +(1-a_n),\ \ell_n + t_n$$

O, κ, ℓ, t = 산출, 자본, 노동, 기술의 성장률,

a = 소득의 자본 몫

(2) 제약과 적용방안

거시경제모형은 지역성장의 중요한 결정요인을 분리시키고 지역성장을 지역내부 체계 내에서만 설명하는 단점이 있다. 거시경제모형은 산업별 특성과 차별성을 반영하지 못하는 높은 통합적 성격(aggregate nature)과 수요 측면을 무시하고 공급측면에 과도한 집중을 보이는 등 아직도 기본적인 결함(basic weaknesses)을 벗어나지 못하고 있다. 개방경제체제하에서 지역 내부 자원에만 의존하는 지역성장이론은 국내에서 지역 간 그리고 국가 간 교역을 통한 상호의존적 발전과정을 간과하는 오류를 범할 수 있다. 그러나 이러한 단순 신고전모형(simple neoclassical model)은 보완을 통해 안정적인 지역성장(steady regional growth)의 모형을 제공하고 있어 이제는 하나의 신뢰성 있는 지역경제분석모형으로 이용되고 있다.

거시경제모형의 구조적 제약을 극복하기 위해 지역성장 분석모형에는 지역 내생적 요인에 의한 성장모형과 함께 수출기반이론(export base theory)과 같이 외생적 요인에 의한 성장모형이 널리 사용된다. 여기에는 국가 하위단위인 지역의 성장은 국가경제와 국제적 교역에 의한 발전과 연계된 점

을 강조한 케인즈 통합수요이론, 노동 및 자본과 같은 생산요소는 보수율(returns)이 낮은 곳에서 높은 곳으로 흐른다는 Ohlin의 지역 간 자원배분모형(inter-regional resource allocation models), 지역성장의 외생적 결정요인을 중시하는 Harrod-Domar의 수요지향모형(demand dominated theory) 등이 포함된다(Glasson, 1974: 87~91).

4) 분산모형: 변이할당분석기법

(1) 산업구조분석: 변이할당분석 개요

통합모형은 지역성장과정에 있어 산업구조의 중요성은 인정하나 집합적 성격 때문에 중요한 산업별 차별성을 반영하지 못하는 단점이 있다. 산업구조분석(industrial structure analysis)은 지역성장과 산업구조 간의 인과적 관계(causal relationship)가 존재한다는 가정을 토대로 한 분석기법이다. 산업구조분석방법은 영국의 Jones와 Lester에 의해 제기된 후 미국의 Dunn과 Perloff 등에 의해 발전되어 왔다. 현재는 변이할당분석(shift-share analysis) 기법 형태로 보다 널리 알려지고 있다(Glasson, 1974: 91).

변이할당분석은 지역의 산업발전 또는 변화속도를 국가의 전 산업과 특정산업의 발전 속도와 연계해 지역의 변화요인을 분석하는 방법론이다. 변이할당분석에서는 지역의 전 산업의 성장속도를 전국의 전 산업의 평균성장률과 이에 대한 각 산업의 성장률의 편차에 적용해 분석하고 예측하는 역할을 한다. 변이할당분석에서는 지역산업의 변화내용을 다음의 세 가지 부문으로 나누어 분석한다(국토연구원, 2004: 104~105).

첫째, 국가경제성장효과(national growth effect)이다. 이것은 지역산업이 국가 전체의 전 산업 평균성장률에 힘입어 동일하게 성장한 효과를 지칭한다. 둘째, 지역산업구조효과(regional structural or industry mix effect)이다. 이것은 전국의 각 산업이 갖는 서로 다른 성장속도에 의해 나타나는 효과로서 지역산업구조의 특성에 따라 지역성장의 변화가 달라진다. 셋째, 지역할당효과(regional share effect) 또는 지역경쟁력효과이다. 이것은 지역이 가지고 있는 특정산업의 경쟁력(competitive power)이 작용해 특정산업의 성장속도에서 다른 지역과 차이가 발생하도록 하는 요인이다.

(2) 변이할당분석의 구성내용

변이할당분석방법은 일정기간 동안 지역성장에 미친 지역산업구조의 영향을 분리(isolation)하는 일부터 시작한다. 변이할당분석에서는 지역성장을 고용, 인구, 소득 등으로 나타내며, 이를 몇 개의 구성요소(components) 또는 구성내용으로 나누어 분석한다. 지역성장은 통상 고용자료를 기초로 하며, 이 경우 지역의 총고용 성장 G(total employment growth)는 변화(shift)와 할당(share)구성요소로 나뉜다(Glasson, 1974: 92~93).

① 전국할당구성요소(N: national share components)

전국할당구성요소(N)는 만약 일정기간 지역고용이 전국 증가율과 같이 성장했다면 성취할 수 있었을 지역고용성장의 규모를 나타낸다. 이것은 지역이 전국 평균에서 벗어난 편차(deviations)의 정도를 측정하는 기준이 된다. 이것을 지역성장의 "국가경제성장효과"(nation growth effect)라 부른다.

② 변이구성요소(shift components)

변이구성요소는 지역고용성장이 전국할당(national share)으로부터 벗어난 편차(deviations)의 수준을 나타낸다. 번영 중인 성장지역에서는 긍정적(positive) 값이 나타나고 쇠퇴지역에서는 부정적(negative) 값이 나타난다. 여기서 지역의 순변화 값(net shift)은 "비례적 변이구성요소"(P: proportionality

shift components)와 "차별적 변이구성요소"(D: differential shift components)
로 나뉜다.

③ 비례적 변이구성요소(P: proportionality shift component)

비례적 변이구성요소는 지역 내 산업부문의 구성(composition of industrial sectors)에 따라 발생하는 순지역변이의 규모를 측정한다. "구조적 구성요소"(structural components), "산업혼합구성요소"(industrial mix components)로도 불리며 측정된 값은 "지역산업구조효과"라 한다. 국가적으로 빠르게 성장하는 산업에 전문화된 지역은 비례적 변이구성요소가 긍정적인 값을 갖는 데 비해 국가적으로 낮은 성장을 보이는 산업에 전문화된 지역 또는 쇠퇴지역은 비례적 변이구성요소가 부정적인 값을 갖는다.

④ 차별적 변이구성요소(D: differential shift component)

차별적 변이구성요소는 지역의 입지적 특성으로 인해 지역이 전국보다 빠르거나 늦게 성장하는 산업부문으로 얻어지는 순지역변이의 규모를 나타내며 일명 "입지적"(locational) 또는 "지역적 구성요소"(regional components)로 불린다. 이들 구성요소로 얻어진 값은 "지역할당효과" 또는 "지역경쟁력효과"라 한다. 자원 등 입지적 우위성이 높은 지역은 긍정적(正) 변이구성요소 값을 지니는 데 비해 입지적 여건이 불리한 지역은 부정적(負) 구성요소 값을 지닌다.

비례적 변이구성요소와 차별적 변이구성요소는 각각 지역성장의 외부적 요인(external elements)과 내부적 요인(internal elements)에 의한 효과로 구분된다. 비례적 변이구성요소는 국가적으로 작용하는 외부적 영향으로 인한 지역성장 효과를 나타내고, 차별적 변동 값은 지역 내 요소의 영향으로 인한 지역성장 효과를 나타낸다. 변이할당분석의 다양한 구성내용 또는 지역성장 효과를 수식으로 나타내면 다음과 같다(Glasson, 1974: 92~93).

$$Gj = Ejt-Ejo \quad \cdots\cdots\cdots\cdots\cdots\cdots\cdots\cdots\cdots ①$$

$$= (Nj+Pj+Dj)$$

$$Nj = Ejo(Et/Eo)-Ejo \text{ 또는 } Ejo(Et/Eo-1) \quad \cdots\cdots\cdots ②$$

$$(P+D)j = Ejt-(Et/Eo)Ejo \quad \cdots\cdots\cdots\cdots\cdots\cdots\cdots ③$$

$$= (Gj-Nj)$$

$$Pj = \Sigma i[(Eit/Eio)-(Et/Eo)]Eijo \quad \cdots\cdots\cdots\cdots\cdots ④$$

$$Dj = \Sigma i[(Eijt-(Eit/Eio)Eijo] \quad \cdots\cdots\cdots\cdots\cdots\cdots ⑤$$

$$= (P+D)j-(Pj)$$

Gj, Nj = 각각 j지역의 총고용 증가,

국가할당구성요소(국가경제성장효과),

(P+D)j, Pj, Dj = 순변이구성요소,

비례적 구성요소(지역산업구조효과),

차별적 구성요소(지역할당효과/지역경쟁력효과),

Ej = j지역의 총고용,

E = 전국 총고용,

o, t = 최초 및 종료시점,

i = 산업구분

(3) 변이할당분석 적용사례

1990~1995년간 서울의 고용증가에 대한 변이할당분석을 시도했다. 첫째 국가할당구성요소, 즉 국가경제성장효과는 식 ② Nj = Ejo(Et/Eo)-Ejo를 이용해 구했다. 서울시 1990년 취업자 수(369만 명)를 1990~1995년간 전국 취업자 수 증가율(1799만 명/1575만 명 = 1.142)로 곱한 값을 1990년 서울시 취업자 수로 빼주면(421만 명-369만 명) 52만 명이 나온다. 이것을 제조업 고용증대에 적용하면 서울시 제조업 고용증가의 국가경제성장효과는 15만

<표 6-11> 서울의 변이할당분석 적용사례(1990~1995년)

		전국 고용(단위: 1000명)			서울시 고용(단위: 1000명)						
		1990 ①	1995 ②	②/① ③	1990 ④	1995 ⑤	⑤/④ ⑥	Gj ⑦	Nj ⑧	Pj ⑨	Dj ⑩
농어업	1	3,280	2,855	0.873	18.0	15.8	0.875	-2.23	2.56	-4.89	0.10
광업	2	62.34	36.60	0.577	2.270	2.854	1.257	0.58	0.32	-1.29	1.54
제조업	3	4,320	4,279	0.990	1,095	962.6	0.879	-132.5	15.52	-166.1	-121.9
...		...	...	...	...	...	...	...	...	...	...
사회·개인 서비스	9	2,225	2,713	1.219	621.7	707.4	1.137	85.69	88.29	47.92	-50.52
합계		15,750	17,987	1.142	3,689	4,036		346.9	524.0	379.0	-557.0

자료: 국토연구원(2004: 106).

6000명이 된다.

변이할당분석의 비례적 변이구성요소(지역산업구조효과)는 식 ④ $Pj = \Sigma i[(Eit/Eio)-(Et/Eo)]$ Eijo를 이용해 구했다. 전국의 각 산업 고용 성장률에서 전국의 총고용 성장률을 빼고 난 후 여기에 서울시 각 산업(i-n)의 초년도 취업자 수를 곱해 모든 산업 고용(i-n)을 합산하면 구할 수 있다. 서울시의 제조업은 전국 전 산업 성장률보다 낮으므로 제조업의 고용감소효과는 16만 6000명으로 나타난다.

마지막으로 차별적 변이구성요소(지역경쟁력효과)는 식 ⑤ $Dj = \Sigma i[(Eijt-(Eit/Eio)Eijo]$를 이용해 서울의 각 산업 성장률에서 전국의 각 산업 성장률을 뺀 비율을 서울시 각 산업 최초 고용에 곱해 구할 수 있다. 서울의 산업경쟁력은 농림어업 및 광업을 제외하고는 모두 지역경쟁력효과가 부정적, 즉 부의 값을 보이고 있다. 서울시의 농림어업은 사양 산업으로 마이너스 성장을 하고 있으나 전국의 감소추세보다는 낮아 나타난 현상이라 할 수 있다(국토연구원, 2004: 106).

(4) 변이할당분석의 장단점

변이할당분석은 다음과 같은 장점을 지니고 있다. 첫째, 필요로 하는 자료수집이 용이해 쉽게 적용할 수 있다. 둘째, 지역경제성장분석에 기본적인 정보를 제공해 줌으로써 분석의 시발점으로 활용할 수 있다. 셋째, 전국단위의 산업성장 예측자료가 주어지는 경우 지역산업성장을 예측할 수 있다. 그러나 변이할당분석은 몇 가지 본질적인 단점을 지니고 있다.

첫째, 변이할당분석은 그 자체로서 지역성장 이론의 설명력이 부족하다. 변이할당분석은 기술적 분석방법에 불과하고 어떤 지역과 산업이 왜 전국보다 빠르거나 더디게 성장하는지에 대한 잠재적 요인(underlying factors)을 설명하지 못한다.

둘째, 변이할당분석은 산업부문의 통합수준 및 산업분류방식에 따라 변화효과가 크게 달라진다. 성장하는 산업부문과 쇠퇴하는 산업부문을 구분해서 분석하면 변이효과, 즉 변동효과가 뚜렷하게 나타나지만 이들 부문을 통합하는 경우에는 변이효과가 감소된다(국토연구원, 2004: 107).

셋째, 변이할당분석은 지역경제의 묘사(description), 분석(analysis) 및 예측(prediction)을 통해 지역정책을 선도(guide)한다는 본질적인 역할에도 불구하고 적합성이 의문시된다. Mackey와 Buck 등은 비례 및 차별적 구성요소가 지역의 상대적 산업구성(industrial mix)과 입지적 요소(locational factors)의 상대적 영향력을 반영한다는 전제에 대해서도 의문을 제기했다. 지역경제에 있어 산업 간 상호의존성(industry interdependence) 때문에 비례적 변이는 과소 추정될 수 있고, 지역정책의 긍정적인 유인책과 부정적인 통제와 같은 요인들도 상호간 미치는 영향으로 차별적 변이, 즉 지역의 입지적 효과가 왜곡될 수 있기 때문이다.

넷째, 변이할당비판은 분석으로 도출되는 결과에 대한 정책적 함의(policy implications)가 단순하다. 변이할당분석에서는 차별적 효과(지역경쟁력효과)가 낮은 지역은 인프라 개선과 같은 입지적 이점(locational advantages)의 개선을 통해 지역성장의 증진이 가능하고, 비례적 효과가 낮은 지역은 새로운 산업의 유치가 필요한 것으로 본다. 그러나 이같이 단순한 기계적 관계는 과도한 단순성(over-simplification)으로 정책왜곡을 초래할 수 있다. 차별적 효과가 낮은 지역의 경우에도 신규산업의 유치로 혜택을 받을 수 있고, 비례적 효과, 즉 지역산업구조효과가 낮은 지역의 경우에도 인프라 개선으로 혜택을 받을 수 있다. 변이할당분석은 많은 비판에도 불구하고 여러 가지 차원의 유용성이 있어 널리 쓰이고 있다. 이 이론은 성장이론은 아니라 하더라도 산업구조와 지역성장 간의 관계를 강조하는 다른 이론의 활용을 통해 보완기능을 하며, 지역성장의 내부적 및 외부적 요소를 분리하는 역할을 수행하기 때문이다(Glasson, 1974: 96~97).

5. 지역계획의 종합적 평가기법

1) 종합평가기법의 필요성

지금까지 지역의 경제적 특징을 분석하고 지역의 소득 및 고용에 미치는 파급효과를 측정하는 다양한 지역경제분석 기법을 제시했다. 그러나 이들 기법에 의한 지역경제분석과 파급효과는 지역소득 및 고용 등 경제적 측면만이 강조되었고, 환경적 및 사회적 파급효과에 대한 고려가 부재했으며, 지역변화에 따른 파급효과 측정의 경우 비용측면이 고려되지 못한 단점이 있다. 지역경제분석과 파급효과 측정의 경우 경제적 측면과 함께 사회적·환경적 측면을 고려하고 지역변화에 따른 비용측면을 종합적으로 고려하는 분석기법에 대한 요구가 커지고 있다.[9]

2) 환경적 파급효과의 경제분석 기법

(1) 환경적 분석기법의 유형과 내용

최근 지역발전 및 계획의 목적이 단순히 지역의 고용 및 소득의 증대뿐만 아니라 환경보전과 환경적 가치의 증진, 지역의 지속 가능성 확보에도 높은 우선순위를 둠에 따라 지역변화의 환경적 파급효과 분석의 중요성이 커지고 있다. 환경에 대한 파급효과분석은 사업평가 차원에서 경제적·재정적 분석이 일반적이다. 경제적 분석은 개발사업이 환경에 미치는 효과의 편익과 비용을 모두 포함하는 데 비해 재정적 분석은 사업주체의 재정과 시장가격 및 현금의 흐름에 초점을 둔다. 경제적 분석은 Pigou와 Hicks 등의 신고전 후생경제학의 이론적 틀을 기초로 하고 있다. 환경적 파급효과의 경제분석을 위한 측정과 평가기법은 크게 세 가지로 분류된다(Dixon et al., 1988: 28; 김용웅·차미숙, 2001: 94).

첫째, 일반적으로 적용가능한 평가기법이다. 여기에는 "생산성변화 접근"(changes-in-productivity approach), "소득의 손실 접근"(loss-of-earning approach) 및 "기회비용접근"(opportunity-cost approach) 등 직접 관련된 재화와 서비스의 시장가격을 사용하는 방법과 비용-효과분석 및 예방적 지출 등 직접 지출의 가치를 사용하는 방법이 있다. 이 기법들은 가치를 결정하기 위해 시장가격을 사용한다. 시장가격은 경제적 희소성을 반영하며, 경제적 효율성은 시장가격에 반영되기 때문이다. 여기서 주로 활용하는 기법

---

9   미국 럿거스(Rutgers)대학에서 수행한 뉴저지주 지역계획에 대한 파급효과 평가분석 보고서에 따르면 뉴저지주 장기계획의 파급효과 평가(impact assessment)를 비용-편익분석이라는 종합적인 틀 속에서 경제적 평가, 환경적 평가, 하부구조 평가 및 정부 간 조정평가로 다원화함으로써 지역변화에 대한 파급효과를 보다 종합적이고 연구 및 계획목적에 따라 상이하게 측정할 수 있게 되었다(Center for Urban Policy Research, Edward J. Bloustein School of Planning and Policy, 2000, Rutgers University).

은 비용-편익분석(CBA: cost-benefit analysis)과 비용-효과분석(CEA: cost-effectiveness analysis)이다. 이 기법들 가운데 가장 단순하면서도 널리 사용되는 것은 생산성변화기법으로 개발사업의 환경적 효과와 생산성 효과를 밝히는 데 유용하다.

둘째, 잠재적으로 적용가능한 평가기법이다. 이 기법은 사용에 있어 보다 많은 신중함과 자료를 요구할 뿐만 아니라 더 확고한 가정을 요구한다. 환경은 시장가격으로 설명할 수 없는 많은 측면을 가지고 있기 때문이다.[10] 이 기법들은 환경가치를 평가하기 위해 대체시장가격을 이용하는 대리시장기법(surrogate markets techniques)을 이용한다. 이들 기법은 환경피해의 대응특성에 따라 재산가치접근법(property-value approach), 토지가치접근법(land-value approach), 임금차등접근법(wage-differential approach), 교통비용접근법(travel-cost approach)으로 나눌 수 있고, 환경대체물로서 시장재화접근법(marketed goods as environmental surrogates) 등이 있으며, 비용분석기법(cost analysis techniques)으로는 대체비용접근법, 재입지비용접근법, 잠재사업접근법 등이 있다. 이 가운데 가장 직접적으로 사용 가능한 기법은 대체비용 등 비용분석기법인데 이는 시장가격을 사용하고 실제적 혹은 잠재적인 지출에 의존함으로써 측정에 따른 문제를 최소화하기 때문이다. 대체시장기법도 유용하지만 대체시장기법은 간접적인 가치측정을 사용하므로 분석결과를 조심스럽게 해석해야 되는 한계를 지니고 있다.

셋째, 조사기법 및 거시경제 모형을 통한 평가기법이다. 조사자료에 기반을 둔 평가방식(survey-based methods)은 시장가격이나 대리시장가격에

---

10 환경은 시장가격으로 설명할 수 없는 많은 측면을 지니고 있다. 깨끗한 공기, 쾌적한 환경 등은 공공재이므로 시장 가격을 매기기가 어렵다. 그러나 환경적 피해를 예방하고 피해를 줄이기 위해 시장 재화와 서비스를 이용하는 경우라면 이를 기초로 환경의 가치를 추정하는 것이 가능하다(Dixon et al., 1988: 50).

<표 6-12> 환경파급효과 측정 및 평가기법 유형

유형	측정기법	평가기법	
일반적 평가방법	직접 관련된 재화와 서비스의 시장가격 활용	• 생산성변화접근법 • 기회비용접근법	• 소득손실접근법
	직접 지출의 시장가치의 비용분석기법	• 비용효과분석	• 예방적 지출분석
잠재적 평가방법	대체품의 시장가격 활용	• 재산가치접근법 • 임금차등접근법 • 환경대체제로서 시장재화	• 토지가치접근법 • 통행비용접근법
	잠재적 지출규모 추정(비용분석기법)	• 대체비용접근법 • 잠재사업접근법	• 이전비용접근법
조사기법 및 거시경제모형	상황적 가치평가기법	• 입찰게임 • 교환게임 • 델파이기법	• 채택 및 포기 실험 • 무비용 선택
	거시경제모형	• 투입-산출모형	• 선형 프로그래밍 모형

자료: Dixon et al.(1988: 26). 김용웅·차미숙(2001: 95) 재인용.

대한 자료가 없는 경우 개발사업의 환경적 파급효과를 측정하는 데 이용된다. 거시경제모형 접근방식은 환경과 대규모 경제성장 간의 상호작용을 검토하기 위해 사용될 수 있다. 여기에는 환경가치를 위한 지불의사에 기초한 입찰게임(bidding games), 환경적 변화의 수용여부 선택, 교환게임(trade-off games), 무비용 선택(costless techniques), 델파이기법(Delphi-techniques) 등 상황적 가치평가기법(CVM: contingent valuation methods)과 투입-산출 모형(김흥배·이강욱, 2001: 177~186), 선형 프로그래밍 모형 등이 있다(Dixon et al., 1988: 71; 김용웅·차미숙, 2001: 95).

(2) 환경적 파급효과 평가기법의 한계와 적용사례

지역계획에서 환경적 변화의 파급효과를 계량화 또는 화폐가치화해 평가하는 접근방법은 이론적 차원에서는 상당한 진전이 있었다. 그러나 환경적 속성상 이를 경제적으로 측정하고 비용과 편익을 평가하는 데는 한계가 있다. 인간의 삶에 있어 환경을 가치로 평가하는 것은 중요한 윤리적인 문

〈표 6-13〉 환경적 파급효과의 측정 및 평가기법 적용사례

사업유형	환경적 파급효과	측정 및 평가기법
고지대 도로개발	• 토양손실, 산사태로 인한 제방 손실	• 생산성 변화 측정(토양침식, 퇴적에 따른 생산성 변화) • 재산손실 측정
도시용수 공급	• 적정 하수처리시설 부족의 경우 폐수량 증대, 홍수 유발, 수질 악 화 등	• 소득손실 측정(홍수범람, 수질 관련 질병에 의한 손실) • 재산손실 측정(홍수범람)
하천용수 공급	• 하상 인공우물로 인한 하류지역 피해	• 생산성 변화 측정(하류지역 용수 이용자의 생산성 변 화)
저소득 주거 개선	• 유연탄을 활용한 난방 시스템으 로 인한 공기오염 피해	• 비용효과분석(대체난방설계) • 소득손실 추정(호흡기 질환으로 인한 소득손실)

자료: Dixon et al.(1988: 26~27).

제에 직면하게 되며, 소득분포, 세대 간 형평성, 위험과 불확실성, 인간생활의 가치 및 문화·역사·심미적 자원과 관련해 환경적 파급효과를 경제적으로 분석하는 것은 본질적인 한계를 지닐 수밖에 없다. 그럼에도 불구하고 지역정책과 계획을 수립하기 위해서는 지역적 변화에 대한 종합적인 파급효과를 측정해야 하고 이를 위해서는 환경적 파급효과를 측정해야 한다.

지역개발사업과 관련된 환경적 충격과 파급효과 측정기법은 〈표 6-13〉과 같이 사업유형에 따라 크게 달라진다. 예를 들면, 고지대 도로개발사업의 경우, 환경적 충격은 토양손실과 산사태로 인한 제방손실 위험이 증대하는 것이다. 환경적 파급효과 측정 및 평가는 토양침식, 퇴적에 따른 생산성의 변화를 측정하는 방식이나 재산손실 측정방식을 적용한다. 그러나 사업유형이 도시용수 공급사업의 경우 적정 하수처리시설 부족으로 인한 환경적 문제는 폐수량 증대, 홍수 유발, 수질 악화 등이므로 환경적 파급효과 측정 및 평가는 환경문제로 초래되는 손실을 감안해 소득손실 측정방식과 재산손실 측정방식을 택하게 된다.

3) 비용-편익분석

(1) 기본개념

비용-편익분석은 지역변화의 경제적 파급효과를 지역성장 등 효과측면에서뿐만 아니라 손실과 비용측면에서도 종합적으로 사전에 측정함으로써 대안적 선택을 가능하게 해주는 대표적인 종합평가기법의 하나이다. 비용-편익분석은 공공사업이나 정책의 추진으로 부담하게 될 비용과 그로써 발생할 효과를 계산·비교하는 기법으로 정책결정에 도움을 준다. 정책결정자들은 비용-편익분석을 통해 공공사업이나 정책의 추진에 투입되는 노력과 비용에 비해 효과 및 편익이 얼마인지, 정책목적을 달성하기 위해 고려되는 다양한 대안 중 어느 대안이 최적인지, 정책목적을 달성하기 위한 적정한 투자수준은 얼마인지 등에 대한 해법을 얻는다. 비용-편익분석은 개념적인 수준에서는 매우 간단하다. 그러나 실제 상황에서는 분석범위가 광범위하고 분석구조가 매우 복잡하다.

정책평가기법으로 비용-편익분석은 크게 두 가지로 나뉜다. 하나는 사적 비용-편익분석(private cost-benefit analysis)이고 다른 하나는 공적 또는 사회적 비용-편익분석(public/social cost-benefit analysis)이다. 전자는 지역시책과 사업에 따른 비용과 편익을 사업주체나 사회 내 특정 수혜집단의 차원에서 측정하는 것이고, 후자는 지역시책이나 사업에 따른 비용과 편익을 모든 사회구성원의 입장에서 측정하는 것을 말한다.

비용-편익분석의 핵심과제는 크게 세 가지이다. 첫째, 무엇을 비용과 편익항목으로 택할 것인가를 결정하는 것이고, 둘째, 비용과 편익항목을 어떻게 화폐가치로 측정할 것인가, 즉 항목별 가치를 어떻게 부여할 것인가를 결정하는 것이며, 셋째, 편익-비용비율(benefit-cost ratio) 및 내부적 수익률(internal rate of return)을 어떻게 산정할 것인가를 결정하는 것이다. 비용-

편익분석 중 사적 비용-편익분석은 비용과 편익추정 항목의 결정이나 추정이 용이하지만 사회 전체 차원의 비용-편익분석은 비용-편익항목의 결정에서부터 각 항목별 화폐가치 부여가 불분명하거나 불가능하다는 단점이 있다(김용웅·차미숙, 2001: 98).

(2) 비용-편익요소의 선정과 측정 방안
① 계측단위
비용-편익분석 중 사적 비용-편익분석은 사업주체나 수혜집단이 계측단위가 되기 때문에 계측단위 결정에는 큰 문제가 없다. 그러나 사회 전체적 차원에서 비용과 편익을 분석하는 데는 두 가지 계측단위 문제를 해결해야 한다. 하나는 지역정책이나 사업의 비용과 편익측정을 국가단위로 할 것인가 아니면 특정지역으로 한정해야 할 것인가의 문제이다. 지역정책의 경제적 정당성은 국가적 차원의 완전고용 실현, 가격안정, 소득의 공정한 배분 등 국가적 정책목표를 실현하는 데 있기 때문에 국가적 차원의 비용과 편익을 고려해야 한다. 또 다른 계측의 문제는 시간의 문제이다. 지역정책의 효과는 단기간에 나타나지 않고 장기간에 걸쳐 나타난다. 이렇게 되면 비용부담자와 수혜자가 달라질 수 있다. 이 경우 현세대만을 위해 비용-편익을 분석할 것인지, 미래세대의 비용 편익은 어떻게 측정하고 반영할 것인지가 문제가 된다(김용웅·차미숙, 2001: 102~108).[11]

② 비용-편익요소의 산정과 가치 측정
사적 비용-편익분석에서는 비용-편익요소의 선정이나 측정의 문제는 거의 발생하지 않는다. 대부분 재정적 부담요소가 분명하고 측정도 분명하기

---

11 비용-편익요소의 선정과 측정방안은 김용웅·차미숙(2001), 102~108쪽을 기초로 작성했다.

때문이다. 그러나 공적, 사회적 비용-편익분석에서는 비용-편익분석요소의 선정(identification)과 측정(measurement)이 극히 어렵다. 특히 화폐단위의 계량화는 더욱 어렵다. 첫째, 무엇을 비용과 편익으로 보아야 하는가에 대한 판단은 개인의 가치관과 이해에 따라 다를 수 있다. 예를 들면 소득 재분배효과와 공정배분을 편익에 포함할 것인가의 문제는 논란이 될 수 있다. 둘째, 비용과 편익항목 중 일부는 시장가격이 존재하지 않거나 불충분하게 반영되는 경우가 있다. 이 경우 잠재가격을 어떻게 비용과 편익으로 산정할 것인지가 문제이다. 이를테면 국립공원에서 제공하는 여가차원 편익은 시장에서 거래되지 않는다. 시장가격이 존재하지 않을 경우에는 그와 같은 편익을 위해 지불의사가 있는 여행비용을 잠재가격으로 삼기도 하지만 이 경우 과다추정이 우려된다. 셋째, 사회적 비용과 편익이 새롭게 창출되는 것이 아니라 하나의 계층에서 다른 계층으로 이전되는 경우 이중 계산의 문제가 발생할 수 있다.

③ 외부성(externality)의 처리

지역정책으로 인한 외부효과의 경우 시장가격은 존재하지 않는다. 이 경우에는 잠재가격(shadow prices)을 추정해야 한다. 지역정책으로 인한 대표적인 외부효과로는 수도권 지역의 과도한 도시성장 억제정책 추진으로 인한 혼잡해소와 환경오염 감소효과 등을 들 수 있다. 또한 부정적인 외부효과로는 기업연계와 협력 여건이 미비한 낙후 지역으로 이전하는 기업이 외부경제를 활용하지 못한 데 따른 손실 등을 들 수 있는데 이들에 대한 고려가 이루어져야 보다 완전한 사회적 비용-편익분석이 이루어질 수 있다.

④ 이전지출 및 이중계산 방지

공공정책의 비용-편익분석의 또 다른 문제점은 비용지불과 편익수혜의 대상이 같지 않다는 점이다. 이는 지역정책의 재배분적 비용과 편익효과를 합리적으로 반영해야 한다는 것을 의미한다. 그러나 사회체계 내 상이한 집단 간에 각각 부여되는 비용과 편익을 측정할 방법이 없다. 예를 들면 지역정책의 재배분효과의 대부분은 이전지출형태로 나타난다. 지역정책에 대한 지출은 조세형식을 통해 일반 납세자의 소득을 특정지역의 수혜자의 소득으로 이전하는 효과를 지닌다. 반면에 효율적인 지역정책은 실업보조금을 감소시키고 새로 창출되는 고용이나 소득은 새로운 조세수입을 증대시키는 회수효과(clawback effects)를 통해 조세납부자의 부담을 경감할 수 있다. 이는 지역정책이 지원하지 않는 지역의 주민에게도 혜택을 줄 수 있음을 의미한다. 그러나 이 경우 주의할 점은 이중계산을 어떻게 방지할 것인가 하는 것이다.

⑤ 대안적 시책 고려 방안

비용-편익분석을 적용하는 과정에서 간과하기 쉬운 문제는 동일한 정책목표를 달성하기 위해 다양한 대안적 방법을 고려하지 못한다는 점이다. 따라서 비용-편익분석에서는 무투자대안에 대한 분석을 반드시 포함하는 것이 중요하다. 무투자대안이란 정책 자체를 추진하지 않는 대안을 의미한다. 무투자대안에 대한 비용-편익분석은 새로운 정책 추진에 정당성 여부를 부여하는 근거가 된다.

(3) 편익비용비율 및 내부 수익률 산정방식
① 편익비용비율

비용-편익비율(Benefit Cost ratio: B/C ratio)은 공공정책의 총 편익을 정책수행을 위해 투입되는 총 비용으로 나눈 값, 즉 공공정책의 단위당 비용 대비 편익을 가리킨다. 편익비용비율이 1.0보다 크면 해당 공공정책과 사업은 비용에 비해 편익이 크다는 것을 의미하고 1.0보다 작으면 비용 대비 편익이 적다는 것을 의미한다. B/C ratio가 1.0 이 넘으면 정책선택이 고려대상이 되고 1.0보다 작으면 기각대상이 된다. 그러나 B/C ratio가 1.0이 넘는 경우에도 기회비용 및 사회적 할인율 등을 고려해 정책의 선택 여부를 결정해야 한다. 사회적 할인율은 편익이 장기적으로 발생하는 공공사업의 경우 시간의 투자가치를 의미한다. 사회적 할인율은 자본사용에 대한 시간에 대한 사회적 선호 또는 사회적 기회비용을 반영하는 것이므로 사회구성원이 공감할 수 있는 수준에서 결정되어야 한다.

1970년대 세계은행은 개발도상국 공공사업 투자의 사회적 할인율을 연 14% 정도로 추정했으나 최근에는 인플레이션 완화, 이자율 저하, 민간 자본수익률 저하에 따라 사회적 할인율이 크게 낮아지는 추세를 보이고 있다. 특히 공익성을 중시하는 공공정책의 특징상 공공정책의 사회적 할인율은 민간의 자본수익률보다 낮은 수준에서 결정된다.

② 순편익 값의 측정

이와 같은 일종의 내부 수익률인 사회적 할인율에 따라 순편익(NB: net benefit) 값이 측정되며 순편익 값은 B/C ratio와 함께 공공정책의 경제성을 나타내는 지표로 널리 쓰이고 있다. 순편익의 값은 현재의 가치로 공공정책의 총 편익과 총비용의 단순차이를 나타내기 때문에 순편익 값이 0이 넘으면 해당 공공정책과 사업은 순편익이 발생해 정책채택의 고려대상이 되고 0보다 적으면 순비용이 초래되어 정책채택이 기각대상이 된다.

$$NPV = \Sigma tRt/(1+r)t - \Sigma tCt/(1+r)t \quad \cdots\cdots\cdots\cdots\cdots\cdots\cdots\cdots\cdots\cdots\cdots$$

Rt = 공공정책의 편익누적, Ct = 공공정책의 비용누적

〈표 6-14〉는 사업기간 1년부터 20년까지의 편익비용 산정기간을 지닌 시장개발사업에 대한 편익과 비용 추정의 가상자료이다. 여기서 편익(수입)은 임대료, 비용은 초년도 건설비와 건설 후 매년 관리비를 포함했다. 임대수입은 건설 후 4년차부터는 100% 임대의 임대료를 추정한다. 관리운영비는 건설 초기부담은 높으나 5년 후부터는 크게 줄어 100 화폐단위로 낮아질 것으로 추정했다. 대안 A는 지방정부가 예산으로 건축비 1000 화폐단위 (Mu: monetary units)를 투자해 투자의 상환이 불필요한 대안이고 대안 B는 건축비를 연이율 12%로 10년 상환조건으로 대출을 받아 투자금 상환이 필요한 대안이다(Bendavid-Val, 1983: 149~157).

　　〈표 6-15〉는 연간 할인율(discount rate)을 15%로 가정한 편익비용 자료의 흐름이고 대안 B는 연이율 12%의 건설비 차입을 가정한 대안이다. 향후 20년간 연도별(n) 할인율(r)을 적용한 수익과 비용의 현재 가치(A)는 다음 식으로 구할 수 있다.

$$\text{Present value} = A/(1+r)^n \quad \cdots\cdots\cdots\cdots\cdots\cdots\cdots\cdots\cdots\cdots\cdots\cdots\cdots$$

3년차 400Mu(화폐단위)에 대한 현재 가치를 산정하면 다음과 같다.

$$400/(1+0.15)^3 = 400/(1.15)^3 = 400/1.521 = \text{mu } 263$$

　　15% 할인율을 적용한 편익비용분석에서 대안 A와 대안 B의 순현재가치 (net present value)와 편익비용비율(benefit cost ratio)을 비교하면 연이율 12%의 금융대출을 통한 투자사업 대안이 유리한 것으로 나타난다. 그러나 할인율에 따라 대안별 경제성은 달라질 수 있다.

　　비용-편익분석은 불확실한 미래에 대한 전망에 불과하므로 상황변화에 대한 민감도분석(sensitivity analysis)을 거친 후에 정책의 채택 여부를 결정

<표 6-14> 공공정책 대안별 수익과 비용 흐름 가상도

연도	수입(편익)	대안 A		대안 B	
		비용	순수익	비용	순수익
0	0	1000	-1000	0	0
1	300	200	100	420	-120
2	350	175	150	408	-58
3	400	125	225	371	29
4	400	100	275	309	91
5	400	100	300	272	128
6	400	100	300	260	140
7	400	100	300	248	152
8	400	100	300	136	264
9	400	100	300	224	176
10	400	100	300	212	188
11~20	400	100	300	100	300
계	4,250	2,300	1,850	2,960	1,290

자료: Avrom Bendavid-Val(1983: 150).

<표 6-15> 공공정책 대안별 수익과 비용 흐름 가상도(사회적 할인율 15% 적용)

연도	할인율	수입	대안 A		대안 B	
			비용	순수익	비용	순수익
0	1.000	0	1000	-1000	0	0
1	.870	261	174	87	365	-104
2	.756	265	151	114	308	-43
3	.658	263	115	148	244	19
4	.572	229	72	157	177	52
5 (5~20)	.497 (3.404)	199 (1,362)	340	1,022	135	64
6	.432	173			112	61
7	.376	150			93	57
8	.327	131			44	87
9	.284	114			64	50
10	.247	99			52	47
11~20	1.241	496			124	372
합계		2,380	1,852	1,852	1,718	662

자료: Avrom Bendavid-Val(1983: 150).

〈표 6-16〉 할인율 15% 적용 시 대안별 경제성 비교

	대안 A	대안 B
순현재가치	528	662
편익-비용비율	1.23	1.39

해야 한다. 예를 들면 실제적 비용이 예측치보다 얼마나 높아지는지, 그리고 수익은 예상보다 어느 정도 낮아져도 편익비용비율이 1.0이 넘는지 등에 대한 확인이 필요하다.

(4) 비용-편익분석의 한계와 개선방안

비용-편익분석은 경제적 효율성에 치중함으로써 지역사회의 특정계층의 불이익이나 형평성에 부정적인 영향을 미칠 수 있는 위험이 있다. 지역정책이나 지역계획은 경제-사회적 차원의 다원적 목적을 추구하는 데 비해 비용-편익분석은 본질적으로 지역정책이나 사업의 경제적 효율성 추구를 기본목적으로 하기 때문이다. 지역사회 내 어느 누구의 복지수준을 손실시키지 않고도 사회적 편익을 증진할 수 있는 파레토 최적화(Pareto Optimality)의 원칙이 지켜지기 위해서는 지역정책과 계획의 추진으로 초래될 수혜계층과 불이익계층을 찾아내서 계층이나 집단 간 편익과 비용을 고려해 불이익계층에 대한 손실보상대책을 마련해야 한다. 비용-편익분석의 또 다른 문제점은 정치적·사회적·전략적 차원에서 다양한 비경제적 편익을 다루지 못하고 정책결정을 정책결정자의 주관적 판단에 의존한다는 것이다. 따라서 지역계획과 정책을 종합적으로 평가하고 파급효과를 분석하기 위해서는 경제적인 측면의 계량적 분석과 함께 정치적·사회적 파급효과의 비용과 편익을 분석할 수 있는 대안적 방안을 마련해야 한다(김용웅·차미숙, 2001: 101).

4) 기타 평가기법: 계획대차대조표 및 목표달성행렬

(1) 계획대차대조표

① 계획대차대조표의 기본개념

기타 공공정책 종합평가기법으로는 행렬전시방법(matrix display method)의 하나인 계획대차대조표(PBS: planning balance sheet)와 목표달성행렬(GAM: goals achievement matrix)기법이 있다. 계획대차대조표를 이용하는 종합평가기법은 비용-편익분석과 유사하게 공공정책 및 사업추진의 경제적 효율성을 분석하고 추가로 화폐적 가치로 표현할 수 없는 사회적 편익과 비용을 동시에 분석하는 종합평가기법이다. 그래서 계획대차대조표는 비용-편익분석의 확대 모형이라 부른다. Lichfield(1975)는 화폐로 가치화할 수 있는지 여부에 관계없이 개발사업이나 공공시책으로 인해 발생하는 사회적 비용-편익의 파급효과를 계획대차대조표를 통해 밝히고자 시도했다(Schofield, 1987: 146~153).

계획대차대조표기법에서는 화폐가치화할 수 있는 부문은 비용-편익분석의 기법 등을 이용해 논리적 일관성을 가지고 사회적 비용과 편익을 측정하고 있으며, 기술적인 요인 때문에 비용-편익분석에서 배제되어 온 부문을 추가하고 있다. 화폐로 표현되지 않는 부문은 물리적 측정단위를 사용하는 등의 방법으로 사회적 비용과 편익의 질적 내용을 포함한다. 이 밖에도 계획대차대조표기법은 분석대상을 생산자와 소비자로 구분해 사회적 비용과 편익을 측정하며, 지역사회 내 상이한 부문 간의 파급효과를 비교함으로써 지역정책이 추구하는 재분배효과를 분석한다(Armstrong and Taylor, 1978: 290~292).

<표 6-17> 계획대차대조표(Planning Balance Sheet)(예시)

		plan A				plan B			
		benefits		costs		benefits		costs	
		capital	annual	capital	annual	capital	annual	capital	annual
생산자	X	£a	£b	-	£d	-	-	£b	£c
	Y	i_1	i_1	-	-	i_3	i_4	-	-
	Z	M_1	-	M_2	-	M_3	-	M_4	-
소비자	X'	-	£c	-	£f	-	£g	-	£h
	Y'	i_5	i_6	-	-	i_7	i_8	-	-
	Z'	M_1	-	M_3	-	M_2	-	M_4	-

자료: Margaret Roberts(1974: 139). Schofield(1987) 재인용.

② 계획대차대조표의 장단점

계획대차대조표방식의 가장 큰 장점은 사회적 비용과 편익을 반드시 화폐단위화하지 않아도 된다는 점이다. 만약 지역정책이나 계획의 목적이 낙후지역의 인구유출방지에 있다면 이들의 효과는 구체적인 인구이동 수치로 나타낼 수 있다. 그러나 대차대조표 방식도 적용하는 과정에서 문제점이 있다. 예를 들면, 비화폐적 요소의 사회적 비용과 편익은 계량화가 어렵기 때문에 분석자는 최종적으로 정책판단을 위해 사회적 비용과 편익 측정에 있어 항목 간 중요도나 가중치를 자의적으로 결정해야 한다. 그러나 공감대 높은 합리적이고 객관적인 기준이 명확히 설정되어 있지 않아 모든 책임을 정책결정자의 판단에 의존하는 단점이 있다(김용웅·차미숙, 2001: 104).

(2) 목표달성행렬

목표달성행렬방법(GAM: goals achievement method)은 Hill(1968)에 의거해 개발된 기법으로서, 도시·지역계획 평가에 적용되고 있다. Lichfield는 지역개발사업에 의거해 영향을 받는 이해집단에 미치는 비용과 편익의 효과를 일련의 계정(account) 형태로 체계적으로 기록해 비교하는 데 치중했으나 Hill은 대차대조표 방식은 지역계획이나 사업의 "목표지향"을 무시하는 경향이 있다고 비판하면서 개발사업의 목표에 따라 목표달성도를 밝히는 모형을 제안했다(Roberts, 1974: 141). 목표달성행렬방법은 지역계획이나 사업의 준비단계에서 지역계획이나 사업목적달성에 적합한 대안들을 발굴하고, 이를 비교분석해 적합한 대안을 선택하는 또는 우선순위를 결정하는 분석평가기법이다. 그러나 목적달성행렬기법은 지역정책과 사업 추진과 관련해 다양한 평가기법으로 활용되고 있다. 목적달성행렬기법의 활용을 위해서는 우선 지역계획이나 사업의 목적과 목표부터 찾아내야 한다. 그리고 확인된 목적과 목표달성과 관련된 이해집단과 행동과정을 확인하고 각각의 목표달성과정에서 초래되는 편익과 비용(화폐적 가치나 질적 가치)의 분석과 함께 목적달성 정도를 추정하고, 각각의 행동이나 대안별 상대적 효과성(relative effectiveness)을 측정·비교해 최종적 의사결정의 자료로 활용해야 한다.

계획대차대조표 및 목표달성행렬방법 등의 행렬전시방법(matrix display method)은 지역정책과 계획의 지역사회 내 상이한 집단 간 파급효과를 고려하고 공공정책의 추진과 관련해 무형의 파급효과를 공식적으로 통합했다는 점에서 의의가 있다. 지역정책과 사업의 당위성과 적합성은 지역의 생산, 고용 및 소득만으로 판단할 수 없다. 지역 내 경제, 사회 및 환경 등 다양한 부문의 파급효과를 종합적으로 분석·평가하는 노력이 필요하다. 그러나 복합적인 목적과 다원적 파급효과를 지닌 지역정책이나 사업 추진의 파급효과를 종합적으로 평가하기 위해서는 적정한 분석기법을 선택해야 하고, 기법을 적용하는 과정에서 발생하는 여러 가지 한계와 문제점을 극복할 방안을 마련해야 한다. 지역정책이나 계획을 효율적으로 종합평가하기 위해서는 우선적으로 지역정책과 사업 추진의 핵심적인 목적을 찾아내고 분석과 평가기법이 요구하는 자료 확보의 가능성을 확인해야 한다. 이를 기초로

적정한 평가기법을 선택하고 이를 실용적으로 적용하는 방안을 모색해야
한다(김용웅·차미숙, 2001: 105).

5) 지역경제분석 기법의 종합검토

(1) 지역경제분석 기법 검토 개요

지금까지 지역정책 및 계획과 사업을 추진하기 위한 지역실태를 파악하
고 지역적 파급효과를 분석·예측하는 데 필요한 다양한 분석기법과 관련해
기법의 내용, 기본가정과 구조, 한계와 적용사례, 개선방안 등을 종합적으
로 살펴보았다. 지역경제분석 기법은 매우 다양한데, 첫째, 지역경제 파급
효과 분석에 널리 쓰이는 단기적 지역성장분석 기법 유형에 속하는 것으로,
경제기반모형, 케인즈 모형, 지역계량경제모형 등 지역승수 분석기법이다.
둘째, 장기적 지역성장분석 기법 유형에 속하는 것으로, 산업 간 연계관계
를 통한 지역경제 파급효과를 측정·분석하는 기법인 지역투입-산출모형,
변이할당모형, 거시경제모형이다. 셋째, 지역경제 파급효과를 경제적 효율
성 분석에 치우치지 않고 화폐로 가치를 측정하기 어려운 환경과 사회부문
의 질적 편익과 비용을 측정하는 지역정책의 종합적 평가기법이다. 이와 같
이 폭넓은 지역분석과 평가기법을 소개하고 개선방안을 모색하는 이유는
다양한 지역정책과 사업 추진과정에서 연구 목적에 맞는 분석기법을 선정·
적용하고 개선방안을 마련하는 데 도움을 주기 위해서이다.

(2) 지역경제분석 기법 검토의 시사점

지역경제분석 기법을 종합적으로 검토함으로써 다양한 지역분석 기법의
특징과 한계, 적용상의 문제점과 개선방안에 대한 이해를 높일 수 있으며,
동시에 향후 지역경제분석 기법을 선택·적용하는 데 있어 개선해야 할 점을

도출할 수 있다. 지역경제분석 기법을 검토할 때에는 다음과 같은 사항을 유의해야 한다.

첫째, 지역분석 기법을 선택·적용할 때에는 피승수 값(multiplicand)을 정확하게 측정하는 것이 중요하다. 대부분의 지역경제분석모형은 분석기법이나 모형을 개선 및 활용하는 데 치중하고 이들의 토대가 되는 직접효과는 소홀히 하는 경향이 있다. 피승수 값을 정확하게 측정해야 이를 토대로 한 간접효과도 정확하게 측정할 수 있다.

둘째, 지역경제 파급효과 분석의 경우 시간의 경과에 따른 파급효과의 변화를 고려해야 한다. 대부분의 분석기법은 시간경과의 효과를 간과해 왔다. 특히 지역투입-산출모형과 신고전모형(연산일반균형모형)을 비교·적용한 바에 따르면, 지역투입-산출모형은 단기효과에 대해 과다하게 추정하는 결과를 보여 단기예측의 신뢰성에 의문이 제기되었다. 이에 따라 지역투입-산출모형의 대안적 모형으로 시간적 파급효과의 변화를 감안한 통합투입-산출계량모형(integrated regional input-output econometric model) 등 분석기법을 개선하는 방안모색의 중요성이 커지고 있다.

셋째, 지역경제분석 기법들의 구조적 한계를 인정하고 이를 보완·극복하는 방안을 마련해야 한다. 기존의 대부분의 분석기법은 지역의 입지 및 사업유형에 따른 효과의 차이를 제대로 고려하지 못하는 한계가 있다.

넷째, 지역정책 및 사업 추진에 따른 실질적인 지역 파급효과를 밝혀야 한다. 대부분의 지역경제분석 기법에서는 지역정책과 사업의 파급효과를 소득, 고용 등 경제적 분석에 치중하지만 실질적인 지역 파급효과를 측정하기 위해서는 경제적 분석과 함께 환경적 및 사회적 효과(피해) 등 부수적인 파급효과도 함께 고려해야 한다.

다섯째, 지역경제분석의 기법들은 정책과 사업 추진에 따른 편익과 비용을 종합적으로 고려하기보다는 편익차원에 초점을 두는 경향이 있다. 지역

〈표 6-18〉 지역경제 파급효과 분석기법의 종합검토

구분		주요 내용	제약점	모형의 개선방안	적용사례
지역 승수 분석	경제 기반 모형	• 지역성장은 기반(수출) 부문 규모에 따라 결정 • 지역승수는 지역 총소득을 기반소득(고용)으로 나눈 값 • 자료부족 적용 용이	• 기반·비기반부문의 구분 모호 • 가정의 비현실성 • 지역성장은 다양한 부문에 의해 결정 • 다양한 기반부문의 획일적 처리 • 동질적 소비성향 가정 • 폐쇄경제 가정	• 지역 총소득과 기반부문 간 비비례적 관계식 도입 • 기반부문의 세분화를 통한 동질성 가정 극복	• 스코틀랜드 공공 투자지출의 경제적 파급효과분석 • 스페인 말라가지역 리조트의 관광객 지출 승수효과 분석 • 지방정부 재정지원에 따른 지역경제 효과(영국 랭커스터, 스톡포트 사례) • 대학의 지역경제 파급효과 분석
	케인 지안 모형	• 지역소득은 지역 소비지출, 투자, 정부지출수출에서 수입을 뺀 것의 총합 • 지역승수는 한계 소비성향에 의해 결정	• 지역규모 비례적 지역승수 규모 • 지역전문화 정도에 따른 지역승수 규모(대도시와 다양한 서비스 공급 가능지역의 지역승수가 커짐) • 피승수 값 결정 곤란(최초 투자의 수입누출 문제) • 지역생산능력 한계 고려 미흡 • 지역 간 환류효과 고려 미흡 • 소득효과 시간요소 반영 미흡	• 수입누출 처리 • 피승수 값 보정	
	지역 계량 경제 모형	• 지역승수모형의 확대모형 • 지역고용, 소득에 미치는 투입(지출)의 효과측정기법	• 수많은 변수추정에 따른 자료구득의 어려움(전국수준 가능) • 분석목적에 따른 모형정립 곤란	-	-
지역 투입 산출 모형	지역 투입 산출 모형	• 지역 내 산업부문 간 연계관계를 통한 지역경제 효과 예측 • 지역경제 거래 표 및 승수효과 측정	• 투입-산출 간 비례적 관계 가정 • 요소시장의 과도한 공급 가정(공급제약 불인정) • 정태적 모형(고정기술계수 등) • 단기적 예측의 신뢰성 미흡(특히 소단위 지역)	• 노동, 자본요소 시장을 추가해 공급측면 제약 보완 • time dimension 투입으로 동태적 모형 전환(통합적 투입-산출모형 제시) • 고정기술, 무제한적 요소공급 가정 제거, 투입-산출 간 비비례적 관계 허용	• 영국 북부지역의 투입-산출모형 개발(1971) • 웨일스지역의 투입-산출모형(웨일스와 영국 내 타 지역 간 연계관계분석) • 스코틀랜드 섬지역의 투입-산출모형 • KDI의 MRIO모형 개발
	다지역 산업 연관 모형	• 지역 내, 지역 간 산업연계관계 분석 • 지역 간 투입-산출모형과 다지역투입-산출모형으로 구분	• 정태적 모형(고정기술계수 등) • 단기적 예측의 신뢰성 미흡(특히 소단위 지역)		

자료: 김용웅·차미숙(2001: 107).

정책이나 사업을 추진하는 경우, 지방자치단체나 사업주체는 정책 및 사업을 효율적으로 추진하기 위해 특정부문이나 집단의 편익과 비용뿐만 아니라 지역사회 전체에 영향을 미치는 종합적인 부문의 파급효과도 분석해야 한다(김용웅·차미숙, 2001; 106~108).

제7장

지역계획 수립의 접근방법과 적용사례

1. 계획수립과정의 기본개념

1) 계획수립과정의 기본개념

계획수립과정(planning process)이란 계획목적 설정과 이의 달성을 위한 일련의 행동과정을 담은 계획안의 확정뿐만 아니라 확정된 계획안을 실행하고 실행과정과 결과를 평가해 환류과정을 통해 계획활동을 개선·종료하는 전 과정을 의미한다. 다시 말해, 계획수립은 문제를 인식하고 이를 해결하기 위해 목적과 목표를 설정하고 이를 달성하는 데 필요한 일련의 행동과정을 선정하고 이를 집행·평가해 완성하는 연속적인 의사결정 과정이다. 반면, 계획안 작성(plan formulation)이란 계획목표를 설정하고, 목표 달성을 위한 전략과 수단을 평가하고, 목표 달성을 위한 잠재적 대안을 마련한 후, 비교기준을 적용해 대안을 선택해 집행을 하기 위한 계획안을 만드는 것을 의미한다(McLoughlin, 1973: 231).

계획수립과 계획안 작성은 용어의 표현방식이 유사하고 계획수립에 대한 논의는 계획안 작성에서부터 시작해야 하기 때문에 용어상 혼란이 초래되기도 한다. 하지만 지역계획을 수립할 때에는 계획수립과정(planning process)과 계획안 작성과정(plan formulation process)을 구분해서 사용할 필요가 있다.

2) 계획수립과정의 논의내용

「계획수립과정」에 대한 논의는 「계획안 작성과정」과 함께 계획안의 집행 및 평가와 환류과정 등 지속되는 계획수립·집행 등 전체 「계획수립과정」을 모두 포함한다. 그러나 여기서는 「계획안 작성과정」부터 다룬다. 그다음에 계획안의 집행과 평가·환류부문을 포함한 「계획수립과정」 전체를 다루고자 한다.

「계획안 작성과정」은 「계획수립과정」의 1단계 과정이고 가장 핵심적인 과정이다. 「계획안 작성과정」에서는 계획안 작성의 절차와 접근방법을 중심으로 소개한다. 계획안 작성의 제도적 절차는 간략히 다루었다. 한국의 지역계획제도에서 제도적 절차는 상세히 소개했기 때문이다.[1] 계획의 집행과 평가와 환류(evaluation and feedback)부문에서는 평가의 개념과 유형 및 평가를 위한 분석기법 등을 소개할 예정이다.[2]

1 　계획안 작성 절차와 접근방법은 김용웅·차미숙·강현수(2003); Ratcliffe(1977)를 기초로 작성했다.
2 　계획평가·환류부문은 김용웅·차미숙(2001), 29~35쪽을 기초로 작성했다.

2. 지역계획안 작성과정

1) 지역계획의 목적과 목표 설정

계획안 작성과정(plan formulation process)은 계획목적을 설정하는 작업에서 출발한다. 그러면 지역계획의 목적은 무엇이고 어떻게 설정해야 할까? 지역계획의 목적이란 지역계획의 추진으로 달성하고자 하는 최종의 바람직한 미래 상태를 의미한다. 지역계획목적(goals)은 상징적인 미래의 지역 발전 비전이므로 추상적이고 장기적인 특성을 지닌다. 계획목적을 표현한 상징적인 문구는 지역발전 차원에서 구체적으로 무엇을 의미하는지 알기 어렵다. 계획가나 지역주민이 계획목적을 충분히 이해하기 위해서는 추상적인 계획목적에 대한 보완적 설명이 필요하고, 계획목적 달성의 분야별 파급효과와 변화를 전망할 수 있어야 한다.

계획목적(goals)이 설정되면 목적달성의 전략적 수단인 분야별, 단계별 목표(objectives) 설정이 필요하다. 계획가나 지역사회 구성원이 실효성 있는 목적과 목표를 설정하기 위해서는 먼저 양자의 정확한 개념과 차별성을 폭넓게 이해해야 한다. 즉, 목적(goals)은 계획의 추진을 통해 달성하고자 하는 바람직한 미래 상태인 데 반해, 목표(objectives)는 목적의 하위 개념으로서 목적을 달성하기 위한 전략적 수단으로서의 의미를 지니기 때문이다. 예를 들면 목적은 장기적이고 추상적으로 표현되는 바람직한 미래상인 데 비해 목표는 목적달성을 위해 필요한 단기적이고 구체적인 바람직한 미래상이다. 장기적이고 추상적인 계획목적이 설정되면 목표는 목적달성을 위해 필요한 단기적이고 구체적인 지역발전 수준과 조건을 단계별, 부문별로 계측 가능한 지표(measurable indicators)로 제시하는 역할을 한다. McLoughlin(1973)은 목표란 목적달성에 필요한 구체적인 행동(specific actions)이자 측정 가능한 디딤판(measurable steps)이라 정의했다(McLoughlin, 1973: 106~107).

지역계획의 목적과 목표를 설정하는 과정에서 계획가는 목적을 효율적으로 달성하기 위해 다음과 같은 점에 유의해야 한다. 첫째, 지역실태와 문제점, 지역의 발전 잠재력과 제도적 역량을 바탕으로 계획목적과 목표를 설정해야 한다. 그래야 계획목적과 목표의 설정이 지역문제의 해결과 지역주민의 열망을 충족시킬 수 있다. 계획안 작성과정에서는 지역여건, 문제점, 발전 잠재력 등에 대한 철저한 사전조사와 분석, 지역사회 내 자유로운 의견교환과 합의형성에 치중해야 한다.

둘째, 지역적 상황과 역량, 대내외 자원동원 가능성 차원에서 현실적으로 달성 가능한 목적과 목표를 설정하는 데 치중해야 한다. 중앙정부나 지방의 잠재자원이나 정책적 의지, 제도적 역량의 한계 등을 고려해 목적과 목표를 제시해야 한다. 비현실적이고 이상적인 계획목적과 목표를 설정하는 것은 계획추진의 실효성을 약화시키고 지역발전에 부작용을 초래한다. 지난 50여 년간 수립·집행되어 온 국토종합발전계획, 하위계층인 시·도나 시·군의 종합발전계획·광역권개발계획·수도권정비계획, 2000년대에 새로운 지역발전정책 패러다임을 내세워 수립·추진된 지역발전 5개년계획·광역경제권계획·지방행복생활권계획 등이 이상적인 목표 설정의 대표적인 사례이다. 수도권정비계획은 1982년 이후 3차에 걸쳐 수립·추진되었다. 1982년 수립된 제1차 수도권정비계획에서는 1991년까지 서울과 수도권의 인구를 매년 9.2만 명, 10.2만 명 증가로 억제하는 목표를 설정했다. 그러나 1991년까지 서울과 수도권인구는 계획치보다 각각 2배와 4배 많은 22.2만 명과 42.7만 명이 증가했다. 이러한 이상적인 과잉목표 설정의 관행은 최근까지도 계속되고 있다(김용웅, 2020: 100; 김용웅·차미숙·강현수, 2009: 451~452).

셋째, 계획목적과 목표를 달성하는 것이 지역여건과 주민의 경제-사회생활에 미치는 영향을 밝히고 지역사회의 적극적인 관심과 참여를 이끌어내야 한다. 계획목적과 목표를 달성하는 것이 지역의 산업, 경제활동, 주민의 삶의 질에 구체적으로 어떤 변화와 개선효과를 가져오는지 설득하는 노력이 필요하다. 계획목적과 목표를 달성하면 지역사회가 실질적으로 어떻게 변하는지 지역사회 구성원들이 알아야 지역계획에 대한 관심을 갖고 계획 추진과정에 참여할 것이며 협력에 적극성을 띨 것이다. 지역계획의 성공적인 추진을 위해서는 중앙정부이나 지방자치단체 등의 공적 개입 및 지원 활동과 함께 민간부문과 지역사회의 적극적인 참여와 협력을 이끌어내는 노력이 필요하다.

2) 지역자료의 수집·분석의 범위와 내용

계획목적을 설정하기 위해서는 계획안 작성자는 물론 지역사회 구성원들도 지역여건과 문제점에 대해 폭넓게 이해하고 합의를 형성해야 한다. 지역사회의 이해와 합의기반을 형성하기 위해서는 지역실태와 문제점 등에 관한 객관적 자료와 합리적 판단근거를 마련하는 것이 가장 중요하다. 계획안 작성과정에서 가장 중요한 것은 지역자료의 수집과 분석이다. 지역자료를 수집하고 분석하는 것이 계획목적을 설정하기 위한 활동인 것만은 아니다. 지역자료를 수집하고 분석하는 것은 계획목적을 설정한 이후 이를 달성하기 위해 구체적인 목표를 설정하고 전략과 효율적인 정책 및 계획수단을 제시하는 과정에서도 지속적으로 필요한 계획수립 활동의 하나이다.

가장 핵심적인 과제는 계획안 작성과정에서 어떤 지역자료를 수집해야 하고 그 자료를 어떻게 분석해야 하는지 알아내는 것이다. 지역자료의 수집과 분석의 범위 및 내용은 지역계획관련 법률을 보면 추정이 가능하다. 「국토기본법」, 「국가균형발전특별법」, 기타 다양한 지역계획 관련 법률에서는 계획의 목적과 기능, 수립절차와 주된 계획내용 등이 규정되어 있기 때문이다(김용웅, 2020: 19~34).

 지역계획 수립과정에 필요한 지역자료의 수집과 분석범위는 계획이론이나 실증사례를 통해서도 어느 정도 알 수 있다. 지역계획의 성격과 목적에 따라 조사대상지역과 수집·분석해야 하는 지역자료의 범위와 내용을 알 수 있다. 지역계획의 목적이 주민의 삶의 질(quality of life) 향상인 복지계획(welfare planning)의 경우, 조사대상이 시·군 등 기초자치단체인 소규모 지역이며, 수집하고 분석해야 할 지역자료는 주로 고용, 주민소득, 공공서비스, 생활 편익시설과 환경, 보건 여가 등에 집중된다. 반면, 지역의 경제와 산업활동 촉진을 중시하는 경제계획의 경우에는 조사대상이 복수의 시·군 지역, 시·도 등 광역자치단체 행정구역, 그리고 대도시권 등 광역지역이며, 수집자료의 범위와 내용은 지역생산, 소득수준, 고용, 산업구조와 경제·산업 활동, 광역 교통·통신망 등 경제적 인프라와 광역 환경·자원 등에 치중된다. 그러나 지역자료 수집·분석의 범위와 내용은, 계획의 목적이나 성격, 지역적 특수성에도 불구하고, 모든 계획에 적용 가능한 획일적이고 단정적인 형태로 제시할 수 없다. 지역자료의 범위와 내용은 대상지역과 지역문제의 특징과 시대적 여건, 계획의 목적과 전략, 계획수립 단계별로 달라지기 때문이다.

 지역자료의 수집과 분석의 결과는 계획안 작성과정에서 다음과 같은 다양한 목적으로 활용된다. 첫째, 지역여건실태 파악과 문제점 도출 및 향후 전망을 위한 기초자료로 활용되고, 둘째, 계획목적과 목표설정의 당위성과 실천 가능성을 판단할 수 있는 객관적인 근거를 제공한다. 셋째, 지역자료 수집·분석결과는 지역계획목적 달성을 위한 행동과정과 시책마련의 기초자료를 제공한다. 끝으로, 지역자료의 수집·분석은 계획안을 집행하고 이를 평가하고 평가결과를 지역계획 수립의 전 과정에 환류해 계획목적의 효율적 달성을 지원하는 역할을 한다.

3) 지역계획안 작성의 접근방법

(1) 지역계획안의 작성과정

지역계획 수립과정의 첫 단계는 계획안 작성과정이다. 계획안 작성과정의 첫 시작은 지역실태 파악, 장단기 지역문제의 도출과 전망이다. 지역자료수집과 분석은 지역실태와 장단기 지역문제를 확인하기 위한 필수적인 과정이다. 지역실태와 장단기 지역문제를 도출·전망하고 지역 내 발전 잠재력과 제약을 찾아내면 이를 바탕으로 계획목적을 설정한다. 계획목적을 설정한 후에는 목적달성을 위해 필요한 계획목표를 설정하고 향후 실행해야할 장단기 전략과 구체적인 행동과정을 확정해야 한다. 그래야 지역계획안작성이 완료된다.

계획목적과 계획목표를 설정하는 단계에서는 목적과 목표 설정의 의도와 각 특징의 차이를 알아야 한다. 계획목적은 계획안의 작성 및 지속적인실행을 통해 정해진 기간 내에 달성하고자 하는 지역의 바람직한 미래상을제시하는 최종 결과물이다. 계획목표는 지역의 바람직한 미래상을 달성하기 위한 단계별·부문별 지역상황에 대한 계량적 지표라 할 수 있다. 즉, 계획목적은 지역의 미래상이고 계획목표는 이를 달성하기 위한 단계별·부문별 전략적 지표라 할 수 있다. 계획목적은 장기적·추상적·상징적인 모습을지니고 있어 추가적인 설명이 있거나 지역과 주민생활에 미칠 영향을 알기전에는 이해하기 어렵다. 반면 계획목표는 목적달성을 위한 단계별·부문별전략적 지표로서 단기적이고 구체적이며 계측 가능하다.

계획목적과 목표를 설정한 단계 이후에는 이를 달성하기 위해 부문별 장단기 전략 및 시책 대안을 마련하고, 이들 대안을 비교·평가해 최적안을 선정하고, 합리적인 활동과정 또는 계획수단을 마련하고, 이를 비교·평가해바람직한 계획안 작성을 완료하고, 법 제도에 따른 과정을 거쳐 계획안을 완성한다. 이와 같은 계획안 작성은 제3장 제2절 '지역계획의 개념과 기능적 특성'에서 설명한 바 있다. Glasson(1973: 5)은 계획안 작성과정을 6단계로 제시했으며, McLoughlin(1973: 95~99)은 이 과정을 5단계로 제시했다.[3]

　법적·제도적 차원의 지역계획 수립과정은 이미 한국의 지역계획제도 부문에서 설명한 바 있다. 지역계획 수립 절차는 「국토기본법」과 「지역균형개발 및 지방중소기업 육성에 관한 법률」(1994) 등 법률에 따라 약간의 차이가 있다. 최상위 법률인 「국토기본법」에 따르면, 지역계획의 수립권자는 국토교통부 장관이나 광역 및 기초자치단체의 장이 되고, 계획수립권자가 지방자치단체의 장이 되는 경우 계획안은 국토교통부 장관의 승인을 받도록 되어 있다. 도종합계획이 대표적인 사례인데, 도지사는 계획안을 마련해 국토교통부 장관의 승인을 받아야 한다. 국토교통부 장관이 도종합계획을 승인할 때에는 여러 관련 중앙부처의 장과 협의하고 국토정책위원회의 심의를 거침으로써 도종합계획이 국가계획으로서의 지위를 부여한다. 이 과정을 통해 지역계획과 중앙정부의 국토·지역정책 및 계획이 연계되고 조정되며 일관성을 유지한다. 특정지역계획과 같이 중앙부처의 장인 국토교통부 장관이 계획안을 마련하는 경우에도 계획안은 관련 중앙행정기관장과 협의한 다음 국토정책위원회의 심의를 거쳐 확정한다. 다른 법률에 의거해 수립되는 지역계획의 경우에도 「국토기본법」의 규정과 유사한 절차를 따른다(김용

3　Glasson은 문제의 도출(the identification of the problem), 총량적 목적과 구체적이고 측량 가능한 목표의 설정(the formulation of general goals and specific and measurable objectives), 예상 가능한 제약요인 확인(the identification of possible constraints), 미래 상황의 전망추정(the projection of the future situation), 대안적 행동경로의 고안과 평가 (the generation and evaluation of alternative courses of action), 그리고 바람직한 계획안 작성(production of a preferred plan) 등 6단계를 제시했고(Glasson, 1973), McLoughlin 은 환경 스캔(scanning the environment), 목표 수립(the formulation of goals), 가능한 행동 방침 개발(developing possible courses of action), 가능한 행동 방침 평가(evaluation of possible courses of action) 및 행동(action) 등 5단계를 제시했다(McLoughlin, 1973: 95~99).

웅·차미숙·강현수, 2003. 392~393).

(2) 지역계획안 작성과정의 특징

계획안 확정과정은 지역계획 수립과정의 1단계 과정에 불과하다. 계획안 작성과정의 특징을 이해하기 위해서는 계획수립과정 전체의 특징을 알아야 한다. 계획안 작성이 끝나고 상위기관, 즉 중앙정부나 광역자치단체에서 계획안이 승인되면 승인된 지역계획은 계획수립기관으로 이관된다. 그 후 기관별로 정해진 기간 내에 계획안의 집행, 평가, 환류(feedback)의 연속적인 과정이 이루어진다. 계획 집행 이후에는 집행과정과 집행결과에 대한 지속적인 점검과 평가가 이루어지고, 평가결과는 환류과정을 통해 지역계획을 지속적으로 보완·개선해 계획의 실효성을 높이는 역할을 한다. 이것이 가능하기 위해서는 바람직한 계획안 확정과 함께 계획의 효율적인 집행과 평가·환류과정이 지속되어야 한다. 계획수립과정(planning process)은 연속적 순환과정(continuing circulatory process)이기 때문이다. 계획수립과정은 다음의 몇 가지 특징을 지닌다(김용웅·차미숙·강현수, 2003: 375~376).

첫째, 계획수립과정은 단계적 또는 순차적으로 이루어지는 의사결정 과정(decision-making process)이 아니라 선후의 의사결정 과정이 상호 영향을 주고받으면서 변화하는 동태적 과정(dynamic process)이다. 계획수립과정은 계획목적(planning goals)을 정한 후 부문별 목표(planning objectives)를 설정하고 다양한 전략과 시책의 대안(options)을 모색·비교·검토한 뒤 최적의 대안을 선정해서 계획안을 확정하고, 계획내용을 실행하고, 집행과정과 결과를 평가·환류하는 계층적·순차적인 의사결정이 아니다. 여러 단계의 계획수립과정을 거치면서 후속단계의 의사결정 과정에서 생성되는 새로운 정보가 선행의 의사결정에 투입되어 전 단계의 의사결정 내용이 수정될 수 있기 때문이다. 이것이 계획수립과정을 상호작용적 과정(interactive process)이라고 부르는 이유이다.

둘째, 계획수립과정은 계획안 마련(plan formulation)으로 종료되지 않는다. 계획기간 동안 집행, 평가, 환류가 지속·반복되기 때문에 계획수립과정을 연속적 과정(continuing process)이라고 부른다.

셋째, 계획수립과정은 상호작용적인 동태적 과정과 지속적이고 연속적인 과정이 반복·순환되는 과정(circulatory process)이다. 계획수립과정은 계획목적을 달성하기 위해 여러 단계의 의사결정과 집행과정이 상호 영향을 주면서 개선노력을 반복적으로 수행하는 순환적인 학습과정(learning process)이기 때문이다.

3. 지역계획 수립과정의 접근방법

1) 지역계획의 영역과 자료수집 범위

지역계획은 다원적인 목적을 지니고 있고 계획안 작성에서부터 시작해 계획의 집행, 평가 및 환류 등 계획추진의 전체 과정에서 필요한 자료를 포함하기 때문에 자료수집·분석의 범위가 광범위하다. 지역계획 수립과정에 필요한 지역자료의 수집·분석의 범위나 내용을 이해하기 위해서는 지역계획의 성격 또는 영역부터 확인해야 한다. 지역계획이 다루는 부문, 즉 영역에 따라 필요한 지역자료의 범위와 내용이 달라지기 때문이다. 도시계획, 즉 공간계획 차원의 지역계획인 경우, 자료수집과 분석은 주로 토지이용, 주택, 교통, 교육, 문화 등의 도시서비스, 도시기반시설, 환경 등의 생활환경, 다양한 물적 시설을 공급하고 관리하는 데 초점을 둔다. 반면 지역경제 진흥, 주민의 사회경제적 기회 확대, 삶의 질 개선을 도모하는 발전계획의

〈그림 7-1〉계획수립의 일반적인 과정

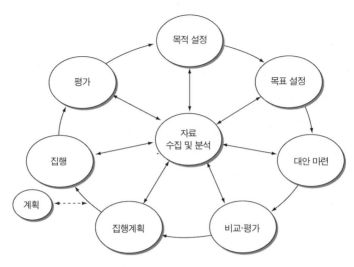

자료: 김용웅·차미숙·강현수(2003: 376).

성격의 지역계획에서는 지역소득, 고용, 산업구조, 지역생산 변화, 성장 잠
재력 등 지역경제와 산업부문의 실태와 변화에 치중한다.

지역계획 수립과정에서 자료수집·분석의 범위를 파악하기 위해서는 지
역진흥계획의 성격을 지닌 지역계획의 주요 역할과 계획수립 영역을 이해
해야 한다.[4] 지역계획의 역할이나 계획수립 영역을 이해하면 필요한 지역자
료의 범위와 내용을 알 수 있기 때문이다.

첫째, 지역계획의 일차적인 역할은 인구의 지역정착과 산업-경제발전을
뒷받침하는 공간구조와 기반의 정비와 개편 등 광역적 공간을 정비하고 대
도시권관리계획(metropolitan planning)을 마련하는 것이다. 인구의 지방

---

[4] 대한국토·도시계획학회는 지역계획의 영역으로 대도시권계획(metropolitan planning), 지
   역사회 및 인적자원계획(human resource planning), 환경계획(environmental planning),
   자연자원계획(natural resource planning)을 제시한 바 있다(대한국토·도시계획학회, 1994:
   40~43).

정착 확대와 경제-사회적 발전을 위해서는 효율적인 공간체계와 도시기반 구축이 필요하기 때문이다. 지역공간체계와 도시기반 구축을 위해서는 지역 내 도시, 즉 정주단위별 인구, 산업과 관련된 자료, 지역 간 기능적 연계와 이를 뒷받침하는 도로망 등 광역기반시설의 배치와 공급수준과 관련된 자료를 수집·분석하는 작업이 필수적이다.

둘째, 지역계획은 지역의 산업 및 경제의 진흥을 통해 지역경제성장을 촉진하고 주민의 삶의 질을 개선하는 데 초점을 두는 지역경제계획(regional economic planning) 또는 지역발전계획(regional development planning)의 성격을 아울러 지닌다. 유럽의 전국단위 지역계획(inter-regional planning)에서는 지역균형발전을 위한 시책으로 지역공간체계 정비나 도시기반 구축보다 지역경제 및 산업발전 촉진에 높은 우선순위를 두고 이를 직접적으로 지원할 수 있는 지역성장거점 조성과 광역도로망 구축 등에 집중해 왔다(Glasson, 1974: 303~306). 지역경제발전계획의 성공적인 추진을 위해서도 지역의 경제와 산업의 실태와 문제점을 진단하고 미래변화를 전망하며 효과적인 대응책을 마련하는 데 필요한 지역자료를 수집·분석해야 한다. 지역경제·산업과 관련된 자료에는 생산요소(production factors)로서 지역의 인적·물적 자원 및 지역경제 수준과 잠재력을 나타내는 지역생산, 소득, 산업구조, 기업활동 등에 관한 정태적·동태적 자료가 포함된다.

셋째, 지역계획은 여가, 문화, 관광자원 이용의 극대화를 추구하는 지역의 여가 및 관광계획(regional tourism planning)의 성격을 지닌다. 여가, 문화, 관광기능은 산업과 경제 육성 측면에서뿐만 아니라 주민의 삶의 질 차원에서도 중요성이 커지고 있기 때문이다. 또한 이들 문화, 관광자원은 공간적으로 광범위하게 분포되어 있기 때문에 관리와 운영에 있어 광역적인 통합과 조정이 필요하다. 지역여가관광계획의 성공적인 추진을 위해서는 지역의 여가, 문화, 관광자원의 분포와 수준, 여가관광시설의 이용실태, 시장 경쟁력 등에 대한 지역자료를 수집·분석하고 분석결과를 적극적으로 활용하는 방안을 모색해야 한다.

넷째, 지역계획은 지역 고유의 환경과 자연자원을 효율적으로 보전·관리·이용하는 지역 환경 및 자연자원계획(regional environmental and natural resource planning)의 특징을 지닌다. 환경과 자연자원은 지역의 경쟁력, 매력도, 삶의 질을 결정하는 핵심적인 자원으로서 가치와 잠재력을 지니며, 인위적인 행정구역의 경계를 초월해 광역적으로 분포되어 있어 공동의 통합관리가 필요한 분야이다. 지역 환경과 자연자원계획 수립을 위해서는 지역의 환경과 자연자원 분포, 이용실태, 보전 상태에 관한 자료를 수집·분석하는 일이 필수적이다.

이 밖에도 지역계획은 전국 및 인접지역의 실태와 변화도 고려하는 개방적 공간계획의 특징을 지닌다. 지역적 특징과 수준을 정확하게 이해하고 판단하기 위해서는 계획대상지역과 함께 전국 및 인접지역을 비교자료로 수집·분석해야 한다. 특히 지역계획은 국가계획의 일부분으로 국가의 경제성장과 정책으로부터 영향을 받기 때문에 관련 분야의 전국자료를 수집·분석하는 것은 필수적이라 할 수 있다.

2) 지역계획 수립의 기초통계 작성

(1) 통계자료수집의 준비작업

지역자료의 수집과 분석은 계획의 전체 수립과정과 연결된 활동이고 자료수집의 범위 또한 계획대상지역에만 한정되지 않고 광범위하기 때문에 자료수집은 계획가들이 계획수립과정에서 제일 처음 당면하는 힘든 과제이다. 자료수집이 체계적으로 이루어지지 않는 경우 불필요한 자료를 모으거나 필요한 자료의 미확보로 계획수립과정에 차질이 생긴다. 효율적인 지역자료 수집·분석을 위해서는 자료수집 이전에 지역여건, 지역문제, 계획과 분석의 목적, 분석기법 등에 대한 검토와 전략적 판단이 필요하다. 지역자료를 수집하기 이전에 계획가는 해당 지역을 전반적으로 이해해야 하고 자료별로 적용 가능하고 바람직한 분석기법 유형을 검토해야 한다.

계획가는 국가경제와 지역경제 간 관계, 지역계획의 역할과 의미, 지역경제-사회발전의 동인과 성장구조에 대한 전문적인 지식을 갖춰야 하고 해당 지역의 실태와 문제점에 대한 폭넓은 이해와 친숙감을 갖춰야 한다. 이와 같은 사전검토를 바탕으로 통계자료총람(statistical compendium)을 구상하고 이를 기초로 체계적인 자료수집 작업을 시작해야 한다. 통계자료총람이란 지역의 고유한 특징과 문제점 도출, 전략 및 시책대안 마련에 활용될 수 있는 다양한 형태의 통계수치, 도면, 지도, 각종 설명 및 서술자료 등의 범위와 유형별 자료명을 체계화한 목록을 의미한다(Avrom Bendavid-Val, 1974: 20).

(2) 지역통계자료 범위와 항목

① 지역통계자료 편람의 작성

지역계획을 수립하는 목적에 필요한 자료를 체계적으로 수집하기 위해서는 수집 자료의 범위와 자료유형을 대변하는 항목을 결정해야 한다. 수집 자료의 범위와 항목을 결정하는 것은 지역계획의 성격과 목적에 따라 달라진다. 지역계획은 다양한 목적과 부문을 포함하기 때문이다. 미국의 경우에는 빈곤문제와 사회복지 향상에 초점을 두는 지역계획에서 빈곤의 실태, 주민의 인적구성, 사회복지서비스 수준, 지역 잠재자원 등의 자료수집에 치중한다. 미국 빈곤층 복지관련 정부기관이 지역통계자료총람(local statistical compendiums) 작성 지침에서 제시한 수집 자료의 범위와 항목은 빈곤층 측면묘사(profile of the poor), 일반적 인구통계학적 특성(general demographic characteristics), 지리적 특성(geographic characteristics) 경제적 특성(economic characteristics) 및 사회적 특성(social characteristics) 크게 다섯 가지이다. 실업과 지역사회발전을 목적으로 하는 미국의 정부기관도 실업자의 특성, 지역사회시설, 일반적 인구특성, 경제구조와 활동, 물적 자원 등 유사한 자료범위와 항목을 채택했다. 통계자료총람(statistical compendium)은 정부기관의 역할에 맞춰 자료를 구축한다. 예를 들면 지역자원의 경우, 이를 인적자원(human resources), 제도적 자원(institutional resources), 에너지자원(energy resources), 광물자원(mineral resources), 목재자원(timber resources) 등으로 구분해 정리하는 방식이다(Bendavid-Val, 1974: 22~23).

농업, 제조업, 관광 등 산업 및 경제발전을 위한 지역계획에서는 HINCO 접근법이 많이 활용된다. HINCO는 지역통계자료의 5개 부문, 즉 인간(Human), 제도(Institutional), 자연(Natural), 자본(Capital), 기타(Others)의 첫 글자를 조합한 것이다. 인적 부문(human aspects)의 통계는 인구규모, 인구특성, 인종분포, 교육수준, 직업, 기술, 소득과 임금, 취업과 실업, 경제활동 참여율, 건강, 주거, 생산성, 노동시장지역 등으로 구분되고, 제도적 부문(institutional aspects)은 지역 및 지방정부(regional and local governments), 공공세입(public revenue) 및 지출 패턴(expenditure patterns) 및 지역사회 서비스, 자본에 대한 노동 비율, 기업지원기관과 장애요인, 산업조직과 노동조직(trade and labor organization), 협동조합, 토지소유 패턴 등으로 구분된다. 자연부문(natural aspects)은 토지이용, 광물자원, 토양유형, 수자원, 지형특성, 위락자원, 경관자원, 입지특성, 역사적 장소와 문화적 유산, 환경 민감 지대 및 재해우려지역 등으로 세분되며, 자본부문(capital aspects)은 기반시설, 토지이용잠재력, 교통, 통신, 공공투자, 민간투자, 저축률, 외부자본출처(external capital sources), 주택재고, 과소이용시설, 사업체 규모, 지역총생산, 산출대 자본비율, 공공자본재 건설 자료 등으로 구분된다. 마지막으로 기타 부문(other aspects)에는 상위와 하위계층의 개발계획과 계획수립 내용, 거래지역, 타 지역과의 연계, 주요 경제활동, 문제점 및 잠재력에 대한 특별한 정보, 지역발전에 관한 다양한 설문조사(survey) 등이 포함된다(Bendavid-Val, 1974: 23~27).

계획가들은 지역통계편람에 지역경제계획 과제와 직접 연계가 가능한 분석적 항목(analytical rubrics)의 포함을 선호한다. 지역통계편람은 산업·경제부문을 사회적 부문(social aspects), 물리적 부문(physical aspects), 제도적 부문(institutional aspects) 및 경제적 부문(economic aspects)으로 나누어 작성한다. 이들 4개 부문은 각각 더욱 세분화한다. 예를 들면, 경제적 부문은 "지역수출관련활동"(regional export-relate activities), "지역수입관련활동"(regional import-related activities), "지역시장활동"(regional market activities) 등으로 세분화한다. 지역경제활동 부문은 일반적으로 광업과 같은 채취부문(extractive), 제조부문(manufacturing), 상업(commerce) 및 농업부문과 보다 하위단위인 관광부문(tourism) 등으로 세분한 후 통계를 제시한다.

이밖에도 지역경제통계 자료를 "인구-입지-활동모형"(population-location-activities approach)에 따라 분류해 지역경제를 보다 동태적이고 입체적인 차원에서 살펴보는 방식을 택하기도 한다. 인구-입지-활동모형은 지역에서 어떠한 일이 일어나고 있는지와 지역 활동이 어떻게 지역 내 입지와 연관을 갖게 되는지를 설명해 준다. 여기서 지역입지 특성은 면적과 같은 물적 차원(physical dimension)과 위치와 같은 상대적 공간차원(relative spatial dimension)의 자료를 모두 포함한다. 인구-입지-활동모형에 기반을 둔 자료편람(compendium)의 내용을 소개하면 다음과 같다.

첫째, 인구-입지-활동모형의 각각의 구성요소별 자료편람은 각각 다음과 같다. 인구와 사회적 특성(population and social characteristics)부문의 경우, 인구특성자료는 인구규모, 연령구조, 교육수준 및 취업경험 등 인구학적 특성자료이고, 사회적 특성자료는 소득과 재산, 개인적 수입과 소비패턴, 취업과 실업, 건강, 주거와 복지, 주민의 출신지 등 주민의 사회적 특성자료를 담고 있다. 입지특성(location characteristics)부문은 지역의 자연지형과 위치 및 기후적 특성 등 물적 자원(physical resources) 관련 자료와 사회자본, 하부구조(infrastructure), 정부 및 공공투자의 재원과 요금 및 지역 간과 지역 내의 교통·통신시설 수준과 접근성 등 공공서비스 시설 자료를 담고 있다. 그리고 경제활동특성(economic activities characteristics)은 기업규모, 집중화율, 지역총생산과 부가가치, 생산성, 판매규모, 농업특성, 산업구조특성, 생산대비 자본비율 등 주요경제활동 자료와 투자 및 자본축적 관련 자료로 구성되어 있다.

둘째, 인구-입지-활동부문의 상호간의 관계특징은 다음과 같은 자료로 구성되어 있다. 인구-입지 간 관계특성(population-location relationship characteristics)부문은 인구밀도, 주요 거점의 인구규모 분포, 통근, 통학 등 여행패턴(travel pattern), 역외 여행, 인구이동 및 토지소유패턴 자료를 포함하며, 인구-활동 간 관계특성(population-activity relationship characteristics)부문은 산업별 취업자 수, 산업별 소득 및 임금, 산업경험별 실업자 수, 자본에 대한 노동비율, 산업별 노동생산성 등의 자료로 구성된다.

끝으로 입지-활동 간 관계특성(location-activity relationship characteristics)은 상업과 산업의 입지, 지역 내와 지역 간 상품의 흐름과 연계규모, 교역거래지역(trade areas), 노동시장지역, 다른 지역과 특별한 관계성 등의 자료로 구성되어 있다(Bendavid-Val, 1974: 25~28).

이와 같이 지역계획을 수립하기 위한 자료수집 및 분석의 범위는 매우 광범하고 그 방식도 매우 다원적이다. 따라서 계획가들은 계획의 성격, 목적, 정책내용에 대한 분명한 이해와 정의를 바탕으로 핵심적인 자료가 무엇인

<표 7-1> 지역계획 수립을 위한 기초자료 유형 사례

유형	HINCO 접근법	경제지향계획 접근법	인구-입지-활동 접근법
분석 항목	• 인적 부문(human aspects) • 제도적 부문(institutional aspects) • 자연적 부문(natural aspects) • 자본적 부문(capital aspects) • 기타 부문(others aspects)	• 사회적(social) 특성 • 물리적(physical) 특성 • 제도적(institutional) 특성 • 경제적(economic) 특성	• 인구와 사회적 특성 • 입지적 특성 • 경제적 활동 특성 • 인구-활동 관계특성 • 입지-활동 관계 특성

자료: Avrom Bendavid(1974: 24~27).

지, 어떤 자료가 수집 가능한지, 어떤 분석을 실시할 것인지 파악하고 체계적인 자료수집 범위와 분류체계, 구체적인 내용을 결정해야 한다.

② 공간 빅데이터 분석과 활용방안 모색

지역적 현상은 매우 폭이 넓고 다양하며 시각에 따라 해석이 다르고 다양한 가치관 속에서 지역의 사회-경제적 여건과 개인이나 집단의 행태가 급변하고 있어 정형화된 통계정보만으로는 종합적으로 파악하기 어렵다. 최근에는 IT기술 발달과 SNS 활용 증대 등 다양한 주체에 의한 수많은 종류의 비정형화된 정보가 크게 증대되고 있다. 이에 따라 이들을 연계·통합 분석해 새로운 정보와 지식 및 부가가치를 창출하려는 빅데이터 분석방법의 활용이 증대되고 있다. 특히 공간계획분야에서는 사회적 빅데이터를 장소 혹은 위치를 기반으로 하는 지리정보체계(GIS: Geographic Information System)와 결합한 공간 빅데이터 분석이 증대되고 있다. "공간 빅데이터 분석"은 지역의 물리적 환경뿐만 아니라 사회-경제적 환경, 인간의 행동·행태까지 지리정보와 연계해 분석할 수 있어 지역을 보다 입체적이고 동태적으로 파악할 수 있다는 장점이 있다. "공간 빅데이터 분석"에서는 소지역단위를 분석할 수 있는 "마이크로 공간 데이터"(MGD: Micro Geo Data) 분석까지 가능해 주민의 일상생활공간단위와 연계된 지역문제의 도출과 개선방안 마련에도 활용 가능하다.[5] 공간 빅데이터 분석의 활성화를 위해서는 다양한 유형의 대용량 정보를 추출·분석할 수 있는 기반과 기법의 개발도 중요하나 지역계획 수립과정에서 어떤 자료들을 추출해서 무엇을 분석할 것인지 등에 대한 검토와 논의가 선행될 필요가 있다.

4. 지역계획 목적설정과 전략수립

1) 계획목적의 의의

목적(goals)이란 개인이나 집단이 장래에 달성하고자 하는 이상적인 최종상태를 의미한다. 목적은 개인이나 집단의 행동 동기와 방향을 제시하기 때문에 목적의 설정은 개인이나 집단의 가치관 및 행태와 밀접히 연관되어 있다. 그래서 계획목적 설정과정에서는 지역사회 주민들의 가치관과 선호도를 파악하고 이를 기초로 그들의 열망과 요구를 반영하는 데 치중한다. Faludi(1976: 49~50)는 계획목적(planning goals)을 장래에 달성하고자 하는 이상적 상태에 대한 조작적 정의(operational definition)로 규정한다. 이는 계획목적은 단순히 바람직한 미래의 모습을 나타내는 것이 아니라 계획수립의 근본원인과 동기를 나타내면서 계획이 추구하는 가치와 행동의 지침이 될 수 있어야 하기 때문이다. 계획목적이 계획수립 및 집행과정에서

---

5   빅데이터란 "기존 방식으로 저장·관리·분석하기 어려울 정도로 규모가 큰 자료(위키 피디아), "데이터 양식이 다양하고 생성속도가 빨라 새로운 관리 및 분석방법이 필요한 대용량 데이터" (국가정보화 빅데이터 마스터 플랜, 2012) 등을 의미한다. 아울러 빅데이터는 다양한 대규모 데이터로부터 저렴한 비용으로 가치를 추출하고 초고속수집·발굴·분석하도록 고안된 차세대 기술 및 아키텍처"(IDC, 2011) 등으로도 정의된다. 빅데이터는 일반적으로 3V(Variety, Volume, Velocity), 즉 정보형태의 다양성, 거대용량 및 빠른 속도의 생성 및 처리의 속성을 지닌 자료를 말한다(김민수, 2014: 30~39).

수행하는 다양한 역할 중 가장 중요한 것은 계획이 추구하는 이상적인 결과, 즉 미래상을 제시하는 것이고, 그다음이 계획수립과정의 다양한 의사결정과 계획의 집행과정에서 행동의 방향과 지침 역할을 하는 것이다. 또한 계획목적은 계획이 담아야 할 계획내용의 기본 틀(framework)을 제시하는 역할을 한다. 계획목적의 설정은 계획 수립과정에서 가장 먼저 수행하는 핵심적인 계획과제라 할 수 있다.

Stuart Chapin(1965)은 계획목적설정 단계(goal-setting stage)를 정책결정의 최고계층 또는 계층구조(hierarchy of policy decision)로 지칭했다. 계획수립(planning)이란 목적달성을 위해 일련의 행동방향과 수단을 미리 마련하는 연속적 의사결정과정이고 계획내용은 계획목적에 따라 결정되기 때문이다. 그러나 계획수립(planning)은 일련의 의사결정이 상호 의존적인 순환과정(cyclic process)을 통해 이루어지기 때문에 최상계층의 의사결정인 계획목적도 하위 단계의 의사결정 과정에서 생성된 자료와 정보에 의해 영향을 받고, 지속적으로 수정·보완의 대상이 된다(McLoughlin, 1973: 104~124).

계획목적은 "계획 기조", "미래비전", "미래상", "목적", "목표"(objectives) 또는 "전략" 등 다양한 용어로 표현된다. 그러나 이들이 계획추진으로 달성할 미래상을 제시하고 이의 달성을 위한 일련의 행동방향과 지침의 내용을 담고 있으면 모두 계획목적이라 부를 수 있다. 그래서 다양한 형태로 표현되는 계획목적을 "목적의 계층구조"(hierarchy of goals)라 부른다. 그 결과 차하위 계층의 목적은 차상위 계층의 목적을 재해석해서 구체화하는 전략(strategy) 수단의 역할을 하게 된다. 목적은 미래상을 구체화하고 미래상 달성을 위한 전략적 수단의 성격을 지니고 있기 때문이다. 해외의 많은 지역발전계획에서는 목적의 계층성과 전략적 개념의 목적설정 사례를 보여주고 있다.

〈표 7-2〉 영국 지역발전계획의 목적설정 사례

지역	Yorkshire and Hamberside	West Midlands	East of England
목적	• 지속가능한 성장	• 학습 및 기술력 증진	• 번영의 확대
전략	• 권능을 갖춘 동반자관계 형성 • 창조와 기업가정신을 갖춘 기업문화 조성 • 자립적 지역 • 모두의 기회의 사다리 마련 • 강력한 긍정적 정체성 확립	• 다양한 역동적 기업기반 형성 • 학습과 기술수준 향상 • 성장의 조건 창출 • 지역사회의 재생 (regenerating)	• 자신감과 기술을 갖춘 주민 • 소기업 이커머스 확대 • 직업훈련 개선, 숙련기술 취업기회 확대 • 학교 및 가정의 컴퓨터 이용 확대

2) 계획목적설정의 접근방법

(1) 계획목적의 설정

계획목적은 목적설정의 필요성 확인(goal identification), 목적의 명료화(goal clarification) 및 목적의 우선순위(goal prioritization)의 과정을 통해 결정된다(Smith et. al., 1982; 정환용, 1998: 162 재인용). 지역계획의 경우 목적설정의 필요성 확인은 지역실태에 대한 전반적인 이해를 바탕으로 문제의 인지 또는 문제의 정의(problem definition)에서 시작된다. 이는 계획수립이 문제의 인식과 정의부터 시작함을 의미한다. 여기서 문제(problem)란 개인이나 집단이 소망하는 미래(wishful projection)와 현실(reality) 간의 간극(gap)을 의미한다. 문제는 단순히 현실적 장애요인만을 의미하지 않고 현실과 바람직한 미래 간의 격차를 의미하기 때문에 문제를 정의하는 경우에도 특정개인이나 집단의 주관적인 가치관과 선호도가 과다하게 반영되는 것을 방지하고 다양한 사회집단, 특히 사회적으로 불리한 집단의 가치관과 선호도가 균형 있게 반영될 수 있도록 특별한 관심과 노력이 필요하다.

계획목적의 설정에 있어 주요 과제를 제시하면 다음과 같다. 첫째, 계획목적의 설정을 위해서는 지역사회 내 개인이나 집단의 주관적인 가치관과 선호도 등을 객관화해 목적설정의 과제를 도출하는 작업부터 추진해야 한다. 지역계획 목적은 현재 지역적 차원에서 부정적 영향을 발휘하는 지역문제를 확인하고 원인을 진단하는 일부터 시작하고 이 같은 지역문제에 대한 지역주민의 인식, 그리고 지역미래에 대한 주민의 요구와 우선순위 등에 대한 조사 등의 객관적인 정보의 생산과 제공 노력이 선행되어야 한다. 지역주민의 요구나 우선순위에 대한 조사에서는 지역 내 존재하는 다양한 가치관과 선호도의 차이와 원인 등에 대한 치밀한 분석이 요구된다.

둘째, 지역사회의 참여와 합의기반 형성을 위한 기재(mechanism)를 마련하고 그 안에서 민주적인 합의도출을 촉진하려 노력해야 한다. 주민의 가치관과 이해 및 선호도는 너무 다원화되어 있어 공통의 목적설정을 위한 합의기반을 형성하기 어렵다.[6] 지역은 도시와 농촌 그리고 비교적 넓은 지리적 공간을 포괄하기 때문에 소단위 지역별(sub-region)로 주민의 관심과 이해가 서로 다르고, 소득 및 사회계층이나 산업부문별로도 주민의 가치관과 이해의 상충 및 대립이 클 수 있어 공동의 계획목적 설정이 매우 어렵다. 이 같은 상태에서 계획목적의 설정을 위해서는 다양한 가치관과 선호도가 반영될 수 있는 개방적이고 민주적인 계획수립 절차와 과정을 마련하는 것이 중요하다. 계획전문가는 지역사회 구성원들에게 지역 내 다양한 가치관과 선호도의 차이와 의미를 인식하도록 하고 민주적 절차를 걸쳐 공통의 합의기반을 마련하도록 하는 촉진자(facilitator) 및 사회적 불이익계층과 환경 등 미래세대의 가치를 보호하는 옹호자(advocator)의 역할을 수행해야 한다.

셋째, 지역주민의 열망과 현실적 여건의 간극을 극복하기 위한 노력이 필요하다. 계획목적이 주민의 열망만 대변하면 계획의 실효성을 확보하기 어

---

6   지역 전체를 위한 이익, 즉 공공의 이익이란 주민의 가치관이나 선호도를 반영한다. 그렇기 때문에 보다 많은 주민의 이익을 공익으로 보아야 하는지 아니면 주민 개개인의 이익이나 선호도의 합이 아닌 지역이나 사회 전체로서의 별도의 이익을 공익으로 보아야 하는지에 대한 논의가 필요하다. 또한 그러한 개념의 공익을 어떻게 도출할 수 있는지에 대한 철학적인 성찰과 심도 있는 논의가 필요하다. 보다 자세한 내용은 김용웅(1982) 참조.

렵다. 계획의 목적, 즉 바람직한 미래는 현재의 자원과 관리능력의 한계 내에서 도달 가능해야 한다. 그렇지 못하면 계획목표는 단순히 소망을 표현하는 것 이상의 의미를 지닐 수 없다. 인구가 오랫동안 유출·감소되는 지역에서는 주민들이 지역의 인구 증가를 주요 목적으로 설정할 것을 요구하는 경우가 많지만 복합적인 경제-사회적 요인에 의해 결정되는 인구이동의 추세를 지역계획을 통해 바꾸는 것은 현실적으로 불가능하다. 따라서 이런 경우 전문계획가는 정부 개입이나 지원을 전제로 하는 지역계획의 역할과 한계를 지역사회와 정책결정자들에게 이해시키고 이들이 합리적 선택을 할 수 있도록 지원해야 한다. 이 경우 계획전문가는 크게 두 가지 수단을 동원할 수 있다. 하나는 기존 및 과거의 계획을 객관적으로 평가하는 것이고, 다른 하나는 지역여건의 상황분석기법을 활용하는 것이다. 기존계획에 대한 비판적 평가자료와 정보를 이용하거나 상황분석(situation analysis) 기법인 SWOT 분석 자료를 이용해 지역주민이나 정책결정자들을 이해시킴으로써 합리적인 선택을 하도록 지원할 수 있다. SWOT분석은 지역계획의 과제와 방향설정을 위해 지역의 내부적 강점(strengths)과 약점(weaknesses) 및 외부의 환경적 차원의 기회(opportunities)와 위협(threats) 요인을 찾아내어 비교분석하는 상황분석기법으로 널리 쓰이고 있다.

넷째, 합의된 계획목적을 명료화·구체화하는 작업을 추진해야 한다. 계획목적에 대한 사회적 논의는 대부분 추상적이고 일반적인 특성을 지니고 있으므로 구체적인 정책 목적의 역할을 수행하기 어렵다. 그래서 Avrom Bendavid-Val(1983: 162)은 계획의 목적이 본래의 기능을 수행하기 위해서는 다음과 같은 목적 검증(goal test)을 거칠 것을 요구하기도 했다. 첫째, 계획목적이 장기적인 차원의 지역 미래비전(future self-image)에 바탕을 두고 있는가? 둘째, 계획목적이 지역에 대한 계량적, 경험적 정보에 바탕을 둔 정통한 지식(intimate knowledge)에 근거하고 있는가? 셋째, 계획목적이 소위 무엇-어떤 것의 법칙(what-which rule)을 따르고 있는가? 즉, 지역발전계획의 목적은 개인, 집단, 조직, 활동 또는 장소 등 어떤 것에 대해 무엇을 할 것인가를 제시할 수 있어야 한다. 이는 지역발전계획의 목적은 사실적인 정보와 경험에 바탕을 둔 선견(forethought)에서 나와야 한다는 것으로, 예를 들면 "경제의 다원화"라는 막연한 목적 대신에 지역 도시 내 "소규모 제조업체 수의 증가"와 같이 구체성을 지녀야 한다는 것을 의미한다. 그러나 계획목적 설정에서 동시에 고려해야 할 점은 급격한 여건변화에 대한 적응력을 갖추는 일이다. 급격한 기술혁신, 지구화 및 정보와 지식사회의 도래 등으로 대내외 여건과 환경이 빠르게 변하고 있어 여건변화로 직접적인 영향을 받는 형태의 경직적인 계획목적에서 벗어나 전략적 개념을 지닌 유연한 형태의 계획목적을 제시하려는 노력이 필요하다(McLoughlin, 1973: 104~110).

제3차 뉴욕-뉴저지-코네티컷 대도시권 지역계획(The Third Regional Plan for the New York-New Jersey-Connecticut Metropolitan Area, 1996)은 이를 위해 계획목적을 계층화해 "수준 높은 삶의 질"(high quality of life) 확보를 최상위 계획목적으로 제시하고 이의 달성을 위한 전략목적으로 3E로 대변되는 글로벌 경제(global economy), 형평성(equity), 지속가능한 환경(environment) 조성 등을 제시했다. 그리고 이들 전략목적의 달성을 위한 5개의 구체적인 전략을 제시하고 있다. 우선 "글로벌 경제" 육성을 위해서는 조세혜택, 기술클러스터 형성 등을 통해 뉴욕의 글로벌 마켓 중심지 이점을 극대화하는 전략을 제시했고, "형평성" 증진을 위해서는 빈부격차 완화와 빈곤층, 소수민족 및 불이익계층의 사회참여와 복지 증진에 힘쓰는 전략을 제시했으며, 지속가능한 환경을 위해서는 옥외 녹색지대(open greenfield) 확대와 쇠퇴공업지역인 황색지대(brown-field) 재생 등 5대 전략을 제시했다(Yaro and Hiss, 1996: 11~12).

이와 유사한 지역계획 목적설정 사례로 아일랜드의 더블린 대도시권 지역계획이 있다. 이 계획에서는 더블린 대도시권을 강력(strong)하고 역동적 (dynamic)이고 경쟁력(competitive)있고 지속가능한(sustainable) 지역으로 키우는 것을 최상의 목적으로 설정하고 이의 달성을 위해 유럽의 선도도시 대열 진입, 모든 계층의 삶의 질 보장, 산업, 상업, 관광을 위한 매력적인 입지기반 마련, 유럽과 세계를 향한 항만, 공항 등 관문시설 확보 등 전략적 개념의 목표를 제시했다.

지역계획목적 설정과정에서 고려할 과제는 종합성(comprehensiveness)에 대한 대응이다. 지역발전계획은 경제, 산업, 주택, 교통 및 기반시설, 여가와 관광, 교육과 문화, 환경·자연자원 등 매우 광범한 분야를 다루는 종합계획의 성격을 지니고 있다. 이러한 종합성을 계획목적설정에서 어떻게 대변할 것인가는 중요한 과제가 되고 있다. 그러나 Friedmann은 계획목적의 설정에 있어 종합성 극복을 위한 전략적 선택이 가능한 것으로 보았다. 계획에 있어 종합성(comprehensiveness)이란 모든 부문을 포괄하는 것이 아니라 사회적, 경제적 요인 상호간의 상호연관체계(interrelated system of social and economic variables)를 고려하는 것이기 때문이다(McLoughlin, 1973: 110~111). 구체적인 사례로는 런던도시발전계획을 들 수 있다. 여기서는 런던대도시권을 뉴욕대도시권 계획과 같이 강력한 경제(A Strong Economy), 좋은 삶의 질(A Good Quality of Life), 지속가능한 미래(A Sustainable Future) 및 모두를 위한 기회(Opportunities for All)를 갖춘 "수도 및 세계도시"로 육성한다는 목적과 계획의 기본 틀을 제시하고 이의 실현을 위한 다음과 같은 부문별 목표와 전략을 제시했다.

첫째, "강력한 경제"를 구축하기 위해서는 비즈니스, 제조업, 예술, 문화 및 엔터테인먼트, 창조 산업, 교육 및 관광산업 육성, 대중교통, 국가 및 국제적 항공, 철도 및 해운 운송망과 기반시설 확충을 통해 재생적(regenerated)이고 광범한 기반(broadened base)을 갖춘 경제체제를 구축한다. 둘째, "삶의 질" 확보를 위해서는 런던을 사람들이 즐길 수 있는 안전하고 건강한 생활, 노동 및 방문의 장소로 조성하고, 옥외녹지공간의 확대와 건조환경(built environment)의 개선 등 도시의 질 개선에 치중한다. 셋째, "지속가능한 미래"를 위해서는 개발수요와 환경보전 간의 균형을 통해 런던의 환경적 지속가능성을 증진한다. 끝으로 "모두를 위한 기회" 차원에서는 주택, 취업, 어가 및 위락, 인프라 및 교통, 건강, 교육 및 직업훈련의 개선을 통해 모든 시민들이 잠재력을 인정받고 실현할 수 있도록 한다(DETR, 1998: 134).

(2) 계획목표의 설정

계획목표(planning objectives)는 계획목적을 구체적으로 재해석해 계획수립의 방향제시와 함께 평가의 준거(reference)를 제공하는 역할을 한다.[7] 계획목적이 설정되면 계획수립의 기본방향을 제시할 수 있도록 보다 실천적인 차원으로 구체적으로 재해석되는 과정이 필요하다. 계획목표 설정단계에서는 보편적이고 추상적인 계획목적을 실천 가능한 형태로 재해석함으로써 계획목표가 계획수립의 기본방향과 행동지침, 계획평가의 준거기준을 제시하는 역할을 수행하도록 한다. 계획목표는 특정 지표를 통해 일정한 기간 내에 도달하고자 하는 목표치를 수치적 측정이 가능한 형태로 표현한다. 계획목표의 대표적인 사례로는 기간 내 인구 몇 퍼센트 증가, 주민소득 몇 퍼센트 증가, 취업기회 몇 개 창출 또는 주거 및 도시서비스 보급률 몇 퍼센트 확대 등이 있다. 그래서 계획목표는 계획목적체계의 하위계층의 구성요소로서 계획목적 달성의 전략적 수단의 의미를 함께 지닌다(McLoughlin, 1973: 104~107).

계획목표 설정의 일차적 과제는 계획목적 달성의 전략적인 역할을 할 수

---

7 영어로는 goals와 objectives가 구분되나 한글에서는 목적과 목표라는 용어가 혼용되고 있다. 여기서는 전자는 목적, 후자는 목표로 지칭한다.

있는 지역의 경제-사회적 및 물적 시설 차원에서 발전지표를 찾아내는 것이다. 계획목표는 계획목적을 구체적으로 대변하거나 계획목표와 인과적 상관관계가 있어야 한다. 계획목표 설정의 두 번째 과제는 지역발전지표 수준에서 측정과 분석을 통해 지역발전 수준을 전반적으로 이해하고 진단하는 것이다. 전국 및 유사지역에 대해서는 물론, 지역 내 소지역에 대해서도 지역발전지표 수준의 격차와 원인을 분석해야 한다. 계획목표 설정의 세 번째 과제는 분야별 목표치 달성 가능성을 검토하는 것이다. 지역은 중앙정부의 지원의 한계, 지역 내에서 동원할 수 있는 인적·물적 및 재정자원의 한계를 우선 고려해야 한다. 이를 위해서는 전국 및 해당 지역의 개발지표 변화 패턴이 지닌 특징과 요인분석, 분야별 향후 변화 전망, 예측분석이 뒷받침되어야 한다. 지역계획의 목표는 지역발전지표의 변화패턴과 미래 전망을 기초로 설정해야 한다. 그래야 목표를 실현하기 위한 행동방향과 지침을 정할 수 있기 때문이다.

실효성 있는 계획목표의 설정을 위해서는 계획목표설정단계의 특성에 대한 이해가 필요하다. 계획목표설정단계는 각종 예측기법(forecasting techniques) 및 시뮬레이션 모형을 활용함으로써 계획이 관심을 갖는 미래를 예측하기 위해 집중적으로 노력하는 단계이다. 예측(prediction or projection)은 사회경제적 현상과 변화에 대한 이론을 기초로 한다. 이론이란 과학적 방법론을 갖춘 현실세계에 대한 보편적 기술(general statement)을 의미한다. 즉, 사회적 현상에 대한 원인과 결과의 관계(cause-and-effects relations)를 설명하고 이를 통해 미래를 예측하는 근거를 제공해야 한다.

지역계획 수립과정에서 인구, 경제 및 산업 등 다양한 사회-경제적 현상에 대한 예측기법을 사용하기 위해서는 지역의 사회-경제적 현상의 발생과 변화를 설명할 수 있는 논리와 이론적 배경을 확인하는 작업이 선행되어야 한다. 이론적 배경이 없는 기법이나 방법론에 의한 예측결과는 신뢰성을 확보하기 어렵기 때문이다. 대부분의 도시 및 지역계획에서는 과거 해당 지역의 인구성장의 대한 심층적인 분석이 포함되지 않은 단순선형모형 $\{P_1 = P_0 (1+rt)\}$에서부터 등비급수형 지수모형$\{P_t = P_0(1+r) ~t\}$ 또는 순간복리형 지수모형$\{P_t = P_0 \cdot e^{rt}\}$, 경험적 성장 패턴을 반영한 로지스틱 모형 등과 함께 인구변화 회귀분석, 인구변화에 영향을 주는 인구학적 요인에 기초한 조성법(component methods) 등 다양한 분석기법을 사용하고 있다(국토연구원, 2004: 193~221).

그러나 이들 지역예측기법의 분석결과가 설명력을 갖기 위해서는 지역 인구 성장 패턴이나 요인에 대한 논리나 이론의 차원에서 예측기법이 최선의 방법론임을 증명할 수 있어야 한다. 계획목표는 단순히 미래의 예측치를 반영하는 것이 아니라 미래예측(prediction)을 근거로 일정 기간 내에 달성하고자 하는 목표치를 제시하는 것이다. 따라서 계획목표를 설정하기 위해서는 현재의 조건을 기초로 미래를 예측하고 이를 바탕으로 현재의 조건을 변화시킴으로써 달성할 수 있는 미래예측이 동시에 추정되어야 한다. 계획목표를 설정하기 위해서는 목표달성을 위해 현재조건에서 어떤 변화가 필요한지, 그리고 그러한 변화는 목표치 달성에 충분한지 또는 실현 가능한지 등을 검토해야 한다.

실효성 있는 계획목표 설정을 위해서는 단순예측(prediction)과 조건적 예측(projection) 기법과 의미에 대한 이해가 필요하다. 이에 대한 이해가 부족한 탓에 과도한 계획목표치를 제시해 과잉투자의 위험을 초래하고 계획의 실효성과 신뢰성을 저하시키고 있다. 계획목표로 인구지표를 설정하는 경우, 해당 지역의 인구변화 특징을 기초로 한 이론적 모형이나 가설에 근거해 자연 추세인구를 전망(prediction)하고 특정한 정책이나 사업효과로서의 인구지표를 추정(projection)해 이를 바탕으로 실현 가능한 인위적 계획목표를 설정해야 한다(McLoughlin, 1973: 166~170).

국토연구원이 수립한 1985년 중부권종합개발계획과 2000년 제3차 전북종합발전계획은 희망적인 목표치 설정을 거부하고 인구의 자연적 추세치 전망과 인위적 목표치 전망의 개념을 구분해 추정을 시도했다는 점에서 의의가 있다. 두 연구는 인위적 목표치를 설정하기 위해 계획에서 제시한 새로운 대형 산업단지의 개발로 예상되는 고용 중 지역 내 고용과 외부 인력고용 비중을 실증사례를 토대로 산정했으며, 역외 유입고용 및 인구효과를 바탕으로 목표인구를 제시했다(국토연구원, 2000).

인구지표 외에 다른 계획지표를 전망하거나 설정하는 경우에도 인구전망 및 계획치 설정과 유사한 접근이 필요하다. 특히 새로운 분야별 목표치를 달성하기 위한 추가적 재원 소요와 조달방안을 종합적으로 검토해야 한다. 그러나 현재 대부분의 지역계획에서는 자연추세와 목표로서의 전망에 대한 개념 구분이 모호하고 추세치와 목표치 간의 격차 조정 가능성과 이를 달성하기 위한 필요조건에 대한 검토가 부족해 지역계획이 현실성 없는 장밋빛 청사진으로 전락하는 원인이 되고 있다.

3) 계획목적과 목표 설정 사례

계획목적이란 지역의 미래상과 일정 기간 내 달성할 목표 설정, 계획수립 원칙과 지침 제시, 계획내용의 방향과 범위 설정의 선언적인 의미를 지닌다. 복합적 의미를 지닌 계획목적 설정 사례를 제대로 전달하기 위해서는 복합적인 목적체계를 계층화·체계화해서 종합적으로 소개할 필요가 있다. 여기서는 국토종합계획과 광역권종합계획, 광역시·도종합계획, 시·군종합계획, 특정지역 등 기타 지역종합계획으로 구분해 지역계획목적 설정 사례를 소개한다.

(1) 계획목적과 목표 설정의 국내사례

그동안 지역계획의 목적, 목표 및 전략수립체계는 국토종합계획의 사례를 준용해 왔기 때문에 국토종합계획의 사례를 소개할 필요가 있다. 「제4차 국토종합계획」에서는 "지구촌으로 열린 21세기 통합국토"를 비전으로 설정하고 이의 실현을 위한 "지역 간 통합", "남북한 통합", "동북아 지역과의 통합", "개발과 환경의 통합" 등 4대 목적을 설정했다. 그리고 계획의 목표는 더불어 잘사는 "균형국토", 자연과 어우러진 "녹색국토", 지구촌으로 열린 "개방국토", 민족이 화합하는 통일국토" 등 4대 목표를 제시했다. 계획목적과 목표의 달성을 위해 부문별로 "개방형 통합 국토축 형성", "지역별 경쟁력 고도화", "건강하고 쾌적한 국토환경 조성", "고속정보·통신망 구축", "남북한 교류협력기반 조성" 등 5대 추진전략을 제시했다(대한민국정부, 2000: 13~15).

제5차 국토종합계획(2020~2040)은 "모두를 위한 국토"와 "함께 누리는 삶터 조성"이라는 2대 비전하에 어디서나 살기 좋은 "균형국토", 안전하고 지속 가능한 "스마트국토", 건강하고 활력 있는 "혁신국토" 등 3대 목표를 제시했다. 이와 같은 계획목적과 목표를 달성하기 위해 부문별 6대 전략을 제시하고 있다. "개성 있는 지역발전과 연대·협력 촉진", "지역산업혁신과 문화·관광 활성화", "세대와 계층을 아우르는 안심생활공간 조성", "품격 있고 환경친화적인 공간 창출", "인프라의 효율적 운영과 국토 지능화", "대륙과 해양을 잇는 평화국토 조성" 등이다(대한민국정부, 2020: 25~29).

2000년대에 들어와 20년의 시차를 두고 수립된 제4차 및 제5차 국토종합계획의 목적체계를 비교해 보면 몇 가지 공통적 특징과 함께 문제점을 발견할 수 있다. 첫째, 20년의 시차를 두고 수립된 국토종합계획의 목적체계는 형식상 유사하다는 점이다. 두 계획 모두 국토미래비전을 제시한 후 목적, 목표 및 전략 등을 제시했다.

둘째, 계획목적과 목표의 기능적 역할이 차별화되지 않고 표현방식이 거의 동일하다. 그러나 계획목표는 계획목적 달성의 전략적 수단으로서의 역할을 할 수 있을 정도로 구체적이어야 한다.

셋째, 제4차 및 제5차 국토종합계획의 목적체계에서는 단계별 부문별 지표형식의 계측 가능한 목표치의 제시가 미흡하다. 「제4차 국토종합계획」(2000~2020)은 전국의 인구수, 인구증가율, 14세 이하 인구비율, 65세 이상 노인인구 비율, 경제활동 참가율, 평균수명 등 인구관련 지표와 1차, 2차 및 3차 산업 비중 등 산업관련 장래전망지표를 제시했고, 「제5차 국토종합계획」에서는 국토종합계획 전략별 모니터링 지표는 제시했으나, 구체적인 계량적 목표치는 제시하지 않고 있다. 실효성 있는 국토종합계획을 수립하기 위해서는 계획목적이 설정된 이후 핵심적인 분야에 대해 계획기간 중 달성하고자 하는 계량 가능한 지표 형식의 목표치를 제시해야 한다. 핵심과제에 대한 구체적인 목표치가 제시되지 않으면 계획의 효율적인 추진, 추진성과 점검, 평가기준이 불분명해지고 계획수립과 추진과정 개선을 위한 환류과정에도 지장을 초래할 수 있다.

넷째, 목표체계 구축의 이론적 기반이나 실증적 근거가 모호하다. 두 계획 모두 계획의 목적체계를 제시하기 전에 이론적·실증적 근거를 제공하기 위해 국토여건 및 문제점 분석, 미래 전망을 수행하고 있으나 양자 간의 논리적·실증적 연결고리는 뚜렷이 드러나지 않고 있다. 장기 국토종합계획이 계획추진의 정당성과 실현가능성을 확보하기 위해서는 목적체계 달성과 관련된 국토여건의 구체적인 실태, 변화추이, 미래변화를 파악해 목적체계를 정당화할 수 있는 논리나 객관적 자료를 제시해야 한다.

제5차 국토종합계획은 거시환경 패러다임 변화에 대응하는 새로운 비전과 전략 및 시책방안을 제시했다는 차원에서 정책적 의의를 찾을 수 있다. 그러나 제5차 국토종합계획은 미래 국토공간수요와 형태에 많은 영향을 줄

	제4차 국토종합계획(2000~2020)	제5차 국토종합계획(2020~2040)
비전	• 지구촌으로 열린 21세기 통합국토	• 모두를 위한 국토 • 함께 누리는 삶터
목적	• 지역 간 통합 • 남북한 통합국토 • 동북아 지역과의 통합국토 • 개발과 환경의 통합	• 모두를 위한 국토 • 함께 누리는 삶터
목표	• 더불어 잘사는 균형국토 • 자연과 어우러진 녹색국토 • 지구촌으로 열린 개방국토 • 민족이 화합하는 통일국토	• 어디서나 살기 좋은 균형국토 • 안전하고 지속가능한 스마트국토 • 건강하고 활력 있는 혁신국토
전략	• 개방형 통합 국토축 형성 • 지역별 경쟁력 고도화 • 건강하고 쾌적한 국토환경 조성 • 고속정보·통신망 구축 • 남북한 교류협력기반 조성	• 개성 있는 지역발전과 연대·협력 촉진 • 지역 산업혁신과 문화·관광 활성화 • 세대와 계층을 아우르는 안심생활공간 조성 • 품격 있고 환경친화적인 공간 창출 • 인프라의 효율적 운영과 국토 지능화 • 대륙과 해양을 잇는 평화국토 조성

자료 : 대한민국정부(2000); 대한민국정부(2020).

것으로 예상되는 "제4차 산업혁명"과 "뉴 노멀 추세" 및 "거대권력의 붕괴" 또는 "정치와 거버넌스 변화"의 핵심적인 속성과 내용이 무엇인지, 이들이 정치·경제·사회 시스템에 어떤 영향을 미칠 것인지, 국토와 생활공간 차원의 정책적 함의와 대응방안은 무엇인지에 대해 구체적으로 제시하지 못한 것으로 판단된다. 향후 국토계획의 수립과 집행을 위해서는 거시적 사회-경제적 트렌드 대전환을 구체적으로 전망하고 이들이 국토공간구성과 국토공간이용 패턴에 미치는 영향을 파악한 뒤 대응전략을 마련해야 한다.[8]

초고속인터넷과 사물인터넷(IoT), 빅데이터와 인공지능(AI), 로봇기술 등 디지털융합기술의 혁신으로 거리와 장소의 제약 없이 사람과 사람, 사람

---

8   "4차 산업혁명", "뉴 노멀" 및 "분권화와 거버넌스 변화"의 개념 및 특성, 이들이 우리 사회의 정치와 경제 및 사회 전반의 시스템에 미치는 영향과 삶의 터전인 생활공간과 국토공간에 미치는 영향과 정책적 대응의 구체적인 논의는 김용웅(2015), 153~194쪽; 김용웅(2016), 21~32쪽 참조.

과 사물, 사물과 사물 간의 실시간 연결과 교호작용이 증대되고 있다. 특히 그동안 인간의 지배와 통제를 받아 제한된 역할에 머물던 사물과 물적 시설이 스스로 정보를 수집-분석-추론해 자율적으로 문제를 해결하게 되면서 사회-경제 시스템은 초연결, 초지능, 자동화 패턴으로 바뀌고 있다. 디지털융합기술의 혁신은 청정에너지 기술혁신, 인구와 경제의 뉴 노멀 현상, 거대권력 붕괴현상 등과 결합해 생산양식, 부의 창출, 비즈니스 모델뿐만 아니라 개인의 가치관, 라이프 스타일, 사회적 규범 등 총체적인 경제-사회적 시스템을 변화시키면서 국토공간에도 큰 영향을 주고 있다.

디지털융합기술혁신이 디지털 네트워크를 통해 거리와 장소의 제약을 해소시켜 지리적 공간개념을 붕괴시킴에 따라 개별적인 정주단위들이 외부 시스템에 연결되지 않고 독립적·자급적으로 필요한 도시서비스를 생산·공급하는 추세가 증대되고 있다. 이 같은 지리적 공간개념의 붕괴, 정주단위의 자립성과 독립성 강화로 국토공간구조와 형태도 기존의 집중형 및 중앙의존형에서 점차 분산형 및 독립적 자족형으로 바뀌고 있다. 새로운 국토공간패턴이 대두하자 국토공간단위의 성격이나 입지패턴과 함께 지역 간 연계와 협력, 국토공간의 조성과 관리방식에도 큰 변화가 초래되고 있다. 지리적 근접성과 연결성, 지리적 경계에 의존했던 지역 간 연계와 협력의 형태는 지리적 제약에서 벗어나 보다 초광역적이고 다차원적이며 다층적인 형태와 구조로 변화되고 있다. 사회경제 시스템과 국토공간구성 및 이용패턴이 변화하자 국토공간을 조성하고 관리하는 방식도 기존의 중앙통제적이고 집중적인 관리체제에서 벗어나 분산적이고 자율적인 체제로 변화되고 있다.

4차 산업혁명 시대에는 대규모 도시개발이나 공공시설 등 거시적인 국토공간환경보다는 소규모 생산 및 비즈니스 활동과 다양한 라이프 스타일이 요구하는 일상생활 주변의 개성적 공간 등 미시적 국토공간환경에 대한 사

〈표 7-4〉 메가트렌드 변화와 정책적 함의

구분	트렌드 변화 전망	정책적 함의
인구·경제 부문 뉴 노멀 현상	• 저출산·고령화, 인구감소, 1인가구 증대: 생산가능 인구감소 시작(2016), 인구절벽 시대 도래(2030) • 저소비·저성장·고실업의 장기화·고착화(장기적 비정상의 정상화)	• 가구구성·사회구조·가치관 변화: 개인 중심 라이프 스타일, 사회적 분화·단절 • 맞춤형 스마트소비, 공유형 경제 대두 • 쇠퇴도시와 농촌지역 소멸우려 증대 • 성장지향정책 → 축소지향정책 수요 증대
디지털융합 기술혁신 (4차 산업혁명)	• 급격한 ICT와 인공지능 기술혁신 - 기술혁신속도 CPU 연 41% 향상(무어의 법칙) 카메라 픽셀 수 59% 향상(핸디의 법칙)/애플 실제 연 85% 향상 - 인공지능, 사물인터넷, 로봇기술 - 초연결형, 초지능형, 자동화 공간 및 시스템 등장(사물의 지능화) • 청정에너지 기술혁신: 가격과 성능 - PV가격(1970~2013) 100달러 → 0.65달러(154배)/ 석유 배럴당 3.18달러 → 50달러(15배)↑ • 운송기술혁신(ICT·에너지기술 결합) - 전기차 기술혁신: 리온배터리 가격 1,000달러/kWh(2010) → 500달러(2014) → 176달러(2020) → 73달러(2035) - 전기차 가격: 30,000~35,000달러; 연료비와 관리비 내연기관차의 1/10 - 자율운행자동차(AVs)의 급속한 기술혁신: 전기차+ICT 기술혁신 결합 - 자율운행자동차(커넥티드차) 보급 확대 • 지능형 자동생산 시스템/산업기술혁명 초래: 인간+기계 실시간 교호작용	• 기존 전통산업시대 붕괴 - 기존 일자리 급격 감소, 실업 증대 - 자동차수요 최대 1/15로 감소 전망(2030) - 일본 20년 내 사무직, 택시기사 등 기존 일자리 40% 감소 전망 - 일자리 감소와 지역불균형 심화 전망 • 정보지식산업의 부가가치, 고용 증가 - 한국 ICT산업 고속성장 GDP 8.5% 점유 • 무한자원 정보·지식기반경제 체제 대두 • 희소자원경제 → 무한자원경제 시스템 전환 - 규모경제·수익률 체감 → 네트워크경제·수익률 체증의 새로운 비즈니스 모델 • 중앙집중, 통제·지시, 공급자 중심 → 분산형, 참여형, 소비자중심형 비즈니스모델 - 계층적·중앙집중적 공급자 중심 → 분산적·민주적 소비자참여형 경제시스템 - 가상물리 시스템 확산으로 지능형 인프라 및 공간수요 증대 - 시·공간 제약 극복: 농촌·중소도시의 자족성·독립성 증대, 수평적 공간패턴 등장
분권화와 거버넌스 변화 (거대권력의 붕괴)	• 통제적 → 민주적 권력관리체제 전환 - 거대 주역 → 소형약자 주역시대 전환 • 국가 → 민간/ 중앙 → 지방 권력이동 • 안정적인 거버넌스 → 불안정한 거버넌스	• 지시·통제 → 수평적 협력시대 전환 • 중앙통제 → 분산적 자율방식 전환 - 중앙 → 지방, 정부 → 민간부문 분권 확대 • 계층적 공간패턴 → 수평적 네트워크형 공간패턴 전환

자료: 김용웅(2016: 32) 보완.

회적 관심과 수요가 증대될 것으로 예상된다. 주거와 업무 수행이 가능한
주거, 건물 및 단지단위 등 다양한 형태의 "복합 공간"(mixed use space)과
사적 또는 공적인 차원에서 공동이용이 가능한 "공유 공간"(shared space),
코로나바이러스 감염사태로 증대되는 "비대면 경제-사회활동"(noncontact
activities)을 위한 "원격업무 공간"(tele-working space)과 건강 친화 옥외공

간"(open space), 로봇 등 자동화 기기활용 증대에 따른 무인비즈니스 공간 (automated business space) 등 일상생활 주변의 개성적인 특화공간에 대한 수요증대에 대응하는 새로운 국토공간 관리전략이 필요하다. 따라서 미래의 국토와 지역계획은 사회-경제 시스템의 대변화와 공간수요 변화에 선도적으로 대응할 수 있는 방안 마련에 치중해야 한다(김용웅, 2021: 10).

(2) 계획목적과 목표 설정의 해외사례

① 계획목적 설정 사례

제3차 뉴욕-뉴저지-코네티컷 대도시권 지역계획(The Third Regional Plan for the New York-New Jersey-Connecticut Metropolitan Area, 1996)은 이를 위해 계획목적을 계층화해 "수준 높은 삶의 질"(high quality of life) 확보를 최상위 계획목적으로 제시하고 이의 달성을 위한 전략목적으로 3E로 대변되는 "글로벌 경제"(global economy), "형평성"(equity) 및 "지속가능한 환경"(environment) 조성 등을 제시했다. 그리고 이들 전략목적의 달성을 위한 5개의 구체적인 전략을 제시하고 있다. 우선 "글로벌 경제" 육성을 위해서는 조세혜택, 기술클러스터 형성 등을 통해 뉴욕의 글로벌 마켓 중심지 이점을 극대화하는 전략을 제시했고, "형평성" 증진을 위해서는 빈부격차 완화와 빈곤층, 소수민족 및 불이익계층의 사회참여와 복지 증진에 힘쓰는 전략을 제시했으며, 지속가능한 환경을 위해서는 옥외 녹색지대(open greenfield) 확대와 쇠퇴공업지역인 황색지대(brown-field)의 재생 등 5대 전략을 제시했다(Yaro and Hiss, 1996: 11~12).

이와 유사한 지역계획 목적설정 사례로는 아일랜드의 더블린 대도시권 지역계획이 있다. 이 계획에서는 더블린 대도시권을 강력하고(strong) 역동적(dynamic)이고 경쟁력(competitive) 있고 지속가능한(sustainable) 지역으로 키우는 것을 최상의 목적으로 설정하고 이의 달성을 위해 유럽의 선도

도시 대열 진입, 모든 계층의 삶의 질 보장, 산업, 상업, 관광을 위한 매력적 입지기반 마련, 유럽과 세계를 향한 항만, 공항 등 관문시설 확보 등 전략적 개념의 목표를 제시하고 있다.

지역계획목적 설정과정에서 고려할 과제는 종합성(comprehensiveness)에 대한 대응이다. 지역발전계획은 경제, 산업, 주택, 교통 및 기반시설, 여가와 관광, 교육과 문화, 환경·자연자원 등 매우 광범한 분야를 다루는 종합계획의 성격을 지니고 있다. 이러한 종합성을 계획목적설정에서 어떻게 대변할 것인가는 중요한 과제가 되고 있다. 그러나 Friedmann은 계획목적의 설정에 있어 종합성 극복을 위한 전략적 선택이 가능한 것으로 보았다. 계획에 있어 종합성(comprehensiveness)이란 모든 부문을 포괄하는 것이 아니라 사회적, 경제적 요인 상호간의 상호연관체계(interrelated system of social and economic variables)를 고려하는 것이기 때문이다. 구체적인 사례로 런던도시발전계획을 들 수 있다(McLoughlin, 1973: 110~111).

런던대도시권의 경우, 뉴욕대도시권 계획과 같이 강력한 경제(A Strong Economy), 좋은 삶의 질(A Good Quality of Life), 지속가능한 미래(A Sustainable Future), 모두를 위한 기회(Opportunities for All)를 갖춘 "수도 및 세계도시"로 육성한다는 4대 목적을 설정하고 이의 실현을 위한 다양한 구체적인 목표와 전략을 제시했다. 첫째, "강력한 경제" 구축을 위해서는 비즈니스, 제조업, 예술, 문화 및 엔터테인먼트, 창조 산업, 교육 및 관광산업의 육성, 대중교통, 국가 및 국제적 항공, 철도 및 해운 운송망과 기반시설 확충을 통해 재생적(regenerated)이고 광범한 기반(broadened base)을 갖춘 경제체제를 구축한다. 둘째, "삶의 질" 확보를 위해서는 런던을 사람들이 즐길 수 있는 안전하고 건강한 생활, 노동 및 방문의 장소로 조성하고, 옥외녹지 공간의 확대와 건조환경(built environment)의 개선 등 도시의 질 개선에 치중한다. 셋째, "지속가능한 미래"를 위해서는 개발수요와 환경보전 간의 균형을 통해 런던의 환경적 지속가능성을 증진한다. 끝으로 "모두를 위한 기회" 차원에서는 주택, 취업, 여가 및 위락, 인프라 및 교통, 건강, 교육 및 직업훈련의 개선을 통해 모든 시민들이 잠재력을 인정받고 실현할 수 있도록 한다(DETR, 1998: 134).

② 계획목표치 설정사례

지역계획의 구체적인 목표치 제시의 사례로 제3차 뉴욕-뉴저지-코네티컷 대도시권 지역계획(The Third Regional Plan for the New York-New Jersey-Connecticut Metropolitan Area, 1996)을 소개하고자 한다. 제3차 지역계획은 8개 분야에 대해 23개 목표치를 제시하고 있다(Yaro and Hiss, 1996: 235~237).

- 경제(Economy)부문에서는 개인소득(per capita income), 지역 일자리 수(number of jobs in the region), 취업인구비율(percentage of population employed), 실질평균임금(real average wage) 및 지역 총생산액(GRDP) 등 5개

- 형평성(Equity)부문에서는 상위 20%, 하위 20% 가구평균소득(average household income), 빈곤층 이하 인종별 구성비(below poverty line, by race) 등 2개

- 환경(Environment)부문에서는 옥외공간(open space) 및 개발지역 (developed areas) 면적(acres), 공기 질(air quality), 쓰레기 중 재생 자료 비율(material recycled as a percentage of waste stream), 1인당 고체 쓰레기 수거량(solid waste collected per person) 등 4개

- 교통(transportation)부문에서는 교량(bridges)과 터널(tunnels)에서의 트럭의 지체시간(delay time for trucks), 승객의 편안함 수준(passenger comfort level), 대중교통수단(public transportation) 이용 여객 이동거리

(passenger miles) 등 3개

• 중심도시와 이동성(Centers and mobility)부문에서는 넓은 옥외공간과 고층 고밀도 주택건설을 허용하는 지능형 고집적 주거지의 인구비중(percentage of population in compact communities), 중심도시로의 통행수(trips to centers) 및 도심의 일자리 수(jobs in downtowns) 등 3개

• 주거(housing)부문에서는 중앙소득층(median income ratio)을 위한 중앙주택가격(median house price) 등 1개

• 예술과 문화(arts and culture)부문에서는 직업으로서의 예술(arts as an occupation), 박물관, 미술관 등 전시장과 극장의 입장객 수(attendance at museums and theaters), 공공 및 민간기관(public and private institutions)에 의한 재정지원액(financial support), 예술사범학습기관의 졸업자 수(graduates of arts teaching institutions) 등 4개

• 공공안전(public safety)부문에서는 중범죄건수(serious crimes) 등 1개의 목표치를 제시했다.

4) 지역발전전략의 수립

(1) 지역발전전략의 개념

전략(strategy)이란 바람직한 미래에 도달하기 위해 또는 목적달성이나 문제해결을 위해 선택한 행동계획이나 방법을 의미한다. 계획에 있어 전략은 목적달성을 위해 자원을 효과적이고 효율적으로 이용할 수 있도록 동원하고 계획하는 기술이나 과학을 의미한다. 지역계획 수립과정에서 목적과 목표가 설정되면 어떠한 방법으로 목적을 달성할 것인가 하는 행동계획을 마련하는데, 이러한 행동계획을 전략이라 부른다. 계획에서는 전략이 마련되면 전략을 실천하는 구체적인 수단을 동원하는데, 이를 사업계획 또는 정

책대안이라 부른다. 따라서 전략이란 계획목적과 이를 달성하기 위한 구체적인 시책과 사업대안을 마련하는 중간단계의 방법론적 성격을 지니며, 구체적인 시책과 대안을 마련하는 준거 또는 기준역할을 한다. 계획가들은 선택된 전략이 특정한 계획목적을 달성하는 데 효율적인 방법임을 증명할 수 있는 논리와 실증적 근거를 제시해야 한다. 그래야 전략이 계획목표 달성을 위한 효과적인 투입요소(input)의 역할을 할 수 있다.

(2) 지역발전전략의 수립 사례

지역계획은 주민의 삶의 질을 개선하고 지역경제의 활성화를 촉진할 수 있는 경제적, 사회적, 환경적 및 물적 시설 개선에 관련된 다양한 시책과 사업 추진의 내용을 담고 있다. 지역계획이 계획목적을 효율적으로 달성하기 위해서는 개별적 시책과 사업대안 마련의 방향과 기준을 제시하는 행동계획으로서의 전략이 필요하다. 지역계획의 전략은 공간전략과 부문전략으로 구분된다. 공간전략은 계획목적 달성과 지역문제 해결을 위해 공간적인 차원에서 자원동원과 활용방안의 방향과 방법을 제시하는 반면, 부문전략은 경제, 사회, 환경 등 부문별로 계획목적 달성과 지역문제 해결을 위한 방향과 방법을 제시한다. 공간전략을 마련하기 위해서는 지역 내 하부지역(sub-regions) 간 기능배분과 연계성, 지역주민의 교류와 정주의 핵인 도시지역과 주변 지역 간 기능적 연계성과 보완성 등 지역의 공간구조와 공간단위 간의 관계성을 먼저 분석해야 한다. 한편, 부문전략에서는 부문별 특징과 작동논리에 입각한 효율적인 방법론을 모색하는 데 치중한다.

그러나 모든 지역계획이 목적과 목표 달성을 위한 전략을 공간전략과 부문전략으로 구분해 제시하는 것은 아니다. 지역발전계획은 지역이 당면한 복합적인 경제-환경-사회적 문제를 공간적 차원에서 이해하고 해결하는 행동과정과 수단을 마련하는 데 치중하기 때문에 공간전략과 부문전략을 통합적으로 제시하기도 한다.

제3차 뉴욕-뉴저지-코네티컷 대도시권 지역계획(The Third Regional Plan for the New York-New Jersey-Connecticut Metropolitan Area, 1996)이 대표적인 사례이다(Yaro and Hiss, 1996: 5~18). 지역계획연합회(Regional Plan Association)가 마련한 제3차 지역계획은 "높은 수준의 삶의 질"(high quality of life) 확보를 최상위 목적으로 설정하고 3E(Economy, Equity, Environment)의 3대 전략적 목적을 설정한 후 이의 달성을 위한 5대 전략을 제시했다. 5대 전략의 수립을 위해 3대 목적별 목표를 제시했다. 경제 (Economy) 차원에서는 "지구화 경제의 중심지 육성", 형평성(Equity) 차원에서는 "소득격차, 인종과 계급 간의 격차와 갈등 해소", 환경(Environment) 차원에서는 "녹지 환경 보전과 도시 내 산업쇠퇴지역 재생"을 목표로 설정했다. 이 같은 계획목적체계 설정을 바탕으로 "녹색지대 보전"(greensward), "거점도시들의 중심성 강화"(centers), "이동성 증진"(mobility), "고용증진" (workforce), "협업적 관리체계 강화"(governance) 등 5대 전략을 제시했다.

제3차 지역계획의 5대 전략의 특징 중 하나는 부문전략과 공간전략과의 결합이다. 환경차원의 녹색지대 보전전략(greensward)은 19세기 뉴욕의 폭발적 성장 속에서 Frederick Law Olmsted의 미래지향적 도심부 중앙공원(central park) 조성을 가져온 녹색초지조성(greensward) 전략개념에 기초한 전략이다. 여기서는 광역적 녹색지대를 3개 주의 중심축에 설치하고 이를 바탕으로 중심도시를 육성하는 공간전략을 제시했다. 제3차 지역계획 전략의 또 다른 특성은 개념적 공간지도를 많이 활용한다는 점이다. 녹지대 보전전략은 전체의 녹색지대 네트워크의 모형과 함께 광역도시권 내 소단위 지역별로 특징적인 녹색지대 보전전략의 개념적 지도를 활용해 보여주고 있다. 부문전략과 공간전략의 결합은 중심부 육성(Centers) 전략과 이동성 증진(mobility) 전략의 경우에도 발견된다. 이들 전략의 경우에도 소단위 지역별 특성에 따라 부문전략의 공간적 배치도면과 특화전략을 함께 제시하고 있다. 우리나라의 경우에도 지역발전계획 수립 시 부문별로 도면과 지도를 활용해 소단위 지역별 공간적 배치와 특화전략을 구체화해 지역발전의 공간적 미래상을 보여주는 노력이 필요하다.

5. 부문계획 수립의 접근방법

1) 부문계획 수립의 의의와 접근방법

지역계획 중 부문계획(sector plans/sectoral planning)은 계획의 목적과 목표가 설정되면 경제, 사회 및 환경 등 다양한 부문별로 이의 구체적인 활동, 즉 시책이나 사업의 대안을 마련하고 이를 비교, 평가해 최선의 대안을 선정하는 계획수립과정(planning process)을 의미한다. 지역발전계획은 기본적으로 지역의 경제 활성화를 통해 산업·경제의 진흥과 주민의 삶의 질 개선을 추구하는 공공의 의사결정이기 때문에 부문계획은 부문별로 부문별 전략과 연계해 계획목적 달성에 필요한 최선의 정책수단(means)을 찾아내는 데 치중한다.

부문계획 수립의 일차적 과제는 부문별로 계획목적과 직결된 다양한 정책수단을 찾아내는 일(means identification)이다(Faludi, 1973: 31). 여기서 정책수단이란 계획목적 달성에 필요한 현재의 조건과 대비되는 복수의 조건 또는 대안을 의미한다. 대안의 도출은 목적달성을 위해 동원 가능한 다양한 수단을 연역적으로 찾아내는 과정을 의미한다. 특별한 이론이나 기법에 의존하기 어렵기 때문에 지역의 문제점을 발견하고 문제의 구조적 원인을 분석하고 이의 해법이 될 수 있는 가능한 수단을 탐색할 수 있는 계획가와 다양한 참여자들의 경험과 지식, 창의성 등에 의존한다. 이 과정에서 계획목적과 목표 달성을 위한 원칙과 방향을 제시해 주는 부문별 전략은 계획가로 하여금 구체적인 계획수단의 대안을 찾아내도록 하는 지침 역할을 한다.

부문계획 수립의 두 번째 과정은 개발된 복수의 대안을 비교·평가해 최선의 대안을 마련하는 것이다. 복수의 대안에 대한 비교·평가는 크게 두 단계를 거친다. 하나는 개별 대안이 목적달성에 어느 정도 만족할 수 있는가 등 계획목적 달성과의 적합도를 상대적으로 비교하는 것이다. 다른 하나는 개별 대안이 의도한 계획목표 달성에 기여하는 정도, 즉 확률의 값(probability score)을 상대적으로 비교하는 것이다. 여기서는 수단과 목표 간의 인과관계, 비용과 편익의 분석 등 이미 소개한 다양한 기법이 사용된다. 계획가나 정책결정자는 어떠한 기법이 적용되든 그 기법이 어떤 기준과 원칙에 의거해 최선의 대안이 선정되었는지는 분명히 밝혀야 한다. 전문가는 목적은 어떠한 수단도 정당화한다는 잘못된 믿음에서 벗어나야 한다. 평가기준, 원칙, 분석기법에 따라 분석과 평가결과가 달라질 수 있고 결과는 고객집단에 큰 영향을 미치기 때문이다. 계획가는 개별적인 정책판단의 수단이나 대안이 상이한 고객집단에 어떠한 결과를 초래하는지에 대한 객관적인 정보를 생산해 의사결정 과정에서 밝혀야 한다. 그래야 전문가나 정책결정자들의 자의적인 의사결정을 최소화할 수 있다(Faludi, 1973: 30~32). 그러나 지역발전계획의 일부 부문계획은 대안 도출과 비교·평가의 기법 및 과정에 대한 설명 없이 최선의 대안만을 제시하고 있다. 공공의사결정의 과정에서 전문가나 정책결정권자의 자의적인 의사결정을 막기 위해서는 대안을 개발하고 비교·평가한 과정과 기법을 소개하고 채택된 정책수단의 합목적성과 효과를 검토하는 작업이 반드시 필요하다.

2) 부문별 전략수립사례

(1) 산업 및 경제발전부문계획

지역경제부문계획은 지역 산업 및 경제의 경쟁력과 주민의 소득, 취업 등 경제생활 수준에 관한 특징적인 실태의 변화와 전망추이를 전국 및 타 지역과의 상대적 관점에서 분석·전망해 지역경제의 활성화와 주민의 삶의 질 향상을 도모할 수 있는 미래의 산업·경제전략과 시책 및 사업계획을 제시하는 계획수립과정 또는 계획내용을 의미한다. 지역경제부문계획에서는 그동안 제조업분야 위주의 전략과 시책을 제시하는 데 치중했으나 점차 제조업뿐만 아니라 지역주민의 소득과 취업기회에 영향을 주는 농업, 도소매, 숙박과 음식, 교통, 금융, 건축, 관광·문화 및 다양한 서비스 산업을 육성하는 종합적인 대응책을 마련하는 데 치중하고 있다. 지역경제부문계획은 지역계획 수립의 핵심이라 할 수 있다. 지역계획은 지역의 인적·물적·사회-경제적 및 제도적 조건을 개선해 산업과 경제 진흥과 주민의 삶의 질 개선을 추구하는 데 주된 목적이 있기 때문이다.

지역경제부문계획의 대표적인 해외사례로는 제3차 뉴욕-뉴저지-코네티컷 대도시권 지역계획(The Third Regional Plan for the New York-New Jersey-Connecticut Metropolitan Area, 1996)을 들 수 있다. 제3차 지역계획의 부문별 계획은 지역계획의 목적체계 설정과 이의 달성을 위한 지역발전 5대 전략을 마련한 후 3E, 즉 경제(Economy), 형평성(Equity) 및 환경(Environment) 등 3대 전략 목적별로 구체적인 실태분석과 대응책을 마련하고 있다. 지역경제부문에서는 "지구화 경제의 중심지 육성"이라는 이미 설정된 전략적 목적달성에 초점을 맞춰 지역경제실태와 문제점을 분석, 전망하고, 이를 토대로 다양한 전략과 시책 및 사업계획을 제시하고 있다.

그런데 3개 주 대도시권 지역계획의 경제부문계획은 몇 가지 특징을 지니고 있다. 하나는 지역경제부문계획을 수립하는 과정에서 지역 산업과 경제의 실태, 변화추이를 전망하는 작업을 매우 구체적이고 심층적으로 수행했다는 점이다. 이것은 일반적으로 지역 산업과 경제의 실태와 문제점에 대해 분석자료의 결론적인 개요만 제시해 온 관행과 큰 차이가 있다. 다른 하나는 지역 산업과 경제의 실태와 문제점을 분석하고 대응책을 마련하는 작업이 선별적이고 전략적인 부문에 치중되었다는 점이다. 지역 산업과 경제의 실태와 전망에 대해 종합적이고 체계적으로 분석하고 대응방안을 마련하기보다는 지역의 특징적인 문제점과 핵심적인 계획과제를 선별해 집중적으로 분석하고 대응방안을 마련하는 것을 중시하고 있다. 제3차 지역계획의 지역경제 부문계획에 포함된 산업부문은 문화와 예술, 관광(tourism) 업무서비스(business services), 언론 서비스(media services) 및 디자인(design), 교통 및 운송과 생명의약(bio-medicine), 첨단기계와 장비(advanced machinery and systems) 등으로 세분화되어 있다. 이밖에도 지역경제부문계획에는 소지역 단위별 고용, 취업구조의 변화추이와 전망, 경쟁력(competitiveness)과 균형적 성장(equitable growth) 및 주력산업의 집적도(major industry clusters) 등 경제적 경쟁력 결정요소의 변화추이와 전망자료와 함께, 지역 단위 산업 및 경제시책과 사업추진의 평가와 산업과 경제투자와 교육훈련, 그리고 노동력의 선진화, 각종 낙후 인프라 시설의 혁신 및 지구화 경제 중심도시(global centers) 육성전략과 시책 및 사업계획 등이 제시되어 있다(Yaro and Hiss, 1996: 11~43). 그러나 지역계획의 부문별 계획수립과정에서는 이상적인 미래전략과 시책 및 사업계획을 마련하는 것만 중시해서는 안 된다. 부문별 계획내용의 적합성, 효과성, 실천 가능성 등에 대해 종합적으로 사전 검토해야 한다. 부문별 계획내용이 결정되면 이들이 계획목적 달성에 효율적인 수단인지를 따져보아야 한다. 또한 미래전략과 시책 및 사업계획이 지역이 보유하고 있거나 동원 가능한 재정적·제도적 자원의 한계 내에서 추진 가능한지, 국내외 여건 변화와 시장 조건과 부합한지 등에 대해서도 검토가 필요하다.

끝으로 부문별로 새로운 전략과 시책 및 사업계획을 제시할 때에는 이들과 유사한 전략과 시책 및 사업계획을 추진한 경험과 성과를 면밀히 살펴보아야 한다. 만약 기존의 유사한 전략과 시책 및 사업계획이 제대로 추진되지 못했거나 정책적 성과를 거두지 못했다면 원인을 분석해 한계와 장애요인을 밝히고 그러한 한계와 장애요인을 극복하는 방안을 함께 제시해야 한다. 그렇지 않으면 시행착오를 거듭할 수 있다.

지역경제부문계획의 대표적인 사례로는 참여정부의 지역혁신체제 구축전략과 이명박 정부의 광역경제권 육성전략을 들 수 있다. 참여정부는 기술혁신과 첨단산업이 주도하는 사회에서는 지역발전의 동인이 신기술과 신제품 개발, 새로운 생산 공정과 경영기법 도입 등 혁신에 있다는 판단하에 전국의 모든 광역행정구역별로 지역 내 대학-기업-지방자치단체 등 공공기관이 집단적 협력체계를 형성해 새로운 기술이나 아이디어를 개발해서 상업적으로 활용하는 지역혁신체제 구축전략을 추진했다. 지역혁신체제 구축전략이 성공을 거두기 위해서는 전국 모든 지역의 대학, 연구기관, 기업, 공공기관 등이 기술 및 경영혁신의 잠재력과 능력을 갖춰야 하고, 지역 내 혁신주체들이 수평적인 차원에서 협력체제에 참여·협력해 상생의 집단노력을 실천할 역량과 의지를 갖춰야 한다. 그러나 지역혁신체제 구축전략을 추진하면서 지방의 대학, 연구기관, 기업 등이 지닌 협력적인 혁신노력의 역량과 경험에 대한 실태파악이나 고려가 부족했고, 1990년대에 적극적으로 추진했던 지방의 과학산업단지 조성사업과 같은 유사사업의 성공과 실패의 경험으로부터 교훈을 얻지 못했다. 그 결과 이상적인 지역혁신체제 구축전략은 소기의 정책성과를 거두지 못하고 정권이 바뀌면서 중단되었다.

한편, 이명박 정부는 그동안 이루어진 행정구역단위의 지역발전투자는 한정된 재원의 분산적 투자와 사업 추진과정의 낭비와 비효율을 초래했고 지역발전을 선도할 수 있는 경쟁력을 지닌 미래형 산업집단의 육성을 어렵게 했다는 판단하에 전국을 7개(5+2)의 광역경제권으로 묶어 지구화경제체제 속에서도 경쟁력을 갖춘 대규모 집적경제 기반을 전국단위로 구축하는 전략을 추진했다. 그러나 상이한 지역의 능동적인 참여와 협력을 기반으로 하는 광역경제권전략이 성공하기 위해서는 지역 간의 이해관계를 극복해야 하고 지역 간 행정당국, 공공기관, 산업경제단체와 시민단체, 기업, 주민 등 다양한 조직과 집단 간의 참여와 연계·협력이 원활해야 한다. 그러나 오랫동안 행정구역단위로 업무를 수행하는 관행과 소지역주의 성향의 주민의식이 만연하고 지역단위 선거제도가 운영되는 상태이므로 상이한 지역사회 구성원 집단이 참여하고 연계·협력하는 적극적인 의지와 역량을 기대하기 어려웠다. 더욱이 1990년대 중반 이후 추진해 온 유사한 형태의 지방광역개발권 개발정책의 추진성과에 대한 평가와 환류조치가 이루어지지 않아 광역경제권 육성정책은 초기 단계부터 문제점이 제기되었다. 정부의 적극적인 지원에도 불구하고 광역경제권 육성정책도 소기의 성과를 거두지 못하고 정권이 바뀌면서 중단되었다.

이와 같은 사례들은 새로운 지역발전전략과 시책 및 사업계획을 추진할 경우 새로운 정책 추진의 당위성만 강조하기보다는 이상적인 정책의 성공적인 추진을 위해 요구되는 필요조건과 충분조건이 무엇인지, 그 조건들이 지역의 잠재력과 재정 및 관리능력의 범위 내에서 어느 정도 충족 가능한지를 사전검토하고 보완책을 마련하는 과정이 절대적으로 필요하다는 것을 보여준다(김용웅·차미숙·강현수, 2009: 585~638; 김용웅, 2020: 187~196).

(2) 사회·문화부문계획

지역주민의 삶의 질 향상은 산업과 경제부문의 발전만으로 이루어질 수 없다. 사회·문화부문의 발전이 병행되어야 한다. 지역의 사회·문화부문계획의 핵심적인 과제의 하나는 지역의 인적자원개발(HRD: human resource development)이라 할 수 있다. 지역 인적자원개발이란 지역발전에 필요한 산업 및 경제활동에 요구되는 인적자원기반을 확대하기 위해 지역차원에서 이루어지는 집단적 교육훈련활동을 의미한다. 지역의 인적자원 역량은 지역 주민의 취업, 소득 등 경제-사회생활과 연결되어 있고, 지역발전은 지역이 보유하거나 동원 가능한 자원을 효율적이고 효과적으로 활용하는 지역 인재들의 역량으로부터 큰 영향을 받기 때문이다. 그래서 지역발전계획은 자본이나 기술, 자연자원 등 수동적인 자원(inactive resource)을 효율적으로 활용할 수 있는 역량(competent)을 지닌 사람, 즉 능동적인 인적자원(active resource)의 확보와 개발을 중시하고 있다.

인적자원개발(HRD)은 미래의 생산인력을 양성한다는 차원에서 교육(education)과 차이가 없으나 인적자원개발은 보다 구체적으로 직업(job)과 관련된 기술이나 지식, 역량을 키우는 것을 의미한다는 점에서 교육과 차별된다. 인적자원개발은 일차적 교육을 마치고 취업 중이거나 취업을 희망하는 개인 또는 집단에 대한 직업훈련과 능력양성(training and development)에 치중한다. 그럼에도 불구하고 인적자원개발은 일반적인 교육과 밀접히 관련되어 있기 때문에 대학은 물론 초중등 학교의 교육과정에서부터 상호 연관성을 가지고 협력관계를 형성해야 한다. 지역 인적자원개발계획은 디지털융합기술과 재생에너지기술의 지속적인 혁신과 총체적인 경제-사회 시스템 변화에 따라 미래사회 인적자원의 분야별 양적·질적 수요가 변화하는 추이와 전망을 제시하고, 이를 바탕으로 기존의 지역 인적자원개발 체제와 교육과 훈련활동이 지닌 문제점을 개선하기 위한 장단기 전략과 시책 및 사업계획을 마련하는 데 치중해야 한다.

지역의 인적자원부문계획을 수립하는 데서의 첫째 과제는 지역 내 직업

관련 훈련 및 교육기관의 잠재력과 문제점을 파악하고 지역 내 기업의 인적 자원의 분야별 질적·양적 수요를 정확하게 진단·전망하는 것이다. 해당 분야의 지역실태와 문제점을 우선 파악해야 지역의 인적자원 개발 수요와 공급 간의 괴리를 최소화할 수 있고 미래사회가 요구하는 역량 있는 직업인을 양성할 수 있다. 지역 인적자원개발에 대한 장단기 비전과 대책을 마련하지 않고는 지속가능한 지역발전과 산업경쟁력 증진을 기대하기 어렵다.

둘째, 삶의 질 향상과 관련된 주거, 교육, 의료 및 복지서비스 공급을 개선하는 방안을 마련하는 것이다. 교육과 소득수준이 증대하면서 수준 높은 삶의 질에 대한 주민의 요구가 높아지고 있기 때문이다. 지식정보사회에서는 단순히 산업경제부문에서뿐만 아니라 사회적·문화적·환경적 차원에서도 삶의 질 수준이 지역경제와 산업 경쟁력에 미치는 영향이 점차 커지고 있다.

셋째, 사회발전부문계획이 다루어야 할 시책과 사업의 범위와 내용의 적정한 한계를 정하는 것이다. 너무 광범위한 분야까지 세부적으로 다루는 것은 지역발전계획의 역량 범위를 벗어날 뿐만 아니라 추진의 실효성도 갖추기 어렵게 만든다. 사회발전부문계획이 담아야 할 사회발전시책과 사업의 범위를 결정하는 일반적인 원칙과 기준은 존재하지 않는다. 지역사회의 합의를 도출하고 계획목적의 효율적인 달성을 위한 수단을 확보하기 위해서는 전문가의 판단이 중요하다. 그러나 전문가의 자의적인 판단이 초래하는 오류를 최소화하려면 판단의 근거가 되는 논리와 자료를 제시해야 한다.

제3차 뉴욕-뉴저지-코네티컷 대도시권 지역계획(1996)은 수준 높은 삶의 질 확보를 최상위 계획목적으로 설정하고 이의 실현을 위해 3E의 3대 전략목적을 제시했는데, 그중 하나가 형평성(equity) 증진이다. 지역의 사회부문계획에서는 이를 수용해 빈부격차 완화, 빈곤층과 소수민족 및 불이익계층의 사회참여와 복지증진 등의 구체적인 목적을 제시했다.

제3차 지역계획 사회부문계획은 두 가지 특징을 지니고 있다. 하나는 지역 산업과 경제의 실태와 문제점을 분석하고 대응책을 마련하는 대상이 지역특징을 반영해 매우 선택적·전략적·구체적으로 세부적으로 다루어지고 있다는 점이다. 예를 들면 지역의 실태와 문제점을 분석하고 전망하기 위해 지역의 사회·문화부문에 대해 전체적·종합적·체계적으로 접근하는 대신에 사회부문계획의 전략적인 목적인 형평성에 미치는 세부적 부문만 선별해서 구체적으로 다루고 있다.

여기서는 1970~1995년간 지역 내 인구구성의 다양화(diversity) 증가추세, 신규이민구성(new immigrants), 인구의 연령구조(age structure)와 이들이 노동력에 미치는 영향 등 인구구성 변화(demographic trends) 추세와 전망, 소수민족의 증가추이와 이들의 교육수준, 취업교육, 차별, 주거 등 다양한 불평등 실태와 전망, 그리고 이들에 대한 기존 시책과 사업 등의 실태와 문제점 및 변화 전망을 집중적으로 분석했고, 이를 바탕으로 소수집단 및 사회적 불이익집단의 빈곤과 차별이라는 문제점을 해결하고 모두에게 공평한 지역 조성을 위한 기회를 확대하기 위한 다양하고 구체적인 시책과 사업계획을 세부적으로 구체화해 제시했다.

제3차 지역계획 사회부문계획의 또 다른 특징은 부문별 목적달성을 위해 타 부문 계획과 결합함으로써 실효성 있는 장단기 대응방안을 제시했다는 점이다. 예를 들면, 저소득층 및 소수집단의 취업과 사회참여 및 형평성 증진을 위해 경제 및 도시 등 타 부문 계획과 결합해 저소득층이 밀집된 쇠퇴지역에 일자리를 창출하는 미래전략을 제시했다(Yaro and Hiss, 1996: 44~60).

(3) 공간시설·물적 시설부문계획

지역발전은 특정한 지역이나 장소를 중심으로 이루어진다. 지역과 장소는 산업 및 경제발전을 위한 사회-경제적 여건과 물적 입지조건을 갖춰야 한다. 따라서 지역발전 촉진계획에서는 지역 중심거점인 도시의 기능강화와 물적 기반 확충 방안을 마련하는 데 치중한다. 지역의 공간적·물적 부문계획에서는 도시체계와 도시별로 다양한 실태 변화추이와 잠재력을 파악하고 발전을 전망하는 것을 중시한다. 지역도시의 관련실태 파악과 전망이 이루어져야 지역 내 도시의 기능강화, 물적 시설 확충, 개선방안 마련이 가능하기 때문이다. 지역의 공간적·물적 부문계획을 수립하는 것은 도시구조와 도시 간 기능연계의 실태와 문제점을 분석하고 변화를 전망하는 작업에서부터 시작된다. 지역 내 도시구조와 도시 간 상호 기능적 연계관계에 대한 실증적 경험과 전망 자료가 마련되어야 미래수요에 대응하는 도시 간 기능분담과 도시별 기능분담을 수행하기 위한 토지개발과 물적 시설기반 확충의 전략, 시책 및 사업계획을 수립할 수 있기 때문이다.

최근 지역발전계획에서는 침체된 지역경제를 활성화하기 위해 전통시장 및 쇠퇴지역을 위한 도시재생시책과 사업에 대한 관심이 증대되고 있다. 그러나 지역발전을 촉진하기 위해서는 개별도시의 경제 활성화와 발전방안 마련에만 치중해서는 안 된다. 도시 간 적정한 기능분담과 연계를 통해 도시체계 전반의 기능을 강화해야 하고 도시와 농촌이 상생하는 통합적 지역발전방안을 마련해야 한다. 지역의 공간적·물적 부문계획에서는 지역 내 다양한 거점도시를 상호 연결하는 간선 도로망·철도망·대중교통 네트워크 확충과 개선계획 제시가 핵심적인 계획과제로 다루어지고 있다. 장기적 지역발전계획을 수립하는 과정에서는 교통·통신망 구축과 관련해 노선 간 우선순위 경합이 매우 심하다. 특히 교통수요가 증가해 혼잡이 예상되는 노선과 낙후지역을 위한 노선에 대해서는 비용-편익분석이나 경제성 등 객관적 분석결과만 가지고 판단하기 어렵다. 기준을 적용하는 데에는 가치판단의 요소가 개입되기 때문이다. 수요대응형 투자를 통해 경제적 효율성을 높일 것인지, 지역 간 형평과 선도적 투자를 통해 장기적인 지역발전 기반을 구축할 것인지는 계획목적과 목표와의 일관성, 지역사회 내의 협의와 합의에 따라 결정된다. 이 경우 계획가는 두 가지 대안의 파급효과를 분석하고 지역 내외의 유사한 사례와 경험에 대한 자료와 정보를 제공함으로써 지역 내 다양한 이해관계자 간의 협의와 합의를 촉진·지원하는 역할을 수행해야 한다.

제3차 뉴욕-뉴저지-코네티컷 대도시권 지역계획(1996)의 공간·물적 시설 부문계획의 기본방향은 지역계획의 5대 전략 중 "지구화경제중심지 육성"(the centers campaign)과 "이동성 증진"(the mobility campaign)이라는 2대 전략에 포함되었다. 제3차 지역계획의 도시권 부문계획은 관련분야의 종합적이고 체계적인 실태분석과 전망 및 대응책 마련에 치중하기보다는 지역발전에 영향력이 큰 특정한 공간과 물적 시설만을 선별해 집중적 분석과 대응책 마련에 치중했다. 지난 20년간 변화추이와 전망 및 대책마련의 대상지역은 도시특성에 따라 중심도시(centers), 중심상가구역(CBD), 횡단도시(crosstowns) 및 교외지역 등으로 유형화했고, 도시 내 거리나 구역도 교외의 상가거리, 쇼핑구역(mulls), 사무실단지(office parks) 및 전통적인 대형 토지구획(subdivision) 등으로 세분화해 각각의 구체적인 실태와 문제점을 집중적으로 분석하고 세부적으로 대응방안을 제시하고 있다. 여기서는 미래 도시의 특성적 발전을 위해 세분화된 지역설계원칙(regional design principles)까지 제시하고 있다.

그러나 3개 주 지역계획은 소지역단위 및 도시거리의 문제 해결에만 치중하지 않고 지역 전체의 장기적 발전 방안 마련도 함께 추진하고 있다. 3대 도시권의 광역철도망과 고속도로망 확충 및 개선, 도시 내 경전철과 대중교통체계 개선, 혼잡구역 해소방안 마련 등이 대표적인 사례이다. 이는 제3차 지역계획은 뉴욕-뉴저지-코네티컷 대도시권을 경쟁력을 갖춘 지구화 경제의 중심지로 육성한다는 목적을 달성하는 데 필요한 특정한 지역문제와 계획과제만을 선별해 세부적이고 구체적으로 실태를 분석하고 대응책을 집중적으로 제시함으로써 계획의 실효성을 높이는 데 치중했다는 것을 보여주는 사례라 할 수 있다(Yaro and Hiss, 1996: 116~180).

(4) 환경 및 자원관리부문계획

환경계획은 지역계획의 핵심적인 과제 중 하나이다. 이는 지역발전계획이 일반적으로 경제(Economy), 사회발전을 의미하는 형평성(Equity), 환경(Environment)이라는 3E로 표현된다는 데서도 잘 알 수 있다. 환경이란 인간이나 동식물에게 직간접적으로 영향을 주는 주위의 자연적·사회적 조건과 정황을 포괄적으로 의미한다. 여기서 환경은 자연환경보전법에 의한 자연환경과 생활환경만을 의미한다. 자연환경법에 의한 자연환경이란 지하, 지표, 지상의 생물(동식물)과 이를 둘러싸고 있는 비생물학적인 것을 포함하는 자연상태를 의미한다. 생활환경이란 대기, 물, 폐기물, 소음진동, 악취 등 사람의 일상생활과 관련된 환경을 의미한다. 환경은 인간의 물질적 욕구를 충족시키거나 사회적인 생활터전을 제공한다는 차원에서 인간의 생존권과 직결되며, 삶의 질을 결정하는 핵심요소이자 지역의 산업, 경제 및 사회발전의 하부구조(infrastructure)라 할 수 있다. 따라서 지역발전이 경쟁력이나 지속가능성을 갖추기 위해서는 자연환경의 쾌적성과 건강성을 유지하는 것이 필수적이다.

환경부문계획은 환경이 지닌 다음과 같은 특징을 고려해 시책과 사업 추진방향을 결정해야 한다.

첫째, 환경은 다양한 행위자와 다양한 인자의 상호작용의 결과로 나타나는 복잡성을 지니고 있다. 따라서 환경문제에 대한 부분적인 대응의 한계를 극복해야 한다.

둘째, 환경은 상호침투성이 강한 생태적 특징을 지닌다. 환경문제의 파급효과는 예측불가능성이 높고 환경문제와 결과 간에 시간과 장소에서 차이가 나는 등 시공간적 가변성이 강하기 때문에 쉽게 판단하기 어렵다. 따라서 환경계획은 현재 나타난 가시적 징후에 대한 대응책을 제시하기보다는 장기적이고 종합적인 관점에서 문제를 인식·분석하고 대응책을 제시하는 데 중점을 두어야 한다.

셋째, 지역 환경수준은 지역사회의 집합행위의 결과로 나타나는 자연적 및 사회-경제적 조건과 정황으로서, 환경으로 초래되는 피해와 혜택 등의 영향은 지역사회의 모든 이해당사자에게 공동으로 주어진다. 따라서 지역 환경 문제를 도출하고 대응방안을 논의·실행하는 과정에는 반드시 지역주민과 이해관계자들이 참여해야 하고 협력 가능한 기회의 창출과 민관협력 체제 구축에 중점을 두어야 한다.

넷째, 환경의 질이 긍정적이거나 부정적인 파급효과를 미치는 공간적 범역은 행정구역의 경계에 한정되지 않고 광역적이다. 특히 하천, 산림, 경관, 생태 등 환경적 영향을 크게 받는 자연환경자원은 광역적으로 분포되는 특징이 있다. 따라서 지역이 환경문제에 적극적으로 대응하기 위해서는 인위적인 행정구역을 초월한 환경권을 설정해 광역적으로 대응하고 관리할 수 있는 체계를 구축해야 한다.

다섯째, 환경 분야의 계획대상은 매우 다양하고 광범위하다. 환경부문계획은 공기와 수질오염 등의 공해문제, 쓰레기, 생활하수, 산업폐수와 축산폐수 등의 폐기물 처리문제와 관련된 관리계획을 수립해야 할 뿐만 아니라 하천, 연안, 녹지, 경관 등 자연환경관리 및 보전에 관한 장단기 시책과 사업 및 관리계획을 제시해야 한다.

끝으로, 환경부문계획은 미래에 예상되는 지역 내 토지이용, 산업단지 및 도시의 개발, 인프라 구축 등 다양한 공간시설·물적 시설을 배치하고 수용하는 활동에 기본적인 원칙과 방향을 제시하는 자연환경보전관리의 전략과 공간계획 차원의 틀을 제공해야 한다.

제3차 뉴욕-뉴저지-코네티컷 대도시권 지역계획의 환경부문계획에서는 앞에서 소개한 바와 같이 경쟁력을 갖춘 지구화경제 중심지 육성이라는 목적을 효율적으로 달성하기 위해 환경부문계획과 도시부문계획을 연계해서 상생하는 전략을 제시하고 있다. 예를 들면 환경부문의 주요 사업계획인 광역적 녹색지대를 3개 주의 중심축에 설치하도록 하고 광역적 녹지대 주변부의 중심도시를 육성함으로써 경쟁력을 지닌 경제기반, 쾌적한 환경, 조경의 매력도를 함께 갖춘 지구화경제 중심도시권을 조성하도록 하는 통합전략 사례를 보여주고 있다.

제3차 지역계획은 환경부문계획의 실효성을 증진하기 위해 3개 주 대도시권의 모든 환경문제를 종합적으로 다루지 않고 지역적 차원에서 위기에 처했거나 위기에 처할 우려가 있는 환경자원과 문제점만 선별해 심층적으로 실태분석하고 변화추이를 전망한 후 지역특징에 맞는 구체적인 대응책을 세부적으로 제시하고 있다. 예를 들면, 주차장과 옥외공간(parks and open space), 버려진 도시지구(derelict urban land) 차량과 오염(cars and pollution), 쓰레기처리 및 하수처리 등 지역의 구체적인 환경과제 실태를 파악해서 대응방안을 마련하고 있다.

그러나 제3차 지역계획의 환경부문계획에서 핵심적인 내용은 지역녹지보전체계를 구축하는 것이라 할 수 있다. 예를 들면, 제3차 지역계획의 환경부문계획은 지역이 보유하고 있는 자연 인프라(natural infrastructure) 보호를 통한 지속가능한 지역(sustainable region)의 조성을 전략적 목표로 설정하고, 이를 실현하기 위한 구체적인 사업으로 지역 내 11개의 자연보전지대(natural reserves) 지정·보존, 도시 내 옥외녹지공간(urban open spaces) 확충, 지역차원의 녹지네트워크(regional network of greenways) 설치계획을 제시하고 있다. 이 밖에도 환경부문계획은 경쟁력을 갖춘 지구화경제의 중심지 육성과 지속가능한 지역 조성이라는 계획목적과 환경부문의 전략목적을 달성하기 위해 광역적 녹지대를 3개 주 중심축에 설치하고 주변부 중심도시를 육성하도록 하는 등 도시부문계획과 연계해서 상생하는 계획을 제시했다(Yaro and Hiss, 1996: 61~115).

6. 집행계획 수립과 적용사례

1) 계획집행의 의의와 문제점

(1) 계획집행의 기본개념

계획의 집행이란 1단계에서 계획의 목적, 목표, 전략을 마련하고 2단계에서 계획목적을 달성하기 위한 대안을 마련한 뒤 비교·검토를 거쳐 최종안이 결정되면 이를 행정적·제도적 틀 속에서 실천하는 연속적인 행동과정을 의미한다. 그러나 대부분의 지역발전계획은 장기종합계획(long-term comprehensive plan)으로서 지역의 미래발전전략과 사업추진방향만 제시할 뿐 집행을 위한 사업계획(programmes)은 갖추지 않아 구체적인 집행사례는 찾아보기 어렵다. 또한 추상적이고 종합적인 특징을 지니고 있어 계획집행 과정이 분명하지 않다는 단점이 있다. 따라서 이를 해결하기 위한 개선책을 마련해야 한다.

(2) 계획집행의 성공조건과 문제점

계획집행이 성공하기 위한 조건은 다음과 같다. 첫째, 장기종합계획을 집행하기 위해서는 구체적인 전략과 시책을 담은 다양한 부문계획 및 하위계획과 사업계획을 수립하고 추진해야 한다. 지역종합발전계획은 목적, 전략 및 발전방향, 시책 등을 추상적으로 제시하고 있기 때문에 계획을 집행하기 위해서는 부문계획 및 하위계획, 사업계획 등을 통해 구체화하는 노력이 필요하다. 지역종합발전계획의 성공적인 집행을 위해서는 부문계획 및 하위계획과 사업계획을 지역종합계획이 설정한 목적, 목표, 전략에 맞게 수립·추진하는 것이 중요하다. 지역종합발전계획과 부문계획 및 하위계획이 연계하거나 일치성을 확보하고 개별적인 지역개발사업이 종합계획의 목적 달성에 기여하기 위해서는 영국의 계획허가제(planning permission)와 같은 제도적 수단과 기반을 마련해야 한다. 이와 함께 지역적 차원에서 장기 종합발전계획의 체계적인 집행 여부를 점검 또는 모니터링하고 부문계획 및 하위계획의 실천적인 수립·집행을 조정·지원·감독할 수 있는 조직과 지원체계를 구비하는 등 제도적 기반을 갖추기 위해 노력해야 한다.

둘째, 지역계획 집행은 계획수립의 순환과정 가운데 일부분이므로 집행계획을 계획수립과정에 통합해서 수립해야 한다. 지역계획 내 대부분의 계획집행은 계획수립과정과 분리되어 별도로 추진되고 있는데 이는 효율적인 집행을 어렵게 만든다. 지역발전시책과 사업은 대부분 행정적인 관리와 통제의 절차를 거쳐 실행된다. 이 경우 특별한 제도적 조치가 마련되지 않는 한 집행이 정책 또는 계획을 수립하는 활동과 분리되는 현상이 발생한다. 계획수립은 계획부서가 담당하고 계획집행은 부문별 행정부서가 담당할 경우 집행과정에서 계획가와 행정가 간에 단절이 발생한다. 이와 같은 단절현상을 방치하면 계획목적의 효율적인 달성은 물론 평가와 환류도 효율적으로 이루어지기 어렵다.

셋째, 지역계획의 다양한 시책과 사업은 상호간 조정과 연계를 촉진하는 제도적 기반을 구축하고 역량을 강화한다. 지역개발관련 시책과 사업은 다양한 기관 및 조직에 의거해 추진되나 상호간 조정 및 통합기능이 취약해 계획집행과정에서 정책왜곡현상이 발생하기 때문이다. Faludi(1973: 33~34)

는 계획집행과정에서 정책왜곡 현상이 발생하는 원인을 크게 세 가지로 보았다.

첫째, 계획의 집행과정에는 다양한 특징과 기능을 지닌 여러 계층의 관료체계(bureaucratic levels)가 개입되어 있는데 실효성 있는 상호 조정과 통제장치가 마련되어 있지 못하기 때문이다. 각각의 관료체계에는 자신의 문제에 대해서만 책임지는 관료집단이 존재하는데, 이들은 의식적으로 또는 무의식적으로 사업 추진계획의 방향을 전환하려는 경향이 있다. 이들 간 조정과 통제조치가 취약한 경우 지역정책과 계획이 통일적으로 집행되지 않는다.

둘째, 계획목적과 목표를 실현하기 위한 시책과 사업계획의 내용과 수단이 너무 일반적이기 때문이다. 일반적이고 추상적인 시책과 사업을 특수한 지역 및 집단에 적용하면 적용과정에서 정책왜곡이 발생할 수 있다. 특히 일반적인 원칙을 적용하는 과정에서 의도하지 않는 결과가 축적되면 계획목적의 실현이 좌절될 수도 있다.

셋째, 새로운 시책과 사업의 모든 결과는 예측할 수 없기 때문이다. 예측하지 못한 결과는 계획목적과 계획추진방향의 전환을 초래하기도 한다.

(3) 효율적인 집행방안

지역발전계획의 효율적인 집행을 위해서는 계획수립과 집행과정에서 몇 가지 조건을 갖춰야 한다. 첫째, 계획수립과정에서 계획목적과 목표에 대해 계획수립 전문가와 집행담당 부서 등 다양한 이해당사자 간에 명백한 합의기반이 구축되어야 한다. 계획목적과 목표에 대한 행정조직 내의 합의기반이 사전에 형성되지 않은 경우 계획을 성공적으로 추진하기 어렵다. 계획목적이 분명하지 않거나 합의기반이 취약하면 지역발전계획은 지역발전의 미래상과 활동방향을 제시하고 계획추진과정에서 지역발전성과를 측정하는 척도(yardstick)로서의 장기종합계획의 기능을 효율적으로 수행하기 어렵다.

둘째, 계획집행과정에서 정책수립기능 또는 계획수립기능과 행정기능 또는 집행기능 간의 연계를 강화해야 한다. Faludi(1973)는 집행과정에서 정책 왜곡을 막고 효율적인 계획집행을 위해 집행(implementation)을 계획과정(planning process)의 일부로 받아들이고 동시에 계획가(planners)는 집행과정에 참여해 관리 및 감시자(overseer) 역할을 수행할 것을 주장했다. 그렇지 않은 경우 계획목적과 구체적인 시책 및 사업 추진 간의 간극을 극복하기 어렵다. 즉, 계획가는 집행과정에 참여해야 한다. 계획가가 집행과정에 참여해야 하는 이유는 계획이 제시한 시책과 계획목적의 성취에 대해 고객들이 어떻게 반응하는지 정보를 축적해야 계획과정에 지속적으로 환류할 수 있기 때문이다.

셋째, 효율적인 계획집행을 위해서는 다양한 집행기관과 조직을 연계·조정해야 하고 협력체계를 구축해야 한다. 집행부문에서는 어떤 조직과 부서가 주도적으로 집행을 담당할 것인지, 관련 조직 간에는 어떠한 조정과 협력체계가 필요한지에 대한 원칙과 기준이 세워져 있어야 한다. 여기서 중요한 것은 다양한 추진조직과 이해집단 간의 소통과 협력이다. 지역발전시책과 사업은 다양한 조직과 집단에 의해 추진되고 있기 때문에 이들 상호간의 원활한 소통과 연계 및 협력은 지역발전사업의 시너지 효과를 높이는 핵심적인 전략이다.

끝으로, 지역계획의 효율적인 집행을 위해서는 실증적 자료와 정보에 기초한 PPBS(planning, programing, budgeting system)와 같은 치밀하고 전문적인 집행역량을 확보해야 한다. 지역계획의 효율적인 집행을 위해서는 정책목표의 구체화, 이를 실현하기 위한 합목적성을 지닌 대안 마련, 최적의 대안 선정, 이를 행정 및 예산절차 속에서 실행할 수 있는 행정역량 확보가 우선되어야 한다. 지역발전행정은 단순히 정해진 시책과 사업을 집행하는 것이 아니라 행정의 근거가 되는 정책과 계획목적을 명확하게 이해하고 이를 달성하기 위한 효과적인 수단을 찾아내어 이를 행정과 법규의 틀 속에서 효율적으로 추진해야 한다. 이것을 지역발전행정과 지역정책 추진의 제도적 역량(institutional capacity)이라 한다. 지역발전행정체계가 효율적인 계획집행에서 선도적인 역할을 수행하기 위해서는 계획집행과정의 필수적인 핵심과제를 찾아내어 장애요인을 제거하고 상호간 연계와 조정을 촉진할 수 있는 종합적인 조정 및 대응역량을 갖추는 데 치중해야 한다(Roberts, 1980: 161~176).

2) 집행계획 수립의 접근방법과 수립사례

(1) 집행계획 수립 조건

장기종합계획의 경우 집행이란 추상적이고 종합적으로 기술된 목적, 전략 시책, 사업추진방향을 행정적 차원에서 실행 가능할 정도로 구체적인 부문계획 및 하위계획 또는 사업계획으로 전환하고, 제시된 시책과 사업이 계획목적 달성에 기여할 수 있도록 하는 것을 의미한다. 따라서 집행계획을 성공적으로 추진하기 위해서는 다음과 같은 몇 가지 조건을 갖춰야 한다(Roberts, 1980: 161~168).

첫째, 지역 내 다양한 기관, 조직, 부서에서 수립·추진하는 부문계획 및 하위계획이 지역계획의 목적 및 전략과 연계·조정되도록 해야 한다. 둘째, 집행계획은 지역계획에서 제시한 구체적인 시책과 사업이 계획대로 실행될 수 있도록 행정과 제도차원에서 취해야 할 단계적인 조치와 내용을 제시해야 한다. 지역계획 집행과정에서는 재정, 인력, 제도 등 다양한 자원과 조건이 요구되기 때문이다. 셋째, 집행계획은 행정과 제도차원에서 무엇이 필요하고 무엇이 부족한지에 관한 수요-간극 분석(need-gap analysis)을 바탕으로 수립되어야 한다. 집행계획은 지역발전행정의 속성(attributes), 역량(competencies) 및 수행방식(performance) 등 종합적인 실태를 분석해 주어진 현상(what is)을 정확히 파악할 수 있어야 한다. 끝으로 집행계획은 지역계획목적의 실현을 위해 필요한 요소가 무엇인지(what should be)를 확인하고 대책을 제시해야 한다. 집행계획은 계획 추진을 담당할 지역의 경제-사회여건과 행정의 현 상태와 향후 집행과정에서 필요한 상태 간에 어떠한 차이가 있는지 특성적 요소별(characteristic factors) 격차(gap)를 확인한 후 대책을 제시하는 계획수단이기 때문이다.

(2) 집행계획 수립사례

우리나라에서는 그동안 지역계획의 집행부문계획이 계획의 효율적인 집행을 방해하는 장애요인을 제거하거나 촉진조건을 개선하기 위한 구체적인 실천방안과 전략을 제시하기보다는 총량적인 투자규모를 추정하고 투자비를 확보하기 위한 국비, 지방비, 민자 등의 부담비율을 정하는 재원배분계획과 계획의 집행관련 법규와 제도 및 운영방식을 개선하는 방안을 제시하는데 치중해 왔다. 그러나 2000년대 이후 우리나라 지역계획의 집행부문계획은 내용과 역할차원에서 변화를 겪고 있다. 최근 지역계획의 집행부문계획은 투자수요 추정과 재원조달계획 제시와 함께 계획의 효율적인 집행을 위한 관련 법과 제도 개선 및 대안적 전략방안 마련을 중시하는 경향을 보이고 있다. 한국의 국토·지역계획은 반복되는 집행부진과 계획추진 성과의 실효성 부족으로 인해 비판을 받고 있지만 그럼에도 불구하고 지역계획의 집행부문계획은 점차 개선되고 있기 때문이다(김용웅, 2020: 108~133). 지역계획의 집행부문계획이 변화하는 추이를 살펴보기 위해 지난 20년간 수립된 제4차 국토종합계획(2000~2020)과 제5차 국토종합계획(2020~2040)의 집행부문 계획사례를 소개한다.

제4차 국토종합계획은 "제5편 계획의 실천력 강화"라는 제목의 집행부문 계획을 수립했다. 여기서는 국토개발 투자재원의 다변화 및 효율적인 조달방안, 국토계획의 법적·제도적 기반 강화, 지역 중심 개발 및 지역 간 협력체계 확립 등 3대 전략목적을 제시했다. 그런 후에 전략목적별로 구체적인 10대 전략과 대응방안을 제시했다. 예를 들면 첫째, 국토개발의 투자재원 확보를 위해서는 "국토개발투자재원 조달능력 제고", "수익자 부담원칙의 강화" 및 "국내외 민간부문의 활용" 등 3대 전략을 제시했다. 둘째, 국토계획의 법적·제도적 기반 강화를 위해서는 "국토기본법 제정" 추진, "범정부 국토균형발전추진체계" 구축, "국토정책의 조정·통합 강화" 및 "계획수립 및 집행과정의 범국민적 참여 강화" 등 4대 전략을 제시했다. 셋째, 지역중심 개발 및 지역 간 협력체계 확립을 위해서는 "중앙정부 권한의 과감한 지방이양 및 분권화 확대", "중앙정부와 지방자치단체 간 지역개발 협력체계 구축", "중앙정부와 지방자치단체와 지방자치단체 상호간 분쟁조정장치 강화" 등 3대 전략을 구체적으로 제시했다(대한민국정부, 2000: 145~152).

제5차 국토종합계획은 "제4편 계획의 실행방안"이라는 제목으로 제4차 국토계획과 유사한 4대 전략적 목적과 8대 전략을 담은 집행부문계획을 제시했다. 제5차 국토종합계획의 집행부문계획은 계획의 효율적인 집행을 위해 국토종합계획 실천전략 수립(「국토기본법」 제18조) 및 계획추진의 평가와 정책 환류 강화, 국토계획 모니터링체제 구축·운영, 국토-환경계획 통합관리이행 및 평가체계 구축·운영, 협력적 국토정책 추진과 국민 참여 활성화 등 4대 전략목적과 함께 전략목적별 다양한 전략을 제시했다. 또한 국토종합계획의 집행력을 제고하기 위한 방안으로 5년 단위로 국토종합계획 세부실천계획 수립, 국토교통부의 평가·환류 기능 강화, 국토종합계획과 관련계획 간의 정합성 제고, 다양한 부문계획과 사업계획 간 연계와 조정 촉진, 효율적인 집행체계와 제도적 역량 구축, 국토조사와 모니터링 강화, 정책 환류체계 구축과 정책지원 강화 등의 시책도 제시했다.

그러나 이와 같은 이상적인 집행부문 개선 대책은 그동안 국토종합계획의 집행성과에 대한 심도 있는 평가와 문제점에 대한 원인 분석을 기초로 해야 실질적인 효과를 거둘 수 있다. 지역계획집행체계를 구축하기 위해서는 지금까지 시행착오를 거듭해 온 관행적인 법과 제도 및 정책의 추진방식을 철저하게 분석하고 이를 바탕으로 실행 가능한 개선책을 마련해야 한다(대한민국정부, 2020: 169~173).

제3차 뉴욕-뉴저지-코네티컷 대도시권 지역계획(1996)은 실행력 높은 집행부문계획의 수립사례를 보여준다. 제3차 지역계획의 집행계획(from plan to action)은 계획집행의 실효성 강화를 위해 계획추진의 재원조달(paying for the plan)과 효율적인 계획집행을 위한 연방정부와 관련 주정부와 다양한 기관 간의 계획집행조정체계 구축(coordinating implementation of the plan) 등 2개 부문의 전략을 제시하고 있다.

이를 좀 더 구체적으로 살펴보면, 첫째, 투자와 재원조달부문에서는 계획추진의 투자수요 추정(estimates of costs)과 재원조달 잠재력(revenue potential) 추정, 공공부문의 효율성 증진(increasing public efficiency), 사용자 부과금(user fees) 및 특별 세금(dedicated taxes)을 이용한 신규재원(new revenues) 확보, 경제 성장에 따른 조세수입(revenues from expanded growth) 증가 및 향후 25년간의 투자전략(a twenty-five year investment strategy) 마련 등 5대 전략을 제시했다. 둘째, 계획집행과정의 조정강화부문에서는 3개 주 상공회소(A Tri-State Business Council) 설치, 주지사(governors), 지방 공무원(local officials), 상공업계(business), 시민단체(civic leaders)가 주도적인 역할을 하게 될 3개 주 통합추진체계(A Tri-State Compact) 구축, 3개 주 지사 정상회의(Tri-State Governors' Summit) 개최, 3

개 주 의회 협력위원회(Tri-State Congressional Caucus) 설치, 연방정부 기관과 동반자관계(Partnerships with Federal Agencies) 구축, 집행위원장(국장급) 정상회의(Commissioners' Summits) 설치 및 장단기 지역발전지표(Regional Indicators) 설정 등 7대 전략을 제시했다. 제3차 3개 주 지역계획(1996)의 집행부문계획은 실효성 증진을 위해 지역특성과 직결된 특정한 계획과제에 치중해 구체적인 대응책과 전략을 마련했다는 특징이 있다(Yaro and Hiss, 1996: 223~237).

7. 지역계획 평가의 접근방법

1) 지역계획 평가의 의의

평가(evaluation)란 목적달성을 위해 채택한 행동과정이나 시책의 실행으로 유발된 영향(the effects of policy)을 조사하고, 유발된 영향이 의도된 목적에 어느 정도 기여했는가, 즉 효과성(the effectiveness)을 측정하는 과정이나 활동을 의미한다(Diamond and Spence, 1983: 21). Diamond와 Spence(1983: 1~3)는 공간계획 평가는 계획내용(program planning)의 적정성, 계획추진과정 점검(programme monitoring), 성과평가(impact assessment) 또는 목표달성도, 그리고 경제적 효율성(economic efficiency) 평가 등 네 가지 유형이 있다. 대부분의 계획평가와 환류는 집행이 완료된 이후 집행 결과에 미친 영향을 측정하는 것을 의미한다. 하지만 계획평가와 환류가 반드시 집행 이후의 결과만을 대상으로 하지는 않는다. 집행과정에서도 중간결과에 대한 점검(monitoring) 및 환류(feedback)가 가능하다. 계획평가의 목적은 평가를 통해 축적된 정보와 경험을 계획에 반영함으로써 주민의 복지 증진과 지역경제 활성화 촉진을 위해 추진하는 시책과 사업의 효율성과 효과성을 높이는 것이다. 그런데 지역발전계획은 광범한 사회적·경제적·물적 환경을 개선하기 위한 다양한 시책과 사업을 포함하고 있으므로 개별사업계획의 평가기법을 통해서는 목적달성의 효율성과 효과성을 평가하기 어렵다.

장기종합발전계획에서는 계획의 집행에서와 마찬가지로 두 단계의 평가가 필요하다. 하나는 장기종합계획에 포함된 정책방향과 사업이 구체적으로 집행될 수 있도록 다양한 하위 및 부문계획과 사업계획에 제대로 반영되었는지 검토하는 지역계획의 기본적인 역할에 대한 평가이고, 다른 하나는 계획집행의 결과가 계획목적 달성에 얼마나 기여했는가를 측정하는 지역계획의 효율성과 효과성에 대한 평가이다. 이는 지역종합계획의 추진평가는 지역 내 다양한 부문계획, 하위계획 및 사업계획이 장기종합계획에서 제시한 목적, 원칙, 지침에 의거해 제대로 수립되었는지 여부를 검토하는 지역계획의 역할평가부터 수행해야 한다는 것을 의미한다. 그런 후에 지역계획 추진에 따른 지역발전수준의 변화와 계획목적 달성도, 효과성과 효율성에 대한 평가가 이루어져야 한다. 그동안 일부에서는 지역장기종합계획의 역할을 평가하기보다는 실효성이 의문시되는 계획추진 과정과 결과에 대한 점검과 평가에 치중해 왔다. 앞으로는 지역계획에 대한 평가는 지역계획의 역할에 대한 평가부터 실시하고 그다음에 계획추진과정과 결과, 즉 계획추진에 따른 지역발전수준의 변화와 계획목적 달성도, 효과성과 효율성을 체계적으로 평가·환류하도록 지역계획 평가체계를 구축해야 한다.

2) 지역계획 평가분석의 절차와 접근방법

(1) 지역계획 평가분석의 절차

지역계획의 평가는 개별 사업계획(programs)의 평가방법을 중심으로 논의한다. 지역발전계획의 실천은 개별적인 시책과 사업계획에 의거해 이루어지기 때문이다. 계획평가는 정책과 계획추진의 성공과 실패의 경험을 토대로 지역발전을 위한 공공정책과 계획을 개선하는 역할을 수행한다. 따라서 평가과정에서는 보다 체계적이고 종합적인 분석이 필요하다. Rossi 등 (1979)은 평가과정의 체계적인 분석을 위해서는 사업계획을 다음 네 가지 측면에서 분석해야 한다고 보았다(Diamond, 1983: 3~4).

첫째, 사업계획 수립(programme planning)의 내용과 절차에 대한 분석이다. 올바른 계획평가를 위해서는 사업계획 수립의 적정성부터 검토해야 한다. 사업계획은 추상적인 계획목적을 실현하기 위한 구체적인 시책과 내용과 집행절차를 담기 때문이다. 사업계획의 적정성을 판단하기 위해서는 사업계획의 내용이 계획목적 달성에 적합한지, 즉 합목적적인지 여부와 시책과 사업의 추진주체 선정과 예산배분이 적합한지 여부를 검토해야 한다. 아울러 사업계획수립 과정에서 다양한 이해당사자 간의 참여와 협력, 광범위한 경제·사회지표 간의 상관성 등을 분석해야 한다.

둘째, 사업 추진과정의 점검절차(programme monitoring procedures)에 대한 분석이다. 여기서는 두 가지 관점에서 분석해야 한다. 하나는 관계집단이나 조직에 의한 사업계획 지원과 관련된 문제를 점검하는 절차이다. 예상한 대로 관련 집단의 우호적 참여와 지원이 주어졌는지, 모든 것이 정해진 법규에 따라 이루어졌는지 등을 밝혀야 한다. 만약 긍정적인 답을 얻지 못한다면 계획의 후속평가는 큰 의미가 없을 수 있다. 다른 하나는 시책과 사업이 계획한 대로 진행되었는지, 목표 집단에는 계획한 서비스나 혜택이 얼마나 주어졌는지 등을 분석해야 한다. 만약 사업 추진이 당초 계획한 의도에서 조금이라도 벗어났다면 평가결과를 해석하는 데 특별한 주의가 필요하다. 여기서는 집행의 진척이나 목표 달성의 정도가 중요한 지표가 된다.

셋째, 사업계획 추진의 파급효과 측정(impact assessment)에 대한 분석이다. 파급효과의 측정 또는 평가는 사업계획의 추진으로 계획이 의도한 방향으로 어느 정도 변화했는지를 분석하는 것이다. 이를 위해서는 사전에 계획목적을 측정할 수 있는 조작적 정의와 기준 및 계량적 방법론을 제시해야 한다. 이와 함께 정부의 개입, 즉 사업계획과 사회-경제적 개선 등 지역적 변화 간의 인과관계에 대한 논리와 이를 측정하는 방법론을 개발하는 것이 중요하다. 여기서는 통계적 방법론, 주민 및 이해집단에 대한 설문조사 등 다양한 방법이 사용된다.

넷째, 사업계획의 경제적 효율성(economy efficiency)에 대한 분석이다. 비록 사업계획 추진이 바람직한 변화를 가져왔다 하더라도 경제적 측면에서 효율성을 확보해야 한다. 그렇지 않으면 관련 정책이나 계획추진을 계속하기 어렵다. 여기서는 개별 시책과 사업 추진으로 발생한 예산 또는 사회적 비용과 편익(B/C)비율을 측정하거나 목표 달성의 단위비용을 추산하는 경우가 많다. 예를 들면 영국정부는 지역선별보조금정책의 경제적 효율성을 증명하기 위해 1980~1995년간 지역선별보조금정책을 통해 지원지역에서 18만~21만 명에 달하는 총고용규모가 창출되었고 1명의 고용을 창출하는 비용으로 1만 5000~1만 8000파운드가 소요되었다고 밝혔다(김용웅·차미숙·강현수, 2009: 286~287).

지역발전계획의 평가는 크게 다음 세 가지를 분석·평가하는 것이다. 첫째, 지역계획의 정책적 적합성과 수단의 합목적성을 분석·평가한다. 여기서는 정책과 계획수립의 문제의식 및 목적이 적정한지 여부, 사업계획에서 제시한 정부의 개입조치와 수단이 합목적성을 지녔는지 여부를 분석·평가한다. 둘째, 사업계획 추진의 진척 정도와 계획목적의 달성도를 측정한다. 이와 같은 점검과 분석결과를 토대로 계획목적 달성에 따른 파급효과와 경제성 등을 종합적으로 평가한다. 셋째, 사업계획의 집행과정과 절차 등이 정책이나 계획대로 이루어졌는지를 제도적으로 분석한다. 제도적 분석에서는 지역발전종합계획에서 제시한 전략과 계획의 내용이 얼마나 효과적으로 구체화되어 추진되었는지 진행과정과 성과를 검토하고 개선책을 계획추진과정에 환류해 계획의 실효성을 높여야 한다. 지역계획의 종합적인 평가와 분석의 토대 위에서 축적된 정보와 경험은 계획수립과정을 개선하는 데 필수적인 자료가 된다(김용웅·차미숙·강현수, 2003: 446).

(2) 지역계획 평가의 접근방법

지역발전정책이나 계획평가의 일차적인 과제인 사업계획의 적정성을 분석하기 위해서는 계획수립 배경과 의도를 이해해야 한다. 즉, 해당 정책과 계획은 어떠한 문제를 어떤 이유로 해결하려 하는지, 대상문제는 정책적 해결과제로 적합한지, 문제의 도출이나 정의 자체가 피상적인 관찰과 특정 가치관의 산물은 아닌지 등에 대한 검토가 선행되어야 한다. Diamond와 Spence(1983: 9)는 계획의 적합성을 체계적으로 분석하기 위해 다음과 같은 7개 평가항목을 검토해야 한다고 보았다.

① 정부개입 필요대상의 조건 및 결함을 의미하는 대상문제
② 정부개입 대상인 개인, 가구, 조직, 지역사회 등 대상집단
③ 대상집단의 변화를 유발하기 위해 설계된 정부개입수단
④ 개입을 통해 달성하고자 하는 정책목표
⑤ 시간경과의 정보를 담은 문제점과 조건을 측정하는 지표
⑥ 대상문제의 범위, 깊이, 형태의 체계적인 수요평가
⑦ 목적을 구체적인 목표로 전환, 대상 인구집단에 대한 구체적인 개입방안 마련과정

계획평가의 또 다른 과제인 목적과 목표의 달성도 분석에서는 계획추진

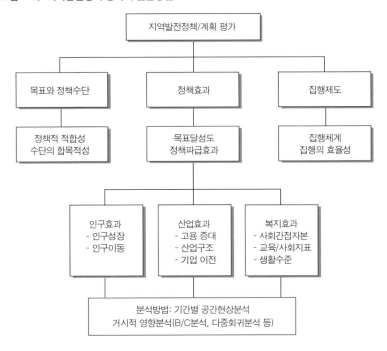

〈그림 7-2〉 지역발전정책 평가의 접근방법

```
                    ┌─────────────────────┐
                    │  지역발전정책/계획 평가  │
                    └──────────┬──────────┘
         ┌─────────────────────┼─────────────────────┐
  ┌──────┴──────┐       ┌──────┴──────┐       ┌──────┴──────┐
  │ 목표와 정책수단 │       │   정책효과    │       │   집행제도    │
  └──────┬──────┘       └──────┬──────┘       └──────┬──────┘
  ┌──────┴──────┐       ┌──────┴──────┐       ┌──────┴──────┐
  │ 정책적 적합성  │       │  목표달성도   │       │  집행체계    │
  │ 수단의 합목적성 │       │  정책파급효과  │       │  집행의 효율성 │
  └─────────────┘       └──────┬──────┘       └─────────────┘
            ┌─────────────────┼─────────────────┐
     ┌──────┴──────┐   ┌──────┴──────┐   ┌──────┴──────┐
     │   인구효과   │   │   산업효과   │   │   복지효과   │
     │  - 인구성장  │   │  - 고용 증대  │   │  - 사회간접자본 │
     │  - 인구이동  │   │  - 산업구조  │   │  - 교육/사회지표 │
     │             │   │  - 기업 이전  │   │  - 생활수준  │
     └──────┬──────┘   └──────┬──────┘   └──────┬──────┘
            └─────────────────┼─────────────────┘
              ┌───────────────┴───────────────┐
              │ 분석방법: 기간별 공간현상분석        │
              │ 거시적 영향분석(B/C분석, 다중회귀분석 등) │
              └───────────────────────────────┘
```

으로 인한 파급효과분석(impact analysis)이 필수적이다. 지역발전계획은 지역경제 활성화, 주민 삶의 질과 복지 개선 등 매우 광범위한 정책 목적을 추구하고 있어 무엇을 대상으로 효과를 측정하는가 하는 것이 중요한 과제이다. Diamond와 Spence(1983)는 지역발전정책이나 계획은 국민은 어디에 살더라도 적절한 서비스의 공급과 사회-경제적 지원을 받도록 하는 "복지목표"(welfare objectives)와 지역의 성장을 극대화하려는 "성장잠재력목표"(growth potential objectives)를 공통적으로 추구한다는 전제하에 파급효과 측정을 위한 지표(indicators)를 크게 노동, 자본, 환경, 사회복지의 네가지 기준에 의거해 선정할 것을 제안했다(Diamond and Spence, 1983: 21~31).

첫째, 노동기준(labour criteria)이란 지역정책과 계획의 추진이 일자리 창출, 지역자원 활용의 극대화, 인구정착 지원 등을 통해 지역의 문화와 정주체계 활성화라는 정책과 계획목적 달성에 얼마나 영향을 주었는가를 측정할 수 있는 지표를 선정하는 원칙과 방향을 의미한다. 노동기준 차원에서 지표는 지역정책과 계획의 추진이 경제활동의 공간적 분포에 영향을 주어 상대적 쇠퇴지역의 실업을 줄이고, 지역 내 인력, 기술 및 지식 활용을 극대화해 새로운 고용을 창출하고, 지역의 인구유출을 막아 지역의 문화와 정주체계의 활력을 증진한다는 계획목표 달성도를 측정하는 데 적합해야 한다. 대표적인 지표로는 지역의 고용증가(employment growth), 실업자, 고용창출(unemployment, job creation), 가동률(activity rates), 기술구조(skill structure)와 인구이동(migration) 등이 있다. 이들 지표 중 실업자지표는 찬반 논란이 있으나 이들은 노동시장 불균형과 성장(labour market imbalance and growth), 노동수요와 공급(the demand and supply of labour), 노동공급의 특성(the nature of labor supply)과 노동의 장소이동성향(propensity to change location)을 측정하는 주요 지표로 활용되고 있다.

둘째, 자본기준(capital criteria)이란 기업의 투자규모와 투자의 질 변화를 측정하는 데 초점을 두는 지표선정 원칙을 의미한다. 지역발전정책과 계획은 다양한 재정 및 조세 지원을 통해 기업의 투자를 촉진하고 생산과 고용을 확대하는 것을 목적으로 하기 때문이다. 지역 내 기업투자의 규모와 질 변화를 측정하는 대표적인 지표로는 지역 내 기업유치 실적, 투자규모, 고용창출규모, 생산액, 생산성 등 5개 지표가 있다. 특히 이전기업의 경우, 이전 후 발생한 새로운 고용기회 창출과 주민소득 증대의 효과가 단순히 기업의 총생산과 고용규모 이상으로 지역에 중요한 의미를 지닌다. 지역정책 추진 이전과 이후로 나타난 이들 지표의 변화추이를 근거로 지역정책 또는 계획의 성과와 직간접적인 파급효과를 측정할 수 있다. 이 같은 자본기준의 지표를 측정하기 위해서는 지역 내 기업유치, 기업조직, 투자, 생산에 대한 일관된 자료와 정보를 확보하는 것이 필수적이다.

셋째, 환경기준(environmental criteria)이란 지역의 하부구조 공급이 지역의 경제 및 산업발전 촉진과 삶의 질 향상에 얼마나 기여했는지를 평가하는 지표선정 원칙과 기준을 의미한다. 지역발전정책이나 계획은 지역의 경제 및 산업발전 촉진과 삶의 질 향상을 목적으로 다양한 전략과 시책 및 사업계획을 수립·추진하는데, 중요한 과제 가운데 하나가 하부구조의 건설·공급이기 때문이다. 지역의 하부구조에는 도로, 상하수도, 산업단지의 공급 등 물적 또는 경제적 하부구조와 교육, 의료, 사회 서비스 등 사회적 하부구조가 포함된다. 지역 하부구조 공급이 정책목적 달성에 기여한 기여도를 측정·평가하기 위해서는 정책이나 계획기간 전후의 하부구조의 공급실적 변화를 측정·평가해야 한다. 그러나 더욱 중요한 것은 환경기준의 지표변화와 노동 및 자본기준의 지표변화 간의 연관성과 상관성을 분석하는 것이다. 환경기준의 지표는 단순히 지역경제 활성화와 주민의 삶의 질 증진을 위한 투입요소인 독립변수로서가 아니라 지역발전의 종속변수로서 분석하는 것이 중요하다. 평가체계의 구성과 작동방식과 함께 지역발전과 하부구조의 상관관계를 먼저 이해해야 평가결과의 진정한 의미를 파악할 수 있다.

끝으로, 사회복지기준(social welfare criteria)이란 지역발전정책이 경제-사회 복지수준이나 삶의 질 변화라는 지역정책목적 달성에 얼마나 기여했는가를 측정·평가하는 지표선정의 원칙과 기준을 의미한다. 사회복지나 삶의 질은 매우 포괄적이고 추상적인 개념이기는 하지만 대부분 국가나 지역에서는 이를 측정하는 지표와 관련 자료가 상당 수준 축적되어 있다. 여기서는 지역적 차원의 사회복지시설 규모나 서비스 양의 변화를 측정하는 것도 중요하지만 개인 및 가구 수준에서 소득, 취업, 다양한 삶의 질의 개선과 변화를 측정하는 것이 더욱 중요하다. 사회복지기준의 지표를 평가할 때 고려해야 할 점은 크게 두 가지이다. 하나는 사회복지 증진시책과 사업추진, 복지서비스 전달에도 비용이 초래된다는 점이고, 다른 하나는 사회복지의 순증가가 이루어지기 위해서는 사회복지 증진의 사회적 편익(social benefits)이 총 사회적 비용(social costs)을 초과해야 한다는 점이다.

지역정책이나 계획평가에서 가장 어려운 문제 가운데 하나는 정책채택 이후의 사회경제적 지표변화 가운데 정책 효과와 비정책 효과를 가려내는 것이다. 일정 기간 동안 일어난 사회-경제적인 변화를 정책적 파급효과와 기타 효과로 구분하기 위해 사용하는 가장 일반적인 방법은 정책채택 전-후를 비교·평가(before and after analysis)하는 것이다. 그러나 이 방법은 정책 채택 이전과 이후의 지역여건에 큰 차이가 없다는 점을 가정해야 하는 제약이 있다.[9] 이 밖에도 정책 및 계획효과를 종합평가하는 방법으로 다중회귀 방식(multiple regression analysis) 등 통계적 방법을 활용하기도 한다.

지역발전계획은 계획내용이 광범위하고 포괄적인 특징을 지니고 있어 계획추진의 성과를 종합적으로 평가하기가 쉽지 않다. 그러나 평가가 어렵다는 이유로 계획평가를 회피하면 장기종합계획 성격을 지닌 지역계획의 실효성을 높이기 어렵고 그동안 지속되어 온 시행착오를 반복하게 될 것이다. 따라서 지역계획이 발전하기 위해서는 계획목적과 내용의 적합성, 계획수단의 합목적성을 검토하고 계획의 구체적인 실현을 위한 집행과정과 집행으로 초래된 다양한 파급효과를 체계적으로 분석·평가할 수 있는 기법과 방법론을 개발·적용하는 등 다양한 노력이 필요하다.

---

9   정책의 사전적 영향평가를 위해서 다양한 통계적 분석기법이 활용될 수 있다. 대표적인 분석기법으로는 민감성 분석(sensitivity analysis), 비용-편익분석(cost-benefit analysis), 경제적 효과분석(economic-impact analysis) 등이 있다(Richardson, 1979).

제8장

—

국토트렌드 변화와 미래국토·지역계획

1. 메가트렌드 변화 전망과 정책적 함의[1]

1) 메가트렌드 변화 전망의 접근방법

메가트랜드(megatrends)라는 용어는 미국의 미래학자 John Naisbitt (1982)의 저서 *Mega-trends: The New Directions Transforming Our Lives* 에서 유래한 용어로, 현대 사회에서 계속 일어나고 있는 거대한 조류 (trends)를 의미한다. 저자는 탈공업화 사회, 글로벌 경제, 분권화, 네트워크 형 조직의 형성을 메가트렌드로 보았다(KIET, 2005: 59).

---

[1] 제8장 메가트렌드 및 국토트렌드 변화와 미래 국토정책 대응은 김용웅(2015), 「미래연구의 접근방법과 미래 국토 트렌드 변화전망」; 김용웅(2017b), 「저성장 시대의 지역정책 패러다임 연구」; 김용웅(2018), 「제4차 산업혁명의 다원적 특성과 지역산업정책 과제」; 김용웅(2020), 「관행적 지역균형발전정책의 문제점과 개선방안」; 김용웅(2021), 「국가균형발전정책의 시대별 변화와 대응」; 김용웅(2025a), 「전환기 미래전망 연구의 접근방법과 개선과제」; 김용웅(2025b), 「미래도시-국토 모습의 전망과 대응과제」 등을 기초로 작성했다.

메가트랜드 변화 전망이란 미래의 메가트랜드를 전망하는 것을 의미한다. 장기적인 미래 전망 및 전략 마련을 연구하기 전에 지속적인 디지털 기술 및 융·복합기술혁신으로 산업경제논리, 생산제품과 공정 등 생산양식뿐만 아니라 국토경관을 포함한 경제-사회체제와 사회구조, 인간자체의 본질과 삶의 방식까지 급격하게 변하고 있는 첨단의 전환 순간(transformational moment)에도 장기적 미래 전망과 전략 마련이 가능한지 그리고 유용성은 있는지부터 살펴보아야 한다. 김용웅(2025a: 54~57)은 미래 전망이 불투명한 경우에도 장기적 미래 전망 및 대응 전략연구는 가능하고 또한 유용성 즉 실익이 있다고 주장한다. 왜냐하면 미래 전망과 대응 전략 연구는 사회적으로 추세변화의 방향성을 제시함으로써 다양한 이해당사자 간 이해의 조정과 협력 및 협업(collaboration)을 촉진하고, 사회적으로는 제한된 자원의 선택적이고 전략적인 배분과 이용을 뒷받침하는 논리적 기반을 제시하기 때문이다. 그러나 전환기의 미래 전망과 전략 연구는 최소한 두 가지 조건이 필요하다. 첫째, 전환기의 미래 전망 연구는 경제-사회적으로 파급력이 큰 핵심적 추세만 선별하고 거시적 추세의 방향만 제시해 변화에 적용하는 유연성을 갖추어야 한다. 둘째, 20~30년의 초장기적 연구라 하더라도 매 3~5년마다 업데이트를 통해 지속되는 급격한 변화를 장기전망에 반영할 수 있도록 해야 한다.

미래변화 추세 전망의 접근방법은 첫째, 부문별 전문가들이 추세변화와 전망 자료를 모으고 분야별 통계와 분석모형을 통해 현재의 변화 추세(current trends)를 찾아내고 이를 기존의 부문별 추세변화 특성과 전망자료와 비교 검토하고, 분야별 전문가 집단의 의견을 모아 추세 전망의 타당성을 점검·환류를 통해 보완하는 방법이다. 그러나 연구진 주도의 미래연구는 과학적 분석과 합리적 추론 외에도 개인의 주관적인 가치관과 상상력, 소망적 미래관의 반영이 불가피한 단점이 있다. 연구결과의 불확실성 및 비예측성을 최소화하기 위해 집단지성의 힘에 의존하는 델파이조사(Delphi Method) 및 전문가 협의 등을 통한 "합의적 전망"(consensus forecast)에 의존하는 경향이 있다(토플러, 2006: 176; 김용웅, 2015: 158 재인용).

기존의 미래연구 접근방식은 오랫동안 통용되어 왔으나 첨단의 전환기에는 변화 대응력과 실용성이 부족해 김용웅(2025a: 55~56)은 전문가 집단이 현재의 부문별 변화 추세를 찾아내고 미래를 전망하는 7단계 추세전망 모형(7 steps of forecasting process model)을 제시했다. 7단계 모형의 핵심은 첫째, 분야별로 주요 변화 추이를 수집하고 개별적 변화(changes)의 영향과 목적 및 핵심 요소 등 공통분모(common elements)를 찾아낸다. 둘째, 1단계 분석을 바탕으로 공통적 특성 또는 기능을 지닌 변화를 함께 묶어 집단화해 유형별 가시적 패턴이나 특징을 찾아낸다. 그래야 추세변화의 동인을 찾아내고 전망의 논리를 제시할 수 있기 때문이다. 셋째, 그러한 변화 패턴의 시간적 지속성(continuity) 여부를 확인해 연구대상인 주요 패턴을 선별한다. 넷째, 유형별 변화패턴이 장기적 관점에서 경제 사회 및 생활에 미치는 영향을 찾아낸다. 다섯째, 각 부문별로 선별된 주요 변화패턴이 지닌 학문적 또는 정책적 함의의 중요도를 평가한다. 그리고 여섯째, 기존의 전문 분야별 미래추세 전망자료를 수집하고 연구결과와 비교해 부족한 점을 보완한다. 끝으로, 분야별 전문가 집단의 인터뷰와 미래 전망 자료를 수집하고 연구진이 마련한 변화패턴 또는 추세 전망과 비교·검토해 연구결과에 반영한다.

일반적으로 메가트렌드 변화를 촉발하는 것은 세 가지 요인, 즉 인구와 경제의 뉴 노멀(new normal) 현상, 디지털융합기술혁신에 바탕을 둔 4차 산업혁명(the fourth industrial revolution), 권력의 종말(the end of power) 등이다. 따라서 메가트렌드 변화를 전망하기 위해서는 이들 요인의 개념적 특징과 이들 요인이 정치, 경제, 사회 분야 등 총체적 시스템에 미친 영향 및 정책적 함의를 살펴봐야 한다. 여기서는 메가트렌드 변화를 촉발하는

〈표 8-1〉 7단계 미래변화 추세 전망의 접근방법

실용성을 갖춘 단계 미래 전망 접근방법(Seven Steps of Forecasting Process Model)
1단계: 개별 변화 추세 수집 및 공통요소 분석 (Collect major changes in each sector, and identify common effect, implicit goals or common elements of each change)
2단계: 공통특성 기반 변화 추세의 분류 및 집단화 (Classify individual changes into several groups based upon the analysis in the first step)
3단계: 시간적 지속성 기반 주요 변화 패턴 선별 (Select major change patterns based upon the continuity of each change patterns)
4단계: 장기적 파급효과 분석(긍정적/부정적) (Evaluate the long-term effects and opportunities of each change pattern)
5단계: 학문적/정책적 함의의 중요도 평가 (Evaluate the importance of policy and academic implications of major change patterns)
6단계: 기존 전문 자료와 비교 및 보완 (Review your findings with existing information created by other professional organizations and expert groups)
7단계: 전문가 집단 인터뷰 및 자료 수집을 통한 검증 및 환류 (Review your findings and improve based on the collective ideas and future trends proposed by various peers, experts and stakeholders)

자료: 김용웅(2025a: 56~57).

요인을 이 세 가지로 한정하고 개별 요인별 특징과 개별 요인이 정치, 사회, 경제 분야에 미친 영향과 정책적 함의를 살펴볼 예정이다. 하지만 이와 같은 접근방법은 크게 두 가지 차원에서 한계와 문제를 안고 있다. 문제점과 대응방안은 다음과 같다.

첫째, 세 가지 요인은 총체적 시스템에 미친 영향의 범위와 깊이가 크게 다르다는 점이다. 메가트렌드 변화 요인 중 4차 산업혁명은 사회, 경제, 정치의 모든 부문의 변화에 영향을 미치는 데 비해, 뉴 노멀과 권력의 종말은 각각 인구와 사회적 특징, 조직구성과 거버넌스 부문에 한정되어 있다. 따라서 세 가지 요인을 동일한 비중으로 다루면 물리적 균형을 이루기 어렵다는 단점이 있다. 그러나 총체적 시스템의 변화 전망에 대한 논리성을 확보하기 위해 여기서는 뉴 노멀, 4차 산업혁명, 권력의 종말 등 3대 요인별 특징, 그로 인한 변화 전망, 정책적 함의를 순서대로 설명하고자 한다.

둘째, 여기서는 세 가지 요인별로 메가트렌드 변화 추이와 전망, 정책적 함의를 개별적으로 설명하고 있으나, 세 가지 변화요인의 영향력은 서로 겹치기도 하고 때로는 상호 대립적인 변화 추세를 보이기도 한다는 점이다. 대부분의 경우 총체적인 시스템에 미치는 영향력이 서로 보완적이어서 큰 문제는 없다. 다만 예외적인 경우에는 사안별로 요인에 따른 차별성을 설명한다.

2) 뉴 노멀 시대의 메가트렌드 변화 전망[2]

(1) 뉴 노멀의 개념적 특징

최근 경험하고 있는 저출산, 고령화, 인구증가율 감소, 경제 저성장 추세는 일시적이고 특수한 병리적 현상이 아니라 장기적·지속적이고 정상적인 보편적 현상으로 고착화되고 있다. 이처럼 앞으로 인구감소와 저성장이 표준화된 현상이 되는 추세를 「뉴 노멀」(new normal)이라 한다. 세계적 채권 운용회사 PIMCO의 CEO 출신 Mohamed El-Eiran은 2010년 "Navigating the New Normal in Industrial Countries"라는 제목의 강연에서 다년간에 걸친 극히 예외적인 현상의 필연적인 결과로 나타난 이 같은 현상이 정상일 수밖에 없다고 주장했다. 그 이후 뉴 노멀은 다양한 의미로 사용되고 있다. 저출산 및 저성장의 장기적 경제침체현상은 일시적으로 나타나는 비정상적

---

2   이 글은 김용웅(2017b), 19~22쪽을 기초로 작성했다.

인 현상이 아니라 모든 경제활동의 기초가 되는 경제적 기준과 표준이 되고 있는데, 이러한 현상을 새로운 정상, 즉 뉴 노멀(new normal)이라고 지칭한다(wikiedia.org/wiki/newnormal, 2016.9.6).

뉴 노멀은 3저(저출산, 저소비, 저성장)와 3고(고실업, 고부채, 고위험)로 표현되는 장기적인 경제침체 추세가 다년간에 걸친 극히 예외적인 현상들의 필연적인 결과로 나타난 것이기 때문에 정상일 수밖에 없다고 보는 것이다. 따라서 우리는 이제 장기적 경제침체가 표준화된 경제현상임을 인정하고 사회-경제문제를 해결하기 위해 성장시대의 패러다임에서 벗어나 뉴 노멀 시대의 새로운 논리와 패러다임을 받아들여야 한다.[3]

(2) 인구 및 사회적 관계 변화와 정책적 함의
① 인구구조의 변화 전망
• 저출산과 고령화
- 출산율 감소추이와 인구절벽시대 도래

인구특징의 두드러진 변화는 저출산과 고령화, 가구구성 변화, 다문화가구의 증대 등 크게 세 가지라고 할 수 있다. 우리나라 출산율은 1983년 인구수의 안정적인 유지 조건인 2.1명으로 낮아진 이후 2008년 1.19명, 2020년 0.84명으로 크게 낮아져 OECD 최하위수준을 유지하고 있다. 저출산의 결과는 인구증가율 감소로 이어지고 있다. 한국의 연평균 인구증가율은 1980~1990년 1.3%에서 2000~2010년 0.53%, 2010~2015년 0.38%로 급격히 낮아지고 있다. 2025년 또는 2030년부터는 인구의 절대수가 감소하는 인구절벽시대가 도래할 것으로 전망되고 있다(통계청, 2015: 61).

---

3   뉴 노멀(new normal)이란 벤처기업가 Roger McNee가 2003년 자신의 저서에서 처음 사용한 경제·금융상의 용어로, 2007~2008년 금융위기와 모든 경제활동의 기초가 되는 경제적 기준과 표준이 되고 있어 이러한 추세를 "새로운 정상"(new normal)으로 지칭한다.

– 고령화 비율의 증대추이와 전망

우리나라 고령화 비율은 20년마다 2배씩 증가하고 있다. 고령화 비율은 전체 인구 대비 65세 이상 인구의 비율을 의미한다. 우리나라 노령화 비율은 1980년 3.8%에서 2000년 7.1%, 2020년 15.7%로 급격히 높아지고 있다. 이미 농촌 군부지역의 상당수는 노령인구가 20%를 상회하고 있고 일부 군부지역의 고령인구비율은 30~40%를 차지하고 있어 고령화에 이은 지역 소멸의 징후까지 보이고 있다. OECD 전망에 따르면 한국의 고령화 비율은 2020년 15.7%에서 2030년 24.3%, 2040년 32.5%로 높아질 것으로 전망된다(통계청, 2022a).

– 생산인구 비중 감소와 노년부양비율 증대추이와 전망

인구의 고령화 증대로 생산가능인구 비중은 2015년 73%에서 2030년 63.1%, 2040년 56.5%로 감소되는 반면, 노년부양비율(생산인구 100명당 65세 이상 인구비율)은 2015년 17.9%에서 2030년 38.6%, 2040년 57.2%로 급격히 증대해 경제적 활력을 잠식하고 성장을 저해하는 요인이 될 것으로 전망된다(통계청, 2012).

• 가구구성의 변화와 특수가구 증가 전망
– 1인가구 증가추이와 전망

저출산과 고령화 비율 증가는 인구감소, 독신, 무자녀 가구 및 비혈연 특수가구의 증가 등 가구구성의 변화를 초래하고 있다. 독신 및 1인가구 비율은 1995년 12.9%, 2000년 20.4%, 2010년 23.9%로 높아졌고 2021년에는 종래의 2035년 추계치 34.3%를 능가하는 37.4%로 높아졌다. 1인가구 증가추이는 지속될 것으로 전망된다(통계청, 2022b). 통계청의 장래가구추계에서는 1인가구 비율을 2035년 34.5%로 전망한 바 있다(통계청, 2012). 한국의 1인가구 비율은 2000년 15.5%인 222만 가구에서 2010년 23.9%인 414만 가구로 2배 가까이 증가했다. 이를 바탕으로 1인가구 비율을 2015년 27.1%(511만 가구), 2025년 31.3%(685만 가구), 2035년 34.2%(763만 가구)로 증가할 것으로 예상했으나 2021년 현재 2035년 예상치를 상회하는 급속한 증가추이를 보이고 있다(통계청, 2012).

- 다문화가구 비중 증대 전망

마지막으로 언급할 인구특징 변화는 외국인과 다문화가구 비중의 증대이다. 외국인 취업인구 및 내국인과의 결혼 증대로 외국인의 비율은 2000년 0.4%에서 2010년 1.86%, 2012년 1.87%, 2021년 4.1%로 크게 높아졌다(행정안전부, 2022). 다문화가구 수가 증대한 것이 이를 잘 대변한다. 다문화가구 수는 2010년 18만 1671가구에서 2015년 23만 9698가구, 2021년 38만 5219가구로 빠른 증가추이를 보이고 있으며, 이러한 추세는 지속될 전망이다(통계청, 2015: 110; 행정자치부, 2022).[4]

② 사회적 특징의 변화 전망
• 사회적 가치관: 개인적 가치관의 세분화와 사회적 가치관의 다원화
인구특징 변화는 사회적으로 삶의 방식이나 가치관의 변화를 초래한다. 기존에는 사회적 가치관이 경제적 성장과 효율성 증진에 치중되어 있었으나 최근에는 경제적 성장이나 효율성보다 개인적 삶의 방식과 개성적인 라이프 스타일을 중시하고 개인 및 사회적 가치관이 세분화·다원화되는 경향을 보이고 있다. 가시적 성과와 경제적 효율성을 중시하는 대중적인 사회적 가치관은 쇠퇴하는 반면, 개성적인 삶의 방식, 문화와 삶의 질을 중시하는

---

4 통계청 자료는 외국인 출신 부부 가구 수이고, 행정안전부 자료는 다문화가구 수이다.

개인주의적 가치관이 증대될 전망이다.

• 사회적 관계: 사회적 관계의 단절과 파편화

개성적인 삶의 방식과 다원화된 사회적 가치관이 확산되는 가운데 개인 간 사회적 관계의 단절 및 파편화 현상이 증대되고 있다. 따라서 정형화되고 대중화되었던 기존의 사회적 대응체계의 역할이 급격히 위축되고 이에 대응하는 사회적 활동과 체제 구축의 필요성이 증대될 것으로 전망된다.

③ 인구 및 사회적 관계 변화와 정책적 함의

• 경제활력 약화와 저성장의 장기화

저출산과 고령화, 인구증가율 감소는 경제활력의 약화와 저성장의 장기화를 초래하는 하나의 원인이 될 수 있다. 그러나 경제활력 약화와 저성장 장기화의 원인을 인구 증가나 인구구조 변화에서만 찾기는 어렵다. 국민소득 증가, 경제 및 산업구조의 고도화, 한국 기업과 제품의 국제 경쟁력 약화, 뉴 노멀 추세 정착 등 다양한 경제·산업의 구조적인 특징에도 원인이 있기 때문이다. 그러나 일부 전문가는 저출산으로 젊은 층이 줄어들면서 술집, 커피숍, 노래방, 미용실 등 골목상권이 무너지게 되고, 이것이 내수 중심 기업의 매출액 감소와 고용 및 임금 감소로 이어지고, 정부세입 감소와 재정 적자가 확대되고, 그 결과 정부재정투자와 지원이 축소되어 다시 경제침체로 이어지는 복합불황의 악순환 고리를 형성할 수 있다고 경고한다. 따라서 적극적인 대응방안을 마련해야 한다(≪경향신문≫, 2017.6.18).

• 잠재적 경제성장률 저하

저출산과 고령화에 따른 인구학적 특징 변화, 우리나라 경제구조의 특징과 기술 및 시장여건 변화, 뉴 노멀 추세 정착 등 다양한 원인으로 인해 우리나라의 잠재적 경제성장률은 1990년대 말 이후 급격히 낮아져 2011~2020년 3.5%, 2020~2030년 1.9%로 전망되었다. 그러나 실제로는 2010년 이후 연평균 성장률이 잠재 성장률 이하로 낮아져 2008~2012년 2.9%, 2013~2015년 2.7% 등을 기록했으며, 2020년 이후에는 2%대도 유지하기 어려울 것으로 전망된다.

• 사회적 수요의 세분화와 다원화 대응방안

개성적인 가치관의 확산과 사회적 가치관의 다원화는 개인의 소비패턴, 공공서비스 등 사회적 수요에서 세분화와 다원화를 초래하고 있다. 산업화 시대의 대량생산과 대량소비에 바탕을 둔 산업·경제·공공분야의 수요 대응 접근방식에서 벗어나서 개인적인 삶의 방식과 사회적 가치관이 변화하는 추세를 수용하고 효과적인 대응방안과 창의적인 추진체계를 마련해야 한다.

• 사회적 단절과 파편화 대응방안

저출산과 고령화, 1인가구 증대 등 가구구성 변화, 개인주의적 생활방식과 개성적인 가치관의 확산은 개인의 소외감 증폭, 사회적 연대감 약화, 사회적 단절, 사회적 관계의 파편화를 초래하고 있는데 이와 같은 추세는 앞으로도 지속될 것으로 전망된다. 앞으로 도시개발은 물론 공공서비스 공급에서도 개인주의적 생활방식과 가치관 확산, 사회적 가치관 다원화에 대응할 수 있는 방안을 마련하고 이를 뒷받침할 제도적 기반을 구축할 필요성이 높아질 것으로 전망된다(김용웅, 2016: 22~23; 김용웅, 2017b: 21~22).

• 맞춤형 스마트 소비패턴과 공유경제의 확대

1인가구 증대와 저성장 추세의 지속으로 개인적 삶의 방식과 사회적 가치관이 점차 개인화·다원화되면서 소비패턴도 불필요한 재화의 독점적 지배 형태보다는 개인적·내면적 가치관과 만족감 충족을 중시하는 나를 위한 맞춤형 스마트 소비패턴(smart consumption pattern)의 확대가 예상된다. 맞춤형 스마트 소비패턴의 확대는 렌탈시장(rental market) 활성화와 공유경제(sharing economy) 확대를 초래하고 있다.

우리나라의 차량, 가전제품, 건강, 레저 등 개인 및 가정용품의 렌탈시장 규모는 2011년 3.7조 원에서 2016년 5.5조 원으로 매년 10% 이상 성장해 2020년에는 개인 및 가정용품 렌탈시장 규모가 10.7조 원으로 증대될 것으로 전망된다(KT경제경영연구소, 2016).[5]

3) 「제4차 산업혁명」 시대의 메가트렌드 변화 전망[6]

(1) 「제4차 산업혁명」의 개념적 특성
• 형식적 정의: 산업혁명 이후 네 번째 산업기술혁신

형식적 정의에 따르면, 4차 산업혁명은 18세기 산업혁명 이후 생산성과 삶의 질을 획기적으로 향상시키고 경제-사회적 시스템 변화를 가져온 네 번째 산업기술혁신(manufacturing technology innovation)과 사회-경제 패러다임의 변화 트렌드를 지칭한다(〈표 8-2〉 참조).

• 내용적 정의: 경제체제와 사회구조를 변화시킨 융합기술혁명

내용적 정의에 따르면, 4차 산업혁명은 경제체제와 사회구조를 변화시킨 융합기술혁명이다. 세계경제포럼(WEF) 회장 Klaus Schwab은 4차 산업혁

---

5   www.dt.co.kr/contents.html?article_no=2016032202109932816002, 2016-03-22
6   이 글은 김용웅(2018), 3~22쪽을 기초로 작성했다.

<표 8-2> 산업기술혁신의 단계별 핵심 기술과 생산체계의 변화

산업기술혁신	핵심기술 및 기술혁명의 특징
1단계 기술혁신	1784년 증기기관차 발명 이후 동물적 에너지를 대체하는 기계화 혁명
2단계 기술혁신	1870년 전기 발명 이후 생산라인 등장으로 이루어진 대량생산 혁명
3단계 기술혁신	1969년 IT, 컴퓨터 발명 이후 이루어진 자동제어생산시스템, 정보, 디지털혁명
4단계 기술혁신	1984년 인공지능, 자동화 로봇기술, 사람·사물·공간 초연결, 초지능, 자동화혁명

자료: 김용웅(2018: 4) 보완·수정.

명을 "디지털 기술혁명이 다양한 과학기술과 융·복합을 통해 디지털(가상) 시스템, 물리(현실) 시스템, 생물학 시스템을 결합함으로써 산업화 이후 300여 년간 구축되어 온 산업과 경제 논리, 생산제품과 공정 등 생산양식뿐만 아니라 국토경관을 포함한 경제사회체제와 사회구조, 인간 자체의 본질과 삶의 방식까지 바꾼 융합기술혁명"이라고 정의했다(Schwab, 2016).

(2) 4차 산업혁명시대의 기술변화와 정책적 함의

① 기술변화와 혁신 전망

• 가속적 기술혁신

- 기하급수적인 속도(exponential speed)

지능형 융합기술혁신 또는 변화의 가장 큰 특징은 기하급수적으로 빨라지는 속도(exponential speed)이다. 급속한 ICT와 인터넷 기술혁신 속도는 매년 41%의 기술혁신을 통해 2년마다 CPU 용량이 2배로 증가한다는 무어의 법칙(Moore's Law)과 매년 기술향상이 56%에 달해 18개월마다 비용 대비 디지털 카메라 픽셀수가 2배로 증가한다는 핸디의 법칙(Handy's Law)에서 잘 드러난다.

- 점차 빨라지는 혁신 속도

최근의 기술혁신은 무어의 법칙과 핸디의 법칙을 넘어 더욱 빠른 변화를 보이고 있다. 아이폰의 경우 기술혁신은 매년 85%에 달해 2007~2013년간 아이폰 5S의 CPU 용량은 최초의 40배, 그래픽 기능은 56배로 개선되었다. 이와 같은 가속적 기술혁신으로 기술제품시장의 변화도 지속적으로 빨라지고 있다. 예를 들면, 휴대용 PC 5000만 대가 보급되는 데는 12년이 소요되었지만 스마트폰 5000만 대 보급에는 7년, 그리고 태블릿 PC 5000만 대 보급에는 2년이 소요되면서 그 기간이 지속적으로 짧아지고 있다(Seba, 2014: 5).

Terrence McKenna는 "새로움"(novelty)이 세계 속으로 진입하는 속도를 "시간 파도"(time wave)로 명명했다. 1960년대의 변화는 기원전 500년보다 64배 빨랐고, 2010년의 기술혁신 속도는 1960년보다 64배 빨랐으며, 2012년에는 2010년보다 64배, 2012년 이후에서 1개월, 1주일, 그리고 1일 단위로 빨라졌는데, 종국에는 수학적으로 영의 개념인 특이점(singularity)에 도달한다는 것이다(McKenna, 1975).

• 융·결합적 기술혁신
- 초연결-초지능-자동화 시스템 확산

4차 산업혁명은 사물인터넷, 크라우드 컴퓨팅 등 ICT를 통해 인간과 인간, 사물과 사물, 사물과 인간이 실시간으로 연결되고 빅데이터, 인공지능, 로봇기술의 결합으로 경제사회 시스템을 "초연결"(hyper-connectivity), "초지능"(hyper-intelligent) 및 "자동화"(automation) 시스템으로 바꾸고 있다. 디지털융합기술의 혁신은 무경계·무공간 개념의 분산형 생산기술 및 생산 시스템 확산을 가져오고 있는데, 이러한 현상은 앞으로도 지속될 전망이다.

- 융·결합적 기술혁신의 연쇄효과

디지털 기술혁신은 상이한 기술을 융·결합함으로써 이루어지는 특징을 지니고 있다. 일반적으로 시장에서 사용하는 목적과 다른 목적을 지닌 기술과 제품들이 결합할 경우 새로운 융합기술혁신과 개별기술혁신이 촉진되는데, 이것은 디지털융합기술혁신이 연쇄효과를 발휘하기 때문이다. 즉, 상이한 기술과 제품에 대한 R&D와 기술혁신은 다른 기술과 제품의 생산 증대와 혁신으로 이어지고, 이것은 다시 상이한 기술과 제품 수요증대로 이어진다 (WEF, 2016).

- 모듈부품과 기술-플랫폼의 중요성 증대 전망

디지털 기술의 융·결합적 혁신이 중시되면서 상이한 제품과 기술 간 융·결합을 촉진하는 모듈부품(module) 생산의 중요성과 다양한 기술과 제품의 기반이 되는 기술-플랫폼(technology platform) 개발의 중요성이 증대될 것으로 예상된다. 이와 같이 생산방식이 변화해야 지속적으로 빠른 기술혁신과 시장 변화에 효율적으로 대응할 수 있기 때문에 모듈부품과 기술-플랫폼의 중요성은 앞으로도 계속 확대될 전망이다.

- 지능화와 자동화 생산 증대

18세기 산업혁명 이후 수차례에 걸친 기술혁명에도 불구하고 사물과 기계의 작동은 인간의 통제와 관리하에서만 이루어졌다. 하지만 사물인터넷(ioT), 빅데이터 및 인공지능(AI), 로봇기술의 혁신으로 그동안 인간통제에 의존하던 수동적인 사물과 기계가 데이터를 실시간으로 수집·처리·분석·추론·판단하고 자율적으로 작동하는 초지능적(hyper-intelligent) 사회, 자동화(autonomous) 사회로 빠르게 전환되고 있다. 이러한 현상은 앞으로도 지속 확대될 전망이다.

- 청정재생에너지 생산 및 보급의 가속화

청정재생에너지기술은 독자적인 하드웨어적 기술이 아니라 반도체(semiconductor), 전자기술(electronics), 물리학(physics), 광화학(photo-chemistry), 전자화학(electro-chemistry) 등 디지털 정보기술(information technology)과 결합된 융합기술혁신의 대표적 사례이다. 청정재생에너지의 대표적 유형인 태양열 에너지 생산의 핵심장치인 태양광전지(PV: Solar Photovoltaic)의 와트당 가격은 1970년 이후 100달러에서 2015년 65센트로 154배나 낮아졌다. 2015년 미국 가정의 2/3는 보조금 없이 기존 전기 값보다 싼 태양열 전기를 사용할 수 있게 되었다. 태양열 전기의 소매가격은 2020년 1kWh당 5센트로 하락할 것으로 전망된다(Seba, 2014: 25~28, 32).

• 파괴적인 기술혁신
- 전통산업의 쇠퇴와 화석에너지산업 붕괴 전망

급속한 디지털융합기술혁신에 바탕을 둔 지능형 자동생산체제가 확대되고 정보·지식·기술이 새로운 부의 창출원으로 등장함에 따라 가시적인 제품생산에 치중하던 전통산업이 쇠퇴하는 현상이 발생하고 있다. 화석에너지산업이 대표적인 사례의 하나이다. 태양광 등 청정에너지 기술혁신의 우월성, 지속적인 가격인하, 각국 정부의 재생에너지 육성정책 추진으로 2030년경에는 화석에너지 시대가 종말을 고할 것이라는 전망까지 제기되고 있다(Seba, 2014: 185).

- 운송기술(transportation technology)의 지속적 혁신

우리의 일상생활과 생산 시스템에 영향을 미칠 또 다른 융합기술 변화는 운송기술의 혁신이다. 전기자동차(EVs), 자율운행자동차(AVs), 무인항공기술과 무인운송(택배)기술, 그리고 대중교통기술혁신 등은 지금까지와는 전혀 다른 운송 시스템을 가져와 거리와 장소에 구애받지 않는 공간활동을 촉진하고 자동차산업 전반에 막대한 영향을 미칠 것으로 전망된다.

- 전기차(EVs) 및 자율운행자동차(AVs)의 생산 증대 전망

운송기술의 지속적인 혁신으로 전기차(EVs)와 자율운행자동차(AVs)의 생산과 보급이 급격히 증가하고 있다. 특히 2010년 이후 지속적인 기술혁신과 정부지원을 기반으로 전기차 판매는 2013년 296만 대에 달했고, 2020년까지 1293만 대로 4배 넘게 증가할 것으로 전망된다. 신차 판매 중 전기차의 비중은 2020년 약 15%, 2040년 54%로 높아질 것으로 전망된다(Electric Vehicle Initiative, 2017).

자율운행자동차(AVs)는 현재 자율운행 셔틀버스, 자율운행택시 등 시범차원에서 도입되어 보급률이 매우 낮다. 하지만 2030년대부터는 보급률이 크게 증대되어 신규 자동차 판매에서 차지하는 비중이 20~40%로 급격히 증대될 것으로 전망된다(Litman, 2018).

• 시스템 융합기술혁신
- 시스템 경계 붕괴와 새로운 융합시스템 구축

디지털융합기술혁신은 개별적 기술 간의 융·결합을 통해 새로운 기술과 제품의 혁신만을 가져오는 것을 뜻하는 것이 아니다. 디지털융합기술혁신은 독자적인 원리에 의해 작동되는 시스템 기술 간의 융·결합을 통해 시스템 경계를 붕괴시키고 새로운 융합시스템을 창출하고 있다.

- 디지털-물리학-생물학 시스템의 융·결합 혁신

모바일슈퍼컴퓨터, 사물인터넷, 인공지능, 자율운송수단 등의 ICT 기술혁신은 신경기술의 두뇌(neuro-technological brain) 및 유전자 조작(genetic editing)의 융합기술혁신을 촉진하고 이를 통해 디지털(digital), 물리학(physical), 생물학 시스템(biological system)을 통합시킴으로써 산업생산과 인간의 사고방식, 인간의 경제-사회체제와 사회구조를 급격히 빠른 속

도로 변화시키고 있다. 이와 같은 추세는 앞으로도 지속될 것으로 전망된다 (WEF, 2016).

- 가상-현실 시스템 형성

최근의 디지털 기술혁신은 물리시스템(현실세계)을 디지털(비트)화해서 사이버 시스템으로 복제하고 컴퓨터 내의 가상 시스템을 작동시켜 자동으로 현실세계가 움직이게 하는 가상-현실 시스템(cyber-physical system)을 형성하고 있다. 물리 시스템과 가상 시스템 기술을 결합한 융합기술혁신의 대표적인 사례로는 인더스트리 4.0(Industry 4.0), 즉 "생각하는 공장" 및 "맞춤형 공장 시스템" 또는 "지능형 자동생산 시스템"을 들 수 있다.[7]

- 자연적 인간 개념의 변화

Klaus Schwab은 4차 산업혁명이 제조업과 서비스의 생산과 소비 등 인간이 수행하는 일뿐만 아니라 국토경관, 생각하는 방식, 우리 자신, 즉 인간까지도 바꿀 것으로 보고 있다. 이미 인공장치가 신체적 장애를 극복하는 수단으로 인체와 결합해 자연적 신체와 인공장치의 경계가 모호해짐에 따라 인간의 자연적 개념(natural concept of human being)마저 바뀌고 있다. 자연적 신체와 인공장치를 결합한 인간의 출현은 생물학과 물리학 시스템이 보다 진전된 형태로 융·결합할 수 있는 가능성을 보인 상징적인 사례라 할 수 있다.

---

7 http://en.wikipedia.org/wiki/Industry 4.0(검색일: 2017.7.3).

② 기술변화와 혁신의 정책적 함의

• 가속적인 기술혁신에 대응하는 체제 구축

– 대량생산 감소와 모듈부품 결합 생산 증대에 대응하는 방안 마련

ICT, 인터넷, 인공지능, 지능화된 자동생산 추세의 확대는 혁신적인 모듈 및 부품조립 생산의 확대라는 장점이 있으나 장기적으로는 그동안 경제성 장의 주역이던 표준제품의 대량생산 시스템을 약화시킬 것으로 전망된다. 대량생산 시스템의 약화는 경제의 저성장과 대량실업을 초래할 우려가 있 다. 따라서 앞으로 정부는 가속적인 기술변화와 혁신이 초래하는 부작용을 최소화하고 기회요인을 극대화할 수 있는 창의적인 대응방안과 정책추진 전략을 마련해야 한다.

– 산업생산의 혁신역량 강화와 대응체제 구축

가속적인 기술변화와 혁신이 지속됨에 따라 생산자의 제품과 서비스의 상대적 경쟁력이나 시장여건 또한 빠르고 지속적으로 변할 것으로 전망된 다. 유일한 해결책은 산업생산 주체들이 각자 시대적 변화에 민감하게 기술 및 제품 차원에서 대응할 수 있는 혁신역량을 키우고 창의적인 기술혁신과 신제품 개발을 지속할 수 있는 체제를 갖추는 것이다. 정부와 공공부문의 역할은 제도적 기반과 지원체계를 구축해 기업의 혁신역량을 강화하고 신 기술과 신제품을 개발하는 활동을 촉진하는 것이다.

– 비즈니스 모형의 혁신과 지원

특정 기술이나 제품의 경쟁력과 시장 여건이 빠르게 변하고 있으므로 이 에 대응하기 위해서는 기술혁신과 더불어 경영전략, 조직운영 등 비즈니스 모형의 혁신과 변화도 필요하다. 기존 산업 육성과 기업 지원방식을 종합적 으로 검토하고 시급히 대응책을 마련해야 한다.

- 융·복합적 기술혁신 대응 체제 구축

  - 다원적 융·복합기술혁신 생태계 조성

  융·복합기술혁신과 관련된 신제품 개발은 예측이 불가능할 정도로 독창적이고 빠른 속도로 이루어지고 있다. 융·복합기술혁신과 신제품 개발의 범위가 광범하고 형태가 다양하기 때문에 기술혁신 생태계를 조성하는 방법도 다원화의 원칙에 의거해 결정되어야 한다. 첫째, 기술 분야별로 독자적인 기술혁신 생태계 조성방안을 마련해야 한다. 둘째, 기술혁신과 신제품 개발 주체(organizers)의 범위와 형태도 자율적으로 결정해야 한다. 셋째, 자율적이고 창의적인 기술혁신과 제품 개발을 제약하는 경제활동 관련 법률, 제도, 행정적 관행에 대한 전면적인 개혁방안을 마련해야 한다.

  - 개별적 기술혁신과 융·복합적 기술혁신 병행 지원

  디지털융합기술혁신은 개별적 기술혁신의 결과물로서의 성격을 지닌다. 개별적 기술혁신이 활성화되어야 융·결합적 기술혁신이 촉진될 수 있다. 일반적으로 시장에서 사용하는 목적과 다른 목적을 지닌 기술과 제품들이 결합될 경우 새로운 융합기술혁신과 개별 기술혁신이 촉진되는데, 이것은 디지털융합기술혁신이 연쇄효과를 발휘하기 때문이다. 즉, 상이한 기술과 제품에 대한 R&D와 기술혁신은 다른 기술과 제품의 생산 증대와 혁신으로 이어지고, 이것이 다시 상이한 기술과 제품 수요 증대로 이어진다(WEF, 2016).

  - 지능형 자동생산 및 가상공간생산 방식 적용 확대

  융·복합기술혁신을 촉진하기 위해서는 융·복합기술혁신에 바탕을 둔 생산방식 채택을 확대해야 한다. 그래야 융·복합기술혁신의 연쇄효과를 기대할 수 있다. "지능형 기계의 자동생산체제"와 "가상공간생산체계"(cyber-production system)의 적용을 확대하는 것이 대표적인 사례이다. 슈퍼컴과 인터넷, 사물인터넷, 인공지능 3D 프린팅, 로봇 융합기술의 혁신으로 제조업의 디지털화가 이루어지면서 기계가 스스로 데이터와 정보를 수집·분석·처리·추론·판단하고 자율적으로 작동할 수 있게 되었고, 디지털과 물리학 기술의 결합으로 물리적 현장이 아닌 가상공간생산체계(cyber-production system)가 구축되고 있다(Herman, Pentek and Otto, 2016).

• 파괴적인 기술혁신에 대응하는 체제 구축
- 기존 전통산업 쇠퇴에 대응하는 방안 마련

사물인터넷, 빅데이터, 인공지능, 로봇기술의 혁신으로 인간 대신에 사물과 기계가 지능화되어 데이터를 실시간으로 수집·처리·분석·추론하고 자율적으로 판단해서 생산활동을 하게 됨에 따라 그동안 사람에게 의존해 오던 표준제품 생산형 전통산업은 장기적으로 쇠퇴할 것으로 전망된다. 특히 청정에너지 기술혁신, 전기차 등 운송기술혁신, 내면적 만족을 중시하는 가치관의 변화로 인한 관련 전통 제조업의 쇠퇴는 이미 시작되고 있고 향후 더욱 확대될 전망이다. 전통산업의 쇠퇴에 대응하기 위해 쇠퇴하는 산업의 구조조정 및 기술 고도화와 함께 디지털융합기술혁신 시대에 걸맞은 신산업으로의 전환 등 다양한 대응방안을 마련해야 한다(김용웅, 2018: 45~47).

- 석유관련 산업의 쇠퇴에 대응하는 방안 마련

청정에너지의 지속적인 기술혁신은 화석에너지 관련 산업의 쇠퇴를 가져올 것으로 전망되므로 청정재생에너지 기술혁신이 지역 내 화력발전, 정유산업 등에 미치는 영향을 심도 있게 분석·전망하고 장단기 대응책을 마련해야 한다. 태양광 등 청정재생에너지 기술혁신의 우월성, 지속적인 가격인하, 각국 정부의 청정에너지 육성정책 등으로 2030년경에는 화석에너지 시대가 종말을 고할 것으로 전망된다(Seba, 2014: 185).

- 내연기관 자동차 생산 감소 전망 및 대응방안 마련

청정재생에너지, 전기차 및 자율운행자동차의 지속적인 기술혁신과 가격인하에 따라 10년 이내에 내연기관 자동차는 전기차와 더 이상 경쟁이 불가능할 것으로 전망된다. 지금은 공유자동차 1대가 개인소유 자동차 15대의 역할을 하고 있는데 만약 이와 같은 자동차 공유비율이 적용된다면 2014년 8200만 대에 달하는 전 세계 자동차 수요는 최대 550만 대(1/15)로 줄어들 수 있다(Seba, 2014: 8, 148). 한국은 연간 450만여 대의 자동차를 생산하고 있다. 전기차와 자율운행자동차의 기술혁신, 가격인하, 보급 확대 및 자동차 공유제(렌탈) 확대는 자동차 생산을 위축시킬 것으로 전망된다. 내연기관 자동차의 수요와 생산 감소는 수많은 중소 부품업체뿐만 아니라 자동차 수리와 서비스, 주유소, 보험 및 차량 판매업 등 다양한 중소산업도 위축시킬 수 있으므로 지역적 차원에서 심도 있는 분석과 전망을 토대로 장단기 대책을 마련해야 한다.[8]

- 일자리 감소 대응 및 미래형 일자리 창출

WEF는 디지털 기술혁신과 자동화로 인해 기존 일자리의 절반 정도가 기계화되면서 2030년까지 전 세계적으로 약 20억 개의 일자리가 사라지겠지만 새로 생길 일자리는 이의 1/3 정도여서 일자리 부족이 심각해질 것으로 전망하고 있다(WEF, 2016). 한국의 경우 제조업과 단순한 사무 및 행정직 비율이 높기 때문에 향후 20년 이내에 기존 일자리의 63%가 기계로 대체될 위험이 있다(Garlick, 2016). 따라서 앞으로는 사물인터넷, 빅데이터, 인공지능, 크라우드 컴퓨팅, 가상 생산 시스템 등의 디지털융합기술, 창조성, 사

---

8   우리나라의 자동차산업은 연간 약 500만 대의 자동차를 생산하며, 자동차와 자동차부품의 연간 수출액은 2016년 기준 642억 달러로 전체 수출의 12.5%를 차지한다. 또한 취업자 수는 30여만 명으로 전체 제조업 취업자 360만 명의 7.8%에 달할 정도로 비중이 높다.

회적 기술이 요구되는 미래형 일자리, 고령화, 라이프 스타일과 가치관의 변화에 따라 증대되는 사회적 서비스 분야의 일자리를 창출하는 한편, 무임 일자리의 상품화 및 일자리 나누기(job sharing) 등 다양한 대책을 마련해야 한다.

− 대량실업과 노동시장의 양극화 대응

4차 산업혁명은 대량 실업과 함께 취업구조와 임금체계의 양극화를 초래할 것으로 전망된다. 서구 여러 나라에서는 지역단위에서 디지털융합기술, 창조성, 사회적 기술이 요구되는 미래형 일자리를 창출하는 한편, 노동 참여나 소득수준에 관계없이 모든 주민에게 매월 일정액을 지급하는 기본소득제도(BI: basic income)와 최저소득보장제도(GMI: guaranteed minimum income), 최저임금 인상 등의 다양한 대응방안을 마련하고 있다. 캐나다, 덴마크, 스웨덴, 오스트리아 등에서는 부정적인 파급효과에 대한 우려에도 불구하고 다양한 형태의 최저소득보장제도를 채택하고 있다(Nolan, 2015). 한국정부는 4차 산업혁명 시대에 예상되는 대량 실업과 노동시장의 양극화에 대비하기 위해 정책적 관심과 노력을 기울여야 한다.

− 노동과 소득 간 새로운 관계 설정

사물과 기계의 지능화와 자동화가 지속적으로 확대되면서 기계에 의해 인간 노동력이 대체되는 현상이 나타나고 있다. 따라서 일자리 부족은 정부의 대응 노력에도 불구하고 지속될 전망이다. 다양한 대응정책을 추진하는 한편으로 일자리 부족시대에도 안정적이고 균형 있는 삶을 영위하기 위해서는 그동안 신성시되어 온 노동에 대한 인식과 일과 삶(work-life) 간의 균형을 새롭게 정립할 필요가 있다. 위에서 언급한 것처럼 노동과 연계되지 않는 최저소득보장제도(GMI)와 전 국민 대상의 기본소득제도(basic income) 도입, 지역단위 상품권형의 지역주민소득배당제 등 중앙 및 지역단위에서 새롭고 다양한 형태의 부의 분배제도를 마련하고자 더욱 노력할 것으로 전망된다(Techcast Global, 2016).

- 융합기술혁신기반의 신산업 육성
- 전 산업과 생활환경의 디지털화와 자동화 촉진

4차 산업혁명이 제조업 산업생산 환경차원에서 공정과 제품생산기술을 혁신하고 생산성을 향상하는 것이라는 경직적 사고에서 벗어나 농축어업의 스마트화, 재래시장, 도소매, 음식숙박, 교통과 물류 등 전 산업 분야의 디지털화와 자동화를 촉진해 산업경제 전반의 생산성과 삶의 질을 높여야 한다.

- 신산업 육성과 혁신 생태계 조성

신산업을 육성하기 위해서는 경쟁력과 잠재력 있는 분야의 R&D를 촉진해야 한다. 이 밖에도 디지털융합기술혁신과 관련 산업 육성을 위해서는 인터넷 기반의 정보·통신망 구축, 스마트 인프라 공급, 공동의 연구·실험시설 건설, 경영지원 및 지역혁신펀드 조성 등 사회적 기술혁신기반을 조성하고 정책적 지원방안을 마련해야 한다. 그러나 가장 중요한 것은 개방적인 혁신 생태계(open innovation eco-system)를 조성해 다양한 기술혁신 주체가 상호연계, 협력 및 경쟁을 통해 자율적으로 기술혁신을 이루도록 하는 것이다. 개방적인 혁신 생태계를 조성하기 위해서는 분산적인 민주적 수요자 중심의 비즈니스 네트워크 구축이 필요하므로 적극적으로 대응책을 마련해야 한다(김용웅, 2018: 43).

(3) 4차 산업혁명시대의 경제적 시스템 변화 전망

① 경제적 시스템의 변화 전망

• 경제 패러다임의 변화 전망

– 경제 패러다임의 구조적 전환

디지털융합기술혁신기반의 4차 산업혁명과 청정재생에너지 기술의 지속적인 혁신으로 산업화 시대의 경제 패러다임은 융합기술혁신시대의 미래형 경제 패러다임으로 바뀌고 있다. 미래형 경제 패러다임은 산업화 시대와는 구조적이고 본질적으로 다른 특징을 지니고 있다. 기술혁신, 신제품 개발, 생산방식 변화에 따라 산업구조와 경제 시스템의 작동방식, 경제학의 기본적인 논리와 기준까지 바뀌고 있다.

– 희소자원기반 경제 → 무한자원기반 경제

디지털융합기술의 혁신과 청청에너지 기술의 혁신은 희소자원기반 경제(resource-based economy) 체제를 무한자원기반 경제체제로 바꾸어가고 있으며, 이는 향후 지속될 전망이다. 유한한 자원기반의 가시적인 제품생산 경제는 무한한 정보와 지식 및 기술기반 경제(technology-based economy)로 바뀌고 있고 유한한 화석에너지기반 경제는 무한 청정재생에너지기반 경제체제로 변화하고 있기 때문이다.

– 경제성 원리와 생산모형의 변화 전망

산업화 시대의 가장 대표적인 경제성 원리는 규모에 비례해 이익이 커지는 "규모의 경제성"(economies of scale), "수익률 체감 경제"(economics of decreasing returns), "한계비용- 체증경제"(economics of increasing marginal costs) 등 크게 세 가지이다. 그러나 세 가지 경제이익 또는 경제성의 원칙은 각각 "네트워크 경제"(network economies), "수익 체증경제"(economics of increasing returns) 및 "한계비용 체감경제"(economics of decreasing marginal costs)로 바뀌고 있다. 네트워크 경제성이란 상이한 기술과 부품의 융·결합을 통해 기술혁신과 신제품 개발의 경제적 이익이 커지는 경제원칙을 의미하고, 수익 또는 보수율 체증경제란 생산이 증가하면 할수록 수익이 증대되는 경제원칙을 의미한다(Seba, 2014: 4). 한계비용 체감이란 생산 증대가 기술혁신과 가격인하를 가져오기 때문에 한계비용이 오히려 줄어드는 경제원칙을 의미한다(김용웅, 2018: 32~33).

산업화 시대에 중요한 역할을 했던 경제성의 원리가 4차 산업혁명 시대에 새로운 경제성의 원리로 바뀌면서 생산모형도 달라지고 있다. 네트워크 경제의 등장으로 표준제품의 대량생산체제에서 벗어나 다양한 부품과 기술을 결합해 성능을 높이는 모듈 및 부품결합 생산, 다양한 고객 수요를 충족하기 위한 대량 맞춤형 생산모형의 적용이 확대될 것으로 전망된다.

• 생산방식의 변화 전망
- 인간통제적 기계 생산 → 지능형 기계의 자동생산

슈퍼컴과 인터넷, 사물인터넷, 인공지능 3D 프린팅, 로봇 융합기술의 혁신으로 제조업의 디지털화가 이루어짐에 따라 18세기 산업혁명 이후 지속되어 온 인간 통제적 기계 생산에서 벗어나 기계가 스스로 데이터와 정보를 수집·처리·분석·추론·판단하고 자율적으로 작동하는 지능형 기계의 자동생산으로 변화가 이루어지고 있다(김용웅, 2018: 12~15).

- 물리적 현장 생산 → 가상공간연계 생산

그동안의 생산방식은 기계설비가 갖춰진 물리적 현장 생산에 의존했으나 디지털과 물리학 기술의 결합으로 물리적 현장이 아닌 가상공간에서 생산하는 방식(cyber-production system)으로 변하고 있다. 가상공간에서 이루어진 작업은 지능형 로봇 기계설비가 설치된 공장으로 연결되어 사물인 터넷을 통해 실시간으로 상호간 사물끼리 소통(communicate)하기도 하고 사물과 사람이 소통하기도 한다(Herman, Pentek and Otto, 2016).

－중심거점 내 집중적 생산 → 원거리 분산 생산

지능형 기계의 자동생산과 가상공간 생산기술의 지속적인 혁신으로 그동안 중심거점 내에서 집중적으로 이루어지던 생산은 원거리 분산적 생산으로 변화되고 있다. 본사는 혁신성과 전문인력을 확보하기 용이한 대도시에 입지해 기술개발, 제품 디자인, 투자 및 생산계획을 실행하고 실질적인 제품은 원거리 도시나 지역에 분산해 생산하는 것이 가능해졌다.

－대량생산(mass production) → 대량 맞춤화 생산(mass customization)

제조업의 디지털화가 촉진되고 지능형 생산시스템 기술이 확대되면서 마케팅(marketing), 제조활동(manufacturing), 경영관리(management)에 있어 컴퓨터 기반의 유연한 생산 시스템을 통해 대량생산의 효율성에 버금가는 비용으로 다양한 고객수요와 기대치에 맞는 대량 맞춤화가 가능해지고 있다(Davis, 1997).

• 부의 원천 변화 전망

－토지 등 가시적 자원 → 정보, 지식, 기술 등 비가시적 자원

지능형 디지털융합기술혁신은 그동안 토지, 채취자원, 제품 등 가시적 자원에 치중되어 왔던 부의 창출기반을 정보, 지식, 기술 등 서비스 성격을 지닌 비가시적 자원으로 변화시키고 있다. 4차 산업혁명 시대에는 부가가치가 낮은 가시적 제품의 생산보다 부가가치 비중이 높은 정보, 지식, 기술혁신이 중시되고 있다.

- 제품 생산 및 판매 → 제품의 서비스화 및 판매 확대

디지털융합기술혁신으로 부의 원천이 변화함에 따라 제조업의 경우 하드웨어 제품의 생산·판매 위주에서 제품의 서비스화를 촉진해 제품의 경쟁력을 높이거나 서비스만을 생산·판매해 부가가치를 높이는 노력이 이루어지고 있다. 제품의 서비스화에는 크게 세 가지 유형이 있다. 첫째, 하드웨어 제품에 다양한 소프트웨어를 갖춘 사물인터넷을 결합함으로써 제품의 시장 경쟁력과 부가가치를 높이는 서비스화 유형이다. 둘째, 하드웨어 제품에 사물인터넷기술을 결합해 실시간 데이터를 수집·처리함으로써 다양한 정보를 생산·판매하는 유형이다. 셋째, 생산된 하드웨어 제품을 서비스 상품으로 개발·판매함으로써 부가가치를 높이는 사례이다. 예를 들면, 생산한 항공기 엔진 등을 항공사에 무료로 제공한 뒤 이용시간(hours flown) 및 이용거리에 따라 임대한 항공기 엔진을 유지하기 위한 서비스계약(service contract)을 체결해 수익을 올리는 방식이다. [9]

• 자원관리 및 소유형태의 변화 전망
- 자원을 독점 지배 → 지식과 정보의 만인화

사물인터넷 같은 디지털융합기술의 혁신으로 사회 전반에 걸쳐 거의 모든 정보가 데이터화됨에 따라 네트워크를 통해 정보를 자유롭게 상호 전달할 수 있게 되었고 누구나 어디서든 정보와 지식자원에 접근해서 활용할 수 있는 기회가 확대되고 있다. 이러한 추세는 앞으로도 확대될 전망이다. 특히 인공지능 기술의 발달로 기계가 스스로 학습하고 인간의 개인적 능력을

---

[9] 여기서 서비스계약이란 특정한 기능 수행을 위해 하나의 당사자가 다른 당사자로 하여금 자신의 자원에 일시적으로 접근 이용할 수 있도록 허용하는 상업적 거래행위를 뜻한다. 서비스계약에서 제공하는 자원에는 인간의 노동력, 인적기술, 기술 시스템, 정보, 소모품, 토지 및 기타 등이 포함된다. SAP HANA Tutorial, www.hanatutorials.com/2017.2.7(검색일: 2018.2.20)

초월해서 판단할 수 있게 되고 로봇기술의 혁신으로 다양하고 복잡한 작업을 기계가 자동적으로 수행할 수 있게 됨에 따라 더 이상 지식과 정보 등의 자원을 독점하는 것이 불가능해졌다.

- 배타적 소유와 독점적 지배 욕구 → 공유와 스마트 소비 욕구 증대

디지털융합기술의 혁신으로 비가시적인 지식정보자원이 확산되고 누구나 쉽게 필요한 자원에 접근할 수 있게 되면서 배타적 소유의 필요성이 줄어들고 있다. 또한 저출산, 1인가구 증대, 사회적 가치관의 변화로 불필요한 소비가 줄어들고 나를 위한 스마트 소비가 증대되면서 배타적으로 소유하기보다는 공동으로 소유하고 독점적으로 이용하기보다는 공동이용하는 패턴이 확대되고 있으며, 이러한 추세는 지속될 전망이다.

- 한국의 렌탈산업 규모와 전망

우리나라에서도 공유경제의 영향으로 차량과 가전제품을 비롯해 취미, 건강, 레저 등 개인 및 가정용품을 공유하는 렌탈산업 규모가 2011년 3.7조 원에서 2016년 5.5조 원으로 매년 약 10%의 성장을 보였으며, 2020년에는 개인 및 가정용품의 렌탈 규모가 10.7조 원으로 증대될 것으로 전망되고 있다(김재필·나연, 2016).

• 비즈니스 모형의 변화 전망
- 대형 공급자 중심의 비즈니스 → 분산적 참여형 비즈니스

자원 독점, 배타적 소유, 규모의 경제가 지배하는 시대의 비즈니스는 중앙집중적(centralization)이고 통제지향적(command-and-control oriented)이었으며, 거대자본과 금융 시스템에 의존하는 형태였기 때문에 진입장벽이 높았다. 그러나 정보와 지식의 만인화와 네트워크 경제(network economics)의

출현으로 비즈니스 모형은 급격하게 분산적(distributive)이고 수평적이며 진입장벽이 낮아 누구나 참여 가능한 참여적인 모형(participatory model)으로 바뀌고 있다. 이를 가리켜 대기업 주도의 공급자 중심(supplier-oriented)의 비즈니스모형이 분산적이고 참여형의 고객, 즉 거래처 중심(customer-centric) 비즈니스 모형으로 전환된 것이라고 말하기도 한다. 디지털융합기술의 지속적인 혁신은 기술과 제품주기를 단축하고 급속한 기술혁신과 시장여건 변화에 대응하는 기업들의 역량을 키우는 역할을 하고 있다(Seba, 2014: 10~12).

② 경제적 시스템 변화의 정책적 함의
• 새로운 경제 패러다임에 대응하는 체제 구축
- 경제 패러다임 변화의 단계별 수용 추진

4차 산업혁명과 청정재생에너지 기술혁신의 지속으로 희소자원기반 경제 패러다임은 점차 무한자원기반 경제 패러다임으로 바뀌고 있으며, 이러한 추세는 향후 지속될 전망이다. 이는 당분간 이 2개의 경제논리와 체제가 공존하면서 대립·경쟁하는 과정을 겪을 것임을 의미한다. 무한자원기반 경제 패러다임은 장기적인 차원에서 단계적이고 선별적으로 수용해야 한다. 새로운 경제 패러다임을 사전준비와 후속 대책 없이 받아들이면 수용과정에서 혼란과 부작용이 발생할 수 있고 기회요인을 극대화하기 어렵기 때문이다. 정부는 새로운 경제 패러다임 수용과 관련된 장단기 파급효과를 파악하고 단계별로 선별적인 대응전략 및 이를 뒷받침하는 제도적 기반을 마련하는 데 치중할 필요가 있다.

- 전통산업 및 경제활동 약화에 대응하는 방안 마련

장기적으로 볼 때 기존의 희소자원기반 경제 패러다임이 구조적으로 해체되는 것이 불가피하다 하더라도 기존 경제 패러다임의 역할과 영향이 약화 또는 해체될 경우 광범위한 전통산업 및 경제활동에 막대한 피해와 부정적인 영향을 미칠 수 있다. 따라서 정부는 경제 패러다임의 변화과정에서 초래될 피해와 부정적인 영향을 산업 및 경제활동의 부문별로 예측해 체계적으로 대응할 수 있는 장단기 전략 마련에 치중해야 한다.

• 자동생산방식 적용 확대
– 지능형 자동생산방식 적용범위 확대
디지털융합기술의 혁신에 따라 기계가 스스로 데이터와 정보를 수집·처리·분석·추론·판단하고 자율적으로 작동하는 지능형 기계의 자동생산방식이 확대되고 있다. 지능형 자동생산방식은 제조업 생산뿐만 아니라 영농, 축산, 판매, 서비스 분야까지 광범위하게 적용할 수 있다. 지능형 자동생산방식의 적용범위를 확대하기 위해서는 분야별로 적용기술을 개발해야 하며, 적용과정에서 실무적 지식과 경험이 필요하므로 이를 뒷받침할 수 있는 재정적·기술적 지원체계를 구축해야 한다.

– 분야별 특화된 자동생산방식 도입 지원
지능형 자동생산방식의 적용을 확대하기 위해서는 업종과 생산방식 유형에 따라 가상공간 생산방식(cyber-production system), 원거리 분산적 생산방식 등 다양한 형태의 첨단 자동생산방식 도입을 적극 지원해야 한다. 분야별로 특징에 맞는 지능형 자동생산방식을 적용하는 장단기 목표를 설정하고 이를 지원할 수 있는 정책추진 체계를 구축해야 한다.

– 미래형 전문 인적자원 개발
지능형 자동생산방식의 적용을 확대하기 위해서는 관련분야의 미래형 전문 인적자원을 개발해야 한다. 정보·지식·기술기반의 산업·경제체제하에서 요구되는 인적자원을 개발하기 위해서는 산학협력 체계 구축 등 다양한 방식을 통해 기존 산업인력을 재훈련하고 교육함으로써 창의적인 미래 인적자원 개발을 촉진해야 한다. 산업인력 재훈련과 새로운 미래 인적자원 개발을 위해서는 기술훈련(re-skilling), 첨단기술훈련(upskilling), 견습제(apprentice-ship), 전업지원(support mobility), 일자리순환(job rotation), 적성발견을 위한 단기취업(short-term jobs), 기업 간 협업 등 다양한 전략 방안을 마련해야 한다(김용웅, 2018: 46).

• 미래형 부가가치 창출기반 확대
- 기술혁신과 신제품 개발 촉진

그동안 부의 창출은 토지, 채취자원, 제품 등 가시적인 자원에 의존해 왔다. 그러나 디지털융합기술혁신으로 부의 창출기반은 정보, 지식, 기술 등 비가시적 자원으로 변화되고 있다. 기술혁신 시대에 미래형 부가가치 창출기반을 확대하기 위해서는 전 산업 및 경제활동분야의 기술혁신과 신제품 개발을 촉진해야 한다. 정부는 조세, 재정, 금융상 인센티브를 제공하는 동시에 특화된 지원체계를 구축해야 한다. 제조업 부문은 하드웨어 제품 생산에 초점을 두는 전략에서 벗어나야 한다. 또한 생산된 하드웨어 제품과 다양한 서비스기능을 결합한 새로운 형태의 제품판매 및 임대전략을 채택해야 한다. 제조업 생산품의 서비스화를 촉진하기 위해서는 제품유형과 서비스화 유형에 따라 차별화되고 특화된 기술적·재정적 지원방안을 마련해야 한다.

- 첨단기술 도입 및 협력네트워크 구축

중소업체의 비용절감 및 부가가치 창출 확대를 위해서는 사물인터넷, 지능형 자동화 기술 및 가상생산 시스템 도입을 촉진하고 이를 뒷받침할 기술·재정 지원방안을 마련하며 효율적인 추진체계를 구축하는 데 치중해야 한다. 이와 같은 첨단기술 도입, 생산공정 효율화, 제품의 성능 강화, 서비스화 지원은 정보·지식시대에 부가가치 창출기반을 확대하는 기반이 될 수 있다. 이 밖에도 중소업체의 부가가치를 증진하기 위해 산업·경제 분야별 기술혁신, 생산 판매와 경영차원의 협력 네트워크 및 클러스터 구축을 촉진하고 지원할 수 있는 체계를 마련해야 한다(김용웅, 2018: 42).

- 분산적 참여형 비즈니스 모형 도입 확대

중소업체 간 협력 네트워크와 클러스터 구축을 촉진하기 위해서는 분산적(distributive)이고 수평적이며 진입장벽이 낮아 중소기업 등 누구나 참여 가능한 참여형 비즈니스 모형(participatory model)의 도입을 확대·지원할 수 있는 체계를 구축해야 한다. 분산적 참여형 비즈니스 모형은 융합기술혁신은 물론 모듈 생산과 다양한 부품의 결합 생산을 활성화하는 데 적합하기 때문이다.

4) 「권력의 붕괴」 시대의 메가트렌드 변화 전망[10]

(1) 「권력의 붕괴」의 개념적 특성
① 「권력의 붕괴」의 의의

「권력의 붕괴」는 민주화의 확대에 따라 독재권력과 관리체제는 약화되는 반면 민주적 권력과 관리체제가 확대되어 가는 과정적 특성을 상징적으로 표현한 용어이다. 「권력의 붕괴」는 구체적으로 중앙권력의 분권화, 공적권력의 민간화, 주도세력(majority) 지배에서 소수집단(minority)으로 권력이 확대되는 것, 그리고 조직차원에서는 거대 주역(mega-player)에서 소형 주역

---

10 이 글은 김용웅(2018), 3~22쪽을 기초로 작성했다.

(micro-player)으로 권력이동과 분산이 이루어지는 과정을 의미한다(Naim, 2014: 1~19).

② 권력의 의미와 「권력붕괴」의 배경

「권력」(power)이란 타인에게 무엇을 하게 하거나 하지 못하게 능력 (capacity)을 의미한다. 권력의 생성과 행사방식은 역사적이고 세계적인 추세의 변화에 따라 달라져 왔다. 권력은 거대 주역(big players)이 새로운 세력과 규모가 작은 세력들로부터 끊임없이 도전을 받아오면서 확산되고 정착되는 특성이 있다. 따라서 권력을 지닌 주도세력은 권력을 행사하는 방식에 있어 보다 높은 자제력을 발휘한다. 권력의 변화(transformation)를 두려워하기 때문이다. 그러나 그동안 권력 변화의 성격이나 과정 및 영향력에 대한 논의는 미흡했다.

「권력붕괴」의 원인은 매우 다양하고(multitude) 상호 얽혀 있고(inter-twined) 정립된 선례가 없기(unprecedented) 때문에 하나의 논리로 설명하기 어렵다. 권력붕괴의 원인은 권력의 유형과 성격, 권력집단의 특징, 권력 변화가 이루어지는 지역이나 사회의 역사적·문화적 배경에 따라 달라진다. 다만 최근 일어나는 권력붕괴의 원인은 크게 세 가지로 구분할 수 있다.

첫째, 정치적 민주화가 진전되고 분권화가 확대되었기 때문이다. 서구의 선진국뿐만 아니라 수많은 중진국과 개발도상국에서도 관심을 가지고 정치적 민주화와 분권화를 의도적으로 추진하고 있다. 둘째, 중앙집권적이고 통제적인 지배관계 속에서 경직적이고 하향적(top-down)인 방식으로 권력을 행사하기 어려워졌기 때문이다. 개인, 기업 등 그동안 일방적으로 통제와 지배를 받아오던 대상이나 집단의 자율역량이 커지고 있고 의사결정 과정에 참여하려는 의지가 높아지고 있다. 국민들의 소득 증대, 교육수준 향상, 삶의 질 향상, 권력 행사의 정당성에 대한 관심 증대와 함께, 디지털융합기술의 지속적인 혁신으로 개별적 경제주체, 중소 조직, 기업의 기술혁신 및 비즈니스 역량이 강화되고 있다. 셋째, 지구적 차원에서 거대한 군대조직이나 공권력에 대응하는 정치적·군사적 테러집단의 역할이 증대했기 때문이다. 거대 군사조직과 정치적·군사적 테러집단 간의 비대칭적 대립구조가 장기화되는 것은 기존의 거대권력의 쇠퇴와 붕괴를 초래하는 하나의 원인이라고 할 수 있다(Naim, 2014: 1~19).

(2) 분권화와 거버넌스 변화 전망과 정책적 함의
① 분권화와 거버넌스 변화 전망
• 독점적 강자의 권력 → 분열적 약자의 권력
- 독재권력·관리체제 → 민주적 권력·관리체제

국제적으로 많은 독재정부가 붕괴되고 민주정부가 들어서고, 국내 정치에서도 권위체제가 약화되고 법치적 민주체제가 강화되며, 조직 내 관리체제도 권위적·통제적 방식에서 점차 민주적·자율적 관리체제로의 이행이 더욱 확대될 것으로 전망된다(Naim, 2013: 82~86).

- 주도세력집단 → 소수 소외집단

그동안의 권력은 다수 주류집단(majority)이 독점해 왔으나 오늘날에는 권력이 대표권을 인정받지 못했던 소수 소외집단(minority)으로 이행되고 있다. 정치분야의 경우 양당제가 점차 약화되고 소수 소외집단의 힘이 커지는 다당제로의 이행이 확대될 것으로 전망된다. 경제-산업 부문에서는 소수의 대기업집단의 역할이 줄어드는 대신, 개성적인 경쟁력을 지닌 중소기업이나 미숙한 신생기업의 역할이 상대적으로 증대될 전망이다(Naim, 2013: 82~94).

− 지도자와 권력자 → 평민과 전문가

그동안 권력은 정치적 지도자나 조직의 책임자, 기업의 CEO 등에 집중
되었으나 정보확산기술의 혁신으로 NGO, 개인 블로거, 일반인의 역량이
커지면서 일반 시민과 전문가에게로 권력이동이 확대될 것으로 예상된다
(Naim, 2013: 97~100).

• 대규모 안정적인 조직 → 소규모 불안정한 집단

− 막강한 군대조직 → 무질서한 폭도집단

군사분야에서도 첨단무기 제조기술의 확산으로 인해 권력과 힘이 규모
가 크고(large) 안정되고 막강한 화력을 지닌 군대(armies)에서 필요 시 가
공할 공격력을 갖출 수 있는 무질서한 폭도집단(insurgent), 고립적 집단 또
는 개인에게로 점차 이동할 것으로 전망된다.[11]

− 거대 주역(mega-player) 시대 → 소형 주역(micro-player) 시대

권력붕괴는 소수가 지배적인 사회에서 다수의 영향력이 커지는 사회로,
대기업 위주의 산업에서 기술혁신형 중소기업과 초소형 창업기업 위주의
산업으로, 부와 권력이 세습되는 사회에서 열린사회로, 대량소비에서 소비
자의 선택이 넓어지는 사회로, 빈부구조가 고착된 사회에서 계층이동이 보
다 활발한 사회로 이동하는 긍정적인 역할을 하는 반면,[12] 지배주체가 힘을
잃게 되면서 국내외적으로 혼란과 불안, 갈등과 대립, 비통제적 폭력과 범

---

11 군사적으로도 약자가 대약진함으로써 막강한 군사력으로 약한 군사력을 손쉽게 제압하기가
     점차 어려워지는 "비대칭적" 전쟁(asymmetric war)이 증가할 것으로 전망된다(Naim, 2013:
     5).
12 그동안 자원빈국이었던 개발도상국들이 지속적으로 경제성장하면서 흑자의 상당 부분을 꾸
     준히 저축해 부유한 나라에 돈을 빌려주고 선진국 자산의 소유자로서의 영향력을 발휘하는
     등 권력의 이동이 보다 광범하게 일어나고 있다(엘 에리언, 2009: 49~50).

죄 등 반사회적·반문명적 위험이 증대되고 위기대응력이 약화되어 국내외 정치·경제·사회 시스템이 무너지는 대재앙이 유발될 수 있어 새로운 변화에의 적응력을 키우는 정치적·사회적 노력이 필요하다.

- 정부 → 민간, 중앙 → 지방 분권화
- 정부 → 민간, 중앙 → 지방으로 권력이동 증대

지구화된 개방경제체제 속에서 시장과 민간부문의 역할이 커지면서 규제를 포함한 정부의 권한과 책임이 민간부문으로 점차 이동하고 있다. 지방자치와 분권화로 인해 중앙정부의 권한과 책임이 지방정부로 이양되면서 자원통제와 이용에 관한 정부의 권한과 역할, 역량은 줄어드는 반면, 민간부문과 지방정부의 역할은 더욱 커지고 있다. 따라서 그동안의 상하관계에서 점차 수평적인 관계로 이행될 것으로 전망된다.

- 수도(Capitals) → 지방(Regions) 권력이동

대부분의 나라에서 민주화가 확대되고 선거 등을 빈번하게 실시하면서 지방이 특정한 정치세력의 근거지로 등장하고 있다. 특히 지방행정기관의 장을 주민투표로 선출하면서 정치권력은 점차 수도에서 지방으로 분산되는 경향을 보이고 있다. 따라서 대부분의 지방은 중앙정부의 족쇄에서 벗어나 자율적인 지배권을 부여받은 중세풍의 도시국가(city-states) 형태로 발전할 수 있을 것으로 전망된다(Naim, 2013: 95~97).

② 분권화와 거버넌스 변화의 정책적 함의
- 다원적·개성적 수요 대비 분권·분산형 대응체제 구축

정치구조, 경제구조 및 사회구조와 기능이 분화함에 따라 다양한 정치적·경제적·사회적 요구와 문제에 대해 자율적·분산적·개성적으로 접근해야 할

구분	트렌드 변화 전망	정책적 함의
뉴 노멀 추세 (인구감소와 저성장 추세)	• 저출산·고령화 심화 • 출산율 감소, 인구절벽 우려 • 1인가구 증가 추이, 다문화가구 증대 • 개성적 가치관 / 사회적 가치관의 다원화 • 사회적 관계 단절과 파편화 확대	• 저성장 장기화, 잠재적 경제성장률 저하 • 신규개발 감소, 개성적 주거·공간 증가 • 지방중소도시 쇠퇴, 농촌지역 소멸 우려 • 맞춤형 스마트 소비, 공유형 경제 대두 • 축소지향적 개발수요 대응방안 마련

제4차
산업혁명
(융합기술혁신)
	가속적 기술혁신
	• 급격한 ICT와 인공지능 기술혁신
	  - 기술혁신속도 CPU 연 41% 향상(무어의
	  법칙)
	  - 카메라 픽셀 수 연 59% 향상(핸디의 법
	  칙)
	융·복합적 기술혁신
	• 지능형 자동생산시스템 확산
	• 청정에너지 기술혁신
	  - 태양광PV 가격 100달러(1970) → 0.65
	  달러(2015)
	파괴적 기술혁신
	• 전통산업, 화석에너지산업 붕괴 전망
	• 내연자동차산업 2030년 생산 감소
	시스템융합기술혁신
	• 시스템경계 붕괴와 새로운 시스템 구축
	• 가상현실시스템 형성
		가속적 기술혁신 대응체계 구축
		• 대량생산 감소 → 모듈부품 결합생산 증가
		• 기술혁신·시장여건 변화 대응체계 구축
		융·복합적 기술혁신 대응체계 구축
		• 관련분야 신기술·신제품 개발 대응체계
		• 개별·융합기술혁신 병행 지원
		파괴적 기술혁신 대응체계 구축
		• 전통산업/석유관련 산업 쇠퇴 대응방안
		• 내연기관 자동차 생산 감소와 대응방안
		• 실업증대와 노동사정의 양극화 대응
		시스템융합기술혁신 촉진
		• 전 산업, 생활환경 디지털화·자동화 촉진
		• 신산업 육성과 혁신 생태계 조성

제4차
산업혁명
(경제 시스템
변화)
	• 경제 패러다임 변화
	  - 희소자원기반 경제 → 무한자원기반 경제
	  - 경제성 원리와 생산모형의 변화
	• 생산방식의 변화
	  -인간통제 기계생산 → 지능형기계 자동생
	  산
	  -중심거점 집중생산 → 원거리 분산생산
	• 부의 원천 변화
	  - 토지·물적 자원 → 정보·지식·기술 자원
	  - 제품 생산·판매 → 서비스판매 확대
	• 자원관리·소유형태 변화
	  - 독점적 지배 → 지식정보의 만인화
	  - 배타적 소유 → 공유와 수요충족(소비)
	• 비즈니스모형 변화
	  - 대형 공급자 중심 → 중소 수요자 중심
		• 경제 패러다임 변화
		  - 경제 패러다임 변화의 단계별 수용 추진
		  - 무한자원기반 경제원리 적용 확대
		  - 전통산업 및 경제활동 약화 대응책 마련
		• 자동생산방식 적용 확대
		  - 지능형 자동생산방식 적용범위 확대
		  - 분야별 특화 자동생산방식 도입 추진
		  - 미래형 전문 인적자원 개발 추진
		• 미래형 부가가치 창출원 확대
		  - 미래형 부가가치 창출기반 확대
		  - 첨단기술 도입 및 협력 네트워크 구축
		• 분산적 참여형 비즈니스 모형 확대
		  - 분산적 참여형 비즈니스 육성

권력붕괴 (분권화와 거버넌스 변화)	• 통제적 → 민주적 권력 관리체제 전환 • 거대 주역 → 소형 약자 주역시대 전환 • 정부 → 민간, 중앙 → 지방권력 이동 • 안정적 시스템 → 불안정 가변 시스템	• 지시·통제 → 수평적 협력시대 전환 • 중앙통제 → 분산적 자율방식 전환 - 중앙-지방, 정부-민간부문 분권 확대 • 계층적 조직패턴→수평적 네트워크 조직

자료: 김용웅(2016: 32) 보완.

필요성이 커지고 있다. 이에 따라 모든 부문의 지배권력은 정부에서 민간부문으로, 중앙에서 지방으로, 다수집단에서 소수집단으로 이전되고 있다. 따라서 분권화와 분산화에 맞는 정책을 수립하고 집행체계를 구축해야 한다.

– 혁명적 변화 촉진 및 변화대응 역량 강화

안정적인 정치적·경제적·사회적 여건 속에서 바람직한 미래비전을 제시하고 이에 맞는 전략을 제시하는 청사진 형태의 계획과 정책은 혁명적인 변화가 예상되는 현 시점에서는 더 이상 실효성을 거두기 어렵다. 따라서 향후 장기적인 국토정책과 계획수립에서는 혁명적 변화를 촉진하고 변화에 대응하는 제도적 역량을 강화하는 데 치중해야 한다.

– 수평적 참여형 협력 시스템 구축

분권화·분절화·다기화·전문화된 사회 및 행정체제하의 다양한 주체가 참여해서 통일적 정책목적을 달성하기 위해서는 일방적으로 규제하는 대신 개별주체의 자율권과 특수한 정책목적 수행을 인정해야 한다. 그래야 상생 가능한 협력 시스템을 구축할 수 있을 것이다.

2. 국토트렌드 변화 전망의 접근방법

1) 국토트렌드 변화 전망의 접근방법

(1) 국토트렌드의 기본개념

디지털융합기술혁신(digital convergence technology innovation)은 청정에너지기술(clean energy technology innovation), 인구와 경제부문의 뉴 노

멀(New Normal) 현상, 그리고 거대권력 붕괴(the end of power)와 분권화된 거버넌스 체제(decentralized governance system)와 결합하면서 생산양식, 부(wealth)의 창출 및 비즈니스 모델뿐만 아니라 개인의 가치관과 라이프 스타일, 사회적 규범, 자원관리와 통제방식 등 총체적인 정치·경제·사회 시스템을 변화시키면서 국토공간에도 큰 영향을 주고 있다(김용웅, 2021: 6~10).

"국토"란 주권적 공간 영역과 여기에 포함된 일체의 환경을 지칭하는 모호한 용어이기 때문에 "국토트렌드"(national land use trends/patterns)라는 용어의 의미 역시 생소하다. 여기서 국토트렌드는 국토공간 구성과 형태, 그리고 국토공간의 이용과 관리에 있어 수요, 행태, 패턴의 변화 흐름 또는 방향을 의미한다. 그러나 국토이용과 관리의 범위는 매우 넓기 때문에 여기서는 그동안 국토 및 지역정책에서 통상적으로 다루어왔던 분야에 한정한다. 그러나 국토트렌드는 광범위하고 다양한 의미를 지닐 수 있기 때문에 향후 보다 심도 있는 연구와 폭넓은 논의를 통해 변화 전망의 범위와 내용에 대한 공감대를 형성해야 한다(김용웅, 2015: 158).

(2) 국토트렌드 변화 전망의 접근방법

미래 국토트렌드란 국토이용과 관리의 수요와 행태 변화에 따라 형성될 국토공간의 이용모습과 관리패턴 변화 추세를 의미한다. 그러면 이러한 미래 국토트렌드는 무엇을 근거로 어떻게 전망할 수 있는가? 미래 국토트렌드 전망을 위해서 3~4단계의 분석과 파급효과의 추정이 필요하다.

첫 단계에서는 디지털 및 융합기술의 급속한 혁신으로 초래될 기술, 경제, 사회 및 정치 등 총체적 시스템 변화와 초연결, 초지능 및 자동화 사회의 출현과 같은 거시적 변화 추이를 분석하고 산업구조, 산업생산과 기업 경영활동의 변화와 개인과 집단의 라이프스타일 및 가치관 변화를 전망해야 한다.

둘째 단계에서는 총체적 시스템 변화와 개인과 집단의 활동패턴, 라이프 스타일 및 가치관과 경제와 사회적 시스템과 작동 패턴의 변화가 미칠 공간 이용 행태와 수요 변화를 전망해야 한다. 거시적 패러다임 변화로 초래되는 개인과 집단 및 기업역량과 활동에 어떤 변화가 있었고 이것이 공간이용 패턴에 어떤 영향을 미칠 것인지가 주된 관심사이기 때문이다.

셋째 단계에서는 개인이나 집단의 공간이용 행태와 수요 변화로 초래되는 주택, 일터, 근린주구 및 도시 형태와 구조 변화를 전망해야 한다. 개인이나 집단의 공간이용 행태와 오랫동안 이에 대응해 온 집단적 노력의 축적이 오늘날 건조환경(built environment)의 모습이기 때문이다.

마지막 단계에서는 주거 및 도시 형태와 구조 변화가 전국적 차원에서 초래할 국토환경과 공간구조에 미칠 영향을 전망해야 한다. 이를 위해 부분적이고 개별적인 변화와 전체 시스템의 구조적 변화 간의 관계를 이어주는 합리적 연결 고리인 논리와 방법론(logical reasoning)을 찾아내야 한다. 이런 단계적이고 구조적인 분석이 전제되어야 미래의 국토트렌드 변화를 보다 종합적이고 체계적으로 전망할 수 있기 때문이다(김용웅, 2025b: 48~51). 여기서는 미래 국토공간의 이용모습과 관리패턴을 다음과 같이 3단계로 나누어 변화를 전망하고자 한다.

1단계: 메가트렌드 변화 전망

국토트렌드 변화추이를 전망하기 위해 1단계로 디지털융합기술(digital convergence technology) 기반의 4차 산업혁명(the fourth industrial revolution), 인구와 경제의 뉴 노멀 현상, 거대권력 붕괴로 초래된 메가트렌드 (megatrends) 또는 총체적 경제-사회활동 및 시스템의 변화를 전망하고 정책적 함의를 살펴본다.

2단계: 메가트렌드 변화의 패턴분석 전망

1단계의 메가트렌드 변화 전망과 정책적 함의 결과만 가지고는 국토트렌드 변화를 논리적·합리적으로 전망하기 어렵다. 메가트렌드 변화 전망의 내용이 일관된 논리적 체계를 갖추기보다 분산적·중복적이며 때로는 상호 대립적인 사례도 있기 때문이다. 따라서 국토트렌드를 논리적이고 합리적으로 전망하는 접근방법을 찾도록 노력해야 한다. 여기서는 김용웅(2015)의 연구를 바탕으로 메가트렌드 변화 전망의 패턴을 찾아내 부족하나마 국토트렌드 변화 전망의 논리적 근거로 활용한다.

패턴분석(pattern analysis)은 일반적으로 방대한 데이터 자료 속에서 일종의 규칙성을 찾아내는 분석기법으로 공간정책이나 계획분야에서는 널리 쓰이고 있지 않다. 그러나 패턴분석은 복잡한 현실세계를 체계적으로 인식하고 이를 바탕으로 미래를 전망함으로써 유사한 분석결과를 기대할 수 있는 반복과 주기성에 기반을 둔 분석기법임에는 틀림없다. 메가트렌드 변화를 패턴분석한 결과가 국토트렌드 변화 전망의 논리성을 뒷받침하는 자료가 되기를 기대한다. 메가트렌드 변화의 패턴분석은 변화 트렌드의 유형을 사회-경제적 가치, 사회적 관계와 생산체계, 기술과 자원이용 패턴, 정치-사회조직 등 4개 부문으로 나누어 고찰하도록 한다.[13]

3단계: 국토트렌드 변화 전망

메가트렌드 변화 전망과 변화 전망의 패턴분석 결과를 바탕으로 국토트렌드 변화추이를 전망한다. 국토이용과 관리에는 다양한 측면이 있다. 여기서는 국토트렌드를 국토공간, 국토이용, 인프라 공급, 도시공간 형성, 농촌과 지역개발, 정책 추진과 거버넌스 등 6개 부문으로 나누어 변화추이를 전

---

13 패턴(pattern)은 되풀이되는 사건이나 물체의 집합체로서 반복성과 주기성의 특징을 지닌다.

망한다. 선정된 6개 부문은 국토정책 및 계획 차원에서 중요한 정책적 의미를 지닌다. 이들 6개 부문은 오랫동안 한국국토·지역정책과 계획추진과정에서 핵심적인 정책과제로 다루어져 왔기 때문이다.

2) 메가트렌드 변화의 패턴분석 전망[14]

(1) 사회-경제적 가치

• 양적 성장 추구 시대 → 질적 개선 추구 시대

저출산 및 노령화, 인구감소, 경제의 저성장구조 정착 등에 따라 첫째, 개인들은 재산증식이나 사회-경제지위 향상에 매달리기보다는 개인적인 라이프 스타일을 중시하고 주관적 감정에의 만족을 추구하면서 부의 축적보다 삶의 질 개선과 행복감 증진에 치중하게 되었다. 둘째, 저출산과 노령화, 인구감소, 낮은 경제성장 추이는 개인이나 사회집단이 필요로 하는 공간의 양적수요를 위축시킬 뿐만 아니라 개인으로 하여금 라이프 스타일에 맞는 개성적이고 차별화된 공간을 찾는 데 치중하게 한다. 이와 같은 두 가지 특징 변화는 사회적으로 주거, 위락, 업무의 총량적 수요를 감소시키고 아울러 일반화·표준화된 물적 시설과 공간의 공급을 이끌어온 대규모 도시 및 국토개발 수요를 크게 감소시킬 것으로 전망된다.

• 대규모 신규 개발투자 시대 → 소규모 도시 간의 고품질화·스마트화 시대

경제침체에 따른 복지수요 증대와 국가재정력 약화로 기존의 대규모 도시개발 및 인프라 건설을 위한 정부 및 공공 투자 재원이 줄어들어 주택, 도시 및 국토개발 분야에서는 신규 투자보다 기존 시설의 질적 여건 개선이 주

---

14 사회·경제 패턴 전망은 김용웅(2015), 172~178쪽을 기초로 작성했다.

류(main stream)를 이룰 것으로 전망된다. 이와 같은 변화 추세에 따라 경제정책 기조는 국내 총생산 증대나 높은 경제성장률 추구보다는 개별 가구소득 증대, 보다 나은 일자리 확보, 일상적인 생활환경 및 삶의 질 개선을 중시할 것으로 전망된다.

(2) 사회적 관계와 생산체계

• 상호의존 시대 → 사회적 분절과 파편화 시대

미혼 및 독신자, 특히 청년, 노인 독거생활자, 비자녀가구가 증가하고 개인적인 삶의 방식을 선호하는 개인주의적 가치관과 행태의 확산으로 출산율이 낮아짐에 따라 가족 간 교류와 연대가 줄어들어 개인의 사회관계는 점차 고립화·파편화될 것으로 전망된다. 개인의 사회적 관계가 고립화·파편화되는 것은 소득불균형과 양극화 심화, 실업자, 저소득층, 장애인 등 사회적 약자 생산, 사회적 활동에 참여할 수 있는 기회 상실 등의 상황으로 더욱 악화될 수 있다. 사회적 분절화·파편화 현상은 개인의 사회적 관계에만 한정되지 않는다. 분권화가 심화되고 자율역량이 커지면서 외부 지역에 의존하지 않는 다양한 인접 조직과 집단 간에도 교류와 협력이 단절되는 경향을 보일 수 있다. 따라서 향후 사회 및 지역정책에서는 사회적 통합(social cohesion)을 증진하고 사회적 관계를 회복하기 위한 사회적 자본(social capital) 형성의 필요성이 증대될 전망이다(차미숙 외, 2012).

• 기능별 분할의 전문화 시대 → 기능별 통합의 융·복합 시대

산업화 시대에는 분야별 전문화와 특화를 통한 기술혁신 촉진, 생산의 효율성 증진, 정보와 지식의 고도화를 추구해 왔으나 정보·지식사회에는 기술별·산업별·전문분야별 융·복합(convergence)을 통해 개별 기술의 활용도와 산업생산 품질을 개선하고 새로운 산업과 제품을 개발한다. 따라서 정보·지

식산업 시대는 융·복합기술·산업 시대라 할 수 있다. 기능별 융·복합 시대는 기술과 산업분야 간의 융·복합만 의미하지 않는다. 의료, 공공서비스 시설, 서비스 등 광범한 공공행정과 경영분야에서 문제와 과제를 중심으로 기능과 조직을 통합하는 경향이 증대되고 있어 관련 분야별로 문제해결을 지향하는 수평적인 교류와 협력이 확대될 것으로 전망된다.

• 시장 주도 생산·자원통제 시대 → 사적 소유와 생산 시대

정보·통신기술의 혁신은 개인 간 소통에서 혁명적인 변화를 가져오고 있다. 개인적인 차원에서는 광범한 분야의 정보를 즉시 수집·처리할 수 있게 되었고, 다양한 분야의 전문가나 공급자로부터 필요한 정보와 부품을 조달하는 협력적 지원이 가능해져 자신에게 필요한 제품을 생산하는 잠재력이 점차 확대될 전망이다. 특히 기술적인 차원에서 3D 프린터 기술이 발달하면서 매우 정교한 제품도 특별한 전문지식 없이 개인적인 수준에서 생산할 수 있게 되었다. 가치관의 다양화로 표준화된 제품보다는 개인적 취향과 요구에 맞는 개인화된 특화제품의 수요가 커지는 데 비해 기업, 특히 대기업은 세분화된 맞춤형 제품을 소량생산하는 수요에 대응하기 어려우므로 사적 생산은 더욱 확대될 것으로 전망된다.

(3) 기술과 자원이용 패턴

• 공간제약에 의존하는 시대 → 시공간제약을 극복한 시대

산업화 시대에는 산업 및 경제활동에 있어 접근성의 관점에서 장소와 거리 등 공간적 제약이 매우 높았다. 특히 전기 에너지, 물 등 공급과 수요의 시공간적 제약이 심한 자원의 경우 생산과 이용에서 비효율과 낭비가 초래되어 왔다. 에너지의 경우 저장이나 이동이 어려워 일정 시점에서 생산된 에너지 양이 소비되지 못하면 폐기 처리되었다. 에너지 저장과 이동기술의

제약 때문에 피크타임의 수요에 대응하기 위해 과잉설비의 비효율이 발생했고, 수자원의 경우 계절적인 수급의 균형을 이루지 못해왔다. 그러나 정보·통신 및 운송기술의 발달로 접근성 관점의 공간적 제약이 크게 줄어들고 있다. 산업과 경제에서 입지 선택의 폭이 넓어지고 있는 것이다.

• 입지 유한선택 시대 → 입지 무한선택 시대

그동안 수요자들은 입지를 선택할 때 주어진 시장여건에서 제공되는 자원, 시설, 서비스의 접근성을 중시해 왔다. 그러나 에너지자원의 생산과 관리에서 사적통제와 관리의 폭이 커짐에 따라 토지이용 수요자들도 입지선택의 폭이 한정된 유한선택의 시대를 점차 벗어날 것으로 전망된다. 토지이용의 공급패턴이 점차 개인화·다원화되고 있어 미래세대는 입지가 무한선택인 시대의 혜택을 점점 많이 받을 것으로 전망된다. 이 밖에도 최근 휴대용 태양에너지 발전기술까지 현실화되고 있어 에너지 공급망에 대한 제약 없이 생산, 주거, 여가활동을 할 수 있을 것으로 전망된다.

• 기후변화 제약 시대 → 기후변화 극복 시대

그동안 정부는 가뭄에 대비한 용수공급원을 확대하고 홍수와 폭우 피해방지 시설을 확충하기 위해 지속적인 투자와 관리를 해왔다. 그러나 영농 및 주거생활은 예측하기 어려운 이상기온과 기후변화에 의해 막대한 피해와 영향을 받아왔다. 앞으로도 재난방지시설 확충은 지속될 전망이다. 그러나 향후 지속적인 기술혁신과 창의적인 과학 영농기법의 등장으로 이상기온과 기후변화를 점진적으로 극복할 수 있을 것으로 전망된다. 온도와 습도 자동제어, 광선 조절 기술혁신, 신재생에너지 기술혁신, 영농기술개발 등 이상기후를 극복하는 영농(weather free agriculture)기술이 확대되고 있기 때문이다. 특히 수직공장형 영농기술은 가뭄, 홍수, 이상기후의 피해에서 자유로울 뿐만 아니라 현대적이고 위생적인 영농환경을 유지할 수 있어 이상기후를 극복하는 영농은 앞으로 더욱 활성화될 것으로 전망된다.

• 유한자산기반 경제 시대 → 무한자산기반 경제 시대

그동안 산업과 경제는 한정된 매장자원이나 자연자원을 기반으로 가시적 제품을 생산·판매하는 과정을 통해 발전해 왔다. 그러나 디지털융합기술혁신과 청정에너지 기술혁신으로 새로운 부의 창출은 주로 정보, 지식, 기술 그리고 태양열 등 무한자원에 기반을 둘 것으로 전망된다. 산업과 경제시스템은 이미 유한자원기반 경제체제에서 무한자원기반 경제 또는 기술기반 경제체제로 바뀌고 있으며 앞으로 더욱 빠르게 전환이 이루어질 것으로 전망된다.

(4) 정치-사회조직의 형태와 운영방식

• 개인 경쟁력에 의존하는 시대 → 자율적 연대와 협력의 시대

산업화 시대에는 개인, 기업, 지역 등 개별적 경제 주체가 생존과 번영을 위한 수단으로 개인적인 경쟁력 증진을 선택했다. 그러나 개방화된 지구화 경제와 지식정보화 시대에는 다양한 부문의 기술의 융·복합으로 지속적인 기술혁신이 이루어지고 새로운 제품이 생산·판매되고 있어 개인이 보유한 경쟁력만으로는 생존과 번영을 보장받기 어렵게 되었다. 이러한 추세는 점차 강화될 것으로 전망된다. 따라서 긍정적인 기회요인을 극대화하고 부정적인 파급효과를 최소화하는 대응방안을 마련해야 한다.

• 배타적 주권국가 시대 → 초국경의 협력적 통합국가 시대

산업화 시대에는 국경이 강력한 관세장벽으로 국내시장을 보호하고 국가주권의 차원에서 배타적이고 독립적인 정책을 추진할 수 있게 하는 방어

〈표 8-4〉 메가트렌드 변화의 패턴분석 전망

부문	사회-경제 시스템 변화
사회-경제적 가치	• 양적 성장 추구 시대 → 질적 개선 추구 시대 • 대규모 신규 개발투자 시대 → 소규모 도시 간의 고품질화·스마트화 시대
사회적 관계와 생산체계	• 상호의존 시대 → 사회적 분절과 파편화 시대 • 기능별 분할의 전문화 시대 → 기능별 통합의 융·복합 시대 • 시장 주도 생산·자원통제 시대 → 사적 소유와 생산 시대
기술과 자원 이용	• 공간제약에 의존하는 시대 → 시공간제약을 극복한 시대 • 입지 유한선택 시대 → 입지 무한선택 시대 • 기후변화 제약 시대 → 기후변화 극복 시대 • 유한자산기반 경제 시대 → 무한자산기반 경제 시대
정치-사회조직의 형태와 운영방식	• 개인 경쟁력에 의존하는 시대 → 자율적 연대와 협력의 시대 • 배타적 주권국가 시대 → 초국경의 협력적 통합국가 시대

자료: 김용웅(2015: 178) 수정·보완.

막이었다. 하지만 1995년 WTO가 출범하고 2000년대에는 국가 간 FTA 등이 확대되면서 금융, 지식·정보, 문화 등 다양한 측면에서 국가 간 교류와 협력이 증대되었다. 앞으로 개별 국가의 주권적 권한행사를 제약하고 기후변화에 대응하는 국제적 규범이 점차 강화될 전망이다. 따라서 보다 적극적으로 대응방안을 마련해야 할 것으로 전망된다.

3. 국토트렌드 변화 전망

"국토"란 주권적 공간범역과 여기에 포함된 일체의 환경을 상징적으로 지칭하는 용어이다. "국토트렌드"라는 용어도 "국토"라는 용어 못지않게 추상적이고 상징적인 의미를 지니고 있다. 따라서 추가적인 설명이나 구체적인 사례소개가 필요하다. 여기서 "국토트렌드"는 국토이용관리 차원에서 초래되는 "변화의 흐름과 추세"라는 의미를 지닌다. 국토이용과 관리의 범위는 매우 넓고 복잡한 특성을 지니고 있다. 여기서는 그동안 국토정책과 계획에서 중요하게 다루어온 "국토공간구조", "국토(토지)이용", "인프라 네트워크", "도시·생활공간", "정책 거버넌스" 등 6대 분야에 국한해 변화 추세를 전망하고자 한다(김용웅, 2015: 158~159).[15]

1) 국토공간구조 변화 전망

• 대륙 단절형 국토공간 → 초국경적 개방형 네트워크 국토공간

우리나라는 그동안 국가의 산업경제 발전과 인구정주기반의 효율적인 제공이라는 차원에서 국내적 요인만 고려한 국토정책을 추진해 국토공간구조는 서울과 부산을 잇는 경-부축을 중심으로 형성되었다. 최근에는 경-부축의 집중개발에 따른 압력과 비효율을 극복하기 위해 서해안 등 해안 지향적 공간구조를 형성하기 위해 노력하고 있다. 비록 남북한 간에는 정치적·군사적 긴장과 대립이 상존하지만 장기적인 측면에서 보면 남북통일 또는 이에 준하는 남북협력과 교류가 증대될 것으로 예상된다. 경제의 지구화가 진전됨에 따라 한·중·일 등 인접국가와의 경제협력과 교류도 장기적으로 크게 증대되어 이를 뒷받침하는 대륙연계형 및 초국경적 국토공간이 형성되는 추세는 증대될 것으로 전망된다.

• 수도권과 지방 간 이원구조 → 지역 간 다원적 경쟁과 협력구조

수도권의 집중과 과밀, 수도권과 기타 지방 간의 불균형과 격차현상은 산업화 이후 50년 이상 지속되어 왔고 앞으로도 상당 기간 지속될 것으로 전망된다. 그러나 2030년 이후 수도권의 과밀과 노후화, 기타 지역의 발전역량 증대와 함께 국내외 경제, 산업 및 기술과 생활양식의 변화 등으로 수도

---

15 국토트렌드 및 국토공간구조 변화와 정책대응은 김용웅(2015), 178~188쪽을 기초로 작성했다.

권과 지방 간의 격차와 이원적 대립구조는 크게 축소되고 다양한 유형의 지역 간 발전격차가 증대될 것으로 전망된다. 서울과 수도권은 과도한 개발로 발전 잠재력이 상대적으로 축소되고 있고 도시기반 및 산업시설이 점차 노후화되어 지구적 차원에서 상대적 경쟁력이 약화되는 데 비해, 비수도권 지역의 발전 잠재력은 지역유형에 관계없이 점차 커지고 있기 때문이다. 앞으로는 수도권과 기타 지역과 격차해소에 치중하기보다 다양한 규모와 형태를 지닌 소단위 지역 간의 자율적 경쟁과 협력을 촉진하고 새로운 지역 간 격차를 해소하는 데 중점을 두어야 한다.

• 거대도시권 지향 국토공간 → 소도읍권 지향 국토공간

산업화 이후 국가정주 패턴은 대부분 대도시를 중심으로 형성되어 왔다. 경제의 지구화로 도시의 중요성이 더욱 커지면서 국제적인 경쟁력을 갖춘 거대도시권(megalopolis; metropolitan) 위주의 공간패턴이 증대되고 있다. 한국의 경우에도 거대도시권 위주의 공간패턴이 형성되어 왔고 앞으로도 이와 같은 추세는 지속될 것으로 전망된다. 그러나 사회적 가치관이 다양화되고 문화와 여가를 중시하는 개인적 라이프 스타일이 확대되면서 고유한 역사와 공동체 중심의 문화적 전통과 경관, 환경적 쾌적성을 지닌 소도시권 또는 소도읍권(micropolitan)에 대한 수요는 장기적으로 증대되는 반면 대도시권의 상대적 입지우위성은 약화될 것으로 전망된다.[16]

---

16 소도시권 또는 소도읍권(micropolitan)은 하나의 생활권을 이루는 인구 1만 명에서 5만 명 미만의 소도읍과 주변 농촌이 포함된 도시권을 의미하며 미국 통계청이 표준대도시권통계 지역(SMSAs)의 최하위 단위로 인정한 통계권역(MSAs: Metropolitan Statistical Areas)의 하나이다(김용웅 외, 2011: 17~18).

2) 국토이용 행태 변화 전망

• 경제적 가치 중심의 토지이용 → 사회적 가치 중심의 토지이용

우리나라의 토지이용은 산업화와 도시화를 효율적으로 뒷받침하는 데 치중해 왔다. 따라서 대부분의 토지이용은 장기적인 비전이나 계획보다는 접근성이 양호한 도시지역과 간선교통망 인근 지역, 산업적·경제적 시장가치의 증가가 예상되는 지역을 중심으로 이루어져 왔다. 그러나 산업 및 경제성장의 둔화, 인구감소, 지식·정보산업 성장 등으로 토지이용 수요 자체가 상대적으로 줄어들고 있으며, 토지이용의 가치도 경제논리 중심에서 점차 다원화되고 있다. 이 밖에도 환경적 지속성과 쾌적성, 문화적 정체성, 개인적 가치를 중시하는 라이프 스타일이 확산되면서 경제적 가치 중심의 토지이용은 감소되는 반면 안전성, 쾌적성, 생활의 편리성, 문화 등 사회적 가치 중심의 토지이용 수요는 증대될 전망이다.

• 용도분리의 배타적 토지이용 → 용도통합의 복합적 토지이용

그동안 국토 및 도시용지는 용도 간 대립과 상충으로 인한 부작용을 방지하고 토지이용의 경제적 효율성을 극대화하기 위한 방법으로 용도 간 분리하는 용도별 배타적 이용체계를 형성해 왔다. 그러나 토지용도 간 갈등요인이 기술과 가치관의 변화에 따라 크게 줄어들고 있어 용도분리의 배타적 토지이용을 유지할 이유가 약화되고 있다. 반면 용도통합의 복합적 토지이용 및 개발은 이용자들의 편익을 증진하고 과도한 자원이용을 방지하며 폐기물 배출을 줄일 수 있어 수요가 점차 증대되고 있다. 용도통합의 복합적 토지이용은 자원 고갈, 온난화 같은 환경적 재앙과 피해를 줄일 수 있어 지속가능한 건조환경(built environment)으로도 평가된다. 이에 따라 시민들의 생활편익을 증진하고 불필요한 이동을 막을 수 있는 집적도시(compact city) 건설

과 복합용도지구와 건축물 수요 또한 증대될 전망이다. 화석에너지이용 절감과 탄소배출량 감축을 통해 친환경적이고 지속가능한 발전을 추구하는 지구적 차원의 관심과 국제적 협력 강화라는 측면에서도 용도통합의 복합적 토지이용과 도시개발 수요는 더욱 커질 것으로 전망된다.

• 분산적·자유방임적 토지이용 → 집중적·계획적 토지이용

그동안 우리나라 토지이용은 도시지역과 기타 다양한 용도의 비도시지역으로 나뉘어 관리되어 왔다. 도시지역 내 토지이용은 용도지역·지구제도를 통해 상단수준의 계획적인 통제가 이루어지고 있다. 그러나 관리지역, 농림지역, 자연환경보전지역으로 구성된 비도시지역은 일부 관리지역을 제외하고 대부분의 토지이용이 계획적 고려 없이 개별 토지 소유자의 신청에 따라 허용 여부가 결정되어 국토의 난개발을 초래하는 원인이 되어왔다.[17] 비도시지역 내 토지가 산업 및 경제성장 촉진과 시장수요에 따라 계획적 고려 없이 분산적으로 이루어지면 자연환경 및 경관 훼손과 도시서비스 공급부족을 초래하는 것은 물론, 토지의 경제적·효율적 이용을 저해하는 결과를 가져온다. 이제 삶의 질을 중시하는 사회적 가치관과 개성적인 라이프 스타일이 확산되고 있어 비도시지역의 경우에도 토지의 난개발을 방지하는 집중적·계획적 토지이용체계를 도입해야 할 필요성이 증대될 전망이다.

---

17 도시지역은 토지를 경제적·효율적으로 이용하기 위해 5개 용도지역을 각각 3~4개 유형으로 세분해 토지이용, 건축물 용도, 건폐율, 용적률 및 높이 등을 제한하고 있다. 도시계획법의 적용을 받지 않는 관리지역, 농림지역, 자연환경보전지역은 관리지역 일부를 제외하고는 용도분리도 없이 개별적 토지이용에 대한 허가와 제한이 이루어지고 있어 일부는 난개발의 원인으로 지적되고 있다(「국토의 계획 및 이용에 관한 법률」, 2002, 제2조, 제6조, 제36조 등).

3) 인프라 구축 패턴 변화 전망

• 전국·광역단위 인프라 중심 → 지역·생활권단위 인프라 중심

　우리나라는 그동안 산업화 과정에서 효율성을 중시하는 성장위주 정책에 따라 전기, 용수, 도로, 철도 등 간선 인프라망은 전국 및 광역단위 간선 네트워크 구축에 치중해 왔다. 그러나 지방자치제도의 도입과 지방분권의 진전으로 지역자원에 대한 지역의 주도적인 관리행사 요구가 증대되고 있다. 앞으로 인프라 구축은 전국 및 광역단위 간선망 구축에서 벗어나 지역·생활권 등 소지역(local)단위의 인프라망 구축이 활성화될 것으로 전망된다. 지역자원에 대한 지방의 관리역량이 커지고 있고 기술적인 차원에서 이를 뒷받침하고 있기 때문에 지역·생활권 단위의 인프라망 수요도 지속적으로 확대될 전망이다.

• 인프라의 양적 확대 위주 → 질적 혁신을 통한 스마트 인프라 구축 위주

　그동안 정부는 산업화를 뒷받침하고 선도하기 위해 전기, 용수, 도로, 항만 등 인프라 시설을 확충하는 데 치중해 왔다. 그러나 산업생산과 경제성장이 상대적으로 위축되고 있기 때문에 인프라의 양적 수요가 줄어들 것으로 전망된다. 앞으로는 새로운 인프라 공급을 확대하기보다 기술적 첨단화와 관리운영방식 개선을 통해 기존 인프라의 질적 수준을 향상하고 기존 인프라를 기술적 첨단화·디지털화하는 스마트 인프라 조성 수요가 증대될 전망이다.

• 국내 자족형 인프라 위주 → 초국경적 연계 인프라 구축

　그동안 도로, 철도, 전력 공급망의 건설은 국내 수요를 충족하는 데만 치중해 왔다. 그러나 향후 남북 간 교류와 협력활동이 활성화되고 인접국인

한·중·일 간에도 지역적 차원에서 경제통합 수준의 연대와 교류가 확대되고 있어 초국경적 연계 인프라를 구축하는 노력이 증대될 전망이다.

4) 도시공간 및 건조환경 변화 전망

• 양적 신규 개발 중심 → 기존 시설의 재생과 질적 혁신 중심

그동안 국토이용 및 개발은 급속한 산업화와 도시화 과정 속에서 산업생산 확대와 경제성장을 뒷받침하기 위해 정주 및 도시기반의 양적 확대에 치중해 왔다. 그러나 미래의 국토이용 및 개발에서는 경제적 효율성보다는 안전을 중시하고 다양한 개인적·사회적 가치를 충족하며 주관적 만족감을 극대화하는 데 치중할 것으로 전망된다. 이에 따라 신도시 및 신시가지 개발이나 대규모 시설투자보다는 기존 시설의 가치와 활용도를 높이고 이용자의 만족을 증진시키는 지역재생과 지적 혁신을 중시하는 개발이 증대될 것으로 전망된다. 앞으로 산업쇠퇴지역의 환경 복원, 낡은 도시기반시설 현대화, 다중이용 안전시설과 도시 내 화학공장 등 위험시설의 정비와 효율적인 관리를 위한 기존 도시공간의 재생과 스마트화가 중요한 계획과제가 될 것으로 전망된다.

• 전국·광역 인프라망 의존형 → 독립적 자족형 건조환경 조성

그동안 도시, 산업단지, 주택 등 건조환경(built environment)의 조성은 전기, 상하수도, 폐기물 처리 등을 위한 전국적 또는 광역적 시스템, 즉 외부자원 네트워크(도시 인프라 네트워크)에 의존해 이루어져 왔다. 그러나 정보·통신을 비롯한 첨단소재, 생명과학 및 인공지능 등 다양한 기술 간 융·복합 기술의 혁신으로 장소와 거리제약이 적은 분산적 산업생산과 경제활동이 증대되고 있다. 더욱이 그동안 대규모 생산 및 공급시스템에 의존해 왔던

에너지 생산과 공급도 지역차원에서 독자적으로 생산과 공급이 가능해지면서 외부자원 네트워크에 의존하지 않는 다양한 형태의 자원순환형 독립적(free-standing) 건조환경 조성이 확대될 것으로 전망된다. 자족형의 독립적인 건조환경이 증대됨에 따라 그동안 접근성 결여로 소외되었던 오지, 산지, 도서 지역 등 한계지역의 가치와 이용도가 증대될 것으로 전망된다.

5) 농촌과 지역개발 변화 전망

• 수도권과 지방 간 격차 → 지역유형별 다원적 지역격차시대

산업화 과정에서는 수도권과 지방 간, 대도시와 농촌 간 발전격차가 크게 나타났으나 비수도권 지역 간의 격차는 두드러지게 나타나지 않았다. 수도권과 기타 지역 간의 격차는 전통적인 중앙집권적 정치행정체제와 1960년대 이후 정부 주도 산업화와 경제정책 추진의 결과물이라 할 수 있다. 비록 수도권과 비수도권 지역 간의 격차는 상당 기간 계속될 것으로 예견되지만 메가트렌드의 변화추이를 감안할 때 장기적으로는 점차 완화될 것으로 전망된다. 수도권과 지방 간 상대적 입지의 우위성(the advantages of relative location) 격차는 장기적으로 줄어들 것이기 때문이다. 가장 큰 원인은 수도권은 과밀혼잡의 경제-사회적 비용이 높아지고 있고 토지공급 및 도시개발 잠재력이 약화되고 있는 데 반해 지방은 토지공급 및 도시개발 잠재력이 높고 그동안 이룩한 사회간접자본 확충, 도시개발, 산업발전, 교육, 의료 등 생활여건 개선으로 산업과 경제활동의 입지기반이 강화되고 있기 때문이다. 그러나 같은 농촌이나 중소도시라 하더라도 특화된 경관자원이나 문화, 양호한 접근성과 생활환경을 갖춘 곳과 그렇지 못한 지역 간에는 새로운 격차현상이 발생할 가능성이 있어 다원적인 지역격차시대에 대응하는 새로운 지역발전전략이 필요할 것으로 전망된다.

• 농어촌지역 공동화 시대 → 농어촌지역 부활시대

농어촌지역은 산업화와 도시화과정에서 지속적으로 인구가 유출되어 자생력을 잃고 쇠퇴와 공동화의 위기를 맞고 있다. 현재 농촌의 많은 마을은 공동체를 형성할 정도의 최소한의 인구기반을 갖추지 못하고 있다. 농어촌지역은 인구가 감소할 뿐만 아니라 대부분의 인구가 노령화되어 2010년 농촌기반의 대부분의 군부지역은 초고령사회 기준인 20%를 이미 상회하고 있으며, 일부는 노령인구비중이 35~40%에 달하고 있다. 특히 소단위 자연마을의 경우 60% 이상의 주민이 노령인구로 구성되어 있다. 이와 같은 추세가 지속되는 경우 많은 농촌마을은 쇠퇴를 넘어 소멸될 가능성조차 우려되는 상황이다. 노령화와 인구감소로 경쟁력 없는 자연마을의 해체가 확대되면 농어촌의 정주 패턴은 경쟁력 있는 지역사회와 농촌 소도읍을 중심으로 새롭게 재편될 것으로 전망된다. 그러나 ICT 기술혁신에 바탕을 둔 스마트 영농시대의 도래와 대안적 삶터로서의 농어촌지역의 매력도와 경쟁력 강화는 그동안 쇠퇴되었던 농촌과 지방중소도시 등 소도읍권의 부활(the renaissance of micropolitan)을 촉진할 것으로 전망된다.[18]

6) 정책 추진과 거버넌스 변화 전망

• 획일적 지역발전 추진 → 차별적 지역특화 발전 추진

그동안에는 중앙정부의 주도하에 중앙정부에서 제시한 동일한 발전전략

---

[18] 스마트 영농이란 생명공학을 통해 종자를 개량하고 온도와 습도의 자동제어시설을 활용해서 영농을 하는 것뿐만 아니라 컴퓨터 네트워크로 연결된 개별 농가가 실시간 정보를 활용해 농축산 생산 규모를 조절하고 생산물을 적정 가격에 판매하고 소비자와 직거래도 하는 지식기반 영농을 의미한다. 실제 인도의 마디아프라데시주에서는 특정 기업이 수천 명의 농부에 대한 IT 네트워크를 구축해 구매 시스템을 개선함으로써 일정 성과를 거두고 있다(토플러, 2006: 440~441).

과 정책내용을 행정구역계층에 따라 광역자치단체-기초자치단체가 획일적으로 추진하는 방식으로 지역발전정책이나 계획이 이루어져 왔다. 그러나 중앙정부와 지방자치단체로 이어지는 획일적인 전략과 내용은 다양한 공간계층이나 지역의 특징을 반영하기 어려운 단점이 있다. 지역발전정책의 자율적 추진역량 강화와 체감형 지역발전에 대한 지역적 요구가 커지고 있어 앞으로는 지역의 공간계층과 지역 특징에 맞는 정책과 계획추진 방식에 대한 수요가 커질 것으로 전망된다.

• 행정구역단위 지역협력체계 → 다원적 지역연대·협력체계

그동안 지방분권의 확대에도 불구하고 지역의 자율권 행사는 한정되었다. 그렇기 때문에 대부분의 지역발전전략이나 계획의 수립 및 추진, 재원조달방식은 중앙정부에 의존해 왔다. 중앙정부 주도의 획일적인 지역발전정책과 계획추진체계 속에서 지역발전을 위한 인접도시와 지역 간 연계·협력은 계층별 행정구역단위로 정해진 범위 안에서 이루어져 왔다. 그러나 지방분권의 진전으로 도시와 지역의 자율권에 대한 관심과 행정적·재정적 역량이 높아지면서 인접도시와 지역 간 협력도 단순한 연계와 협력의 범위를 넘어 다양한 분야의 정책적인 연대와 협력에 대한 노력이 증대될 것으로 전망된다. 다원적 지역협력체계를 구축하는 것은 정책적 당위성만으로 이루어지지 않는다. 앞으로는 그동안 형성되었던 중앙과 지방정부 간 계층적 관계를 동반자 관계로 발전시키는 노력이 증대될 것으로 전망된다.

• 규범적 이론기반 이상적 정책 추진 → 데이터기반 실용적 정책 추진

그동안 국토·지역정책과 계획분야에서는 이론적·논리적 추론과 규범적 당위성을 기초로 이상적인 정책과 계획을 수립·집행해 왔다. 그러나 정보통신기술의 발달에 따른 정보처리능력과 정보량 확대, 과학적 분석기법 발달

국토부문	2040 미래 국토트렌드 변화 전망
국토공간구조	• 대륙 단절형 국토공간 → 초국경적 개방형 네트워크 국토공간 • 수도권과 지방 간 이원구조 → 지역 간 다원적 경쟁과 협력구조 • 거대도시권 지향 국토공간 → 소도읍권 지향 국토공간
토지이용 행태	• 경제적 가치 중심의 토지이용 → 사회적 가치 중심의 토지이용 • 용도분리의 배타적 토지이용 → 용도통합의 복합적 토지이용 • 분산적·자유방임적 토지이용 → 집중적·계획적 토지이용
인프라 공급	• 전국·광역단위 인프라 중심 → 지역·생활권단위 인프라 중심 • 인프라의 양적 확대 위주 → 질적 혁신을 통한 스마트 인프라 구축 위주 • 국내 자족형 인프라 위주 → 초국경적 연계 인프라 구축
도시공간 형성	• 양적 신규 개발 중심 → 기존 시설의 재생과 질적 혁신 중심 • 전국·광역 인프라망 의존형 → 독립적 자족형 건조환경 조성
농촌과 지역 개발	• 수도권과 지방 간 격차 → 지역유형별 다원적 지역격차시대 • 농어촌지역 공동화 시대 → 농어촌지역 부활시대
정책 추진과 거버넌스	• 획일적 지역발전 추진 → 차별적 지역특화 발전 추진 • 행정구역단위 지역협력체계 → 다원적 지역연대·협력체계 • 규범적 이론기반 이상적 정책 추진 → 데이터기반 실용적 정책 추진

자료: 김용웅(2015: 186) 보완·수정.

에 따라 점차 객관적인 데이터의 과학적 분석을 토대로 한 지역정책이나 계획추진이 증대될 것으로 전망된다. 데이터 기반의 국토·지역정책과 계획추진은 논리적 추론이나 규범성에 의존한 정책이나 계획에 비해 계획추진의 실효성이 증대될 것으로 전망된다.

4. 미래국토·지역계획 기조와 전략

1) 계획 기조 구축의 접근방법[19]

「제4차 산업혁명」과 「뉴 노멀」 및 「권력의 붕괴」 현상의 동시적 등장으로

---

19 국토트렌드와 미래국토·지역계획 기조전환부문은 김용웅(2018), 1~22쪽을 기초로 작성했다.

메가트렌드, 즉 총체적 경제-사회 시스템과 작동방식에 혁명적 변화가 초래되고 있으며, 앞으로 이와 같은 변화 추세는 더욱 확대될 전망이다. 메가트렌드의 변화는 국토공간의 이용과 관리 차원에도 구조적 변화를 초래하고 있고 이 같은 변화는 앞으로도 지속될 전망이다. 지금까지 최근 지구적 차원에서 사회·경제의 총체적 시스템과 작동방식을 바꾸고 있는 변화에 대해 「뉴 노멀」, 「제4차 산업혁명」 및 「권력의 붕괴」 등 3대 요인별로 나누어 살펴보았다. 「제4차 산업혁명」 부분에서는 메가트렌드 변화와 정책적 함의를 기술 부문과 경제시스템 부문으로 나누어 상세히 살펴보았다. 이와 같은 메가트렌드 변화 전망을 토대로 국토트렌드 변화추이를 국토공간구조, 국토이용, 인프라, 도시부문, 농촌과 지역개발, 정책 추진과 거버넌스 등 6개 부문으로 나누어 살펴보았다. 그런데 메가트렌드 변화 전망에 대한 결과를 합리적인 방법으로 국토트렌드 변화추이 전망으로 연결하기는 어려웠다. 따라서 메가트렌드 변화 전망을 종합적으로 정리해 국토트렌드 변화 전망을 뒷받침할 논리적인 체계를 구축하고자 했다. 이를 위해 메가트렌드의 다양한 변화추이에 대한 패턴분석을 시도했다. 메가트렌드 변화 전망을 사회적·경제적 가치, 사회적 관계와 생산체계, 기술과 자원이용, 정치와 사회조직 형태와 운영방식 4개 부문으로 나누어 국토트렌드 변화 전망과정에서 고려해야 할 10개 변화추이를 선별했다.

미래국토·지역발전 비전과 전략은 지금까지 논의한 메가트렌드와 국토트렌드 변화 전망, 정책적 함의 분석결과만을 토대로 구축하도록 되어 있다. 그러나 매우 분산적이고 다양한 메가트렌드와 국토트렌드의 변화 전망 결과를 합리적으로 또는 논리적 근거를 가지고 미래국토·지역계획의 기조와 전략 마련과정에 접목하는 데는 어려움이 있다. 따라서 메가트렌드와 국토트렌드의 광범하고 분산적인 변화 전망과 정책적 함의를 종합적으로 검토해 중요한 내용을 찾아내서 그것을 미래국토·지역계획 기조와 전략 마련에

필요한 논리성과 합리성을 뒷받침하는 기초자료로 활용했다(김용웅, 2018: 1~22).[20]

그런데 광범하고 분산적인 변화 전망을 종합 분석해 미래국토·지역계획 기조와 전략 마련의 기초자료로 활용할 수 있는 방법론을 모색하는 것이 문제였다. 따라서 광범한 변화 전망 자료 중 어떤 성격의 자료가 미래국토·지역계획 기조와 전략 마련에 필요한지부터 살펴보았다. 이 경우 미래국토·지역계획 기조와 전략을 제시하는 학문적 의도나 목적부터 점검할 필요가 있다. 작업의 목적을 알면 필요한 자료의 성격을 파악할 수 있기 때문이다. 여기서 목적이란「국토기본법」(2002) 제1조와 제2조에 규정된 것처럼 국토계획수립과 집행을 통해 달성하고자 하는 이상적이고 규범적인 목적이 아니다. 여기서의 목적은 새로운 국토·지역계획 기조와 전략을 통해 첫째, 그동안의 국토계획 기조와 전략추진의 시행착오에서 벗어나는 것이고, 둘째, 국토발전을 선도하고 현실적으로 국민의 삶의 질을 향상하는 데 기여할 수 있도록 하는 것이다. 이와 같은 두 가지 실천적 목적을 달성하기 위해 두 가지 성격의 메가트렌드와 국토트렌드 변화 전망을 선별했다. 첫째, 그동안 시행착오를 반복해 온 기존의 국토·지역계획지표와 전략 개선에 도움을 줄 수 있는 변화 전망을 찾아내는 것이다. 둘째, 디지털융합기술혁신과 신제품 개발을 촉진하고 바람직한 사회경제발전추세를 촉진하는 데 기여할 수 있는 변화 전망을 찾아내는 것이다.

기존의 국토·지역계획 기조와 전략을 개선하는 데 기여할 수 있는 변화

---

20 계획 기조, 비전 및 미래상과 전략 등 다양한 용어가 사용되고 있으나 계획이론 차원에서 보면 계획의 목적, 목표 및 이의 실현을 위한 부문별 행동과정이나 지침 또는 계획내용 등은 "계획목적의 계층구조"(hierarchy of planning goals)를 지칭하기 위한 표현이라 할 수 있다. 이 글에서는 계획 기조 또는 미래상 및 전략이라는 용어는 계획목적과 목표 그리고 계획목적 달성을 위한 행동과정(the course of action)이나 지침(planning guidance) 또는 계획의 주요 내용이라는 의미로 사용한다.

〈표 8-6〉 미래국토·지역계획 기조와 전략 수립의 기본방향

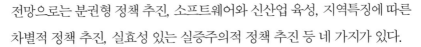

기존 계획 기조와 전략 재편방안	미래국토·지역정책 기조와 전략 도입방안
• 정부 주도 추진체계 → 분권형 정책 추진체계 • 하드웨어, 제조업 중심의 지역발전정책 → 소프트웨어, 신산업 중심의 지역발전정책 • 획일적인 지역발전 접근방식 → 차별적인 지역특화 발전 접근방식 • 규범적인 이상주의 정책·계획 추진 → 현실적인 실용주의 정책·계획 추진	• 무장애 네트워크 연결사회, 비장소적 국토정책·계획 기조와 전략 수립 • 지능화와 자동화기술 수용, 스마트국토기반 조성과 관리 체제 강화 • 거대권력이 지배하는 통제적인 정책 추진방식에서 분권화된 민주적인 참여시대 정책 추진방식으로 전환 • 생산자 중심에서 수요자 중심으로 정책 전환

전망으로는 분권형 정책 추진, 소프트웨어와 신산업 육성, 지역특징에 따른 차별적 정책 추진, 실효성 있는 실증주의적 정책 추진 등 네 가지가 있다.

미래국토·지역계획 기조와 전략 마련과 관련된 변화 전망으로 비장소적 국토정책·계획 추진, 스마트국토기반 조성, 개방적·협력적 정책 추진방식 도입, 수요자 중심 정책 추진 등 네 가지가 선별되었다. 이와 같은 두 가지 국토트렌드 변화 전망을 모아놓으면 미래국토·지역계획 기조와 전략의 수립논리 및 실증적 근거로 활용될 수 있고, 새로운 국토계획 기조와 전략의 합리성을 판단하는 기초자료가 될 수 있다. 이상의 두 가지 성격의 변화 전망을 바탕으로 미래국토·지역계획 기조와 전략 수립의 기본방향을 〈표 8-6〉과 같이 제시했다.

2) 미래국토·지역계획 기조의 설정

(1) 미래국토비전
미래국토비전은 "글로벌 경제선도 국토", "인간중심 국토" 및 "창조적 국

토 조성" 등 장기국토계획이 지향하는 세 가지 목적을 담고 있다. 첫째, "글로벌 경제선도 국토"란 국토정책이나 계획을 통해 국내의 사회경제적 발전과 국민의 복지향상이라는 자국의 이익만 추구하는 것이 아니라 인접 국가들은 물론 세계경제의 성장에도 기여하겠다는 의지의 표현이다. 둘째, "인간중심 국토"란 자연환경뿐만 아니라 국토정책이나 계획을 통해 인간의 생존과 번영을 위한 공간환경을 조성하겠다는 것이다. 즉, 현실성 없는 규범적이고 이상적인 국토환경을 조성하는 것이 아니라 현실적으로 정책 추진이 가능하고 국민의 삶의 질을 실질적으로 높여줄 수 있는 실용성 높은 통합적 국토공간 조성을 의미한다. 셋째, "창조적 국토 조성"이란 디지털융합기술혁신에 바탕을 둔 4차 산업혁명 시대를 맞아 총체적 경제-사회 시스템이 지속적으로 변화하는 데 지능적으로 기여하는 혁신적인 국토를 조성하겠다는 것이다. 국토공간이 디지털융합기술과 지능화·자동화된 네트워크 체제와 결합하려는 노력은 앞으로도 지속적으로 확대될 전망이다. 이와 같은 미래국토비전을 통해 국토·지역정책과 계획제도는 기존의 국토·지역계획제도의 결함에서 벗어나 디지털융합기술의 지속적인 혁신과 메가트렌드 변화에 능동적으로 대응할 수 있는 역량을 키워나가는 데 치중해야 한다.

(2) 미래국토비전의 특징

미래국토계획비전을 기존의 국토종합계획의 목적체계와 비교하면 유사성과 차별성을 확인할 수 있다. 여기서는 비교대상을 제4차 국토계획과 제5차 국토계획의 목적체계에 한정했다. 미래국토계획비전과 기존 국토종합계획 목적체계는 부분적으로는 공통성과 유사성이 많다. 표현상 유사한 용어를 공통으로 사용하고 있기 때문이다. 그러나 목적체계의 의미나 추구하는 가치를 비교해 보면 다음과 같은 차별성도 발견할 수 있다.

첫째, 기존 국토종합계획의 목적체계에 나타난 국토공간 이용의 궁극적

<표 8-7> 제4차 국토종합계획 및 제5차 국토종합계획의 기조와 목표

	제4차 국토종합계획(2000~2020)	제5차 국토종합계획(2020~2040)
계획 기조 (목적)	• 21세기 통합국토의 실현 - 지역 간 통합 / 남북한의 통합 - 동북아지역과의 통합 - 개발과 환경의 통합	• 모두를 위한 국토, 함께 누리는 삶터 - 연대와 협력을 통한 유연한 스마트국토 구현
계획목표	① 더불어 잘사는 균형국토 ② 자연과 어우러진 녹색국토 ③ 지구촌으로 열린 개방국토 ④ 민족이 화합하는 통일국토	① 어디서나 살기 좋은 균형국토 ② 안전하고 지속가능한 스마트국토 ③ 건강하고 활력 있는 혁신국토

자료: 대한민국정부(2001) 제4차 국토종합계획(2000~2020); 대한민국정부(2020) 제5차 국토종합계획(2020~2040).

인 목적은 주로 국내의 경제성장과 국민의 삶의 질 증진에 한정된 데 비해, 미래국토계획 기조의 국토공간 이용목적은 단순히 국내공간문제를 해결하거나 비전을 실현하는 것이 아니라 이웃나라는 물론 지구적 차원의 문제 해결과 공동발전에도 기여하는 것이다.

둘째, 국토종합계획에서는 국토발전의 목적을 국민복지 증진이라는 상징적인 표현을 사용한 데 비해, 미래국토계획에서는 국토발전의 목적을 인간 중심의 국토 조성이라고 표현해 국토발전의 성과가 국민 개인에게 귀속됨을 분명히 하고 있다.

셋째, 국토종합계획에서는 디지털융합기술혁신과 4차 산업혁명 시대의 메가트렌드와 국토트렌드 변화에 부분적으로 대응하는 방식을 채택하고 있는 데 비해, 미래국토계획에서는 메가트렌드 변화를 전폭적으로 수용하고 이를 계획비전에 구체적으로 명시했다.

3) 미래국토·지역계획 전략 수립[21]

(1) 전략수립의 접근방법

전략(strategy)이란 특정한 목적(specific goal)의 달성을 위해 제시하는 일련의 행동의 계획(a plan of action)을 의미한다. 국토·지역계획의 전략은 계획수립의 연속적 과정을 통해 나타난 분석결과를 바탕으로 만들어진다. 국토·지역계획은 일반적으로 7단계(steps)를 거쳐 수립·집행된다. 계획수립과정의 제1단계는 지역실태조사와 계획과제 도출단계이고, 제2단계와 제3단계는 지역공동의 목적(goal)과 목표(objective)를 설정하는 단계이다. 제4단계에서는 계획목적과 목표달성에 필요한 행동과정(course of action)을 마련하는데 이것을 계획의 전략이라고 한다. 제5단계에서는 제시된 전략을 바탕으로 분야별로 구체적인 계획안이 확정되며, 제6단계에서는 집행이 이루어지고, 제7단계에서는 계획수립과정과 계획추진결과를 점검·평가·환류하는 과정을 거친다(Ratcliffe, 1977: 100~104).

이는 전략수립은 국토·지역대상의 실태조사와 계획과제 도출, 계획목적과 목표의 설정, 계획목적 달성을 위한 다양한 행동과정을 마련하고 이를 비교·평가해 적정한 대안을 선택하는 과정을 거쳐 완성된다는 것을 의미한다. 그러나 계획수립의 연속과정을 통한 전략수립의 접근방법을 추가적으로 설명하기는 어렵다. 따라서 여기서는 국토·지역계획의 전략수립에 고려해야 할 세 가지 핵심적인 국토트렌드 변화 전망만 소개해 미래국토계획 전략 수립에 참고하고자 한다.

---

21 미래국토·지역계획 전략부문은 김용웅(2015), 188~193쪽을 기초로 작성했다.

• 물리적 기반의 경직적인 국토공간 → 기술혁신과 변화대응력이 높은 지능형 스마트국토공간

국토공간은 국민의 경제, 사회, 문화 활동을 수용하는 수동적인 물리환경 기반이라는 의미를 지녔다. 그러나 총체적인 경제-사회 패러다임인 메가트렌드의 변화에 따라 미래국토공간은 사회-경제활동의 수요 변화에 대응하는 역동적인 공간으로 변하고 있다. 국토가 민족의 생존과 번영을 보장하는 역동적인 공간으로 변하기 위해서는 전 국토가 인간과 인간, 인간과 사물, 사물과 사물 간에 자율적이고 지속적으로 교류하고 소통하면서 기술을 혁신하고 신제품과 서비스를 생산하고 국민의 삶의 질을 높일 수 있는 디지털화된 지능형 공간으로 바뀌어야 한다. 스마트공간으로서의 국토의 질은 국가와 국토의 경쟁력과 주민 복리를 증진하는 결정적인 요인이 될 것으로 전망된다. 미래국토는 ICT 및 융·복합기술과 결합된 복합적인 지능형 공간환경으로서의 의미를 지니기 때문이다.

앞으로는 인프라 등 인공적인 시설의 디지털화나 개별도시를 대상으로 하는 정보도시 조성에 초점을 두는 선별적인 스마트화 전략에서 벗어나 전 국토를 대상으로 하는 디지털화·지능화에 초점을 두는 혁신적인 정책을 추진해야 한다. 이와 같은 공간지배 또는 공간 중심사회는 경제사회적 혁신, 국토의 경쟁력 강화, 생활의 편익 증진이라는 긍정적인 효과를 발휘할 수 있지만 동시에 국토공간 이용자의 경제-사회적 활동이나 일상생활에 부정적인 영향을 줄 수도 있을 것으로 전망된다. 전 국토의 스마트화를 위해서는 과감한 정책전환과 함께 부정적인 효과 최소화와 기회용인 극대화를 위한 장·단기적 대응방안과 정책 추진체계 마련에 치중해야 한다(김용창, 2014: 14~22; 김용웅, 2015: 187~188 재인용). 4차 산업혁명의 가장 큰 특징은 상호연결 관계의 확대와 심화라 할 수 있다. 디지털융합기술의 혁신은 그동안 별도의 자동원리에 따라 개별적으로 작동하던 개인 간 연결, 개별 기술이나 제

품 간 연결을 디지털 시스템, 물리학 시스템, 생물학 시스템을 통해 통합하도록 만들고 있다. 그동안 견고하게 유지되어 오던 독자적인 시스템 간의 장벽과 경계가 약화되고 시스템 상호간의 연계와 통합이 확대되고 있기 때문이다.

- 기능적 특화와 분할적 국토공간 → 기능적 통합과 융·복합의 신개념 창조형 국토공간

기존의 국토공간은 경제적 효율성, 기능특화의 합리성에 기초해 기능적 전문화와 상이한 토지이용 간 경합을 배제하기 위해 공간단위 간에 기능적으로 분리하는 데 치중해 왔다. 미래의 국토공간은 다양한 기능의 동시적 수행과 기능적 융·복합을 통해 새로운 부가가치를 창출하는 신개념의 창출형 공간역할을 수행할 것으로 전망된다. 기능적 통합과 융·복합을 통한 새로운 부가가치를 창출하기 위한 국토공간수요를 증대하는 것은 지금까지와는 전혀 다른 복합적 토지이용, 공유와 사유 공간이 결합된 주거 공간, 생활과 생산 복합건물, 용도통합의 압축도시 건설로 이어지고 이들이 다시 메가트렌드 변화와 결합해 새로운 부가가치를 창출하고 신산업과 경제활동을 활성화하는 시너지 효과를 거둘 것으로 전망된다.

- 개별 공간단위의 차별적 국토공간 → 인간 중심의 통합적 공간단위의 국토공간

기존의 국토공간은 사적 공간과 공적 공간, 행정구역 단위의 독립공간, 정치적 주권으로 분리된 공간단위의 성격을 지니고 각자의 경쟁력과 거주자의 복지를 증진하는 경쟁에 치중했다. 그러나 미래의 국토공간은 개인소유와 행정관리의 구분에서 벗어나 사적·공적 공간의 결합, 국내외 공간단위 간의 다원적인 연계 협력을 통해 경쟁력과 주민의 복리를 증진하는 통합적

〈표 8-8〉 미래국토·지역계획 기조 및 부문별 전략

국토부문	미래국토·지역계획 기조 및 부문별 추진전략
계획 기조 (계획목표)	• 글로벌 경제를 선도하는 인간중심의 창조형 국토공간 구현 - 글로벌 경제선도 국토 조성 - 인간중심 통합적 국토 조성 - 창조형 스마트국토 환경 조성
국토공간	• 세계로 열린 개방형 네트워크 국토공간 구축
토지이용	• 환경적 쾌적성과 지속가능성이 높은 통합적 토지이용 패턴 정립
인프라 공급	• 초국경 인프라 네트워크화와 지역 중심의 스마트 인프라기반 구축
도시공간	• 질적 수준이 높은 도시환경과 다원적 수요대응형 주거환경기반 확대
지역개발	• 자율역량이 높은 번영지역의 확산과 소지역단위 공동체 확대
정책 추진	• 다양한 계층별 지역을 대상으로 차별화된 특화 발전·지원체계 구축 • 규범적 이상주의 정책 추진에서 현실적 실용주의 정책 추진으로

자료: 김용웅(2015: 188~192) 보완·수정.

인 네트워크형 공간단위로 전환될 것으로 전망된다. 미래국토공간은 경제적 가치보다는 개인적인 경험과 가치, 생활양식 및 사회통합을 중시하고 사회적·인간주의적 가치를 중시하는 인간 중심의 공간단위로 전환될 것으로 전망된다(김용창, 2014).

(2) 미래국토·지역계획의 7대 전략

미래국토·지역계획전략을 수립하기 위해 우리는 이미 메가트렌드와 국토트렌드 변화 전망과 함께 미래국토정책과 계획이 추구해야 할 궁극적인 가치를 표현하는 계획 기조 또는 목적을 설정했다. 그 후 계획목적을 달성하기 위한 행동계획인 전략 마련의 접근방법을 살펴보았다. 전략수립은 원칙적으로 계획수립의 연속적인 과정을 분석하는 내용과 결과물을 토대로 이루어져야 한다는 것을 확인했다. 또한 미래국토계획전략을 보다 체계적으로 마련할 수 있도록 분야별 전략수립에 공통적으로 반영해야 하는 세 가지 핵심적인 국토트렌드 변화 전망을 제시해 미래국토계획전략 마련의 기본방향을 제시한 바 있다. 여기서는 메가트렌드와 국토트렌드의 변화특징,

미래계획 기조 구축 및 전략마련의 기본방향을 토대로 7대 미래계획전략의 개념적 특징과 전략실현을 위한 정책·계획 과제를 제시한다.

① 세계로 열린 개방형 네트워크 국토공간 구축

미래국토·지역정책과 계획은 국내 경제발전과 국민의 복지향상에 한정하던 국토·지역발전정책에서 벗어나 세계경제 활성화와 인접국과의 공동발전에 기여할 수 있는 개방형 네트워크 국토공간발전정책으로 전환해야 한다. 세계로 열린 개방형 네트워크 국토공간이란 크게 두 가지 의미를 지닌다. 하나는 중국, 일본 등 인접국과의 협력과 공동발전을 위해 연계 교통·통신망을 확대하는 전략을 의미하고, 다른 하나는 국내 지역 간에도 공간계층이나 지리적 인접성 여부와 관계없이 다양한 경쟁과 협력관계 설정을 촉진하는 유연하고 개방적인 국토공간 조성을 의미한다. 우리나라 국토정책은 초국경 경쟁과 협력 증진을 위해 중국, 일본 등 인접국의 주요 거점 및 지역과의 기능적 연계와 협력이 가능한 교통·통신 네트워크 확충을 추진해야 한다. 국내적으로는 지리적 인접지역은 물론 원거리 지역 간에도 필요에 따라 공간계층과 지역유형에 관계없이 지역 간 연계와 협력관계를 발전시켜 나가야 한다.

세계로 열린 개방국토를 구축하기 위해 국내의 대규모 거점도시는 동북아 및 세계적인 거점과 직접 교류·협력할 수 있는 교통·통신 네트워크를 구축하고 기능적 연계와 협력을 강화해야 한다. 우리나라 서해안 지역은 중국의 황해연안지역과, 부산 등 동남권 지역은 일본의 서해안 지역과 경제교류·협력하는 방안을 모색하고 국토정책 차원에서 지원을 강화해야 한다. 또한 국내의 대규모 거점도시 도시기반 강화와 고품질화, 초국경 협력경제권이 요구하는 물적·제도적 기반 구축의 장단기 전략과 제도적 기반 마련에 치중해야 한다(김용웅, 1996: 6~12).

그동안 국토정책과 계획을 추진하는 과정에서 초국경적 협력과 상생활동은 매우 제한적인 영역에 머물러 왔다. 그러나 황사와 미세먼지, 사막화 방지, 해양오염방지 등 환경문제에 있어 초국경적 협력이 증대하고 있고 한·중·일 간 경제적 교류와 협력이 경제통합의 단계로 진전되고 있어 이를 뒷받침하는 초국경적 국제협력 거버넌스 활동이 확대될 전망이므로 보다 적극적인 대응방안을 마련해야 한다. 현재 남북관계는 북한의 핵 개발과 북한의 경직적인 자세로 인해 대립의 교착상태에 처해 있다. 그러나 장기적으로는 남북 간에 통일 또는 이에 준하는 교류와 협력관계가 형성될 것으로 전망된다. 남북 간에는 정치적으로 덜 민감한 산업과 경제협력, 영농 및 산림 녹화 지원, 역사와 문화의 정체성 통합 및 복원 활동, 환경과 자원관리차원에서 다양한 협력과 교류가 크게 활성화될 것으로 전망된다.[22]

사회·경제추이에서 가장 큰 정치적 변화는 중앙정부 권한 축소와 정부권한의 실질적인 분권화 확대라 할 수 있다. 지방 및 민간부문으로의 분권화가 강화되면 지방정부와 민간부문이 일정한 자율권과 자원통제 이용권을 지니게 된다. 그렇게 되면 앞으로 중앙정부 주도의 하향식(top-down) 정책 추진이 어려워지고 이에 따라 정책 추진의 일관성과 효율성이 약화될 우려가 있다. 또한 중앙정부의 통제력 약화는 지방자치단체 간 경쟁과 경합을 초래해 중복투자와 대립과 갈등을 심화시킬 것으로 전망된다. 앞으로는 중앙정부와 지방자치단체 간, 그리고 지방자치단체 상호간의 건설적인 경쟁, 협력 증진, 갈등해소를 위해 중앙과 지방 간, 지방자치단체 상호간에 새로운 형태의 수평적인 협력관계를 구축하는 데 치중해야 한다.

이 밖에도 정치와 거버넌스 부문에서는 초국경적인 협력을 지원할 수 있

---

22 Friedman(2010: 143)은 한국이 2030년 이전에 통일 가능할 것이라고 보았고, 토플러(2006: 499)는 통일이 점진적으로 이루어지기보다 가까운 미래에 갑자기 다가올 수 있다고 시사했다.

는 제도적 기반과 거버넌스를 구축하는 것이 중시될 것으로 전망된다. 그동안에는 국내의 정부계층 간 관계와 국내의 이해관계만 조정해 왔기 때문에 초국경적인 국제협력이 증대되면 정책 수립과 집행에서 많은 문제점이 나타날 수 있다. 초국경적으로 협력을 증대하면 새로운 재정적 부담이 증대되고 국내 정책 추진과 경합하는 관계가 발생할 수도 있다. 따라서 초국경적 국제협력 증대에 대비해 국제협력 전문 인력 육성과 확보, 지구화 시대에 걸맞은 국내 행정 및 제도의 정비와 역량강화 노력이 뒷받침되어야 한다. 끝으로 남북 간 교류와 협력을 촉진하기 위한 국토이용구조 형성, 대륙지향의 국토정책 수요 증대가 전망된다(김용웅, 2015: 170~172).

② 환경적 쾌적성과 지속가능성이 높은 통합적인 국토이용 패턴의 정립

미래국토·지역정책과 계획전략은 기존의 경제적 효율성 증진, 용도분리 국토이용전략에서 벗어나 환경적 쾌적성과 지속가능성이 높은 통합적인 국토이용체제 구축전략으로 전환해야 한다. 향후 국토이용과 관리에서는 경제성 등 시장원리보다 삶의 질, 환경적 쾌적성, 지속가능성 등 사회적 가치 증진이 중시될 것이기 때문이다. 국토이용체계 구축전략을 전환하기 위해서는 전 국토의 대부분을 차지하는 비도시지역 토지를 보다 계획적·집약적으로 이용할 수 있는 체제를 구축해야 한다. 이 밖에도 비도시지역은 삶의 질 향상 차원에서 녹지와 자연환경을 복원해 전원적 경관가치를 증진해야 하고, 도시 내에는 도보와 자전거 이용이 가능한 친환경적이고 생활편익을 촉진하는 복합기능의 집약적 토지이용을 확대해야 하며, 지역문화, 정체성, 여가 등을 위한 공간과 시설을 확대하는 데 치중해야 한다.

토지이용이 시장원리가 아닌 사회적 가치 증진에 치중하면서 그동안 한계지역(marginal areas)으로 알려졌던 산지, 오지, 도서지역이 쾌적함(amenity)을 제공하는 자원의 활용차원에서 입지수요가 크게 늘어날 것으로 전망된다.

특히 그동안 경제성과 효율성 차원에서 소외되었던 소도읍권(micropolitan)의 중요성이 커질 것으로 전망된다. 한계지역의 개발수요 증대로 인해 난개발과 환경 훼손 우려 또한 증대될 것으로 전망된다. 이에 대응하기 위해서는 장기적인 차원에서 국토 한계지역의 발전 및 정비방안을 마련하고 이를 관리하는 체제를 갖춰야 한다. 이 밖에도 대도시 근교지역은 산업경제구조가 첨단 융·복합기술, 정보·통신기술, 지식산업 중심으로 재편되면서 개발수요가 높아지고 난개발의 폐해가 증대될 우려가 있으므로 이를 방지하기 위한 장단기적인 대응체계를 마련해야 한다.

③ 초국경 연계 인프라망과 지역 중심의 스마트 인프라 기반 구축

미래국토·지역계획전략은 기존의 전국 및 광역 인프라 구축 중심에서 벗어나 초국경 개방형과 연계된 인프라망 구축과 지역 중심의 스마트 인프라망 확충에 치중해야 한다. 미래의 인프라망은 물적 시설을 확충하기보다는 정보, 통신 및 운송기술을 결합해 지능형 스마트 인프라 형태를 갖춤으로써 인프라 시설의 효율적인 이용과 이용가치 증진에 기여해야 한다. 지능화된 인프라망의 확대는 교통, 상하수도, 전기, 가스공급 및 정보, 통신 분야의 이용도와 가치를 증진시키는 역할을 함으로써 자원이용과 비용부담을 최소화하고, 서비스의 만족도를 높임으로써 국가경쟁력과 삶의 질을 향상시키는 역할을 할 것으로 전망된다. 스마트 인프라 기반 구축은 자율운행자동차, 개인화되는 자동화된 대중교통수단, 무인운송수단, 디지털 첨단기기의 개발과 효율적인 이용을 위한 사회간접자본시설의 역할을 할 것으로 전망된다.

④ 질적 수준이 높은 도시공간환경과 다원적 수요대응형 주거환경 기반 확대

도시공간조성도 기존의 양적 확대 전략에서 벗어나 기존 공간과 시설의

질적 수준을 높이고 다원적 수요대응형 주거환경기반을 확대하는 데 치중해야 한다. 미래의 도시공간과 주거환경은 질적 수준 향상과 함께 디지털융합기술과 자동화 설비를 갖추고 다원화되는 공간수요에 대응해 생애주기별로 맞춤형 서비스를 제공하는 데 치중해야 한다. 미래국토·지역정책과 계획은 개별 지역이 지역특징과 발전 잠재력에 맞는 발전모형을 자율적으로 구축해 다원적인 수요에 효율적으로 대응할 수 있는 지원과 제도적 기반을 구축하는 데 치중해야 한다.

한편, 미래의 개인적인 생활공간은 사적소유공간과 공적소유공간이 분리되지 않고 하나의 통합적인 생활공간으로 전환될 것으로 전망된다. 따라서 개별 주거 공간 확대에 치중해 온 기존의 주택정책에서 벗어나 주택과 지역사회의 생활환경을 함께 고려하는 마을 조성 및 주거 공동체 조성을 촉진하는 정책으로 전환해야 하고, 이를 뒷받침하는 장단기 정책 수립과 제도적 기반마련에 치중해야 한다.

이 밖에도 주택정책에 있어 정보, 통신, 교통기술 등의 발달과 다양한 라이프 스타일의 대두로 2개 이상의 도시나 지역 또는 도시와 농촌에 병행 주거하는 다공간 거주행태, 생애 맞춤형 주거공간, 비혈연가구의 공동주거행태에 대응하는 다원화된 주거정책을 마련해야 한다. 이 밖에도 신재생에너지 생산·저장·이동에 관한 기술혁신과 융·복합기술의 발전에 따라 자생력을 갖춘 독립적 에너지가 확대되고 환경도시와 복합적인 건조환경 기반 조성이 확대될 전망이다. 이 경우 주거환경에서 선택의 폭이 크게 증대될 것으로 전망된다.

향후 예상되는 주거환경수요의 변화에 대응하기 위해서는 환경도시와 자원순환형 자족적 공간환경 조성 확대, 정주기반 재편과 재생을 체계적으로 지원할 전략과 제도 기반을 구축해야 한다. 그러나 정부나 공공부문의 정책적 노력만으로는 고품질의 도시공간환경 조성과 다원적 주거환경 수요에 대응하는 데 한계가 있다. 사회구성원들의 환경문제에 대한 인식 전환과 적극적인 참여가 필요하다.

⑤ 자율역량이 높은 다양한 번영지역 확산과 소지역단위 공동체 확대

미래의 국토·지역계획과 정책은 기존의 수도권과 비수도권 간 불균형 극복이라는 이원적 구조에서 벗어나 자율역량이 높은 다양한 번영지역의 확산과 소지역단위 공동체 확대에 치중할 것으로 전망된다. 한국의 국토공간구조는 정치, 경제, 사회 및 문화의 중심지인 수도 서울과 주변 지역으로 형성된 거대도시권인 수도권과 4~5개 지방 대도시권을 중심으로 형성되었고 앞으로도 상당 기간 지속될 전망이다(김용웅 외, 2011: 28~29).[23] 그러나 장기적으로는 한국의 수도권과 대도시권 의존도가 낮아지고 새로운 다양한 규모와 형태의 번영지역이 나타나며 기존의 정주체계 속에서도 소규모 공동체 형성이 증가할 것으로 전망된다.

한국의 경제-사회발전, 분권화·민주화 진전으로 그동안 지속적으로 심화되어 온 수도권과 비수도권 지역 간의 발전수준 격차는 장기적으로 점차 약화될 것으로 전망된다. 이와 같은 수도권과 비수도권 지역 간 이원구조가 완화되는 과정에서 디지털기반 융합기술혁신에 바탕을 둔 4차 산업혁명이 진전되고 분산된 생산과 공급이 가능한 청정 재생에너지 기술혁신이 지속됨에 따라 수도권과 대도시권이 오랫동안 누려오던 상대적 입지 우위성은 점진적으로 약화되는 반면 그동안 상대적으로 소외되었던 비수도권 지역의 중소도시 및 농촌지역은 새로운 대안적 일터(workplace)와 삶의 터(residential area)로서 발전 잠재력이 커질 것으로 전망된다. 거대도시가 지배하는 계층적 공간패턴은 약화되는 데 비해 지방과 중소도시 및 농촌의

---

23 수도권을 포함한 5대도시권의 인구비중은 1970년 48.1%에 불과했으나 1990년 69.8%, 2010년 78.5%로 증가했으며, 이와 같은 집중현상은 현재까지도 지속되고 있다(김용웅 외, 2011).

역할과 중요성이 커지는 수평적 네트워크형 공간패턴으로의 점진적 전환이 이루어지고 있다. 그동안 중앙정부에 의존해 왔던 공간자원과 공적 자원의 이용과 관리를 점차 지방정부 주도의 지역 자율 시스템으로 전환해야 한다는 요구도 커질 것으로 전망된다.

새로운 번영지역과 지방 중소도시의 경우, 융합기술과 에너지 기술의 지속적인 혁신과 분권화의 진전에 따라 산업생산, 사회경제활동, 사회간접자본 확충, 에너지 공급 등에 있어 자율성과 자급성이 높아질 것으로 전망된다. 한편, 개인의 라이프 스타일 변화와 가치관의 분화는 인구와 경제의 저성장 추이와 맞물리면서 개인들은 점차 개성적인 삶의 방식을 추구하게 될 것이고, 개인이 내면적 가치와 정서적 만족을 추구하게 되면서 사회구성원들은 사회적 소외와 고립적인 상황에 직면할 것으로 전망된다. 이와 같은 사회적 단절과 사회구조의 파편화가 확산되면서 이를 극복하기 위해 사회구성원들은 자연스럽게 유사한 가치관과 라이프 스타일의 유형별로 공동체를 형성해 나갈 것으로 전망된다.

미래의 국토·지역정책과 계획은 새로운 형태의 자립적인 번영지역 확산, 소지역단위 공동체 형성 활성화 등 공간구조 변화와 삶의 모습 변화에 대응하기 위해 다양한 측면의 공간발전전략과 정책 마련에 치중할 것으로 전망된다. 가장 우선적인 과제는 첫째, 새로운 번영지역의 성장 촉진과 다양한 규모와 형태의 지역 간 불균형에 대응하는 방안을 마련하는 것이고, 둘째, 메가트렌드 및 국토트렌드 변화로 새로운 기회를 맞은 농촌지역에 대응하는 방안을 마련하는 것이다. 향후 수도권 및 대도시권은 경제-사회발전의 핵심거점으로서의 위상과 역할이 줄어들고 독자적인 정체성과 문화, 발전잠재력을 갖춘 새로운 중소도시권 및 농촌지역으로서의 위상과 역할이 증대될 것이다. 이 경우 기존의 국토·지역발전정책의 기조와 전략은 구조적 전환이 불가피할 것으로 전망된다. 향후 농촌과 지방중소도시는 문화와 여가, 교육, 주거생활환경의 질적 향상, 사회적 통합, 신뢰 및 공동체 의식 같은 소프트한 부문의 개선에 치중할 것으로 보이는데, 이 과정에서 소외되고 낙후되는 지역에 대한 대책과 지원방안을 마련하는 것이 중요한 과제가 될 것으로 전망된다(김용웅 외, 1999: 63~66).[24]

지방의 중소도시권과 농촌지역 중 환경과 경관의 쾌적성이 높고 접근성이 양호한 지역과 그렇지 못한 지역 간에는 발전격차가 크게 벌어질 것으로 전망된다. 일부 지방 중소도시권과 농촌지역은 부활의 상징이 될 수 있으나 또 다른 지역은 지속적인 쇠퇴가 불가피할 것이다. 향후 국토·지역정책과 계획은 지방중소도시권 및 농촌지역 중심의 삶의 질 향상을 위한 소도읍권 육성정책을 추진하는 한편, 낙후된 소도읍권과 자연마을을 재생하고 정주체계개편의 장기적 대응방안을 마련하는 데 치중할 것으로 전망된다(김용웅, 2017b: 21~23).

⑥ 다양한 계층별 지역을 대상으로 차별화된 특화 발전·지원체계 구축

미래국토·지역계획과 정책에서는 기존의 획일적인 국토·지역발전전략에서 벗어나 지역별로 차별화된 지역특화 발전전략으로 전환하고자 한다. 기존의 획일적인 국토·지역발전정책과 계획은 지역의 특수성이나 발전 잠재력에 관계없이 전국적으로 한 가지 발전정책과 전략 추진을 지속해 왔다. 전국의 모든 지역에 대해 획일적인 발전정책과 전략을 추진하면 지역별 특수성에 맞는 목적달성이 어렵고 불필요한 자원 낭비와 자원이용의 비효율을 초래하게 된다. 따라서 앞으로는 공간계층이나 공간유형에 따라 발전정

---

24 여기에 해당하는 과제로는 쾌적한 환경, 경관자원, 문화전통적 생활문화를 지닌 매력적인 지방중소도시 및 농촌지역 육성, 물적 생산기반 확충을 통한 기업 경쟁력 증진, 전문 서비스 육성, 교육, 훈련 등 인력개발 추진, 주민복지와 삶의 질 향상 등을 들 수 있다(김용웅 외, 1999 참조).

책과 전략을 차별화해 지역별로 특화 발전을 촉진해야 한다. 지역별로 차별화된 특화 발전을 촉진하기 위해서는 중앙정부와 지방자치단체의 국토·지역정책과 관련된 역할을 재분담해야 하고 지방자치단체의 계획수립 자율권을 대폭 확대하는 국가정책과 제도를 재정비해야 한다. 앞으로 중앙정부는 지역발전정책이나 계획추진에서 구체적인 계획내용을 결정하고 집행을 주도해 온 관행에서 벗어나 계획수립 및 집행의 기준, 원칙, 정책적 지침만 제시하고 구체적인 정책이나 계획의 추진방식은 국토발전 분야별로 지역단위 계획주체에 자율권을 부여해야 한다(김용웅 외, 1999: 61~62).[25]

미래의 지역발전 공간단위는 계층별로 다원화하고 발전전략과 추진체계를 차별화해야 한다. 그리하여 지역의 모든 공간단위가 특징에 맞는 발전전략을 자율적으로 추진하도록 해야 한다. 그동안 국토·지역발전의 기본적인 공간단위는 전국과 광역시·도와 기초자치단체인 시·군 등 행정구역만을 대상으로 했다. 지금까지는 일부 산업 및 경제발전 촉진을 위한 공간발전정책이나 계획을 추진할 때 복수의 광역시·도 지역을 하나로 통합한 거대광역권 (metropolitan-wide area)을 공간단위로 설정하고 정책을 추진해 왔다. 그러나 앞으로는 지역발전의 공간단위를 광역 및 기초자치단체의 행정구역에 한정할 필요가 없다. 지역발전목적을 달성하기 위해서는 공동체 형성과 집단적 활동이 가능한 마을 또는 지역사회 단위부터 소단위 일상생활권까지도 지역발전구역으로서의 역할을 허용하는 방안을 검토할 필요가 있다. 이렇게 되면 지역적 문제의 발굴과 해결, 발전목표는 지역자율에 의거해 결정되고 정부는 일정한도의 행·재정적 지원에 치중해야 한다(김용웅, 1996: 9~12).

---

25 경제성장 위주의 획일적인 지역발전정책에서 지역별 특징에 따른 개성적인 지역발전 정책을 추진하도록 제안해야 한다.

⑦ 규범적인 이상주의 계획·정책에서 현실적인 실용주의 계획·정책으로

미래국토·지역정책 및 계획의 마지막 전략은 기존의 규범적이고 이상주의적인 정책에서 벗어나 현실적이고 실용적인 정책방식을 채택하는 것이다. 그동안 규범적이고 이상주의적인 정책은 효율적인 국토 및 지역발전을 저해하는 요인으로 지적되어 왔고 이에 대한 다양한 개선방안도 제시되어 왔다(김용웅, 2012: 56~63; 김용웅, 2020: 187~196). 그러나 실효성 없는 정책 추진방식은 바뀌지 않고 있다. 편향된 권력구조와 정책 추진의 오랜 관행에서 탈피하기가 쉽지 않기 때문이다. 그러나 현실성과 실효성 없는 정책 추진방식을 방치한다면 메가트렌드 변화 시대의 새로운 공간수요에 능동적으로 대응하기 어려울 것으로 판단된다. 향후 미래국토·지역정책 및 계획의 과제는 현실성과 실효성 없는 규범적(normative)인 이상주의(idealistic) 정책수립 및 추진방식에서 벗어나 현실적(practical)인 실용주의(pragmatism) 정책추진방식으로 전환할 수 있는 역량과 제도적 기반을 갖추는 것이다.

그동안 규범적이고 이상주의적인 국토·지역정책과 계획추진의 주도권을 행사해 온 정부당국도 더 이상 비현실적이고 실효성 없는 정책 추진방식을 내세우지 않을 것이다. 국토이용과 관리에 대한 사회-경제적 수요와 지역사회 구성원들의 관심과 요구가 변하고 있기 때문이다. 실용주의 계획은 이론적 기반이 취약해 반이론적 실증주의라는 비판을 받고 있다. 그러나 실증주의 계획은 주어진 여건 속에서 생산적이고 가시적인 결과를 만들어내는 하나의 접근방법이다. Forester는 계획수립(planning)을 문제를 해결하고 일이 이루어지도록(making things happen) 하는 매우 실천적인 행동(practical action)으로 본다(Allmendinger, 2002: 121~123).

실용주의 정책이나 계획추진은 합리적인 논리성이나 정책 추진의 당위성의 주장만으로 이루어지지 않는다. 계획전문가는 물론 지역사회 구성원 모두가 그동안 오랫동안 관행적으로 허용되어 왔던 실효성 없는 규범적 이

상주의 정책 추진의 문제점을 인식하고 현실적으로 실천 가능하고 정책효과도 높은 개선대안을 마련하는 데 힘을 모아야 한다. 가장 시급한 과제는 실증주의 정책 추진제도 마련을 뒷받침할 수 있는 논리를 개발하고 실증사례를 수집하는 것이다.

5. 실용주의 계획·정책 도입 및 과제[26]

1) 개념적 특징과 도입 배경

(1) 실용주의의 개념적 특징[27]

실용주의(pragmatism)의 사전적 정의는 "문제에 대한 실천적 접근"(practical approach)을 의미한다. 실용주의는 철학적인 차원에서 어떤 사고와 믿음이 세계의 진실성(reality)과 일치한다고 믿기 때문이 아니라 우리에게 실질적 의미(to make sense)가 있고 우리가 행동하는 것을 도와주기 때문에 받아들이는 것을 의미한다. 그래서 John Dewey나 William James 같은 실용주의자들은 자신들은 선험적 이론화(a priori theorizing)가 지니지 못한 점진적이고 실용적인 세계관을 가지고 있다고 주장한다. 실용주의 관점에서 보면, 사회는 민주적 숙의를 통해 이루어진 다양한 종류의 합의, 전통 및 관습에 의거해 함께 묶여진 공동체의 집단이다. 실용주의 정책추진과정에서는 자유주의(liberalism) 원칙이 지켜져야 실용주의를 통한 실천적 민주주의(practical democracy)가 실현 가능한 것으로 알려지고 있다.

---

26 실용주의 계획·정책 관련 내용은 김용웅(2020), 187~196쪽을 기초로 작성했다.
27 실용주의의 개념적 특징은 Allmendinger(2002), pp.114~129를 기초로 작성했다.

Charles Hoch(1984)는 Dewey의 실용주의(pragmatism)를 계획에 적용할 것을 주창했다. 실용주의적 계획은 진실(truths)과 실용성(practicality)의 최선의 조정자(best arbiter)로서 이론보다는 경험을 중시하고 실질적 문제에 대한 실질적 해결 및 문제해결 과정에서의 사회적인 공유와 민주주의 방식을 중시하기 때문이다. 계획적 차원에서 실용주의는 무엇이든 "일이 되게 하는 것"(getting things done)을 중시하는 입장을 대변하는 용어로도 사용된다. 계획가들은 특수한 여건하에서 무언가 생산적이고 가시적인 결과를 만들어내야 하는 입장에 처해 있기 때문이다. 그래서 Forest(1989)는 계획수립(planning)을 문제의 해결과 변화의 창출을 위한 고도의 실천적 행동(highly practical activity)이라고 지칭한다(Allmendinger, 2002: 114~123).

계획이론가들은 계획 차원의 실용주의가 지닌 이론적 취약성을 지적한다. 실용주의의 사회관은 마르크스주의계획(Maxist planning), 협동계획(collaborative planning), 점증주의(incrementalism) 및 옹호계획(advocacy planning)과도 일맥상통한다. 마르크스주의자들은 도시계획을 자본가 계층의 이익과 자본 축적을 위한 정부의 제도적 수단으로 보기 때문에 반계획적 성향을 지니고 있다. 한편, 점증주의 계획은 의사결정에 있어 객관적인 합리성에만 의존하지 않고 제한적인 정책 환경 속에서 인간의 지혜와 판단력의 접목을 인정한다. "제한된 범위 내의 합리성"(bounded rationality)을 추구한다는 점에서 실증주의는 점증주의와 제한적 합리계획모형(bounded rationality model)과 유사성이 있다(Camhis, 1979: 39~41).

그리고 의사결정과정에서 이해당사자 간의 협의와 합의 소통이 필요하다는 차원에서 실용주의 계획은 옹호계획(advocacy planning) 및 협동계획(collaborative planning)과 연관이 있다. 옹호계획은 계획을 정책결정을 위한 과학적 지식의 적용(application of scientific knowledge)이나 합리적 의사결정 과정으로 보는 것이 아니라 정치적 과정을 통한 다양한 이해당사자 간 협의, 합의 및 타협의 산물로 본다(Allmendinger, 2002: 139~141). 이는 협동계획(collaborative planning)은 의사결정과정에서 객관적 합리성보다 소통(communication)과 협동과정(collaboration process)을 중시한다는 것을 의미한다(Allmendinger, 2002: 182~183). 이밖에도 실증주의 계획은 정치, 사회, 경제 및 행정적 차원의 제약요인을 받아들이고 그 속에서 바람직한 변화를 도출하는 방법론이라는 차원에서 시장 메커니즘 우월성과 개인의 자유보장을 앞세우고 최소의 계획적 통제와 활동만 수용하는 "신자유주의 계획"(neo-liberalism)이나 "점증적 보수주의"(incremental conservatism)와 큰 차이가 없다는 비판을 받고 있다(Allmendinger, 2002: 131~132).

그럼에도 불구하고 계획수립(planning)은 문제를 해결하고 일이 이루어지도록 하는(making things happen) 매우 실천적인 활동(practical action)이다. 그런 차원에서 보면 실용주의가 여전히 하나의 유효한 계획추진 접근방법임에는 틀림이 없다. Forester도 Hoch나 Healey와 같이 공공의사 결정 및 계획수립에 있어 불균형(inequality)을 재생산하는 사회적으로 강력한 영향력과 힘이 존재한다는 것을 인정한다. 그래서 그 대응으로 보다 공개적이고 민주적인 계획과정을 통해 다양한 의견과 목소리를 반영하려는 노력이 필요하다는 것을 강조한다. 계획가들은 공공의 의사결정과정의 제약과 장애를 예견하고 개방적이고 민주적인 절차와 과정을 통해 실천적(practically)이고 효과적(effectively)인 방법으로 대응하는 수문장(gatekeeper)의 역할을 할 것을 요구받고 있다. Forest에게 계획수립은 영의 합 게임이 아니다. 계획은 개방적이고 민주적인 과정을 통해 왜곡을 제거하고 합의를 이룸으로써 모든 집단이 승자가 되는 "비영의 합" 게임(non zero-sum game)이 될 수 있기 때문이다(Allmendinger, 2002: 121~129).[28]

---

28 실용주의의 구체적·개념적 특징은 '계획이론의 형성과 유형별 특성' 참조.

(2) 실용주의 계획의 도입 배경

기존 국토·지역계획 및 정책의 현실성 및 실효성 차원의 문제점은 오래전부터 지적되어 왔고 다양한 개선책 또한 제시되어 왔다. 김용웅(1984; 1985)은 한국의 국토·지역계획과 정책은 실효성이 부족하므로 개선이 필요하다고 주장했다. 정부가 국가재정이나 지역의 역량 등 자원의 한계를 고려하지 않고 과도한 목표를 설정하고, 획일적이고 하향적(top-down)인 방식으로 정책을 추진해 왔기 때문이다(김용웅, 1984; 김용웅, 1985). Prudhomme(1985: 142~147)은 한국의 지역균형발전정책은 현실적인 경제, 사회 및 행정적 제약요인에 대한 고려 없이 너무 규범적인 정책목표와 전략을 추구해 정책추진의 실효성을 떨어뜨리고 있다고 지적했다. 한국의 국토종합계획은 1980년대 초반부터 수도권 집중억제와 지역균형발전을 위해 전국에 15개의 성장거점도시를 육성하도록 하고 있는데 이것은 당시 한국의 경제나 재정 및 행정력의 차원에서 현실성이 없다는 것이었다. 만약 수도권집중억제를 위한 대응거점(counter magnet) 형성이 필요하다면 부산만 연안(Busan crescent) 하나만 선택해 집중 육성하는 것이 바람직하다는 것이었다. 정책추진의 당위성이나 규범성만을 중시해 실현 가능성과 효율성을 간과해서는 안 되기 때문이다(김용웅, 2020: 5 재인용). 그 후 1990년대에도 김용웅(1995; 1996; 1998) 등은 지속적으로 한국의 현실성과 실효성 없는 국토·지역정책과 계획에 대한 문제를 제기하고 개선책을 제시해 왔다(김용웅, 1995: 1~18; 김용웅, 1996: 9~12; 김용웅, 1998: 100~107).

한편 Douglass(2000)는 한국의 1980~1990년대의 국토·지역정책은 경제정책에서 벗어나 독자적 부문정책의 지위를 누리면서 경제적 효율성보다는 형평성 위주의 독자적 정책목적을 추구해 왔으나 정책추진의 실효성은 낮다고 평가한다. 국토·지역정책이 경제정책과의 연계 없이 추진되어 정책추진을 위한 재원이 확보되지 않아 정책을 효율적으로 추진하지 못했고 정책목적을 효과적으로 달성하지도 못했다는 것이다(김용웅, 2020: 142 재인용).

김용웅 외(1999)는 제4차 국토종합계획수립 연구에 참여하면서 국토·지역정책의 실효성 약화라는 문제점을 지적하고 다양한 개선책을 제시한 바 있다. 그러나 실효성 없는 규범적인 이상주의적 국토·지역정책을 추진하는 관행은 지속되어 왔다(김용웅 외, 1999). 1990년대의 대부분의 국토·지역정책과 계획은 실효성 없는 정책 추진방식을 답습해 왔다. 그중에서 가장 대표적인 사례는 1980~1990년대 수도권정비계획이라 할 수 있다. 수도권계획과 정책은 매번 자연적 인구 증가 추세치를 무시하고 과도한 인구집중 억제 목표를 설정해 왔다. 실제 증가하는 인구는 매번 계획의 목표치를 크게 상회했을 뿐만 아니라 자연증가 추세치보다 높게 나타나는 시행착오를 반복해 왔으나 뚜렷한 개선책은 마련되지 않고 있다(김용웅, 1999: 427~428).

그동안 국토·지역계획과 정책의 실효성이 부족했던 원인은 다양하다. 가장 큰 원인은 국가발전정책의 우선순위가 산업 및 경제성장에 치우쳐 왔기 때문이다. 1960~1970년 국토·지역발전정책이나 계획은 국가의 산업 및 경제성장을 촉진하는 역할을 함으로써 경제성장을 뒷받침하는 사회간접자본시설, 산업단지 조성 등 경제적 인프라 확충에 기여해 왔다. 그러나 1980년대 이후 국토·지역정책과 계획이 경제정책과 분리된 이후 정책 추진을 위한 재원 확보가 어려워지고 정책 추진과정에서 산업경제정책의 영향을 벗어나지 못해 효율적인 정책 추진이나 효과적인 정책목표 달성이 어려웠다.

둘째 원인은 정책과 계획의 내용 및 추진방식 때문이다. 정책이나 계획의 내용은 규범적이고 이상주의적이고 비현실적이었으며, 국토·지역발전수단은 사회간접자본시설 확충과 제조업 육성에 치중해 왔고, 정책 수립과 집행도 중앙정부 주도로 하향적으로 이루어져 왔다는 점이 지적되어 왔다.

2000년대 들어와서는 국토, 도시, 주거공간에 대한 수요와 이용행태도 변하고 있다. 경제의 지구화, 혁신경제 출현, 산업과 경제성장 추이 변화, 생산방식과 시장여건의 변화 등 거시적인 경제-사회적 여건의 변화와 함께 국민소득이 증대되고, 교육 및 복지수준이 향상되고, 환경, 문화, 삶의 질을 중시하는 사회적 가치관과 라이프 스타일이 확산되고 있기 때문이다. 이와 같은 거대한 경제-사회적 패러다임과 공간이용 패턴의 변화에 대응하기 위해 5년마다 정권별로 선진형 이상주의적인 국토·지역정책 패러다임을 경쟁적으로 제시해 오고 있다.

2000년대의 국토·지역계획과 정책은 산업생산, 물적 기반 확대 등 총량적 성장보다는 지역주민의 일자리와 삶의 질을 향상시키고 혁신을 통해 지역의 생산성과 경쟁력을 높이는 데 치중할 것임을 매번 천명해 오고 있다. 국토·지역발전전략도 기존의 외부자원이나 기술에 의존하는 외생적 발전보다는 내부적 특화자원이나 기술에 의존하는 내생적 발전에 치중하고, 중앙정부의 하향적이고 획일적인 발전방식보다는 주민의 자율적 참여와 지역자치단체를 중심으로 한 지역 자율발전전략을 채택하겠다고 천명했다. 이와 같은 정책 패러다임의 전환은 정책의 당위성이나 논리차원에서 당연하고 바람직하다(김용웅, 2020: 158). 그러나 김용웅은 2000년대의 선진적이고 이론적 정합성이 높은 정책 패러다임은 실현가능성이 거의 없고 정책 추진 효과도 매우 낮기 때문에 포기하고 현실에 맞는 실용주의적인 국토·지역계획 및 정책을 도입해야 한다고 주장했다(김용웅, 2012: 56~63).

2000년대에 들어선 5년 단위 정권은 모두 선진화된 정책 패러다임 개선을 천명했다. 그러나 국토·지역계획 및 정책의 내용과 추진방식은 크게 달라지지 않았다. 대부분의 지역발전시책과 사업은 그동안 추진해 오던 시책 및 사업과 큰 차이가 없었다. 그리고 이들은 대부분 거창하고 장기적인 사업이므로 지역사회 구성원이나 산업경제 주체가 정책효과를 체감할 수 없다는 비판을 받아왔다. 그동안 정권별로 선진형 계획·정책 패러다임을 경쟁적으

특징	주요 내용과 문제점
1. 2000년대 지역정책 패러다임의 공통적인 특징과 문제점	〈내용〉 비현실적·이상적인 정책 남발 • 지역총량성장 → 일자리, 삶의 질, 자립적 경쟁력 강화 • 외부자원, 기술의존(외생 발전) → 내부자원, 잠재력 활용(내생 발전) • 중앙 주도, 하향적, 획일적 발전 → 지역 주도, 상향적, 지역특화 발전 〈문제점〉 정책 실행력과 성과 도출 미흡 • 실효성 없이 전시성 홍보효과만 높은 장밋빛 청사진 정책 추진 • 이벤트 형태의 행사, 대규모 시책 및 사업 남발 • 정책의 효율적 집행 부진, 낮은 성과 달성으로 정책 신뢰도 약화 • 지역발전 가용자원의 낭비와 비효율 초래
2. 2000년대 지역정책 패러다임 경쟁의 실태와 문제점	〈내용〉 정권별 지역정책 패러다임 전환, 무리한 차별화정책 추진 • 장기공간정책의 빈번한 패러다임 전환 추진 • 유사한 정책내용의 무리한 차별화 시도 관행 반복 〈문제점〉 장기공간정책의 안정적·지속적 추진 저해 • 유사한 정책을 별도의 정책 추진으로 중복과 혼란 초래 • 지역정책 문제 왜곡: 지역정책 시행착오의 근본원인에 대한 규명 없이 지난 정부 정책과 전략 비판, 지역정책 문제점 왜곡 초래 • 지역정책 신뢰도 약화, 지역사회 관심과 참여 저하 원인 제공
3. 2000년대 지역정책의 추진관행과 문제점	• 실천적 의미 없는 정책 추진 반복 • 정책과 집행 분리: 선언적 정책과 실체적 정책 추진의 이원화 • 지역사회 신뢰 상실, 민간부문 관심과 참여 저하 • 가용자원의 낭비와 자원이용의 비효율 초래

자료: 김용웅(2020: 165).

로 제시해 왔으나 이들의 효율적인 실행에 필요한 구체적이고 실질적인 전략이나 제도 기반을 마련하는 데에는 소홀해 왔다. 김용웅(2020)은 그동안의 정책비판을 토대로 2000년대의 선진형 이상주의적인 국토·지역계획과 정책을 실천적 의미 없는 정치선언적 정책이라고 지칭하고 다양한 개선방안을 제시한 바 있다.

2) 실용주의적인 지역계획·정책 패러다임 구축방안

(1) 접근방법

실용주의 국토·지역계획 또는 정책이란 이상주의적이고 규범적인 가치나 목적을 추구하고 선진적 전략을 제시하기보다는 현실적으로 실천 가능하고 지역주민의 생활에 실질적인 혜택을 줄 수 있는 결과를 얻을 수 있는 실천적(practical)인 계획과 정책을 의미한다. 실용주의적 계획·정책 패러다임을 구축하기 위해서는 지켜야 할 몇 가지 원칙과 기준이 있다. 설명의 편의상 이를 3대 필요조건과 2대 충분조건이라 부르겠다.

3대 필요조건은 다음과 같다. 첫째, 계획당국이 장·단기적으로 해결할 수 없는 경제, 사회 및 행·재정 제약 요인을 의사결정 과정에서 전제조건으로 받아들여야 한다. 둘째, 제약적 정책 추진 환경 속에서도 결정된 계획이나 정책의 내용은 실행 가능해야 한다. 셋째, 정책이나 계획추진의 결과는 지역여건의 개선 및 지역주민의 삶의 질 향상 등 긍정적인 변화를 가져와야 한다. 이와 같은 3대 필요조건이나 원칙이 충족되지 않으면 실용주의 계획 또는 정책이라고 할 수 없다.

그러나 3대 필요조건을 충족하는 것만으로는 완전한 실용주의 정책이라 할 수 없다. 실용주의 정책은 공공정책이기 때문에 제약적 조건 속에서도 2개의 조건을 충족해야 한다. 하나는 제한적 조건 속에서도 제한적 합리계획(bounded rationality model)이나 점증주의 계획에 주장하는 제한적 범위 내의 객관적 합리성을 갖추어야 한다는 조건이고, 다른 하나는 계획의 목적과 내용이 개방적·민주적·수평적 협의와 합의 및 참여체제를 통해 만들어져야 한다는 조건이다. 그래야 정책 및 계획수립 과정에서 정치·행정집단이나 전문가 또는 특수이해집단의 독단적·편파적인 결정을 방지하고 지역발전 현장의 현실성을 확보할 수 있기 때문이다.

실용주의적 계획은 진실(truths)과 실용성(practicality)의 최선의 조정자(best arbiter)로서 이론보다는 경험을 중시해야 하고, 현실적 문제에 대한 실질적 해결 및 문제 해결 과정에서 사회적인 협의와 합의, 민주주의 의사결정 방식을 지켜야 한다. 여기서는 이와 같은 실증주의 정책의 조건과 원칙을 기준으로 전략방향을 설정하고 전략 실행을 위한 주요한 정책 과제를 제시한다(김용웅, 2012: 56~63; 김용웅, 2020: 180~196).

(2) 기본방향

• 현실적 여건과 객관적 증거기반의 계획·정책 추진

실용주의적 지역계획·정책 패러다임을 구축하기 위해 계획·정책 내용은 이론적·정책적 당위성이나 이상적이고 바람직한 미래상을 제시하기보다는 지역적 현안과 정책적 환경에 대한 객관적 실태와 수요에 맞는 현실성과 실천가능성을 확보해야 한다. 그동안 지역발전계획과 정책은 현실적 지역여건과 역량, 제도적 여건보다는 이론적 당위성이나 바람직한 미래상을 제시하는 데 치중함으로써 실효성을 상실했다는 비판을 받고 있다. 현실여건과 증거기반(evidence-based)의 지역계획·정책을 수립·추진하는 체계를 구축해 지역발전을 선도해야 한다.

• 계획·정책내용의 실천적 의미의 구체화

실용주의적 지역계획·정책 패러다임을 구축하기 위해서는 모든 계획·정책내용의 실천적인 의미를 구체화해야 한다. 계획·정책내용의 실천적 의미를 구체화해야 정책 추진이 정책 취지에 맞게 효율적으로 추진될 수 있을 뿐만 아니라 정책내용이 말장난에 불과한 구두선(lip service)이나 정치적 선언(political slogan)으로 전락하는 것을 방지할 수 있기 때문이다. 새로운 계획·정책의 방향 및 전략이 정당성과 실효성을 확보하기 위해서는 새로운 계획·정책을 통해 지방행정과 지역발전 현장이 무엇이 어떻게 얼마나 달라지는지를 설명할 수 있어야 한다.

• 효율적인 집행과 성과지향의 지역계획·정책 추진

그동안 새로운 지역계획·정책은 보다 이상적이고 바람직한 미래상을 제시하고 정부의 강력한 실천 의지를 보여주기 위해 비현실적인 대규모 재정투자와 사업 추진계획을 제시하는 데 치중해 왔다. 그러나 실용주의적인 지역계획·정책을 추진하기 위해서는 이상적인 미래비전을 제시하거나 대규모 사업계획을 추진하기보다는 다양한 제약조건 속에서 계획·정책의 효율적 집행과 지역생활여건 개선, 주민의 삶의 질 향상 같은 체감형 정책성과를 높이는 데 치중해야 한다.

• 개방적·민주적인 시민의 참여활동 촉진방안 모색

실용주의적 지역계획·정책 패러다임 구축은 지역계획·정책의 수립·집행 방식과 체제의 개편만으로는 이루어지기 어려운 특징이 있다. 실용주의적 지역계획·정책을 수립·집행하는 체계를 구축하는 것은 논리적 당위성이나 계획·정책 수립방식의 전환만으로 이루어지지 않는다. 현실적으로 계획·정책 수립·집행과정에서 지역주민이나 이해당사자들이 자유롭고 민주적으로 참여해서 의사결정 과정에서 활발한 협의와 합의가 이루어져야 한다. 그래야 실용주의적인 계획·정책을 추진할 수 있기 때문이다. 계획·정책의 수립과 집행과정에서는 시민 및 이해당사자의 활발한 참여와 협의를 촉진하고 이를 뒷받침하는 정책 추진관행과 제도적 시스템부터 갖추려고 노력해야 한다.

이를 위해서는 국토·지역계획 및 정책의 수립·집행과 관련된 관료, 전문가 집단, 정치권의 인식과 관행, 문화가 바뀌어야 한다. 중앙집권적이고 경직적인 정책과 계획의 수립·추진을 중시하는 정치적·행정적·사회적 인식과 관행, 문화를 타파하지 않고는 실용주의적인 지역계획·정책을 성공적으로 추진하기 어렵기 때문이다.

3) 기본방향별 지역계획·정책 과제

(1) 현실(증거)기반의 지역계획·정책 수립과 추진
• 현실(증거)기반의 계획·정책 목표 설정

실용주의적 지역계획·정책 패러다임 구축의 첫 번째 조건은 현실(증거)기반의 합리적인 계획·정책 목표의 설정과 목표의 적정성 검토이다. 이것이 가능하기 위해서는 지역의 부문별 발전수준을 조사하고 문제점을 분석해야 한다. 지역 내 부문별 발전수준에 대한 객관적인 조사와 분석 없이는 합리적인 지역계획·정책목표의 설정과 정책목표의 적정성 검토가 불가능하다. 공공계획이나 정책 추진의 경우 제한된 범위 내에서라도 객관적 합리성을 확보하는 것이 필수적이기 때문이다. 그동안 정권별로 이상주의적인 선진형 지역정책 패러다임을 반복적으로 제시해 왔으나 정책적 당위성을 제외하고는 객관적이고 실증적인 정보나 실증적 사례를 제시하지 못해 비현실적이라는 비판을 받아왔다. 새로운 계획·정책 목적이나 전략, 계획·정책 내용을 제시하는 경우에는 해당 분야의 객관적인 국토·지역여건이나 실태만이라도 밝혀 새로운 계획·정책의 실행가능성과 정책효과의 실효성을 판단하는 객관적 근거로 활용해야 한다.

• 현실(증거)기반의 정책과 전략 수립

실용주의적 지역계획·정책 패러다임 구축의 두 번째 조건은 현실적 지역발전 잠재력과 제약요인을 기반으로 합리적이고 실현 가능한 정책과 전략을 제시하는 것이다. 이를 위해서는 지역계획·정책부문별로 정책 추진 여건과 문제점을 객관적으로 조사·분석하고 이를 바탕으로 실현 가능한 현실적인 지역계획·정책 방향과 전략의 수립체계를 구축해야 한다. 참여정부는 대학을 중심으로 하는 지역혁신체제 구축전략을, 이명박 정부는 광역경제권

발전전략을, 박근혜 정부는 생활권 육성전략을, 문재인 정부는 혁신도시 중심의 성장거점발전전략 등을 제시해 왔으나 시행착오를 반복했다는 지적을 받고 있다. 새로운 계획·정책을 제시하면서 현실적인 추진 가능성이나 문제점, 기대효과에 대한 객관적인 조사와 분석이 충분하지 못했기 때문이다.

• 현실(증거)기반의 분야별 정책 과제 도출

실용주의적인 지역계획·정책 패러다임 구축의 세 번째 조건은 지역정책의 성공적인 추진을 위해 현실 기반의 정책 과제를 도출하는 것이다. 지역정책의 성공적인 추진을 위해 정책 추진에 필요한 인적·제도적·재정적 차원의 조건은 무엇이고 그러한 조건을 만족하기 위해 수행해야 할 과제는 무엇인지를 분명히 해야 한다. 특히 새로운 정책이나 전략을 제시하는 경우 현재의 지역적 여건 속에서 각각의 계획과제와 정책 추진을 위해 무엇이 얼마나 필요한지, 그리고 이의 실현은 현실적으로 가능하고 효율적인지 분명히 밝혀야 한다. 그동안 전시성 이상주의적인 지역계획·정책의 추진과정에서는 이러한 기초적 자료와 객관적 근거를 검토하지 못해 정책실패를 반복해 왔다고 할 수 있다.

• 지역실태 조사·분석체계의 구축

실용주의적 지역계획·정책 패러다임 구축의 가장 기초적인 조건은 현실적 여건에 대한 객관적인 조사와 분석을 바탕으로 계획과 정책을 수립·집행하는 것이다. 이를 위해서는 지역발전 수준이나 실태, 정책 추진 여건 변화에 대한 객관적인 정보와 자료를 수집·분석하는 체계를 구축해야 한다. 1980년대 중반 세계은행의 도시·지역 전문가들이 했던 조언은 아직도 충분한 결실을 맺지 못하고 있다. 기존의 지역통계 시스템에 대한 종합적인 검토를 통해 국토·지역계획·정책의 자료편람 작성체계를 재정비하도록 노력해야 한다. 실용주의적 지역계획·정책 패러다임을 구축하기 위한 1단계 사업으로는 지역실태조사와 분석 및 전망체계를 구축해야 한다. 대규모 지역발전시책과 사업을 위한 투자, 실효성 있는 계획·정책의 수립과 집행을 위한 인적·제도적 역량강화가 필요하다.

(2) 계획·정책내용의 실천적 의미의 명료화

• 계획·정책의 목적·목표별 실천적 의미의 명료화

실용주의적 지역계획·정책을 추진하기 위해서는 계획 및 정책의 취지와 목적의 실천적 의미를 명료화하고 구체화해야 한다. 지역계획·정책의 취지와 목적이 실효성을 지니기 위해서는 지역발전의 어느 부문을 얼마나 또는 어떻게 개선할 것인지 확인할 수 있어야 한다. 그래야 계획·정책의 취지와 목적의 적정성과 실현 가능성을 판단할 수 있기 때문이다. 계획·정책의 취지와 목적의 실천적 의미를 명료화해야 정책성과와 정책수단의 적정성을 합리적으로 판단할 수 있으며, 아울러 계획·정책 추진과정에서 다양한 이해당사자의 지역사회에 대한 참여와 협력을 이끌어낼 수 있다. 계획 및 정책의 목적과 내용이 추상적이고 불분명한 경우에는 지역사회의 적극적인 참여를 기대하기 어렵고 정책을 일관되게 추진하기도 어렵다. 오히려 계획과 정책 추진과정에서 혼란과 비효율을 초래할 수 있으며, 정책 추진의 실용성도 확보하기 어렵다.

• 계획·정책의 내용별 실천적 의미의 구체화

지역계획·정책의 효율적인 추진과 효과적인 성과달성을 위해 계획·정책의 목적뿐만 아니라 전략과 정책내용의 실천적 의미도 알아야 한다. 여기서 실천적이라 함은 지역발전 현장의 관계자들이나 지역사회 구성원들이 현실적으로 어떠한 문제가 어떻게 해결되는지, 문제가 해결되고 나면 어떤 효과가 있는지를 알 수 있도록 하는 수준을 의미한다. 계획과 정책의 방향과 전략의 실천적 의미가 불분명하면 계획·정책 추진에 대한 관심과 참여가 낮아지고, 계획과 정책의 내용은 정치적 선전구호로 전락한다. 예를 들면 2000년대 모든 정권에서는 지역 주도의 자율적인 발전과 지역특화 발전전략을 제시했으나 실천적 의미가 불분명했다. 계획과 정책 추진의 결과는 시행착오의 반복이라는 비판을 받고 있다. 지금이라도 관계 당국에서는 지역 주도의 자율적인 발전이 실무적 차원에서 구체적으로 무엇을 의미하는지, 기존의 정부 주도 발전전략과 무엇이 어떻게 얼마나 다른지를 밝히려 노력해야 한다. 상징적이고 추상적인 계획·정책내용을 제시하는 것이 관행화되면 실효성과 실용성 없는 계획과 정책이 양산될 수 있다.

• 계획·정책 내용별 기대되는 정책효과 구체화

실용주의적 지역계획·정책은 지역발전현장에서 계획·정책 추진의 효과 증진을 중시하는 정책 패러다임이다. 실용주의 계획·정책은 구체적인 계획·정책의 추진에 따라 기대되는 지역현장의 변화와 개선내용이 무엇인지를 밝힐 수 있어야 한다. 2000년대에 들어선 5년 단위의 모든 정권에서는 새로운 선진적인 지역발전정책과 전략을 제시하면서도 이에 따를 것으로 기대되는 실천적 의미의 효과나 변화가 무엇인지를 적극적으로 알리는 데는 소홀해 왔다. 광역경제권 및 생활권 육성전략을 추진하면서 관계당국은 정책이나 이론차원의 거대담론은 제시했으나 지역발전 현장에서 무엇이 어떻게 달라지는지는 불분명했다. 비록 새로운 계획이나 정책이 이론적으로 선진적·이상적이고 효율적으로 실행된다 하더라도 지역발전현장에서 체감할수 있는 실질적인 정책효과를 밝히지 못하면 선진적이고 이상적인 계획·정책은 정치적 선언(political slogan)으로 전락할 가능성이 있음을 인식할 필요가 있다.

(3) 효율적 집행과 성과 도출 중심의 계획·정책 추진

• 성과 도출 중심의 계획·정책 패러다임 구축

실용적 지역정책 패러다임을 구축하기 위해서는 계획·정책의 효율적인 집행과 성과 중심의 실천적인 정책 패러다임을 제시하는 데 치중해야 한다. 그동안 추진된 다양한 계획·정책이 큰 성과를 거두지 못한 원인 가운데 하나는 현실성 있는 실천적인 계획·정책내용을 제시하기보다는 정책의 당위성을 강조하거나 이론 차원에서 우월성을 지닌 선진사례 또는 이상주의적 목표와 전략을 제시하는 데 치중해 왔기 때문이다. 따라서 계획과 정책의 목적과 내용, 추진방식을 총체적으로 개편하는 계획·정책 패러다임으로 전환해야 한다. 투입지향의 정책, 불분명한 정책성과평가와 관련자 처리 등 기존의 행정관행이 지속되는 한 성과지향적 계획·정책 패러다임을 구축하는 것은 어려운 과제가 될 것이다. 이런 차원에서 정치적·정책적 결단과 사회적 합의가 필요할 것으로 전망된다.

• 성과지향적 지역발전시책과 사업 추진

실용주의적 지역계획·정책 패러다임을 구축하기 위해 보다 거대한 시책과 사업을 추진하기보다는 성과지향적, 즉 정책성과가 큰 시책과 사업의 추진에 집중해야 한다. 성과지향의 계획·정책을 추진하기 위해서는 대규모 장기 시책이나 사업의 추진보다는 진행 중인 시책과 사업의 빠른 추진 및 완성에 치중해야 하고, 완결형 소단위 사업 추진을 우선시하는 정책을 추진해야 한다. 현재 전국적으로 추진계획 중인 지역 산업단지와 관광지, 도시개발을 위한 토지개발규모는 1000만 인구를 수용하는 서울시 면적보다 넓은 780km²에 달하고 지역발전을 위한 50여 개 종류의 특별지역지구 지정 면적이 국토면적의 1.2배에 달할 정도로 중복과 과잉이 심각한 상태이다.

• 지역문제의 구조적 해결 → 지역문제의 부문적 해결을 통한 정책 실효성 강화

규범적 지역계획·정책에서는 지역불균형과 같은 구조적인 지역문제의 종합적인 해결을 우선시해 왔다. 현실주의적·실용주의적 지역정책에서는 지역문제 중 우선순위가 높은 특정 문제를 집중적으로 해결해 지역사회 구성원들이 정책효과를 체감하도록 하는 데 치중해야 한다. 지역균형발전정책에서는 수도권의 집중 억제, 지역격차 해소라는 추상적인 정책목적을 달성하기보다는 지방주민의 특정 부문의 생활여건, 특정한 기업경영문제를 개선하는 데 치중해야 한다. 특정한 지역문제의 성공적인 해결을 통해 계획과 정책의 효과를 체감하도록 하는 실용적인 정책 추진방안을 마련해야 한다.

• 새로운 지역계획·정책의 적정성에 대한 사전검토 의무화

지역계획·정책의 효율적인 추진을 위해서는 수도권 집중 억제와 지방발전 촉진을 위한 기존의 계획·정책과의 제도적 수단의 합목적성, 집행의 효율성과 효과성을 전체적으로 검토해 개선방안을 마련해야 한다. 그렇지 않은 경우 계획과 정책 실패의 시행착오를 반복하게 된다. 그동안에도 지역정책의 집행역량을 강화하기 위해 다양한 전략과 지원방안을 제시해 왔으나 현실적인 제약요인으로 정책성과 달성에는 크게 미흡했다. 지금까지의 경험은 그동안 방치되었던 경제적·사회적·행정적 제약요인을 극복하는 방안을 마련하지 않는 경우 이상적인 시책과 사업 추진이 정책실패의 시행착오를 반복할 수 있음을 보여준다.

지역계획이나 정책의 실효성을 증진하기 위해서는 계획이나 정책의 내용을 개선하는 것 못지않게 계획·정책 추진의 접근방식을 개선하는 것이 중요하다. 그동안의 대부분의 지역발전시책과 사업은 개별적이고 산발적으로 추진되어 정책 추진의 시너지 효과를 거두지 못했다. 향후 실용주의적

지역계획·정책 차원의 다양한 시책과 사업은 전략적으로 상호 연계할 수 있도록 행정관행과 제도적 기반을 구축해야 한다. 지역발전시책과 사업 추진의 전략적 연계를 위해서는 장소 중심의 통합적인 접근방식을 도입해야 한다. 이 밖에도 성과주의적 지역계획과 정책 추진을 위해서는 투입지향 행정, 칸막이 행정, 부처이기주의 또는 부성주의(部省主義, departmentalism) 기반의 행정관행과 문화에서 벗어나 수평적 협력과 연계를 바탕으로 하는 통합행정체제를 구축하는 데 치중해야 한다.

(4) 개방적·민주적인 시민의 참여 촉진 및 지원 확대
• 지역주민의 인식전환과 개방적·민주적 참여활동 촉진

실용적 지역계획·정책 패러다임을 구축하기 위해서는 규범적이고 전시성인 지역계획·정책에 대한 문제의식을 지역사회 구성원들과 공유하고 현실적이고 실효성 있는 지역계획·정책을 수립·추진하는 과정에서 주민과 경제주체들의 주도적인 참여 기회를 확대해야 한다. 정보통신 및 디지털기술의 지속적인 혁신으로 개인 및 집단의 정보취득 및 지식수준이 향상되었다. 최근에는 환경 및 사회문제를 지역사회와 민간부문이 자율적으로 해결하려는 인식과 집단활동이 확대되고 있다. 이와 같이 디지털시대의 선도적 공동체주의(digital communalism)가 확대되는 데 대한 적극적인 대응이 필요하다. 정부와 공공부문은 지역사회와 민간부문과의 동반자 형태의 협력방안을 확대해야 한다. 그래야 현실주의적이고 실용주의적인 지역계획이나 정책 패러다임도 자리를 잡을 수 있기 때문이다(김용웅, 2024: 66~67). 그동안 실효성 없는 정부 및 공공부문 주도의 계획·정책수립 및 집행 관행에 대한 자기성찰 및 반성과 함께 창의적인 해결방안 모색이 필요하다. 지역 내 전문가와 학계, 시민단체, 경제 및 노동단체 등이 지역사회 및 민간부문과 공동으로 지역계획·정책의 구조적 한계, 그동안 반복되어 온 정책 추진의 부

<표 8-10> 실용주의적 지역계획·정책 패러다임 구축방안과 과제

기본 방향	실용주의적 지역계획·정책 패러다임 구축방안 및 과제
① 현실(증거) 기반의 정책 수립·집행	• 현실 기반의 합리적인 정책 목적·목표 설정 및 적정성 검토 - 부문별 지역발전 실태와 수준 조사·분석 • 현실 기반 정책 방향과 전략 수립·적정성 검토 - 부문별 지역정책 추진 여건(잠재력·제약성) 조사·분석 • 현실 기반부문별 정책과제 도출 - 현실수준과 목적·목표·전략 간 간극을 해소하기 위한 정책과제 도출 • 지역조사·분석(전망) 전담체제 구축 - 조사·분석·전망 전문성 강화 및 제도적 기반 구축
② 정책내용의 실천적 의미의 명료화·구체화	• 정책 목적·목표별 실천적 의미의 구체화 - 정책 추진 모니터링·성과평가 및 정책 목적의 정당성 판단기준 • 정책 방향과 전략 등 정책내용별 실천적 의미 명료화·구체화 - 정책적 함의 없는 전시성 정책 추진 방지 • 정책별로 기대되는 지역현장의 변화와 정책효과 구체화
③ 집행과 성과 도출 중심의 정책 수립 및 추진	• 집행과 성과 도출 중심의 정책 패러다임 제시 - 규범적 정책·전시성 사업 → 현실적·실용적 정책과 사업 우선 • 지역변화·개선 효과가 높은 시책과 사업 우선 추진 - 대규모 사업, 신규 사업 → 중소규모 사업, 진행 중인 사업 우선 추진 • 성과지향의 실용적 계획·정책 패러다임 도입 - 투입지향/칸막이 행정관행 타파, 정책성과 평가제 도입 등 • 지역문제의 구조적 해결 → 지역문제의 부분적 개선 실효성 확보 - 광역단위 경제발전 위주 → 마을·골목단위 생활여건 개선 치중 • 지역정책과 제도적 수단의 실효성 검토 및 증진 대안 제시 - 전략과 제도적 수단의 합목적성, 효율성, 효과성 사전 검토 • 장소중심의 통합적 접근, 시장원리 도입, 민간참여 확대 지원
④ 개방적·민주적인 시민참여 촉진 및 지원 확대	• 지역사회 구성원들의 인식전환과 민주적 참여 보장 - 비현실적인 전시성 규범적 정책 추진에 대한 문제점 공유 - 실용적인 정책 수립 및 추진과정에 민주적 시민참여를 촉진하는 활동 확대 • 정책 추진 전문가집단의 책임의식 및 자율적 개선 추진 - 규범적 이상주의 정책 추진의 문제점 인식, 관행 탈피 노력 지속 • 전시성 정책·계획 추진의 관행 타파 - 전시성 시책과 사업 추진에 대한 정치권 요구 및 개입 최소화

자료: 김용웅(2020: 195~196) 수정·보완.

작용과 문제점을 함께 토론하고 미래지향적인 개선책을 모색할 수 있는 지원체계를 확립해야 한다.

• 전문가 집단의 책임의식 및 자율적 개혁 추진

실용주의적 지역계획·정책 패러다임을 구축하기 위해서는 그동안 비현실적이었던 규범적 정책 수립 및 집행에 대한 문제의식을 공유해야 한다. 그리고 기존의 관행적인 정책·계획추진방식에 대한 정책결정자와 전문가 집단의 자각과 반성을 바탕으로 이를 자율적으로 개선하려고 노력해야 한다. 규범적인 정책 추진에 대해 관료 및 전문가 집단이 문제의식을 느끼지 않으면 실용주의 정책 수립과 집행체계 구축은 기대하기 어렵기 때문이다.

• 전시성 정책·계획의 수립 및 추진 방지

그동안 지역계획·정책이 실효성 없는 전시성 시책과 사업 추진에 치중해 온 것은 중앙과 지역단위에서 사회적 여론에 민감한 정치권이 직간접적으로 개입했기 때문이다. 비록 정치권이 지역정책의 수립과 추진에 직접적으로 개입하지는 않는다 하더라도 정치권으로부터 영향을 받는 관료 및 전문가 집단은 정치권의 이해에 부합하는 정책을 수립하고 집행하게끔 관행화되지 않았는지 스스로 돌아보고 개선방안 마련에 선도적인 역할을 수행해야 한다. 이를 위해서는 학계, 언론 및 시민단체, 정치권이 공동으로 노력해야 한다.

참고문헌

건설교통부. 2006. 『광역권개발계획의 개선방안』.

국토연구원 엮음. 2004. 『공간분석기법』. 한울.

국토연구원. 1991. 『광역상위 도시권계획의 연구』.

국토연구원. 1992. 『프랑스의 국토 및 지역개발제도 연구』.

국토연구원. 2000. 『제3차 전북종합발전계획 수립연구』.

국토연구원·건설교통부. 2001. 『OECD 한국지역정책보고서』. 국토연구원.

국토해양부. 2010a. 『광역도시계획과 대도시권발전계획비교』.

국토해양부. 2010b. 「지방대도시권의 실태분석 및 발전 방향」. 발간등록번호 11-1611000-00121
8-01.

권오현. 1993. 『지역격차의 이론과 측정방법에 관한 연구』. 국토연구원.

김민수. 2014. 「국내외 공간 빅데이터 정책 및 기술동향」. ≪월간 국토≫, 통권 389호.

김용웅·박형서. 1993. 『지방화시대의 지역계획제도 개선방안연구』. 국토연구원.

김용웅 외. 1999. 『경쟁력을 갖춘 개성 있는 지역 창출(제4차 국토종합계획 지역개발부문)』. 국
토연구원.

김용웅 외. 2011. 『지방중추도시권의 활성화 방안』. 대통령직속 지역발전위원회.

김용웅. 1984. 「현행 공간계획의 문제와 개선방안」. ≪월간 국토≫, 5월호. 국토개발연구원.

김용웅. 1985. 「인구분산시책의 재조명」. ≪월간 국토≫, 9월호. 국토개발연구원.

김용웅. 1994. 「외국의 지역계획제도 특성 비교: 영국, 프랑스 및 일본 제도를 중심으로」. ≪국토
연구≫, 통권 제21권. 국토개발연구원.

김용웅. 1995. 「지역계획제도개선에 관한 전문가 의견조사」. ≪국토연구≫, 통권 제23권. 국토
개발연구원.

김용웅. 1996. 「새로운 국토 및 지역정책 방향의 정립」. ≪국토정보≫, 통권 179호. 1996년 9월
6-12. 국토개발연구원.

김용웅. 1998. 「21세기 공간정책 방향과 지역발전 전략」. IMF체제와 한국 산업경제 관련 세미나
발표자료(1998. 11. 27). 광주과학기술원.

김용웅. 1999. 『지역개발론』. 법문사.

김용웅. 2001. 「지역간 연계협력의 이론적 배경과 발전방향」. 이정식·김용웅 엮음. 『세계화와 지
역발전』(국토연구원 총서3), 475~503쪽, 한울아카데미.

김용웅. 2003. 「지역중심 분권형 국토발전체제 구축방안」. ≪국토연구≫, 통권 제37권, 94~103
쪽, 국토개발연구원.

김용웅. 2005. 「경제성장과 지역균형발전: 참여정부의 지역균형발전정책을 중심으로」(2005. 9. 15).
대전·충남지역경제연구회.

김용웅. 2007. 「세계화시대 지역균형발전정책의 의의와 추진실태」. 선진화재단 정책개발워크숍
발표자료(2007. 2. 14). 선진화재단.

김용웅. 2009. 「행정중심복합도시 건설 지속 추진해야」. ≪충남 리포트≫, 제26호.

김용웅. 2012. 「지역정책, 실용주의 도입해야」. ≪열린 충남≫, 60호, 56~63쪽, 충남연구원.

김용웅. 2013. 「새정부 지역정책과제와 전략」. ≪월간 국토≫, 2월호, vol. 376, 48~59쪽, 국토연구원.

김용웅. 2015. 「미래연구의 접근방법과 미래 국토 트렌드 변화전망」. 『미래 국토발전정책 및 수립방안 연구』. (연구자문 원고) 자료집(2015. 3: 153~194). 국토교통부.

김용웅. 2016. 「국토종합계획의 집행과 관리의 문제점과 개선방안」. 『제5차 국토종합계획 수립을 위한 기초연구』. (연구자문 원고) 자료집(2016. 11. 4: 1~44). 국토연구원.

김용웅. 2017a. 「새 정부의 균형발전 정책방향과 지자체 대응방안」. 2017년도 하반기 지역균형발전사업 관계관 합동 워크숍(2017. 10. 30: 37~76). 충청북도 충북연구원.

김용웅. 2017b. 「저성장 시대의 지역정책 패러다임 연구」. 『제5차 국토종합계획 수립연구』(연구자문 보고서: 1~52). 국토연구원.

김용웅. 2017c. 「지침형 국토종합계획 수립방안」. 『제5차 국토종합계획 수립연구』. 제9차 포럼 발표자료(2017. 10. 23: 1~21). 국토연구원.

김용웅. 2018. 「제4차 산업혁명의 다원적 특성과 지역산업정책 과제」. 『『4차 산업혁명시대』의 지역발전정책 수립연구』(연구자문 원고: 1~56). 충남연구원

김용웅. 2020. 『관행적 지역균형발전정책의 문제점과 개선방안: 새로운 정책 패러다임 모색을 위한 지역정책론의 해체와 재구성』. 국토총서 20-101(2020. 4. 24: 1~215). 국토연구원.

김용웅. 2021. 「국가균형발전정책의 시대별 변화와 대응」. ≪월간 국토≫, 1월호, vol. 471. 6~10쪽. 국토연구원.

김용웅. 2024. 「디지털시대 선도적 공동체주의 대두와 정책과제」. ≪월간 국토≫, 10월호, vol. 516. 66~67쪽. 국토연구원.

김용웅. 2025a. 「전환기 미래전망 연구의 접근방법과 개선과제」. ≪월간 국토≫, 1월호, vol. 519. 54~57쪽. 국토연구원.

김용웅. 2025b. 「미래도시-국토 모습의 전망과 대응과제」. ≪월간 국토≫, 2월호, vol. 520. 48~51쪽. 국토연구원.

김용웅·차미숙. 2001. 『지역개발사업의 파급효과분석기법 및 적용연구』. 국토연구원.

김용웅·차미숙·강현수. 2003. 『지역발전론』. 한울.

김용웅·차미숙·강현수. 2009. 『신지역발전론』. 한울.

김용창. 2014. 「주택의 미래. 미래의 주거양식」. 제4차 미래국토포럼 발표자료(2014. 11. 12). 국토연구원.

김재필·나연. 2016. 「ICT로 진화하는 스마트 렌탈시장의 미래」. ≪Issues & Trend≫. KT 경제연구소(2016. 8. 31). www. digieco. co. kr(검색일: 2018. 2. 20).

김홍배·이강욱. 2001. 「환경투입산출모형을 이용한 하천의 수질수준예측과 하천관리정책분석」. ≪국토계획≫, 36권 2호.

대한국토·도시계획학회. 1994. 『지역계획론』. 형설출판사.

대한민국정부. 2000. 제4차 국토종합계획(2000~2020)

대한민국정부. 2020. 제5차 국토종합계획(2020~2040). 발간등록번호 11-1613000-002612-14.

박상우·권혁진. 1997. 『지역균형발전 시책의 평가와 발전방향』. 국토개발연구원.

박양호·이원섭. 2000. 『지역개발투자협약제도 도입방안연구』. 국토연구원.

배준구. 1992. 『프랑스의 지역계획제도 연구』. 국토연구원.

엘 에리언, 모하메드. 2009. 『새로운 부의 탄생』. 손민중 옮김. 한국경제신문.

오택섭. 1984. 『사회과학방법론』. 나남출판사.

유훈. 2000. 『행정학원론』(제7정판). 법문사.

이인원 외. 1987. 「21세기 국토계획을 위한 Guidance System 연구」. 노융희 엮음. 『국가발전과 공공행정』. 박영사.

임윤택 편저. 2008. 『국토 및 공간계획: 법규와 적용』. 토문출판사.

정환용. 1998. 『도시계획학원론』. 박영사.

차미숙 외. 2012. 『사회통합을 위한 지역적 대응과제: 지역사회통합지수개발 및 활용방안』. 국토연구원.

차미숙. 2001. 「EU의 공간개발시책」. ≪월간 국토≫, 통권 242호.

최진혁. 2003. 「프랑스 지방분권화와 지방정치·행정구조」. ≪월간 국토≫, 9월호.

토플러, 앨빈. 2006. 『부의 미래』. 김중웅 옮김. 청림출판사.

통계청. 2001. 『한국통계연감』.

통계청. 2006. 『한국통계연감』.

통계청. 2007. 『2006년 시도별 지역 내 총생산 및 지출』, 『경제활동별 지역 내 총생산』.

통계청. 2012. 「장래가구추계: 2010~2035년」. 보도자료(2012. 4. 25).

통계청. 2015. 「한국의 사회지표」.

통계청. 2022a. 「2020년 사회지표」.

통계청. 2022b. 「2022 통계로 보는 1인 가구」. 대한민국 정책 브리핑 보도자료(2022. 12. 7).

한국개발연구원(KDI). 2000. 「공공투자사업의 지역경제파급효과 추정을 위한 다지역산업연관모형(MRIO)구축 및 분석」. KDI 공공투자관리센터.

행정안전부. 2022. 「2021 지방자치단체 외국인 주민현황 통계표」. 보도자료(2022. 10. 31).

OECD. 2001. 『OECD 한국지역정책 보고서』. 국토연구원·건설교통부 옮김. 1~269쪽, 국토연구원.

KIET. 2005. 『한국산업의 발전비전』. 산업연구원.

國土廳. 1993. 『國土 リポート』. 92/93.

Allmendinger, Philip. 2002. *Planning Theory*. New York: Palgrave Macmillan.

Bendavid-Val, Avrom. 1974. *Regional and Local Economic Analysis for Practitioners*. Praeger.

Bendavid-Val, Avrom. 1983. *Regional and Local Economic Analysis for Practitioners(New and Expanded Edition)*. New York: Praeger Publishers.

Camhis, Marios. 1979. *Planning Theory and Philosophy*. London: Tavistock Publications.

Cappellin, R. 1993. *Regional Networks, Border Regions and European Integration*. London: Pion Limited.

Cullingworth, J. B. 1990. *Town and Country Planning in Britain(Tenth Edition)*. London: Unwin Hyman.

Davidoff, P. and T. Reiner. 1973. "A Choice of Theory of Planning." in Andreas Faludi(ed.). *A Readers in Planning Theory*. Oxford: Pergamon Press.

Davis, Stan. 1997. "Future Perfect, Addition-Wesley Publishing." www.goodreads.com/user/rate_books?reg_path=true(검색일: 2018.2.20)

DETR(Department of Environment, Transport and Regions). 1998. *Planning for Sustainable Development Towards Better Practice*. London: DETR.

Diamond, D. R. and N. A. Spence. 1983. *Regional Policy Evaluation, A Methodological Review and the Scottish Example*. Gower.

Dixon, J. A. et. al. 1988. *Economic Analysis of the Environmental Impacts of Development Projects*. London: earthscan Publications Limited.

Douglass, M. 2000. *Turning Points in the Korean Space Economy*. Stanford University.

Electric Vehicle Initiative. 2017. http://www.google.co.kr/search?q=electric+vehicle+market+share&oq(검색일: 2018.3.10)

European Commission. 1999. *ESDP*.

Faludi, Andreas(ed.). 1974. *A Reader in Planning Theory*. Oxford: Pergamon Press.

Faludi, Andreas. 1973. *A Reader in Planning Theory*. Oxford: Pergamon Press.

Faludi, Andreas. 1976. *Planning Theory*. Oxford: Pergamon Press.

Faludi, Andreas. 2000. "Strategic Planning in Europe: Institutional Aspects." in W. Salet and A. Faludi(ed.). *The Revival of Strategic Spatial Planning*. Amsterdam.

Garlick, Robert. 2016. "Technology at Work V 2.0." https://www.oxfordmartin.ox.ac.uk/publications/technology-at-work-v2-0-the-future-is-not-what-it-used-to-be.

Glasson, John. 1974. *An Introduction to Regional Planning: Concepts, Theory and Practice*. Hutchinson of London.

Grant, M. 1992. "Planning Law and British Land Use Planning System." *Town Planning Review*, vol.63.

Hall, P. 1975. *Urban and Regional Planning*. New York and London: Penguin Books.

Hamilton Nolan. 2015. "The Brilliant Simplicity of a Guaranteed Minimum Income." https://www.gawkerarchives.com/the-brilliant-simplicity-of-a-guaranteed-minimum-income-1749933197(검색일: 2018.3.4)

Hansen, Niles, Benjamin Higgins and Donald Savoie. 1990. *Regional Policy in a Changing World*. London: Plenum Press.

Hansen, Niles. 1968. *French Regional Planning*. Edinburgh.

Harvey, Armstrong and Jim Taylor. 1978. *Regional Economic Policy and its Analysis*. London: Phillip Allan.

Harvey, Armstrong and Jim Taylor. 2000. R*egional Economics and Policy(3rd Edition)*. Oxford: Blackwell Publishers.

Healey, Patsy. 1997. *Collaborative Planning: Shaping Places in Fragmented Societies*. Macmillan Press.

Healey, Patsy. 2006. *Collaborative Planning, Soaping Places in Fragmented Societies*. Palgrave Macmillan.

Hermann, Mario, Tobias Pentek and Boris Otto. 2016. "Design Principles for Industries 4.0 Senario." http://en.wikipedia.org/wiki/Industry 4.0(검색일: 2017.2.7)

Kirby, D. 1985. *Planning in Britain, An Introductory Framework*. University Tutorial Press, Ltd.

Kuklinski, A. 1975. "Regional Development, Regional Policies and Regional Planning." in A. Kuklinski(ed.) *Regional Disaggregation of National Policies and Plans*. Mouton: Paris.

Lindblom, C. E. 1959. "The Science of Muddling Through." in Andreas Faludi(ed.). *A Readers in Planning Theory*. Oxford: Pergamon Press.

Litman, Tod Alexander. 2018. "Autonomous Vehicle Implementation Predictions: Implications for Transport Planning." *Victoria Transport Policy Institute*. https://www.vtpi.org/avip.pdf(검색일: 2018.3.10)

Markusen, A. 1985. *Profit Cycles, Oligopoly, and Regional Development*. Cambridge, Mass: MIT Press.

Massey, D. 1978. "Regionalism: Some Current Issues." *Capital and Class*, vol.6.

McKenna, Terrrence. 1975. *The Invisible Landscape: Mind, Hallucinogens and I Ching*. New York: Seabury Press.

McLoughlin, J. Brian. 1973. *Urban and Regional Planning: A Systems Approach*. London: Faber and Faber.

Naim, Moises. 2014. *The End of Power: From Boardrooms to Battlefields and Churches to States, Why Being In Charge Isn't What It Used to Be*. New York: Basic Books.

Prudhomme, Remy. 1985. "A Study on Regional Policy in Korea." May 7. 1985. Korea Urban and Regional Development Sector Study Mission. The World Bank.

Ratcliffe, John. 1977. *An Introduction to Town and Country Planning*. Hutchinson of London.

Richardson, H. 1979. *Regional Economics: Location Theory, Urban Structure and Regional Changes*. Chicago: University of Illinois Press.

Robert, M. 1980. *An Introduction to Town Planning Techniques*. London: Hutchinson.

Schofield, J. A. 1987. *Cost-Befit Analysis in Urban and Regional Planning*. london: Unwin Hyman.

Schwab, Klaus. 2016. "The fourth Industrial Revolution: What it means, how to respond." *World economic Forum*, 2016.12.

Seba, Tony. 2014. *Clean Disruption of Energy and Transportation*. First Beta Edition, USA.

Stephenson, R. and J. Poxon. 2001. "Regional Strategy Making and the New Structure and Process for Regional Governance." *Local Government Studies*, vol.27, no.1.

Swyngedouw, Erik. 1992. "The Mammon Quest: Globalization Interspatial Competition and Monetary Order, the Construction of New scales." in M. Dunford and G. Kafkalas(eds.). *Cities and Regions in the New Europe*. London: Belhaven Press.

Techcast Global. 2016. "AI and Future Jobs, Estimates of employment for 2030." https://www.techcastglobal.com/techcast-publication/ai-and-future-jobs/?p_id=11

Tomaney, J. 2002. "The evolution of Regionalism in England." *Regional Studies*, vol.36. no.7.

Vanhove, N. and Leo H. Klaassen. 1987. *Regional Policy: A European Approach(2nd Edition)*. Avebury.

Wannop, U. and G. Cherry. 1994. "The Development of Regional Planning in the United Kingdom." *Planning Perspective*, vol.9.

Weaver, C. 1984. *Regional Development and Local Community: Planning, Politics and social Context*. John Wiley & Sons.

Webb, D. and C. Collis. 2000. "Regional Development Agencies and the New regionalism in England." in M. W. Danson. *Debates and Surveys, Regional Studies*, vol.34, no.9.

Wheeler, Stephen M. 2002. "The New Regionalism, Key Characteristics of an Emerging Movement." *APA Journal*, vol.68, no.3.

Yaro, Robert D. and Tony Hiss. 1996. *A Region at Risk: The Third Regional Plan for the New York-New Jersey-Connecticut Metropolitan Area*. Regional Plan Association. Island Press.

지은이

김용웅

국제대학교 법률학과 졸업, 미국 가톨릭 대학교 사회복지대학원 수학, 호주 시드니 대학교 도시·지역계획 석사, 영국 셰필드 대학교 도시·지역계획 박사, 국토-도시계획기술사

영국 셰필드 대학교 발전계획연구센터 초빙연구원, 대만 토지개혁훈련소(LRTI) 외래교수, 국토연구원 선임연구위원 및 부원장, 안양대학교 도시행정학과 교수, 충남발전연구원 원장, 충남지역혁신발전위원회 의장, 충남연구원 이사, 대통령직속 지역발전위원회 도시활력 특별위원 역임

주요 저서: 『지역개발론』, 『신지역발전론』(공저), 『녹색성장에서 도시재생까지』, 『지역정책론의 해체와 재구성』, *Shaping the Nation toward Spatial Democracy, Globalization and Regional Development in Southeast Asia and Pacific Rim* 외

주요 논문: "Urban & Regional Development Strategies in an Era of Global Competition" (공저), "Building A Regional Governance System for Mega-Economic Regions in Korea", 「미래연구의 접근방법과 2040 미래국토 트렌드 변화 전망」, 「21세기 공간정책 방향과 지역발전전략」 외

오용준

충북대학교 도시공학 박사, 국토교통부 중앙도시계획위원회 위원, 국토교통부 규제개혁위원회 위원, 건설교통부 전문위원 역임

현재 충남연구원 기획경영실장, 지방시대위원회 지역정책과제 및 지역공간정책과제 전문위원회 위원, 국토교통부 중앙산업단지계획심의위원회 위원, 농림축산식품부 정책자문위원회 위원, 농림축산식품부 중앙농촌공간정책심의회 위원, 산림청 국유림위원회 위원

주요 저서: 『국토 및 공간계획을 위한 법·제도의 이해』, 『충청권 메가시티 형성방향 및 정책과제』, 『인구감소시대에 대응한 도시계획체계 개편방안』, 『국가균형발전 비전과 체계 수립 등 정책연구』 외

주요 논문: 「공간환경계획 활용을 위한 생활환경 취약지역 분석」, 「충청남도 도로 로드킬과 교통사고 발생의 공간적 상관성에 관한 연구」 외

한상욱

충남대학교 건축학과 석사, 공주대학교 건축학과 박사

현재 충남연구원 선임연구위원

주요 역서: 『도시와 농촌이 공생하는 마을 만들기』(공역)

한울아카데미 2582

21세기 미래 지역계획 발전 비전과 과제
지역계획 이론 및 적용사례

지은이 김용웅·오용준·한상욱
펴낸이 김종수
펴낸곳 한울엠플러스(주)
편집 신순남

초판 1쇄 인쇄 2025년 5월 15일
초판 1쇄 발행 2025년 5월 30일

주소 10881 경기도 파주시 광인사길 153 한울시소빌딩 3층
전화 031-955-0655
팩스 031-955-0656
홈페이지 www.hanulmplus.kr
등록번호 제406-2015-000143호

Printed in Korea.
ISBN 978-89-460-7582-5 93350